함락된 도시의 여자: 1945년 봄의 기록

국립중앙도서관 출판예정도서목록(CIP)
함락된 도시의 여자: 1945년 봄의 기록 / 익명의 여성 지음, 염정용 옮김.
서울: 마티, 2018
344p.; 145×210mm

원표제: Eine Frau in Berlin: Tagebuchaufzeichnungen vom 20. April bis 22. Juni 1945
원저자명: Anonyma
독일어 원작을 한국어로 번역
ISBN 979-11-86000-74-8(03920): ₩18,000

독일 일기[獨逸日記]
제2차 세계 대전[第二次世界大戰]
856-KDC6
836.912-DDC23
CIP2018035022

Anonyma. EINE FRAU IN BERLIN
Tagebuchaufzeichnungen vom 20. April bis 22. Juni 1945
© 2002 Hannelore Marek
© AB-Die Andere Bibliothek GmbH & Co. KG, Berlin 2011
(First published by Eichborn Verlag, Frankfurt am Main 2003)
Korean Translation © 2018 by MATI BOOKS All rights reserved.

The Korean language edition published by arrangement with AB-Die Andere Bibliothek GmbH & Co. KG through MOMO Agency, Seoul.

이 책의 한국어판 저작권은 모모 에이전시를 통해 AB-Die andere Bibliothek GmbH & Co. KG 사와의 독점 계약으로 '도서출판 마티'에 있습니다.
저작권법에 의해 한국 내에서 보호를 받는 저작물이므로 무단전재와 무단복제를 금합니다.

함락된 도시의 여자:
1945년 봄의 기록

익명의 여성 지음
염정용 옮김

마티

독일어판 출판사 서문

1945년 4월 20일부터 6월 22일까지 저자는 노트 세 권 분량의 일기를 썼다. 1945년 7월, 그녀는 가까운 지인에게 보이기 위해 이 글들을 타자기로 작성했다. 타이핑을 하며 중요한 단어들을 문장으로 바꿨고, 암시적이었던 부분을 명확히 정리했다. 기억을 더듬어가며 내용을 추가했다. 무질서한 낱장의 메모지들이 얼추 제자리를 잡았다. 이렇게 해서 잿빛 군수용 타자 용지 121쪽 분량의 글이 완성되었다. 몇 년이 흐른 후, 그녀와 친분이 있던 몇몇이 이 글을 읽게 되었는데, 그중 작가인 쿠르트 W. 마렉(Kurt W. Marek, 필명 C. W. Ceram)이 있었다. 이 수기가 개인적 체험을 넘어 시대를 담은 기록이라고 여긴 그는 원고를 뉴욕의 한 출판사에 보냈고, 출판사는 1954년 가을 무렵 영어 번역판을 발행한다. 1955년 여름에는 영국에서, 그 후 스웨덴, 노르웨이, 일본, 스페인, 프랑스, 핀란드에서 연이어 출간되었다.

자신의 글이 전 세계 독자들에게 읽히고 수용되는 것을 본 저자는, 세월이 지닌 치유의 힘에 의지해 드디어 2002년 독일어 판본 발행을 수락한다. 혹시 모를 피해를 우려해 모든 실명과 몇몇 세세한 사건들은 조금씩 고쳐졌다.

영원히 익명으로 남기를 바라는 저자의 마음을 독자들은 이해할 수 있으리라. 어차피 그녀의 인적 사항은 그다지 중요하지 않다. 이 책은 흥미로운 개별 사건이 아니라 무수히 많은 여성의 끔찍한 집단적 운명을 이야기하고 있기 때문이다. 그녀의 진술이 없었다면 지금까지 거의 전적으로 남성에 의해 서술된 이 시대의 기록은 단면적이고 불완전했을 것이다.

베를린이 처음으로 전쟁의 얼굴을 본 그날,
기록을 시작하다

1945년 4월 20일, 금요일 오후 4시

그렇다, 전쟁은 베를린을 향해 밀려오고 있다. 어제까지만 해도 멀리서 우르릉거리던 소리가 오늘은 요란한 굉음으로 변했다. 끊이지 않는 중화기들의 포성으로 내내 귀가 먹먹하다. 어느 방향인지 판단할 수 없게 된 지 이미 오래다. 우리는 사방에서 시시각각 조여 오는 포신들에 둘러싸여 지낸다.

때때로 무시무시한 고요가 몇 시간씩 이어진다. 별안간 봄이 왔다는 생각이 든다. 검게 타버린 주택가의 폐허 한복판, 주인 잃은 정원에서 라일락 향기가 연기에 섞여 불어온다. 영화관 앞 아카시아 그루터기의 새잎들 사이로 거품처럼 하얀 꽃송이가 보인다. 베를리너가(街) 여기저기에 남은 텃밭(schrebergärtner)은 누군가 새로 갈아엎어 놓았다. 비상경보가 멈춘 틈을 타 주인들이 밭을 일구었나 보다. 새들은 4월이 온 것을 믿지 못한다. 우리 집 처마의 물받이에 참새 한 마리 얼씬하지 않는다.

오후 3시경, 신문 배달부의 차가 간이매점에 도착했다. 진작부터 스무 명이 넘는 사람들이 목 빠지게 기다리던 터였다. 동전과 신문을 주고받는 손들에 가려 배달부의 모습이 순식간에 사라졌다. 건물 수위의 딸 게르다가 '석간'을 한 움큼 쥐고 와 나에게도 한 부 건네주었다. 제대로 된 신문이 아니라 일종의 호외였다. 아주 조잡스럽고, 눅눅하게 잉크가 묻은 양면 인쇄된 종이 쪼가리였다. 나는 걸으며 황급히 전황 보고를 읽었다. 새로운 지명들이 등장했다. 동부의 뮌헤베르크, 질로우, 부흐홀츠. 전선이 브란덴부르크-메르크 변경 어디쯤으로 바짝 가까워진 느낌이다. 서부전선은 대충 살핀다. 서부전선이 우리와 무슨 상관이란 말인가. 재앙은 동부에서 접근하고 있고, 이제 우리의 생태를 뒤바꿀 것이다. 옛날 빙하기처럼. 왜일까? 사람들은 쓸데없는 문제로 골머리를 앓는다. 나는 이제부터 하루 생활, 당장 처리해야 할 일에만 신경을 쓸 것이다.

간이매점 주위로 사람들이 무리 지어 선 채 창백한 얼굴로 중얼거린다.

"원, 누가 이 지경까지 생각이나 했겠어?"

"이 정도까지는 아닐 거라 생각했지, 모두가."

"우리가 어떻게 해볼 수 없는 일이야, 우리 같은 무지렁이들이야…."

서부 지역에 관해서는 이런 말도 했다. "그쪽은 그래도 나아. 한고비 넘겼을걸."

그 누구도 '러시아군'이라는 말을 입 밖으로 내지 않는다. 도무지 엄두가 나지 않는 것이다.

다시 다락방으로 올라왔다. 이곳은 내 집이 아니다. 내게는 이제 집이 없다. 폭격으로 잃어버린, 가구 딸린 셋방도 내 것은 아니었지만. 그래도 6년을 살면서 나의 체취로 가득했었다. 책, 그림, 여기저기 쌓아뒀던 자질구레한 내 물건들. 평화로웠던 마지막 여름에 북해의 노르더나이섬에서 주운 불가사리, 게르트가 페르시아에서 가져다준 킬림(kilim) 양탄자, 찌그러진 자명종 시계, 사진들, 오래된 편지들, 치터(zither: 독일과 오스트리아에서 널리 애용되는 민속 악기—편집자), 열두 나라를 돌면서 모은 동전들, 놓다가 만 자수, 자잘한 기념품들, 조가비들… 지난 시절의 정겨운 잡동사니들.

모든 것이 사라지고 옷가지가 든 손가방 하나만 남은 지금, 나는 헐벗고 가벼워졌다. 가진 것이 없기에 모든 것을 차지한다. 예를 들면 이곳 남의 다락집도 그렇다. 사실 이곳이 완전히 낯선 집은 아니다.

집주인은 예전에 직장 동료였다. 그가 징집되기 전까지 나는 손님으로 자주 드나들었다. 우린 서로 사정에 맞는 거래를 했었다. 그의 덴마크제 고기 통조림을 나의 프랑스제 코냑과, 나의 프랑스제 비누를 프라하를 거쳐 입수한 그의 긴 양말과 교환하곤 했다. 나는 그에게 집이 폭격으로 날아갔다는 사실을 간신히 알릴 수 있었고, 여기 들어와 살아도 좋다는 허락을 받았다. 그는 정규군으로 편성되어 검열기관에서 근무한다며 빈에서 소식을 전해 왔고, 그게 끝이었다. 그는 지금 어디에 있을까? 아무튼 다락집을 찾는 이는 거의 없다. 더구나 기와가 일부 깨지고 튕겨 나가 비가 샌다.

나는 여기에서도 안정을 찾지 못하고 계속해서 세 칸의 방을 빙빙 돌아다닌다. 이미 먹을 것, 마실 것, 땔 것이 있는지 모든 장과 서랍을 샅샅이 뒤져보았다. 아쉽게도 아무것도 발견하지 못했다. 예전에 이 집을 청소해주던 바이어스 부인이 먼저 손을 댄 게 틀림없다. 요사이 모든 것에 주인이 따로 없다. 사람들은 물건들과 느슨하게 연결되어 있을 뿐, 자기 것과 남의 것을 명확히 구분하지 않는다.

집주인에게 온 편지 한 통이 작은 서랍 틈에 끼어 있는 것을 발견했다. 편지를 몰래 읽는 것이 부끄러웠지만 그래도 펼쳤다. 사랑에 빠진 연애편지였다. 편지를 변기에 넣고 물을 내려버렸다. (아직 물은 거의 언제나 나온다.) 진심, 괴로움, 사랑, 욕망… 이 얼마나 아득하고 낯선 단어들인가. 세련되고 충실한 연애는 규칙적이고 풍족한 식사가 전제되어야 한다. 이 글을 적고 있는 동안 나의 관심은 배에 집중되어 있다. 모든 생각, 느낌, 소망, 기대가 먹는 데서 시작된다.

두 시간 후. 가스 불이 꺼질 듯 말 듯 타고 있다. 몇 시간 전부터 감자를 삶는 중이다. 정말 형편없는 주정용 감자로, 여기저기 문드러졌고 밀가루 죽 맛이 난다. 그중 하나를 반쯤 익혀 집어삼켰다. 변비가 심해졌다. 볼레 씨 가게에서 게르트가 크리스마스 때 보내준

하늘색 우유 배급표를 주고 우유를 타 왔다. 운이 무척 좋았다. 판매원은 통을 한껏 기울여 우유를 퍼 주면서 이제는 베를린으로 더는 우유가 배달되지 않는다고 했다. 아이들이 굶어 죽게 생겼다.

거리로 나오자마자 우유를 몇 모금 마셨다. 집으로 와서는 곡물가루 죽으로 배를 채웠고, 빵 가장자리 한 조각을 추가로 먹었다. 이론상으로는, 오랜만에 배가 부르게 먹었다. 실제로는, 지독한 허기에 시달린다. 먹기 시작하자 비로소 본격적으로 배가 고파왔다. 이에 대해서는 확실한 과학적인 설명이 가능하다. 음식은 위의 분비작용을 자극하고, 분비액은 소화를 촉진한다. 얼마 안 되는 음식은 벌써 녹아 없어지고, 분비액이 속을 뒤집기 시작하는 것이다.

집주인이 모아둔 몇 권의 장서를 뒤져보다가(지금 글을 적고 있는 이 빈 공책도 거기서 찾았다) 소설 한 권을 펼쳐 든다. 영국의 귀족 사회가 배경인데, 다음과 같은 문장이 나왔다. "그녀는 손도 대지 않은 성찬을 힐끗 쳐다보고 나서 자리에서 일어나 떠나버렸다…." 나는 열 줄 정도 더 읽다가 마치 자석에 이끌린 듯 다시 이 문장으로 돌아갔다. 그 문장을 열 번 이상 읽었고, 그러다가 손톱으로 그 글자들 위를 긁고 있는 나를 발견했다. 손도 대지 않은 그 성찬을 — 성찬에 관해서는 이 문장 앞에 세밀하게 묘사되어 있었다 — 낡은 책에서 파내 먹을 수 있기나 한 듯이. 미친 짓이다. 굶주림이 이제 망상을 일으키기 시작했다. 이 문제에 관해 크누트 함순의 『굶주림』을 당장 찾아보지 못하는 것이 유감이다. 폭격이 아니었더라도 그 책은 내게 없다. 쇼핑백에 담긴 채로 2년 전쯤 지하철에서 도둑맞았다. 표지가 인피(靭皮)로 된 책이었는데. 불쌍한 녀석! 틀림없이 실망했을 거야! 아무튼 지금 내 처지는 함순이 마음에 들어 할 만하다.

오늘 아침 빵집에서는 이런 소문이 돌았다. "그들이 집집이 돌아다니며 먹을 것을 싹쓸이한대요. 우리에게 아무것도 주지 않고요.

독일인들을 일단 8주 정도 굶기기로 했다나 봐요. 슐레지엔 지역에서는 사람들이 벌써 숲속으로 들어가 뿌리를 캐 먹고 있대요. 아이들은 죽어나가고. 노인들은 짐승처럼 풀을 뜯어 먹고."

민중의 소리는 이런 식이다. 아무도 정확한 상황을 모른다. 당 기관지 《푈키셔 베오바흐터》(*Völkischer Beobachter*)는 이제 계단에 놓여 있지 않다. 아침 식사를 할 때 나에게 굵은 글씨체로 된 성폭행 기사 제목을 읽어주던 바이어스 부인도 오지 않는다. "70세 노파가 능욕을 당하다, 수녀가 24회나 성폭행을 당하다." (누가 곁에서 세어봤단 말인가!) 머리기사들은 이런 식이다. 우리 여자들을 보호하고 방어하도록 베를린의 남자들을 부추기려는 걸까? 그런 의도일까? 터무니없는 소리. 이런 기사가 수천 명의 막막한 여자들과 아이들을 서부로 향하는 간선도로로 몰아낸다. 그들은 길 위에서 굶어 죽거나 비행기가 난사하는 기관총에 맞아 죽어나갈 것이다. 기사를 읽을 때 바이어스 부인의 눈은 점점 커지며 빛났다. 그녀의 내면 어딘가 그 만행을 즐기는 것처럼. 아니면 아직 당하지 않은 것을 기뻐했던 것일까. 그녀는 언제나 불안해했고, 한사코 떠나려 했다. 그저께부터 그녀는 나타나지 않는다.

라디오는 나흘 전부터 먹통이다. 과학 기술이란 얼마나 회의적인가. 첨단 기기들은 그 자체로는 아무런 쓸모가 없고, 어딘가에 연결해야만 제한적으로나마 가치가 있다. 빵은 절대적이다. 석탄도 절대적이다. 금은 로마에서나 페루에서나 브레슬라우에서나 같은 금이다. 반면에 라디오, 가스레인지, 중앙난방시설, 핫플레이트는 현대가 우리에게 안겨준 아주 대단한 혜택이지만, 중앙 관제소가 제대로 돌아가지 않으면 거추장스럽고 불필요한 짐일 뿐이다. 우리는 지금 수 세기 전으로 퇴보하고 있다. 동굴에서 살던 인류 초기 시절로.

금요일, 저녁 7시로 추정. 힘껏 달려 시청으로 향하는 전차를 마지막으로 탈 수 있었다. 쿵쾅거리고 덜커덩거리는 소음, 쉴 새 없이 쏟아지는 대포 소리. 정류장을 알리는 여차장의 가녀린 목소리가 폭음에 맞서 찢어질 듯 터져 나왔다. 나는 주변 사람들의 얼굴을 찬찬히 뜯어본다. 아무도 말하지 않는데 모든 것이 얼굴에 적나라하게 드러난다. 우리는 벙어리 국민이 되었다. 익숙한 지하실에서만 겨우 몇 마디 입을 뗀다. 언제 다시 전차를 타보려나. 다시 전차를 탈 수나 있을까. 신문에서 1급과 2급 통행증이 내일부터 통용되지 않는다는 기사를 봤다—그들은 이 문제로 우리를 몇 주나 괴롭혀왔다. 빨간색 3급 차표를 가진 사람만이 교통수단을 이용할 수 있다고 했다. 400명 중 한 명이나 여기에 해당하니 아무도 이용하지 못하는 셈이고, 이제는 끝이다.

차가운 밤, 물이 나오지 않는다. 감자는 약하게 가물거리는 가스 불 위에서 여태 끓고 있다. 구석구석을 뒤져 마른 완두콩, 찧은 보리, 곡물가루와 커피 대용품을 봉지에 넣어 마분지 상자에 차곡차곡 쌓아둔다. 끌고 가야 할 지하실 대피용 짐이 하나 더 늘었다. 상자를 끈으로 한 번 더 묶고 나자 소금을 잊어버렸다는 걸 깨달았다. 소금 없이는 버틸 수 없다. 장기간 지하실에서 지내려면 적어도 소금은 있어야 한다.

금요일, 밤 11시, 지하실. 석유 등불 곁에 앉아 노트를 무릎 위에 올려놓는다. 10시쯤, 폭탄이 서너 차례 연달아 떨어졌다. 공습 사이렌이 요란하게 울렸다. 사이렌을 수동으로 울린 게 틀림없다. 전기가 나갔다. 화요일 이후 늘 그랬듯 어둠 속에서 계단을 따라 내려갔다. 사람들이 미끄러지거나 발을 헛디뎠다. 어디선가 소형 수동 발전기가 드르륵 돌아가며 계단실 벽에 거대한 그림자를 만들어냈다. 깨진 유리창을 통해 바람이 불어와 등화관제용 블라인드를 흔들어댔다. 이제 블라인드를 내리는 사람은 없다. (그럴 필요가 있겠는가.)

우르르 발소리가 나고, 트렁크 모서리가 몸에 부딪혔다. 루츠레만이 "엄마!" 하고 외쳤다. 지하 대피소로 가려면 건물 측면 입구 쪽 도로를 건넌 다음 계단을 따라 아래로 내려가서 통로를 하나 지나, 말벌처럼 붕붕거리는 전투기들과 별이 떠 있는 하늘이 드러난 네모난 안뜰을 지나야 한다. 그다음 다시 한번 계단을 따라 내려가서 문턱과 통로들을 지난다. 그러면 마침내 무게가 50킬로그램이나 되고, 가장자리에 고무가 대어져 있고, 두 개의 레버를 이용해 걸어 잠글 수 있는 지하실 철문이 나온다. 공식적으로는 방공 대피소로 불린다. 우리는 동굴, 지옥, 공포의 지하 납골당, 집단 묘지라고 부른다.

거칠게 껍질만 벗긴 나무 기둥들이 숲처럼 빽빽하게 천장을 떠받치고 있다. 이렇게 고여 있는 공기 속에서도 기둥에서는 송진 냄새가 난다. 커튼 장수 슈미트 노인은 저녁마다 지하실 구조에 관해 시시한 말을 지껄인다. 그에 따르면, 이 촘촘한 대들보들은 건물이 무너지더라도 견뎌낼 것이란다. 잔해 덩어리가 특정한 각도와 무게로 추락한다 하더라도 말이다. 이에 대해 더 정확히 알고 있을 것이 틀림없는 건물주인은 우리에게 해명해줄 수 없다. 그는 서부의 바트엠스로 달아났고, 이미 미군의 통치를 받는 국민이 되었기 때문이다.

이 건물의 지하실에 모인 사람들은 이 동굴이 가장 안전한 곳 중 하나라고 확신하고 있다. 낯선 지하실보다 더 낯선 곳은 없다. 나는 거의 석 달 전부터 이들과 함께 지내고 있지만, 그런데도 아직 낯설다. 지하실마다 각기 다른 금기사항이 있으며, 서로 다른 이상한 습성도 있다. 예전에 내가 대피하던 지하실의 사람들은 방화수를 준비해두는 습성이 있었다. 곳곳에서 사람들은 흐릿한 구정물이 담긴 깡통, 양동이, 항아리, 들통 들에 부딪혔다. 그런데도 건물은 횃불처럼 불에 타서 무너졌다. 준비해둔 방화수는 타오르는 불에 침 한 번 뱉는 수준밖에 되지 않았을 것이다.

바이어스 부인은 자신이 이전에 지내던 지하실에서는 허파를 보호하는 습성이 퍼져 있었다고 말했다. 폭탄이 떨어지기가 무섭게 모두 몸을 앞으로 숙이고 아주 약하게 숨을 쉬면서 동시에 두 손으로는 몸통을 세게 누른다는 것이다. 그렇게 하면 허파 파열을 막을 수 있다고 누군가 말했기 때문이다. 지금 이 지하실에는 벽에 대한 이상한 습성이 있다. 모두가 등을 외벽에 기대고 앉아 있다. 환기구 바로 아래에서만 이 줄이 끊어진다. 쾅 소리가 나면 천을 두르는 습성도 추가하자. 모든 사람이 미리 준비해둔 천으로 입과 코를 가리고 뒤통수에서 묶는다. 다른 지하실에서는 본 적 없는 행동이다. 그 천 조각이 무엇을 막는 데 도움을 주는지는 아무도 모른다. 그렇더라도 그들이 이롭다고 느끼기만 한다면야!

자잘한 습성 외에는 평범한 이곳 지하실 사람들은 평범한 의자들에 앉아 있다. 부엌 의자에서 수놓은 비단 소파에 이르기까지 온갖 종류의 의자가 다 있다. 대부분이 중산층 이쪽저쪽에 해당하고, 프롤레타리아 계층은 드문드문 섞여 있다. 나는 주위를 둘러보며 기록한다.

빵집 여주인은 양가죽 옷깃으로 감싼 두 뺨이 붉고 통통하다. 약사 미망인은 구급대원 과정을 마쳤고, 자주 의자 두 개를 붙여놓고 이곳에 모인 다른 부인들에게 카드 점을 쳐준다. 남편이 동부전선에서 실종된 레만 부인은 잠든 아기와 함께 베개가 든 봉지를 팔에 안고 있다. 엄마의 허벅지 위에 앉은 채 잠든 네 살배기 루츠의 구두끈이 풀려 길게 늘어져 있다. 뿔테 안경을 쓰고 회색 바지를 입은 젊은 남자는 가까이서 자세히 살펴보면 젊은 여자다. 모두 재봉사인 나이 든 세 자매는 순대처럼 웅크리고 앉았다. 동프로이센의 쾨니히스베르크에서 피란 온 여자는 얼기설기 기워서 만든 누더기를 걸치고 있다. 폭격으로 집을 잃고 이곳으로 온 슈미트 씨는 커튼도 없는 커튼 장수인데, 노쇠한 나이에도 불구하고 쉴 새 없이 지껄인다. 책방 주인 부부는 몇 해 동안 파리에서 살았던 적이 있고, 자주 프랑스어로 소곤소곤 얘기를 나누며….

조금 전에 나는 아들러스호프에서 폭격으로 집을 잃고 이곳 어머니의 집에 얹혀사는 마흔 살 된 여자의 이야기를 주의 깊게 들었다. 고성능 폭탄 하나가 이웃집 정원에 떨어져 땅을 완전히 뒤집어버렸고, 아끼고 아껴 장만한 자신의 집도 성냥개비로 만들어놓았단다. 그 폭격으로 그녀가 기르던 살진 돼지가 튕겨 지붕 서까래까지 올라갔다. "그 짐승은 먹지도 못하게 되었어요." 이웃집 부부는 포격을 피할 수 없었다. 사람들은 집의 잔해와 파헤쳐진 흙더미 사이에서 겨우 수습한 신체 부위들을 대강 맞춰 장례식을 치렀다. 재단사협동조합의 남성 합창단이 무덤가에 서서 노래를 불렀다. 하지만 마지막에는 그마저도 뒤죽박죽이 되었다. 공습경보가 그리스도를 찬양하는 노래 속에 섞여드는 바람에 무덤 파는 인부들은 허둥지둥 관을 내려야만 했다. 관 속에 든 것이 부딪히며 덜그럭거리는 소리가 들렸다. 지금까지도 별로 재미있는 이야기는 아니었는데, 여자는 제풀에 미리부터 키득거리더니 마지막 한 방을 날리듯 말을 이었다. "그런데 생각 좀 해보세요. 그 집 딸아이가 사흘 뒤에 아직 쓸 만한 것이 있는지 정원 여기저기를 파보다가 빗물받이통 뒤편에서 자기 아빠의 한쪽 팔을 찾았지 뭐예요."

몇 사람은 짧게 웃었지만, 대부분은 웃지 않았다. 이웃들이 그 팔을 함께 묻어주었을까?

나는 계속해서 지하실에 모인 사람들을 관찰한다. 내 맞은편에 앉은 신사는 사업가인데, 열이 올라 진땀을 흘리며 이불을 뒤집어쓰고 있다. 신사 옆에는 그의 부인이 앉아 있다. 그녀는 함부르크식 억양으로 S 발음을 짧게 끊어서 말하며, 열여덟 살 난 딸을 슈틴헨이 아니라

스-틴헨이라고 부른다. 다음으로 최근에 배정을 받고 들어와 아는 사람이 없는 금발의 여자가 마찬가지로 잘 알려지지 않은 세입자 남자와 손을 맞잡고 있다. 뼈만 앙상한 전 우체국장 부부도 있다. 부인은 언제 어디서나 니켈과 가죽, 나무로 만든 의족을 품에 안고 다니는데, 불완전한 피에타(Pieta)상 같다. 의족의 주인인 외다리 아들은 브레슬라우 군 병원에 입원해 있다—혹은 입원해 있었다. 사정을 정확히 아는 사람은 없다. 난쟁이처럼 안락의자에 쪼그리고 앉은 곱사등이는 탄산음료 회사에서 근무하는 화학 박사다. 다음으로 어머니, 두 딸 그리고 아버지를 잃은 손자로 이루어진 수위 가족이 있다. 그리고 빵집에서 일하는 에르나와 헤니는 돌아갈 집이 없어져 가게 주인의 집에서 살고 있다. 검은 곱슬머리의 벨기에 남자 앙투아네는 빵집 기능공인 척하며 헤니와 모종의 관계를 맺고 있다. 주인이 버리고 간 건물의 관리인 여자는 엄격한 방공 대피소 규정에도 불구하고 늙은 폭스테리어 개를 팔에 안고 있다. 나는 창백한 금발의 여자로, 우연히 건진 겨울 코트를 늘 걸치고 다닌다. 한때 출판사 직원이었는데, 지난주에 문을 닫아버린 이 출판사는 직원들에게 '별도의 지시가 있을 때까지' 휴가를 주었다. 이 외에 이런저런 특색이 없는 사람들도 있다.

우리는 최전방에서도 후방의 국민방위대에서도 원하지 않는 폐기물들이다. 빵집 주인은 여기에 없다. 이 대피소에서 유일한 빨간색 3급 통행증 소지자인 그는 은을 묻어 두기 위해 전철을 타고 자신의 텃밭으로 갔다. 미혼에다 행동도 대담한 우체국 직원 벤 양은 잠깐 자리를 비웠다. 그녀는 조금 전에 폭탄이 떨어지지 않는 틈을 타 오늘자 신문을 가지러 위로 달려 나갔다. 대공습으로 일곱 식구를 잃은 한 여자는 장례식을 치르기 위해 포츠담으로 떠나고 없다. 부인과 아들과 함께 4층에 살던 엔지니어도 이제 보이지 않는다. 그는 지난주에 화물선을 타고 떠났다. 그는 중부 내륙 운하를 지나 자신의 설비들과 함께 안전하게 브라운슈바이크에 도착할 것이다. 그가 운영하던 군수 공장은 이미 그곳으로 옮겨 갔다. 모든 노동력이 나라의 중심부로 밀려들고 있다. 그곳에는 틀림없이 인간들이 위태롭게 넘쳐날 것이다. 그곳까지 이미 미군이 진주한 게 아니라면. 우리는 사실 아무것도 모른다.

한밤중. 전기는 들어오지 않는다. 내 머리 위 대들보에 매달린 석유 램프가 그을음을 내며 탄다. 귀를 먹먹하게 때리는 폭탄 소리가 점점 더 커진다. 천을 두르는 이상한 습성이 나온다. 모두 각자 손에 쥔 천으로 코와 입을 둘러 묶는다. 유령같이 으스스한 터키 하렘들의 방, 반쯤 가려진 데스마스크들이 전시된 화랑이다. 오직 눈들만 살아 움직인다.

1945년 4월 21일, 토요일 새벽 2시

폭탄이 떨어지자 벽이 흔들린다. 만년필을 쥔 손가락이 한참 떨린다. 힘든 일을 마친 듯 온몸이 땀에 흥건히 젖었다. 폭탄이 떨어지기 전에 나는 지하실에서 두툼한 빵을 먹었다. 폭격으로 집을 잃은 날 밤 매몰자들의 구조를 도운 뒤로는 죽음에 대한 불안 때문에 힘들다. 증상은 늘 똑같다. 먼저 이마에 땀이 나고, 등골이 쑤시는 듯 아프고, 목이 따끔거리고, 입안이 바싹 마르고, 심장은 멈춘 듯 조용하다. 두 눈은 건너편에 놓인 의자 다리를 물끄러미 바라보며 선반으로 깎아 만든 다리의 둥근 부분과 오목한 부분을 기억에 새긴다. 기도를 할 수 있다면 좋으련만. 나의 뇌는 판에 박힌 문구와 토막 난 문장에 매달린다. "세상사에 매달리지 말라, 허망한 것일지니… 하나님 뜻대로 되리니… 두려워하지 말라…." 폭격의 진동이 사라질 때까지 계속 되뇐다.

명령이 떨어진 듯, 사람들이 갑자기 수다를 떨기 시작했다. 다들 웃고, 서로 뒤지지 않을 만큼 목청을 높이고, 익살을 부린다. 벤 양이 신문을 들고 앞으로 나가 총통의 생일을 맞아 괴벨스가 한 연설을 읽어준다. (날짜는 대부분 기억하지 않는다.) 그녀는 아주 특별히 강조하면서, 지하실의 사람들이 들어본 적 없는 조소와 악의에 찬 목소리로 읽는다. "들판의 황금 물결과… 평화롭게 사는 사람들…." 전혀 아니었어, 하고 베를린 출신의 남자가 대꾸했다. "그러면 좋았겠지만." 의기양양한 연설문을 귀담아듣는 사람은 없다.

새벽 3시, 지하실은 그냥 계속 멍한 상태. 예비 공습경보 해제 사이렌이 여러 번 울렸지만, 곧장 다시 새롭게 공습경보가 울렸다.

폭격은 일어나지 않았다. 나는 글을 적고 있고, 이 행위는 관심을 딴 데로 돌리는 데에 도움이 된다. 게르트가 돌아온다면 이 글을 읽게 되리라. 그가 아직 살아 있다면 말이다. 아니, 그런 불길한 생각일랑 집어치우자.

남자 차림의 젊은 여자가 나에게 몰래 다가와 무엇을 쓰고 있는지 물었다. 나는 이렇게 답했다. "아무것도 아니에요. 그저 내 얘기 몇 자 끄적거리는 거죠. 뭔가 할 일을 찾아야 하니까."

첫 폭탄 공세가 지나자 원래 지내던 지하실에서 사람들의 등쌀에 쫓겨난 이웃 노인 '지기스문트'(Siegismund)가 불쑥 나타났다. '승리의 입'이란 뜻의 이 별명은 그가 끊임없이 '승리'(Sieg)의 말을 늘어놓아서 붙여진 것이다. 지하실에서 쫓겨난 이유이기도 하다. 지기스문트는 구원이 가까워졌으며 승리가 확실하다고 믿는다. 그리고 '그분'(우리는 최근 A. H.를 이렇게 칭한다)이 하는 일은 틀림이 없단다.
지기스문트가 지껄이는 동안 옆에 앉은 사람들은 말없이 서로를 쳐다본다. 누구도 그와 언쟁하지 않는다. 누가 미친 사람한테 대거리를 하겠는가. 미친 사람은 때때로 위험하기도 하다. 오직 수위의 부인만이 열심히 동조하며 양쪽 송곳니 사이로 '그분'은 그리스도만큼이나 믿을 만하다고 장담했다.

아침 9시, 다락집이다. (시간은 전부 대충 어림잡은 것이다. 시계를 볼 수 없다는 점에서 시간을 초월해 사는 셈이다.) 아침부터 흐린 날씨, 비가 요란하게 쏟아진다. 책상 대신으로 창문턱에 노트를 올려놓고 이 글을 적고 있다. 새벽 3시 직후에 경보 해제 사이렌이 울렸다. 나는 옷과 신발을 벗고서 이불이 깔린 침대에 쓰러졌다. 다섯 시간 동안 곤히 잠을 잤다. 가스는 나오지 않는다.

방금 내가 가진 현금을 세어보았다. 452마르크였다. 이렇게 많은 돈을 어떻게 처리해야 할지 모르겠다. 아직 살 수 있는 몇 가지 물품은 잔돈으로도 해결할 수 있다. 은행 계좌에도 살 물건이 없어서 쓸 수 없는 돈이 1000마르크쯤 있다. (전쟁 첫해에 평화가 찾아오면 세계 일주를 하겠다고 저축을 시작했었다. 아주 오래전 일이다.) 많은 사람이 은행 문이 열려 있기만 하면 달려가 돈을 찾아온다. 대체 뭘 하려고? 만약 우리가 전쟁에서 지면 마르크화는 소용이 없어진다. 돈, 다시 말해 지폐는 허구일 뿐이고, 중앙은행이 밀려나면 더는 아무런 가치가 없다. 아무 감정 없이 돈다발을 주르륵 넘겨본다. 나에게 이것은 아무튼 기념품은 될 것 같다. 몰락한 시대에 사용되던 소품으로 말이다. 나는 점령군이 자국 화폐를 들고 오거나 그렇지 않으면 군표가 발행될 거라고 생각한다. 그 정도만 되어도 다행이다. 어쩌면 노역을 해야만 끼니를 해결할 수 있게 될지도 모른다.

점심 무렵. 비가 끝없이 내린다. 용감하게 파르크가까지 걸어가 나의 '종이 기념품'에다 한 묶음을 더 보탰다. 출판사 지배인이 마지막 월급을 주었고 '휴가'도 베풀어주었다. 출판사 전체가 공중 분해되었다. 구직 센터는 문을 닫았다. 이제 누구도 해고된 일꾼들을 데려가지 않는다. 어찌 보면 우리 스스로가 주인이 되었다.

내 생각에 관료들은 비상시에 믿지 못할 사람들인 것 같다. 모든 관청이 유탄 파편이 쏟아지기가 무섭게 일손을 놓아버렸다. (지금은 무척 조용하다. 무서울 정도로 정적만이 흐른다.) 우리는 이제 통치를 받지 않는다. 그런데도 매번, 다시 일종의 질서가 생겨난다. 어디서나. 모든 지하실에서도 그렇다. 폭격이 있었던 날, 나는 잔해에 깔렸던 사람, 부상당한 사람, 충격에서 헤어나지 못한 사람 들이 현장에서 질서 정연하게 실려 나가는 것을 목격했다. 내가 지내는 지하실에도 질서의 힘이 팽배해 있다. 규칙을 만들고 조직하고 지시를 내리는 사람이 생기는 것이다. 이것은 인간 본성이다. 석기시대부터 인류는 이렇게 살아온 것이 틀림없다. 군거 동물의 특성이자 종족 보존의 본능이다. 동물들의 경우 이 자리는 늘 수컷의 차지였다. 힘센 황소, 우두머리 수말. 이 지하실에서는 우두머리 암말이 질서를 유지하는 역할을 한다. 벤 양이 그런 사람이다. 매우 침착한 함부르크 출신의 여자도 마찬가지다. 나는 그렇지 않다. 예전에 지내던 지하실에서도 나는 그렇지 않았다. 그곳에서는 우렁차게 울부짖고 다니는 힘센 수소가 판을 주도했다. 그는 퇴역 소령이었던 자기 말고는 남자든 여자든 그 누구도 위세를 부리게 놔두지 않았다. 나는 사람들과 엉겨 있는 것이 싫어서 조금이라도 떨어진 구석을 찾고는 했지만, 우두머리가 부르면 순순히 따랐다.

집으로 오는 길. 나는 전차를 따라 달렸다. 3급 통행증이 없는 나는 전차를 탈 자격이 없다. 전차는 거의 텅 빈 채 운행되고 있었는데, 세어보니 여덟 명이 타고 있다. 수백 명이 억수같이 퍼붓는 빗속을 달리고 있었다. 어차피 운행하는 전차라면 태워줄 만도 한데…. 아니다, 아니다. 질서의 원칙을 떠올려보라. 그것은 우리 내면 깊숙이 자리해 있으며, 우린 따를 뿐이다.

빵집에서 브뢰첸(Brötchen)을 샀다. 아직 선반에는 빵이 그득해서 사람들은 불안해하지 않았다. 그다음 물품 배급소로 갔다. 오늘은 나의 성 첫 글자에 해당하는 사람들이 감자 배급표 75번에서 77번까지에 스탬프를 찍고 배급을 받을 차례였다. 그 많던 배급 인력은 다 어디 가고 오늘은 겨우 두 사람이다. 그런데도 배급은 놀랍도록 빨리 끝났다. 그들은 거의 보지도 않고 배급표에 기계처럼 스탬프를 찍었다. 매번 귀찮게 스탬프를 찍어야 하는 이유가 뭘까? 아무도 모르지만, 모두가 그곳에 줄을 서고, 뭔가 합당한 이유가 있을 거라 믿는다. 게시문에 따르면 4월 28일에는 알파벳 X에서 Z까지가 마지막으로 배급을 받는다.

흠뻑 젖은 방수포를 덮은 짐마차들이 비를 헤치며 도심 방향으로 느릿느릿 이동하고 있었다. 방수포 아래에는 군인들이 웅크리고 있었다. 나는 처음으로 진짜 전방에서 오는 남자들을 보았는데, 지저분하고 수염이 희끗희끗한 늙은이들이었다. 짐마차를 끄는 작고 온순한 동유럽산 말은 비에 젖어 짙은 색을 띠었다. 마차에 짐이랄 만한 것은 건초가 전부였다. 어느 구석에서도 기계화된 전격전의 흔적은 보이지 않았다.

집으로 돌아올 때는 검은 건물 잔해 뒤편의 K 교수가 버리고 떠난 정원에 들어가 크로커스를 뜯고 라일락을 꺾어 왔다. 일부는 예전에 같은 집에 살던 골츠 부인에게 갖다주었다. 우리는 놋쇠 탁자 곁에 마주 앉아 잡담을 나누었다. 더 정확히 말해, 우리는 또다시 시작된 총격전 소음에 맞서 고래고래 소리를 질렀다. 골츠 부인이 갈라지는 목소리로 말했다. "꽃들, 이 꽃들이 얼마나 아름다운지…." 눈물이 그녀의 얼굴을 타고 흘러내렸다. 나도 울적해졌다. 아름다움이 마음을 찌른다. 너무나 많은 죽음에 둘러싸여 있기 때문이다.

오늘 아침에 지금까지 내가 얼마나 많은 죽음을 보았는지 곰곰이 헤아려보았다. 첫 번째 죽음은 세르만 씨였다. 나는 당시 다섯 살이었다. 일흔 살의 그는 하얀 비단 위에 창백한 얼굴로 누워 있었고, 머리 쪽에는 촛불이 밝혀져 있었다. 모든 것이 의미심장하고 숭고했다. 죽음은 장엄하고 훌륭한 것이었다. 1928년 힐데와 케테가 나에게 전날 죽은 남동생 한스를 보여주었을 때까지는 그랬다. 한스는 마치 헝겊 뭉치처럼 소파 위에 누워 있었는데, 턱은 파란 천으로 묶여 당겨져 있었고 무릎은 구부정했다. 그것은 지저분하고 하찮은 죽음이었다. 그 후에 나는 죽은 친척들을 보았다. 꽃들과 묵주 사이에서 핏기없는 손톱들이 보였다. 그리고 파리에서는 차에 치여 피투성이가 되어 죽은 남자를, 또 모스크바 강가에서는 얼어 죽은 남자를….

죽은 사람들은 보았지만 죽어가는 순간은 아직 보지 못했다. 이 또한 곧 겪게 될 것이다. 내가 죽으리라고는 생각하지 않는다. 나는 이미 너무나 자주 죽음을 비껴갔고 죽음이 유예되었다고 느낀다. 대부분의 사람이 이런 마음을 품고 있을 것이다. 그렇지 않고서야 어떻게 이토록 많은 죽음 한가운데서 웃으며 지낼 수 있겠는가. 목숨이 위협받을 때마다 삶의 의욕이 커지는 것만은 확실하다. 나는 공중공습이 있기 전보다 더 큰 불꽃을 내며 활활 타오르고 있다. 목숨이 붙어 있는 새로운 하루가 찾아올 때마다 승리의 날이 된다. 우리는 또다시 살아남았다. 우리는 견뎌낸다. 우리는 더 우뚝 일어서며 땅에 발을 더 단단하게 디딘다. 예전에 처음으로 폭격을 당했을 때 나는 방의 한쪽 벽에 연필로 라틴어 한 구절을 적어놓았다. 여전히 그것을 기억한다.

> "땅이 무기력하게 내려앉아도
> 나는 두려워하지 않고 기꺼이 파멸을 택하리라."

그때만 해도 외국으로 편지를 보낼 수 있었다. 스톡홀름에 사는 친구 D에게 보내는 편지에 이곳 상황이 얼마나 위험한지 알리고, 나는 잘 지내노라고 전하기 위해, 얼마간은 나 스스로 강인한 사람이고 싶어서 이 구절을 인용했었다. 마치 삶의 심오한 비밀을 알게 된 어른이 아직은 인생의 쓴맛을 몰라야 할 순진한 아이에게 편지를 쓰는 것만 같아서 D에게 괜히 미안하기도 했었다.

1945년 4월 22일, 일요일 새벽 1시

다락집으로 올라와 침대에 누웠는데 깨진 유리창으로 바람이 들어왔다. 가물거리는 가스 불에 몇 시간을 달군 벽돌 하나를 발치에 놓고선 마냥 꾸벅꾸벅 졸았다. 저녁 8시경 레만 부인이 노크를 했다. "아래로 내려와요, 더는 공습경보도 없고 사이렌도 울리지 않아요. 다른 사람들은 벌써 다 내려와 있어요."

위태롭게 계단을 내려가다 신발 뒤축이 계단 모서리에 걸려 질겁을 했다. 겨우 난간을 붙들고, 후들거리는 다리로 계속 내려갔다. 가슴을 졸이며 칠흑같이 깜깜한 통로 여기저기를 손으로 더듬어 간 끝에 지하실 문의 손잡이를 찾았다.

지하실 안이 좀 새로웠다. 방금 온 사람들이 잠자리를 펴놓았다. 곳곳에 베개, 오리털 이불, 접이식 긴 의자가 놓여 있었다. 간신히 내 자리로 갔다. 라디오는 먹통이고, 공항에서 송출하는 무선 신호도 잡히지 않았다. 석유 램프가 희미하게 깜빡이며 타오르고 있었다. 폭탄이 몇 발 떨어졌지만 이내 조용해졌다. 지기스문트가 여전히 깃발을 든 채 나타났다. 커튼 장수 슈미트는 현재 러시아군이 점령하고 있다는 베르나우와 초센에 관해 알아듣기 힘든 말을 했다. 지기스문트는 곧 전세가 뒤집힐 것이라며 맞섰다. 우리는 계속 앉아 있었고 시간은 더디게 흘러갔다. 중화기가 때로는 멀리서 때로는 가까이서 요란하게 발사되었다. "이제 5층 집으로 가지 말아요." 약사 미망인이 조심하라며 나를 타일렀다. 그리고 2층의 자기 집에 잠잘 곳을 마련해주겠다고 했다. 우리는 뒤쪽 계단을 통해 위층으로 올라갔다. (예전에는 '고용인과 배달업자를 위한 계단'이었다.) 계단은 기둥을 중심으로 좁게 나선을 이루며 나 있었다. 발아래에서는 유리 조각들이 바스락거렸고, 열린 통풍창을 통해 바람이 윙윙 소리를 내며 불어왔다. 부엌 바로 옆의 방 앞쪽에 나를 위한 긴 소파가 있었고, 나는 거기서 낯선 냄새가 나는 담요를 덮고 두 시간을 잤다. 자정 무렵, 폭탄이 바로 가까이에 떨어졌다. 우리는 다시 황급히 지하실로 내려갔다. 지독히 지루한 밤, 나는 너무 지쳐 더는 글을 쓸 수가 없다….

다음 날 아침 10시경, 다락집. 새벽 4시 무렵까지는 지하실에서 버텼다. 그러다 혼자 다락으로 올라와 약한 가스 불에 무 수프를 데우고, 감자는 껍질을 벗겨서 마지막 남은 계란과 함께 삶았다. 계란은 거의 흐물흐물한 채로 먹었다. 그리고 몸에 마지막 남은 향수를 뿌렸다. 얼마나 많은 것을 마지막으로 사용하고 있는지. 특별한 경로로 구할 수 있을 때까지, 한없이 오래 걸릴 것이 분명한 그 언제가 올 때까지는 모든 것이 마지막이다. 기막힌 일이다. 계란을 어디서 더 구한단 말인가? 향수는? 그래서 나는 이 행복한 순간을 음미하며 기억에 새겨두었다. 그러고 나서 옷을 입은 채 침대 속으로 기어들어 갔다. 불안한 꿈 때문에 잠을 설쳤다. 뭐든지 물건을 구하러 나가야 하는데….

다시 다락으로 돌아온 오후 2시. 비가 억수로 퍼부었다. 신문은 더 이상 나오지 않았다. 그런데도 사람들은 쪽지나 전단이 예고했다는 시간에 맞춰 배급소에 몰려들었다. 모두 입소문에 의지해 살며 온갖 이야기가 나돈다.

공식적으로 우리는 배급 식량을 '선불'로 받는다. 고기, 소시지, 곡물류, 설탕, 통조림, 커피 대용품 따위를 말이다. 나는 길게 늘어선 줄의 끄트머리에 자리를 잡고 빗속에서 두 시간을 기다린 끝에 마침내 곡물가루 250그램, 귀리 플레이크 250그램, 설탕 2파운드, 커피 대용품 100그램과 콜라비 한 통을 받았다. 고기와 소시지와 원두커피는 아직도 나오지 않았다. 길모퉁이의 정육점이 북적거렸다. 사람들이 세차게 쏟아지는 비를 맞으며 양쪽으로 네 줄씩 길게 늘어서 있었다. 이럴 수가! 내가 선 줄에 유언비어가 나돌았다. 쾨페니크는 이미 포기했으며, 뷘스도르프는 점령당했고, 러시아군이 텔토우 운하를 차지했다는 것이다. 그런데 '그 일'에 관해서는 돌연 약속이라도 한 듯 단 한 명의 여자도 언급하지 않았다.

긴 줄에 서서 대화를 하고 나면 늘 몹시 불쾌하고 혐오스러운 기분이다. 이런 대화에서는 뜻하지 않게 말하는 방식과 내용이 저속해지고 군중심리에 빠져들게 된다. 그런데도 나는 특별히 거부하지 않았다. 대중의 인간적인 면모에 빠지고도 싶었고, 함께 체험하고 동참하고 싶었다. 평범하게 살던 시절 나의 특징이었던 거만한 외톨이 기질과 남들처럼 주민의 한 사람으로 역사의 일부를 감당하려는 욕구가 조화를 이루지 못하는 것이다.

하긴 달리 뭘 할 수 있겠는가. 기다리며 지켜보는 수밖에. 대공포와 대포 소리가 중심인 나날이다. 이 모든 것이 어서 끝났으면 좋겠다. 기묘하다. 우리는 지금 역사를 직접 겪고 있다. 후세에는 노래로 불리고 이야깃거리가 될 일들이지만, 우리에게는 그저 자잘하고 끝없는 걱정과 불안이다. 역사는 매우 성가시다.

내일은 쐐기풀을 찾아보고 석탄을 구해야겠다. 새로 받아 저장해둔 식량이 얼마 되진 않지만 허기는 달래줄 것이다. 부자가 돈을 걱정하듯이 나는 식량 저장고가 잘못될까 봐 걱정한다. 폭격으로 날아가거나 도둑맞을 수도 있고, 쥐가 먹어치우거나, 어쩌면 적군이 강탈해 갈 수도 있다. 결국, 나는 모든 잡다한 양식을 지하실로 가져갈 수 있게 또 다른 상자에 잘 담아두었다. 땅 위의 내 물건을 몽땅 다 챙겨도 아직은 힘들이지 않고 계단을 오르내릴 수 있다.

늦은 저녁, 어스름. 다시 골츠 부인 집을 찾았다. 그녀의 남편은 외투를 입고 목도리를 두르고 그녀 옆에 앉아 있었다. 방 안이 춥고 바람이 세차게 들이쳤다. 두 사람 모두 말이 없고 침울했다. 그들은 이제 세상이 어떻게 돌아가는지 몰랐다. 우리는 이야기도 거의 나누지 않았다. 바깥에서 내내 양철을 두드리는 듯한 소리가 연달아 났다. 중간중간에 대공포 유탄들이 떨어지며 박히는 소리가 마치 하늘에서 땅까지 펼쳐진 거대한 융단을 두드리는 것처럼 둔탁하게 들렸다.

대포의 메아리가 안마당을 울리며 빠져나갔다. 지금까지는 '사자의 용맹함'이나 '영웅의 가슴'과 같은 표현처럼 느꼈던 '우레 같은 포성'이라는 말을 처음으로 실감했다. 우레라는 표현은 정말 잘 들어맞았다.

폭풍이 몰아치고 있었다. 나는 건물 출입문에 서서 지나가는 군인 무리의 뒷모습을 바라보았다. 그들은 기운 없이 발을 질질 끌며 걷고 있었다. 많은 이가 다리를 절었다. 말없이, 각자, 보조도 맞추지 않고 터벅터벅 발걸음을 옮겼다. 까칠한 수염으로 뒤덮인 얼굴은 초췌했다. 등에는 무거운 행장을 지고 있었다.

"어떻게 되는 거예요?" 내가 소리쳤다. "어디로 가는 건가요?"

아무도 대답하지 않았다. 어떤 군인이 알아듣지 못할 말을 중얼거렸다. 다른 군인은 혼잣말을 했다. "총통께서 명령을 내리시면–우리는 목숨 걸고 따르리라."

너무나 초라한 행색이었다. 그들은 더 이상 군인이 아니었다. 우리는 그들을 불쌍히 여길 뿐, 어떤 것도 바라거나 기대하지 않았다. 이미 그들은 패잔병이자 포로처럼 보였다. 그들은 보도에 선 우리를 무감각하게 멍한 눈으로 보고 지나쳤다. 우리가 독일 민족(Volk)이든 민간인이든, 베를린 시민이든, 그 무엇이든 간에 그들에겐 그저 귀찮은 존재인 것이 분명했다. 나는 그들이 초라한 자신의 모습을 부끄러워한다고는 생각지 않았다. 수치를 떠올리기에 그들은 너무나 기진맥진해 있었다. 싸움에 지친 것이다. 나는 더 이상 쳐다볼 수 없었다.

벽에 분필로 쓴 글자들이 지저분하게 번져 있었는데, 부대원들에게 집결지를 공지하는 내용인 듯했다. 길 건너편의 단풍나무에는 핀으로 고정된 두 장의 공고문이 붙어 있었다. 마분지에 빨간색과 파란색 펜을 이용해 손으로 쓴 것으로, '히틀러'와 '괴벨스'라는 이름이 강조되어 있었다. 한쪽 공고문은 항복해서는 안 된다는 경고와 함께 항복하려다 발각되면 교수형과 총살형을 내리겠다고 위협했다. '베를린 시민들에게 촉구함'이라는 제목이 달린 또 다른 공고문은 적대적인 외국인들에게 경고를 보내는 한편 모든 남자에게 싸움에 나설 것을 촉구했다. 벽보는 전혀 시선을 끌지 못했다. 손으로 쓴 글은 조악하고 경박하다는 느낌을 주었고, 겨우 속삭이는 수준이다.

과학 기술이 우리를 나쁘게 길들여놓은 것은 확실하다. 이제는 윤전기나 확성기를 쓰지 않으면 군색하게 느껴진다. 손으로 쓴 글이나 약하게 외치는 말이 대체 무슨 소용이 있나. 과학 기술은 말하고 쓰는 것 자체의 위력을 떨어뜨렸다. 혼자서 높이 외치는 소리와 손으로 적은 벽보, 비텐베르크의 교회 문에 붙은 90개 조항, 예전에는 이 정도로도 민중 봉기가 일어났다. 오늘날 효과를 발휘하려면 양이 더 불어나야 하고, 범위가 더 넓어져야 하고, 기계를 이용해 대량 생산되어야만 한다. 벽보를 꼼꼼히 들여다보던 한 여자가 내용을 한 문장으로 요약했다. "이걸 보니 우리 동포들이 어떻게 파멸하게 되었는지 알겠군."

지하실, 밤 10시. 저녁 수프를 먹은 후 나는 위층에서 침대에 누워 잠깐 휴식을 취하고 나서 지하실로 서둘러 내려왔다. 사람들은 이미 거의 다 모여 있었다. 오늘은 대포 소리가 뜸했고, 시간이 다가왔는데도 공중공습도 지금까지는 없었다. 불안한 쾌활함이 살아났다. 온갖 이야기들이 나왔다. W 부인이 외쳤다. "러시아 병사가 배 위에 올라타는 게 미군 병사가 머리에 올라타는 것보다야 낫지." 그녀가 달고 있는 검은 상장에는 별로 어울리지 않는 농담이다. 벤 양이 지하실이 울리도록 날카롭게 소리쳤다. "어디 솔직히 말해봅시다. 우리 모두 분명 숫처녀는 아니잖아요." 그녀는 아무런 대답도 듣지 못했다. 나는 누가 아직 숫처녀일지 곰곰이 생각했다. 아마 수위의 둘째 딸은 숫처녀일 것이다. 이제 겨우 열여섯이고, 게다가 큰딸이 몸을 망친 후로는 매우 엄한 감시를 받고 있었다. 내가 젊은 여자들의 얼굴만 보고 이것을 판단하는 데 능숙하다면, 건너편에서 평화롭게 졸고 있는 스-틴헨도 숫처녀일 것이다. 외모만으로는 꼭 젊은 남자 같으니까. 하지만 언제나 예외는 있는 법이다.

오늘 어떤 여자가 새롭게 이 건물 지하실로 왔다. 지금까지 그녀는 여섯 블록 떨어진, 비교적 안전하다는 공공 지하 벙커로 갔었다. 그녀는 자기 집에 혼자 사는데 남편이 사망했는지, 버리고 떠났는지, 이혼을 했는지는 모른다. 왼쪽 뺨 전체에 곪은 부스럼이 나 있었다. 그녀는 처음에는 속삭이는 소리로, 조금 후에는 큰 소리로 결혼반지를 팬티 고무줄에 단단히 묶어놓았다고 이야기했다. "그들이 그곳에 손을 대기만 한다면야 반지가 무슨 상관이겠어요?" 다들 요란하게 웃었다. 어쩌면 얼굴에 난 부스럼이 그런 일을 당하지 않게 해줄지도 모른다. 그런 것도 도움이 되는 세상이다.

1945년 4월 23일, 월요일 아침 9시

믿기지 않을 정도로 고요한 밤, 대공포도 거의 발사되지 않았다. 새로운 지하실 주민이 불쑥 나타났다. 아들러스호프에서 폭격으로 집을 잃고 이곳 친정어머니 집에 얹혀사는 여자의 남편이었다. 남자는 군복을 입고 왔는데, 한 시간 후에는 지저분한 헌 옷차림이었다. 어째서 그랬을까? 아무도 그의 옷에 대해 말하지 않았고, 아무도 눈여겨보지 않았다. 일선의 병사였음에도 그는 아직 건강해 보였다. 우리는 반가울 따름이었다.

탈영은 별안간 당연한 것으로, 심지어 바람직한 것으로 여겨지기 시작했다. 테르모필렌 고개에서 끝까지 저항하다 전원이 전사한 레오니다스와 300명의 스파르타 병사가 떠오른다. 우린 학교에서 그런 것을 배웠고, 그런 영웅적 행위를 찬미하는 교육을 받았다. 지금 어느 전선에서는 300명의 독일 병사가 과거의 스파르타 병사들처럼 행동할 수도 있다. 그러나 300만 명의 병사는 그렇게 하지 않는다. 군대의 규모가 크고 구성원이 이질적일수록 교과서에 나오는 영웅적 행위의 가능성이 줄어든다. 우리 여자들은 영웅적인 기질을 타고나지 않았다. 우리는 합리적이고, 실용적이고, 기회주의적이다. 우리는 현실적으로 행동하는 남자를 좋아한다.

자정 무렵, 졸음이 쏟아져 앉아 있던 의자에서 바닥으로 구를 뻔했다. (대체 어디서 접이식 긴 의자를 구한단 말인가!) 그래서 유리 조각들이 흩어져 있는 나선형 계단을 따라 비틀거리며 2층으로 올라가 약사 미망인의 집 긴 소파에서 6시까지 잠을 잤다. 그사이 연달아 폭탄이 떨어졌다는 말을 듣고 놀랐다. 잠에 취해 전혀 듣지 못했다.

빵집에 브뢰첸이 나와 있었다. 마지막 빵이었다. 나의 빵 배급표도 마지막이다. 새로운 식량 배급표는 나올 가망이 없다. 어떤 명령도 내려오지 않고, 아무런 소식도 들리지 않고, 아무것도 없다. 누구도 우리를 걱정해주지 않는다. 별안간 국민이 아닌 개인이 되었다. 친구들과 동료들 사이의 오랜 유대는 세 건물 이상 떨어져 지내는 한 모두 끊겼다. 우리는 동굴에서 지내는 씨족 무리다, 원시시대처럼. 행동의 반경은 백 걸음이 채 되지 않는다.

빵집에서 러시아군이 현재 바이센제와 랑스도르프 부근에 당도했다는 소문을 들었다. 나는 랑스도르프 호수에서 자주 수영을 했었다. 시험 삼아 혼잣말을 크게 뱉어보았다. "러시아군이 랑스도르프에 와 있어." 발음이 제대로 되지 않았다. 오늘 동부 지역에서 불길이 일면서 하늘을 붉게 물들였다. 끝없이 화재가 발생했다.

석탄을 구하러 나갔다가 왔다, 오후 1시. 나는 남쪽으로 전선에 닿을 듯이 가깝게 걸어가 보았다. 급행 전철이 다니는 터널은 이미 차단되었다. 터널 앞을 지키고 선 사람들이, 반대편 입구에 군인 한 명이 처형되어 매달려 있는데 팬티 차림에 목에는 '배반자'라는 표지가 걸려 있다고 했다. 너무나 낮게 매달려 있어서 다리를 잡을 수 있을 정도라고 했다. 이 말을 한 사람은 자신이 이를 직접 봤으며, 다리를 돌리며 재미있어하는 개구쟁이 녀석들을 쫓아버렸다고 했다.

베를리너가는 황량해 보였고, 반쯤은 파헤쳐지고 바리케이드들로 차단되어 있었다. 가게들 앞에는 사람들이 장사진을 치고 있었다. 대공 포탄에 멍해진 표정들이었다. 화물차들이 도심 쪽으로 달려갔다. 가끔 너덜너덜한 붕대를 감고 흙탕물이 튀어 더러워진 사람 형체들이 넋 나간 얼굴을 하고 터벅터벅 걸어갔다. 보급 부대 행렬도 지나갔다. 건초를 실은 짐마차들의 마부석에는 머리가 희끗희끗한 노인들이 앉아 있었다. 바리케이드 곁에서는 주워서 대충 만든 군복을 입은 국민방위대가 보초를 서고 있었다. 아주 어린 소년들도 보였는데, 막 수염이 나기 시작하는 얼굴에다 지나치게 큰 철모를 쓰고 있었다. 그들의 고운 목소리를 듣고 사람들은 깜짝 놀랐다. 기껏해야 열다섯 살 정도였는데 헐렁한 군복 상의에 가려진 몸통이 너무나 가늘고 왜소해 보였다.

아이들이 죽음으로 내몰리는 것에 왜 유독 거북한 감정이 일까? 서너 살만 더 먹었어도 총에 맞거나 포탄에 중상을 입는 것이 전혀 낯설지 않았을 것이다. 그것을 가르는 경계는 어디쯤일까? 혹시 변성기? 돌이켜보니 나는 이 조그마한 녀석들의 높고 고운 목소리에 가장 마음이 아팠던 것 같다. 오래도록 군인과 남자는 동일시되어왔다. 남자는 종족을 번식시킨다. 이 소년들이 성인이 되기도 전에 한 줌의 재가 되어버리는 것은 분명 자연법칙에 어긋나는 일일 것이다. 본성에 반하는 일이며, 종족보존의 욕구를 짓밟는 짓이다. 자기 새끼를 잡아먹는 물고기나 곤충처럼. 인간의 세계에서 그래선 안 된다. 그런데도 그렇게 되고 있다는 것은 광기의 징후이다.

모두 떠난 출판사 건물의 지하실에는 아직 석탄이 많이 남아 있었다. 폭격으로 집을 잃고 이곳으로 배정된 여자가 앞으로 어떻게 될지 나를 쫓아다니며 물었다. 8주가 된 아기의 엄마가 어제부터 젖이 나오지 않는 모양이었다. 젖을 먹지 못한 아기가 울기 시작했다. 우유가 배급되지 않는 상황에서 아기를 어떻게 먹여 살릴지 다들 걱정했다. 나는 그 젊은 엄마에게 들판의 푸성귀라도 먹어보라고 했다. 어쩌면 젖이 다시 돌지도 모른다. 우리는 다 함께 비로 축축해진 정원의 풀밭에서 몸을 숙이고 손을 보호하기 위해 손수건을 두르고서 담장 가에 올라온 쐐기풀 새순을 땄다. 민들레도 보이는 족족 따 모았다. 향긋한 푸성귀 내음과 흙냄새, 별 모양의 앵초 꽃, 빨간 꽃이 달린 산사나무, 봄. 그러나 대공포는 여전히 사납게 날뛰고 있었다.

나는 석탄을 담은 배낭을 짊어지고 25킬로그램이나 되는 짐까지 끌고 왔다. 그렇게 무거운데도 무리 지어 가는 군인들을 추월해 걸었다. 며칠 만에 무기들이 다시 눈에 띄었다. 휴대용 대전차 로켓포 두 대, 기관총 한 정, 탄약통들. 젊은 병사들은 탄띠를 원시인이 치장하듯이 두르고 있었다.

점심시간 무렵, 우리가 사는 거리에 장례식이 있었다는 소식을 전해 들었다. 약사 미망인이 참석했었단다. 열여섯 살짜리 소녀가 수류탄 파편에 맞아 다리가 잘려 피투성이로 죽었다. 부모는 소녀를 자기 집 정원의 구스베리 덤불 뒤에 묻었다. 관으로는 청소 도구함을 사용했다.

이제 우리는 죽은 사람을 원하는 곳에 묻을 수 있는 자유도 얻은 셈이다. 원시시대에 그랬던 것처럼. 예전에 내가 살던 오래된 건물에서 커다란 불도그가 죽어서 결국은 정원에 묻혔던 일이 떠올랐다. 정원에 개를 묻기 전에 얼마나 심한 소동이 벌어졌던가. 건물주인, 수위, 개 주인 외의 세입자들, 모두가 나서서 반대했다. 그런데 이제는 사람이 정원에 묻히는데도 뭐라 하는 사람이 없다. 아이를 가까이 묻는 것이 부모에게는 어쩌면 위안이 될지도 모르겠다는 생각이 든다. 순간 나도 모르게 건물들 사이 조그만 정원마다 무덤들로 채워지는 상상을 하고 있었음을 깨닫는다.

오후 4시쯤 다락집으로 왔다. 방금 짜릿한 경험을 했다. 다락으로 오기 전에 위로차 골츠 부인의 집에 들렀다가 장난삼아 여기저기 전화를 걸어보았다. 며칠 전부터 나지 않던 발신음이 들려 어리둥절했다. 먼저 기젤라의 전화번호를 돌렸는데, 여기서 한 시간이나 떨어진 베를린 W.에 사는 그녀가 전화를 받았다. 우린 쉴 새 없이 수다를 떨었고 수화기를 내려놓을 줄을 몰랐다. 기젤라의 회사는 완전히 해체되었다. 사장은 몇 되지도 않는 직원들을 각자 알아서 살아가도록 놔둔 채 서부 지역으로 달아났다. 우리는 잊혔다. 허공에 귀를 기울이지만 혼자일 뿐이다.

기젤라는 자기가 1차 세계대전 때 베르됭에서 전사한 아버지의 나이와 거의 일수까지도 같아졌다고 말했다. 그녀는 아버지를 한 번도 본 적이 없었다. 그런데도 최근 들어 아버지를 자주 떠올리지 않을 수 없고, 때가 되어 곧 만날 것처럼 아버지와 대화를 나눈다고 했다. 우리는 이전에 이렇게 터놓고 얘기한 적이 없었다. 속마음을 드러내는 것을 부끄럽게 여겼었다. 지금은 가장 깊숙이 자리하고 있던 생각들이 위로 밀려 올라온다. 안녕, 기젤라, 우리 둘 다 어찌 됐든 서른 살이 되도록 살아남았고, 아마 건강하게 다시 만나게 될 거야.

월요일 저녁 8시, 다시 지하 동굴로 내려왔다. 저녁에 처음으로 우리 구역에 대포알이 떨어졌다. 쾅 하는 소리, 후드득 떨어지는 소리, 슈웅 날아가는 소리. 갑자기 불꽃이 솟아올랐다. 안마당에서 겁에 질린 비명이 들렸다. 나는 비틀비틀 계단을 따라 지하실로 내려갔고, 대포알이 영화관 앞에 떨어졌다는 소식을 들었다. 적군이 우리 쪽을 조준해서 대포를 쏘고 있었다. 러시아 군인들은 소형 화기만 사용한다는 말이 돌았다. 두려워하던 미국의 융단폭격에 대한 공포는 서서히 사라졌다. 지금 베를린에 융단폭격을 가한다면 러시아 군인들도 함께 날려갈 것이기 때문이다.

새로운 유언비어가 지하실에 떠돌고 있다. 양조장 여주인이 아주 확실하고 매우 은밀한 정보통을 통해 알아낸 사실이라며, 커다란 가슴을 내밀며 말해주었다. 러시아군과 불화가 생긴 미군, 영국군이 이제 우리와 동맹을 맺고 러시아군을 다시 이 나라에서 몰아낼 생각이라는 것이다. 조롱 섞인 웃음과 억지 논쟁이 이어졌다. 심하게 화가 난 양조장 여주인 입에서 작센지방 사투리가 튀어나왔다. 그녀는 지금까지 모리츠 광장 뒤편의 (대단히 보잘것없는) 양조장에서 남편과 함께 지내다가 어제야 이 거리의 자기 집을 지키기 위해 돌아와 지하실로 왔다. 그녀의 남편은 술병들과 증류 시설 곁에 — 그리고 지하실 사람들 누구나 알고 있듯이 빨간 머리 엘비라 곁에 — 머물고 있다.

나는 가게 문이 닫히기 직전에 다행스럽게 곡물가루 150그램을 구했다. 길모퉁이에서 갑자기 요란한 비명과 흥분해 뛰어다니는 소리가 들렸다. 볼레 씨 가게 옆에 세워진 화물차에서 내린 짐들을 사람들이 건물 안으로 옮기고 있었다. 냄새가 고약한 배급용 저질 버터였다. 1인당 1파운드, 더 가슴 졸이게 만든 것은 그 버터가 공짜라는 사실! 배급표에 도장만 받으면 버터를 얻을 수 있다. 공황을 예고하는 조짐일까? 아니면 서류 따위는 생략한 합리적인 판단일까? 순식간에 가게 문 앞은 난장판이 되었다. 사람들은 우산과 주먹으로 서로를 찌르고 밀쳤다. 나도 몇 분 동안 난장판에 합류해 몸싸움을 벌였다. 그때 우연히 예비군, 증원군, 독일 기갑부대가 모처에서 진군하고 있다는 말을 얼핏 들었다. 한 여자가 지난밤 무선 탐지기를 통해 들었다고 했다. 나는 버터를 포기했다. 치고받고 싶지가 않았다, 적어도 오늘은. 어쩌면 곧바로 후회가 밀려올지도 모르겠지만.

조용한 밤. 멀리서 연이어 폭탄 터지는 소리. 지하실 주민들은 오늘 완전히 지쳐 있다. 아무런 소리도, 아무런 말도 들리지 않는다. 코 고는 소리와 아이들의 색색거리는 숨소리가 들릴 뿐.

1945년 4월 24일, 화요일 정오

아무런 소식도 듣지 못한다. 우리는 차단당했다. 가스는 약간 나오지만 수돗물은 끊겼다. 창밖을 보니 가게들 앞에 사람들이 무리 지어 있다. 고약한 냄새를 풍기는 공짜 버터를 받기 위해 여태 옥신각신 다투고 있다. 하지만 오늘은 배급표당 4분의 1파운드만 지급된다. 이 소란을 이제 막 정리한 보안 경찰을 세어보니 네 명이다. 비까지 내린다.

지금 나는 약사 미망인의 2층 집 창턱에 앉아 있다. 미망인이 조금 전 아주 흥분해서 달려 들어왔다. 헤프터 씨 정육점 앞에 길게 늘어선 줄에 대포알이 떨어졌다고 했다. 세 명이 사망하고 열 명이 다쳤다. 그런데 줄이 금방 다시 생겨났다. 미망인은 서 있던 사람들이 옷소매로 고기 배급표에 튀긴 핏자국을 닦아내는 시늉을 해 보였다. 그런 다음 이렇게 말했다. "세 명밖에 죽지 않았어요. 공중 폭격에 비하면야 대수롭지도 않지." 우리가 잘못 길든 것은 확실하다. 나는 놀라지 않을 수 없다. 약간의 소고기와 돼지 우둔살이 눈앞에 보이면 몸도 제대로 가누지 못하는 할머니도 버티고 선다. 벽처럼 꿋꿋하게 서서 기다린다. 전투기 세 대만 떠도 벙커를 향해 줄행랑을 쳤던 그들이, 그랬던 여자들이 지금은 양동이나 철모를 머리에 뒤집어쓰고 포격 한복판에 서 있다. 온 가족이 교대해가며 줄을 선다. 각자 한두 시간씩 견뎌내는 것이다. 나는 아직 고기를 배급받는 줄에 설 결심을 못 하고 있다. 줄이 너무 길다. 게다가 고기는 틀림없이 금세 먹어치울 테니 겨우 한 끼 때울 양밖에 되지 않을 것이다. 하지만 마지막으로 단 한 번만이라도 배불리 먹고 싶다는 소망, 사형 직전에 마지막 식사를 받고 싶은 소망이 모두의 눈앞에 어른거리는 것 같다.

오후 2시. 좀 전에 햇살이 내비쳤다. 아무 생각 없이 나는 안마당으로 난 발코니로 나가서 등나무 의자에 앉아 잠시 따뜻한 햇볕을 즐겼다. 그러던 중 대포알 여러 발이 쏜살같이 머리 위로 소리를 내며 지나갔다. 명중된 자리에서 연이어 요란한 폭발음이 일었다. 순간적으로 전쟁을 까맣게 잊고 있었던 것이다. 내 머리는 이상하게 텅 비어간다. 이곳에서 글을 적다가 깜짝 놀라 몸을 움츠렸다. 가까운 곳에 무언가가 떨어졌고, 유리창 하나가 쨍그랑하고 깨졌다. 배가 부른데도 허기가 찾아와 날 끝없이 괴롭힌다. 뭐라도 계속 씹고 싶다. 젖을 먹지 못하는 갓난아기들은 무얼 먹고 산단 말인가. 어제 줄을 선 사람들 사이에서 아기들이 굶어 죽고 있다는 말이 나왔다. 그러자 노파 한 명이 젖이 나오지 않을 때는 빵을 꼭꼭 씹어 침으로 충분히 적셔 먹여보라고 했다.

우유 배급망이 깨지면 이 대도시의 갓난아기들은 당장 얼마나 불쌍한 꼴이 되는가. 엄마들이야 약간 먹을 것이 있고 스스로 챙길 수 있다고 치자. 하지만 무자비하게 닥쳐오는 전쟁에 젖은 금방 말라버릴 것이다. 다행히도 우리 지하실의 가장 어린 아기는 한 살 반이었다. 어제 나는 누군가가 그 아기를 위해 엄마 손에 비스킷 두 개를 슬쩍 쥐여주는 것을 봤다. 지금 이 순간 남을 위해 베푸는 유일한 행위였을 것이다. 너나 할 것 없이 자기 것을 움켜쥐고, 숨겨두고, 나누어줄 생각을 하지 않는다.

다시 지하실, 밤 9시. 저녁 무렵에 낯선 여자가 나타나 미망인과 나에게 함께 군 병원으로 가서 일손을 거들어주자고 제안했다.

지평선에서 연기와 붉은빛이 보였다. 동부전선이 불타고 있었다. 러시아군이 벌써 브라우나우가를 차지했다는 소문이 들렸다. 하필이면 브라우나우가라니, 브라우나우는 히틀러가 처음으로 세상의 빛을 보았던 곳의 지명이 아닌가. 지하실에서 어제 들었던 농담이 떠올랐다.

"이보게, 그 누군가의 어머니가 사산했더라면 우리가 얼마나 잘 지냈겠나."

군 병원에 도착한 우리는 연기가 자욱한 방으로 들어섰다. 남자들이 바삐 돌아다니며 언쟁을 벌이고 소리를 질렀다. "폐에 총알이 박힌 부상자를 차에 태우고 왔다고요!" "나가, 다른 곳으로 가, 여긴 빈 침상이 없단 말이야." 운전병이 펄쩍 뛰었다. "이곳으로 가라는 지시를 받고 왔어요." "나가, 안 그러면…!" 하사가 주먹으로 위협했다. 운전병은 달아나면서 혼자 욕설을 내뱉었다.

경상자들은 힘겹게 복도를 걸어 다녔다. 맨발로 다니는 한 남자는 피가 흐르는 손을 양말로 감싸고 있었다. 또 다른 맨발의 사내는 걸어가면서 핏자국을 남겼다. 핏물에 끈적해진 발바닥이 바닥에 붙었다 떨어질 때마다 소리가 났다. 얼굴이 창백한 환자의 머리에 감긴 붕대에 붉은 자국이 빠르게 번져갔다. 우리는 두세 곳을 더 둘러보았다.

남자들 냄새가 코를 찔렀고, 공기는 탁했고, 어수선했고, 모두 극도로 불안해 보였다. 한 남자가 우리에게 호통쳤다. "당신들은 이곳에 왜 온 거요?"

함께 온 여자가 머뭇거리며 누군가가 승용차를 타고 지나가면서 군 병원에 여자들의 도움이 필요할 거라고 외쳤다고 했다.

"말도 안 돼, 당신들에게 시킬 일은 없소. 어서 돌아들 가시오."

여자들의 도움을 거절하면서 보인 이 쌀쌀맞고 경멸 섞인 말투는 참 색달랐다. 총이나 한번 잡아보고 병정놀이나 할 셈이냐는 투였다. 이때 나는 내가 전쟁과 여성에 관한 모든 것을 다시 배워야 한다고 생각했다. 지금껏 전쟁에서 여자는 천사인 척하는 역할을 맡아왔다. 붕대를 풀어주고 열이 오른 병사들의 이마를 손으로 짚어 식혀주지만, 위험에서는 멀찌감치 떨어져 있었다. 그러나 지금 이 나라에는 후방이 없다. 모든 곳이 최전선이다.

그런데도 이 군 병원은 격전지 속에서 섬으로 남으려 한다. 지붕에 커다란 십자 표시가 그려져 있고, 건물 앞 잔디밭에는 하얀 천이 십자로 깔려 있지만, 그게 다 무슨 소용인가. 공군은 사정없이 폭탄을 투하하고, 융단폭격은 빈 곳을 남겨둘 정도로 자비롭지 않다. 담당자들도 다 아는 사실이다. 지하실이 환자들로 빽빽한 이유가 무엇이겠는가. 1층 창문 곳곳에는 남자들이 창살 사이로 밖을 내다보고 있었다.

다시 건물 지하실, 오후 9시경. 오늘은 사람들이 이상하게 흥분되어 있고, 들떠 있고, 초조해하고 있다. 함부르크 출신의 여자가 짧은 S-발음으로 오늘 아침에 전화 통화에 성공했다고 말했다. 그것도 베를린 북부의 뮐러가에 있는 친구들과. 수화기 너머 친구가 이렇게 외쳤다고 한다. "여기는 벌써 러시아군이 점령하고 있어. 조금 전에 저 아래로 장갑차가 들어왔어. 러시아 군인들은 웃고 있어. 주민들이 길가로 몰려들어 웃고 손짓하고, 군인들은 아이들을 높이 들어 올리고…." 그곳은 '붉은 결혼'(Der Rote Wedding)이라 불리는 소수의 공산주의자가 모여 살던 동네였다. 전화로 들은 말은 사실일 것이다. 이 새로운 상황에 관해 격렬한 논쟁이 벌어졌다. 몇몇은 우왕좌왕했다. 그렇다면 결국 선전이 우리를 속였단 말인가? 결국 '그들은' 우리가 생각했던 만큼 그렇게까지…. 그때 평소에는 한마디도 안 하던 동프로이센에서 피란 온 처녀가 끼어들어 고향 사투리로 떠듬떠듬 몇 마디 말을 외쳤다. 안타깝게도 적절한 단어를 찾지 못하고 양팔을 휘두르며 쉿소리를 냈다. "당신들은 이제 곧 알게 될 거예요…." 그리고 다시 입을 다물었다. 이내 지하실이 조용해졌다.

양조장 여주인은 새로운 유언비어를 끈질기게 되풀이했다. 리벤트로프와 파펜이 얼마 전에 미국과 담판을 벌이기 위해 비행기를 타고 워싱턴으로 건너갔다는 것이다. 아무도 대꾸하지 않았다.

지하실은 어두컴컴하다. 석유 램프가 그을음을 내며 타고 있다. 부딪히지 말라고 기둥들에 눈높이로 빙 둘러 칠한 야광 선들이 파르스름한 빛을 낸다. 여기 모이는 인원이 늘었다. 책방 주인 부부는 키우던 카나리아 한 마리를 데리고 왔다. 수건으로 가린 새장은 위쪽 서까래에 걸려 있다. 밖은 무기들의 발포 소리로 요란하지만 안은 잠잠하다. 모두가 꾸벅꾸벅 졸거나 잔다.

1945년 4월 25일, 수요일 오후

기억을 더듬어가며 정리해본다. 새벽 1시경 지하실에서 2층으로 올라가 미망인 집의 긴 소파에 다시 드러누웠다. 별안간 집중적으로 폭탄이 떨어졌고, 대공포가 요란한 소리를 내며 발사되었다. 나는 그저 잠잠해지길 기다렸고, 잠에 취한 나머지 무슨 일이 벌어지든 상관하지 않았다. 창문 유리는 진작에 박살 나 탄내가 섞인 바람이 불어 들어왔다. 이불 안에서 나는 마치 이불과 시트가 쇳덩어리라도 되는 양 안전에는 문제가 없을 거라는 바보 같은 생각을 했다. 하지만 특히 이불이 위험하다는 얘길 들은 적이 있다. H 박사가 침대 속에서 폭격을 맞은 여자를 응급 처치해주었는데, 깃털들이 상처 깊숙이 파고 들어가 거의 빼낼 수가 없었다는 것이다. 알고는 있지만, 지독한 졸음이 불안을 압도하는 순간이 찾아온다. 이러니 전선의 군인들도 흙구덩이 속에서 잠을 자는 모양이다.

7시에 일어났고, 사방의 벽이 떨리면서 하루가 시작되었다. 전투는 우리를 향해 미친 듯이 몰려오는 중이다. 물도, 가스도 끊겼다. 잠잠해지길 몇 분 기다렸다가 나의 다락집으로 급히 올라갔다. 짐승이 포위된 굴로 뛰어들 듯 순식간에 빠져나올 태세를 갖추고 방으로 살금살금 들어갔다. 몇 가지 침구류와 속옷을 급히 집어 들고 아래로 내달려 2층 미망인의 집으로 내려왔다. 우리는 서로 잘 어울려 지내고 있다. 이런 시절에는 금세 친해지기 마련이다.

양손에 하나씩 물통을 들고 꽃이 만발한 텃밭을 가로질러 펌프장으로 걸어갔다. 햇볕이 무척 따사롭다. 펌프 앞에 늘어선 줄은 길었고, 각자 알아서 펌프질을 했다. 펌프 자루는 삐걱거리는 소리를 내며 힘들게 움직였다. 찰랑거리는 물통을 들고 15분을 걸어 돌아왔다. “우리는 모두 무거운 짐을 질 수 있는 암나귀이다.” (니체가 한 말로 기억함.) 볼레 씨 가게에서는 오늘도 공짜 버터 때문에 실랑이가 벌어졌다. 마이어 씨 가게 앞에는 우중충한 차림을 한 남자들 일색의 기나긴 줄이 늘어서 있다. 그곳에서는 술을 파는데, 신분증을 내밀면 남아 있는 술 가운데 아무거나 반 리터를 살 수 있다.

나는 곧장 다시 물을 길으러 갔다. 돌아오는 길에 느닷없이 폭탄이 떨어졌다. 영화관 앞의 잔디 광장에서 연기와 먼지가 뒤섞인 기둥이 솟아올랐다. 내 앞의 두 남자가 길옆의 도랑에 몸을 납작 엎드렸다. 여자들은 바로 옆 건물의 입구로 달려가 계단을 따라 내려갔다. 나도 그 뒤를 따라 달렸는데 아래로 내려가니 불빛이라고는 흔적도 없는 낯선 지하실이 있었다. 물통도 낑낑거리며 들고 왔다. 안 그러면 도둑맞기 십상이었다. 낯선 지하실, 칠흑같이 어두운 곳에 겁에 질린 사람들이 모여 있었다. 한 여자의 목소리가 신음하듯 새어 나왔다. “오, 주여, 주님….” 다시 조용해졌다.

기도 소리였을까? 문득 2년 전이 떠올랐다. 단층 시골집에 딸린 진짜 동굴, 옹색하기 짝이 없는 그 지하실을 그려본다. 그곳은 주민이 3000여 명 거주하는 동네로, 특별한 곳은 아니었지만 루르 지역으로 통하는 길목이었다. 어둠 속에 양초 한 자루가 켜져 있었고, 여자들이(남자들은 거의 없었다) 고통을 당하는 로사리오의 기도를 올렸다. 단조롭게 반복되던 그 소리가 아직도 귀에 쟁쟁하다. “… 우리를 대신하여 채찍질 당하신 주님….” 그리고 다시 주기도문과 아베마리아가 억양 없는 목소리로 부드럽게 반복되었다. 마치 티베트에서 마니차를 돌리며 ‘옴마니반메훔’(唵麼抳鉢銘吽)을 외는 느낌이었다. 때때로 엔진이 세차게 돌아가는 소리가 들렸고, 가끔 폭탄이 떨어져 촛불이 흔들렸다. 그러면 다시 “… 우리를 대신하여 무거운 십자가를 지신 주님" 하는 소리가 들렸다. 그때 나는, 기도가 일종의 기름 막처럼 초조와 불안을 덮어주고 마음을 안정시키는 데 도움을 준다는 것을 알았다. 그 후로는 한 번도 기도를 올리는 지하실에 가본 적이 없다. 이곳 베를린에서, 온갖 사람이 뒤섞인 이 5층짜리 셋집 건물에서 주기도문을 낭송하는 집단은 아마 쉽게 만날 수 없을 것이다. 물론 생각보다는 자주 기도 비슷한 걸 중얼거리는 소리가 들리기는 한다. '오 주여, 주여' 하는 신음이 새어 나오기도 한다. 하지만 본인도 자신이 무슨 말을 하고 있는지 모를 것이다. 판에 박힌 공허한 구절에 매달리고, 아무런 의미 없이 기계적으로 되뇔 뿐이다.

나는 '궁할 땐 기도를 올리자'라는 속담을 좋아하지 않는다. 그 말은 '궁하면 구걸을 하자'는 말만큼이나 경멸스럽다. 좋은 시절에는 기도 따위를 생각지도 않던 자의 입에서 더듬더듬 새어 나오는 기도는 한심한 구걸 행위일 뿐이다. '행복하면 기도를 올린다'는 속담은 없다. 감사의 기도는 틀림없이 좋은 향처럼 저절로 나오는 것이리라. 아니다, 억측일 뿐이다. 독일어의 '기도하다'(beten)와 '구걸하다'(betteln)가 형제처럼 비슷한 데는 그만한 이유가 있으리라. 한때 교회 문에 손잡이가 달린 것만큼이나 걸인이 교회 앞에 모여드는 것이 당연시되던 시절이 있었다. 이곳에서 걸인은 왕과 다를 바 없이 적법했고 신의 은총을 누렸다. 이로써 이 땅에 왕의 반대편이 형성되고, 신에게 간절한 기도를 올리는 자는 누구든 거룩한 신의 자비를 나눌 수 있었을 것이다. 어두운 지하실에 울리는 신음 같은 소리가 정말 기도 소리인지 아닌지 나는 결코 밝히지 못할 것이다. 그러나 한 가지만은 확실하다. 우리의 근심과 불안이 안겨주는 압박과 고난 속에서 창피해하지 않고 쉽게 기도를 떠올리는 자는 행운아이자 은총 받은 자이다. 나는 그렇게 할 수 없다. 아직은 할 수 없다, 아직까지는 그것을 거부한다.

내가 물을 길어 오자마자 미망인이 정육점 앞에 늘어선 줄의 사정이 어떤지 알아보고 오라고 했다. 심한 욕설이 오가고 있었다. 여전히 소시지와 고기의 배급이 막혀 있는 듯했다. 이 사태가 전쟁으로 인한 그 어떤 난리보다도 여자들을 더 화나게 했다. 이것이 우리의 장점이다. 우리 여자들은 코앞에 닥친 문제에 집중한다. 우리는 앞날을 걱정하는 것에서 빠져나와 당장의 문제에 뛰어들 수 있다. 지금은 소시지가 당면한 문제이고, 그 때문에 심각한 줄 알지만 먼 장래에 벌어질 일은 밀쳐둔다.

다시 지하실, 오후 6시쯤. 위층에 더 누워 있을 수가 없었다. 폭탄들이 가까운 건물들에 명중하며 두꺼운 석회 부스러기들이 담요 위로 떨어졌다. 겁이 났다. 지하실로 내려와 가물가물 졸고 있는데 빵집의 헤니가 영화관 옆 잡화점에 폭탄이 떨어졌다고 알려주었다. 주인은 즉사했다. 파편 때문인지, 폭파 압력 때문인지, 아니면 심장 마비 때문인지는 확인할 수 없었다. 헤니는 주인이 피는 흘리지 않았다고 말했다. 푸르죽죽한 세 노파 자매 중 한 명이 일어서더니 고상하게 입술을 내밀고서 물었다. "아, 이봐요, 그래, 그 남자가 어떻게 죽어 자빠졌나요?" 우리는 이런 말투가 아무렇지도 않을 만큼 타락했다. 툭하면 '빌어먹을'이라는 말이 튀어나온다. 그 말을 만족스럽게 내뱉는다. 욕설로 내면에 쌓인 지저분한 것들을 밖으로 내보낼 수 있다는 듯. 말도 곧 들이닥칠 굴욕적 상황에 걸맞게 대체된다.

1945년 4월 26일, 목요일 오전 11시

떨리는 손가락으로 글을 적고 있다. 이 순간에도 석회 먼지를 들이마시는 중이다. 30분 전에 5층으로 폭탄이 떨어졌다. 나는 숨을 헐떡이며 다락집에서 허겁지겁 빠져나왔다. 다락집은 석회 부스러기, 파편, 유리 조각으로 뒤죽박죽이 되었다. 안녕, 잠시 내 집이나 다름없었던 다락집이여. 당분간은 지낼 수 없게 되었어.

나는 온갖 물건을 집어 들고 나왔다. 냄비, 수건, 붕대용 가제 등 필요해 보이는 모든 것을. 목은 바짝 말랐고 입안은 석회 먼지로 아직도 화끈거린다. 아래에는 마실 것이 없다. 조금 전 위층 라디에이터에서 엄청나게 많은 물이 흘러나왔는데….

잠깐, 먼저 정리를 좀 해야겠다. 꽤 오래 글을 쓰지 못했고, 그사이 많은 일이 있었다. 어제저녁 7시쯤이었다. 누군가 지하실로 와서 건너편 길모퉁이 가게에서 푸딩 파우더를 팔고 있다고 알려주었다. 그 사람과 함께 가게로 가서 줄을 서 있는데, 러시아군의 폭탄이 떨어졌다. 긴 줄은 처음에는 바로 옆의 폐허가 된 공터 안으로 굽은 채 그대로 유지됐다. 허물어진 벽이 엄폐물이라도 되는 듯이 말이다. 베를리너가 방향에서 연기와 화염이 보였다. 잠시 후 다시 폭탄들이 떨어졌다. 더 가까운 곳이었다. 나는 푸딩 파우더를 포기하고 급히 차도를 건너 지하실로 돌아왔다. 한 남자가 나를 향해 소리쳤다. "벽 쪽으로 붙어서 가요!" 연달아 폭발음이 들리고 잔해들이 사방으로 튀었다. 마침내 지하실에 도착했다, 비록 푸딩 파우더는 구하지 못했지만. 수위의 부인이 앓는 소리를 냈다. 계속된 폭격에 길을 건너지 못한 딸이 밖에 남아 있었기 때문이다.

반 시간 후에 그녀도 푸딩 파우더를 구하지 못한 채 돌아왔다. 천만다행이었다고 했다. 그녀는 폭탄이 건물 앞에 떨어지기 직전에 간신히 길모퉁이 건물의 지하실로 비집고 들어갈 수 있었다. 지하실로 들어올 수 없었던 소년 한 명이 머리에 파편을 맞았다. 다시 밖으로 나와 돌아올 때 그녀는 그 시신을 건너뛰어야 했다. 그녀는 지금 그 시신에서 희고 불그스름한 것이 흘러나오던 모습을 설명 중이다. 내일 푸딩 파우더 판매가 재개된다고 한다. 가게에 아직 충분한 양이 남아 있단다.

오후 9시경 지하실 사람들이 잠자리에 들었다. 미망인이 내 잠자리를 살펴주었다. 안쪽 버팀목들 사이에는 자리가 없어 비록 바깥 입구 쪽이기는 했지만 그래도 아늑하고 따뜻했다. 나는 잠이 들었다가 폭격 소리에 다시 깨어났다. 무언가가 늘어져 있는 내 손을 핥았다. 지금은 이곳에 없는 우리 건물주인의 폭스테리어였다. 폭스, 불쌍한 것, 걱정 마. 외떨어져 입구 쪽엔 받쳐주는 기둥들이 없지만, 대신 공기가 덜 탁했고, 코 고는 소리와 신음에 방해받지도 않았다.

아침 일찍 일어나 물을 길으러 펌프장으로 향했다. 나는 바깥에서 며칠 만에 처음으로 새로 나온 인쇄물을 읽었다. 빵집 진열창 옆에 붙은 《판처베어》(*Panzerbär*)라는 이름의 신문이었다. 신문에는 화요일, 그러니까 이틀 전의 전황 보도문이 실려 있었다. 보고에 따르면, a) 적군이 밀고 들어오고 있고, b) 독일 증원군이 진군 중이다. 히틀러와 괴벨스는 베를린에 있으며, 이곳을 사수할 것이라는 내용도 있었다. 그리고 쇠네베르크 역에 모든 사람이 보도록 회네라는 이름의 탈영병을 처형해 매달았다고 자랑스럽게 선전했다.

지하실의 아침 식사. 모두가 능력껏 집에서의 생활을 지하실로 옮겨놓았다. 트렁크, 상자, 의자들 위에 냅킨과 조그만 덮개를 이용해 아침 식탁이 준비되었다. 사람들이 보온상자에서 장작불이나 알코올버너로 끓인 음료가 든 주전자를 꺼내 왔다. 얇게 썬 버터,

설탕통, 잼 병, 은제 숟가락도 보였다. 미망인은 부엌에서 샴페인 상자 조각으로 불을 지펴 멋지게 원두커피를 끓여 왔는데 맛이 좋았다. 하지만 잔뜩 예민해진 사람들은 끊임없이 말다툼을 벌였다. 지하실에서 사람들은 서로의 신경을 건드렸다.

10시 직전에 대포알이 건물 지붕에 떨어졌다. 심한 진동과 함께 비명이 터져 나왔다. 수위 부인이 새하얗게 질린 얼굴로 비틀거리며 들어오더니 버팀목을 와락 껴안았다. 열여덟 살짜리 스-틴헨도 어머니의 부축을 받으며 따라왔다. 생기 넘치는 그녀의 얼굴 주변으로 석회 먼지에 뒤덮인 머리카락이 헝클어져 있었고, 그사이로 피가 흘러내렸다. 그녀는 안마당을 지나다가 부상을 당했다. 새장 속 카나리아도 상황을 감지하고 푸드덕거리며 새된 소리를 냈다.

15분쯤 지났을까. 누군가가 라디에이터에서 물이 샌다는 것을 알아차렸다. 우리는 급히 위로 올라갔다. 모두가 다 간 것은 아니었다. 우체국장 부인은 진단서를 흔들어 보이며 남편은 심장병이 있어 함께 가지 못한다고 외쳤다. 커튼 장수도 곧장 저승꽃이 핀 쭈글쭈글한 손을 가슴에 가져다 댔다. 다른 사람들도 망설이자 벤 양이 우두머리 암말답게 소리쳤다. "멍청하게 그런 소리를 지껄이는 동안 당신들 집이 물에 다 휩쓸려 나간다고요!" 그러고는 누가 따라오든 말든 신경 쓰지 않고 앞장서서 달려갔다. 약 열다섯 명의 다른 사람들과 함께 나도 뒤를 따랐다.

4층은 호수로 변해 있었고, 물이 좔좔 흐르는 소리가 났다. 물이 위쪽에서 계속 흘러내려 우리는 힘겹게 나아갔다. 물이 발목까지 차올랐다. 양탄자를 쥐어짜고, 쓰레받기로 물을 퍼서 창문을 통해 태양이 눈부시게 비치는, 완전히 폐허로 변해버린 거리로 내버렸다. 그러는 동안 내내 대포알이 날아왔는데, 몇 발은 가까이 떨어졌다. 유리 조각들과 석회 덩이들이 떨어지기도 했지만 아무도 다치지 않았다.

그 후 우리는 온몸이 물에 젖고 상처투성이가 되어 다시 지하실로 내려왔다. 나는 젖은 양말을 신은 채로 쥐어짜면서 곰곰이 생각했다. 방금 우리의 행동은 이성적이었나. 알 수가 없다. 아무튼 그것은 군대식 행동이었다. 벤 소위가 앞장서서 돌진했고, 그 뒤를 자원한 돌격대 무리가 따랐고, 포화 속에서 위태로운 진지를 목숨 걸고 지켜냈다. (양탄자에 욕심을 낸 것은 전혀 아니었다. 함께 올라간 사람 중에 물에 잠긴 집들과 직접 관계있는 사람은 거의 없었다, 이를테면 나처럼.) 몸을 아끼지 않고 맹목적으로 명령을 따랐다. 노래나 영웅 서사시로 만들어질 리도 없고, 철십자 훈장도 못 받을 테지만, 아무튼 나는 하나를 알게 되었다. 전투의 소용돌이 속에서 격하게 몸을 쓰는 동안에는 아무것도 생각나지 않는다는 사실을. 그 순간만큼은 온전히 정신이 다른 데로 팔려 두려움조차 느끼지 못한다는 사실을.

우리는 용감했던가? 아마 그럴지도 모르겠다. 우두머리 암말 벤 양은 영웅인가? 그녀가 진짜 소위였다면 철십자 훈장을 받았을 것이다. 그러니 나는 당장 영웅적 행동과 투지에 관한 생각을 바꾸지 않을 수 없다. 그다지 용감하지 않더라도, 일단 첫발을 떼기만 하면 순식간에 앞으로 나아간다.

나는 그 물난리 속에서도 내가 살던 다락집을 전혀 떠올리지 않았는데, 나다운 행동인 것 같다. 남들의 말을 듣고서야 겨우 그 집이 폭탄을 맞긴 했어도 무언가 남아 있을 수 있다는 데 생각이 미쳤다. 나는 재빨리 위로 올라가 보았지만, 앞에 적은 대로 집 안은 엉망진창이었다. 나는 오늘부터 미망인 집에서 지내게 될 것이다. 그녀에게도 잘된 일이다. 집에서 혼자 지내는 것을 불안해하고 있었으니까. 그녀 집에 세 들어 살던 남자는 3월에 국민방위대로 차출되었다. 그가 아직 살아 있을까? 그런 생각은 누구도 입 밖으로 꺼내지 않는다.

네 시간 후, 오후 3시, 다시 지하실. 또다시 숨을 헐떡이며 떨리는 손으로 글을 적는다. 점심때 바깥이 제법 조용해져 나는 출입문으로 나가 축축한 등을 햇볕에 말리고 있었다. 내 옆에는 빵집 주인이 있었다. 그때 얼마 전까지 공군이 주둔하던 옛 경찰 숙소에서 한 남자가 달려왔다. 우리 곁을 지나는 그의 품에 무언가가 들려 있었는데, 피가 흐르는 소의 허릿살이었다. 그가 외쳤다. "서둘러요, 저곳에서 모든 걸 나눠 줘요."

우리는 서로를 잠깐 쳐다본 후 냅다 달려가기 시작했다. 늘 바깥 동정을 살피던 빵집의 헤니도 뒤따라 달려왔다. 햇볕이 쨍쨍 내리쬐고, 다시 대포를 발사하는 소리가 멀리서 들려왔다. 우리는 몸을 수그리고 재빨리 건물들 쪽으로 붙어 달렸다. 길모퉁이의 도로 경계석에 머리가 희끗희끗한 군인들이 웅크리고 있었는데 국민방위대 같았다. 그들은 우리를 쳐다보지도 않고 머리를 무릎 위로 숙이고 있었다. 경찰 숙소 앞에 바구니, 자루, 주머니를 든 많은 사람이 몰려 있었다. 나는 가까이 있는 아무 복도로 달려 들어갔다. 복도는 깜깜하고 서늘하고 텅 비어 있었다. 잘못 짚었다.

황급히 되돌아 나왔다. 앞에서 사람들이 바삐 걸으며 외치는 소리가 들렸다. "이리로 와봐! 여기야!" 나는 아무렇게나 찌그러진 조그만 상자 하나를 주워 들고 갔다.

어둠 속에서 이리저리 치였고, 누군가의 발에 정강이뼈를 차였다. 어느덧 완전히 캄캄한 지하실 방에 와 있었다. 숨을 헐떡이는 사람들, 비명, 싸우는 소리. 아수라장이 따로 없었다. 배급을 하는 게 아니었다. 사람들은 약탈을 하고 있었다.

손전등 하나가 번쩍 켜졌고, 통조림과 술병이 늘어선 선반이 눈에 들어왔다. 위쪽은 이미 텅 비었고 아래쪽에만 물건들이 있었다. 나는 몸을 숙이고 바닥에 엎드려서 맨 아래 칸을 뒤져 술병들을 찾아냈다. 대여섯 병을 상자에 넣었다. 통조림 하나가 손에 잡혔다. 그때 누군가가 내 손을 밟으며 소리쳤다. 남자 목소리였다. "그건 내 물건이야!"

나는 내 물건들을 챙겨 옆방으로 빠져나왔다. 벽의 갈라진 틈으로 희미한 빛줄기가 들어왔다. 이번에도 맨 아래 칸에만 빵이 한가득 남아 있었다. 나는 다시 무릎을 바닥에 대고 더듬고 파헤쳤다. 무릎이 와인에 젖어 냄새가 올라왔다. 유리 조각들을 헤집으며 나는 집을 수 있는 빵을 모조리 상자에 담았다. 더 이상 들어 올릴 수 없을 때까지. 상자를 질질 끌고 출구로 향했다. 출구는 환하게 조명이 밝혀진 무대처럼 어두운 긴 통로 끝에서 신호를 보내고 있었다.

밖에서 빵집 주인과 마주쳤다. 그는 몇 개 챙겨온 빵을 그대로 내 상자에 쑤셔 넣더니 다시 건물 안으로 달려갔다. 상자 때문에 나는 꼼짝 못 하고 기다렸다. 빵집 주인이 손에 통조림, 도자기 접시, 올이 굵은 거친 수건, 헝클어진 하늘색 뜨개질용 털실 한 뭉치를 들고 돌아왔다.

어느새 키 작은 제빵 기능공 앙투안도 그곳에 나타났는데, 소 넓적다리 하나를 낑낑거리며 들고 왔다. 그리고 헤니는 배가 불룩한 병에 담긴 샤르트뢰즈를 몇 개 가지고 왔다. 그녀는 분통을 터뜨렸다. "저 안에 온갖 것이 다 있어요. 커피, 초콜릿, 술. 그놈들은 분에 넘치게 살고 있었다고요!" 이 말을 남기고 그녀는 다시 건물 안으로 사라졌다. 나는 계속 나의 상자를 지켰다. 한 남자가 다가왔다. 대충 자루처럼 만들어 든 그의 재킷 안에는 술 몇 병이 들어 있었다. 그는 상자에 담긴 빵을 간절하게 바라보았다. "그 빵 한 개만 얻을 수 있을까요?" 나는 대답했다. "그럼요. 술과 바꾸죠." 우리는 군용 빵 하나와 진 한 병을 바꾸었고, 양쪽 다 만족했다.

내리쬐는 햇볕 속에서 사나운 장면들이 펼쳐졌다. 때때로 대포알이 날아와 박혔고, 그중 두 발은 가까이에 떨어졌다. 남자들은 술병의 목을 벽 모서리에 대고 깨서 꿀꺽꿀꺽 마셨다. 앙투안과 나는 함께 상자를 들고 지하실로 돌아가기 시작했다.

가득 찬 상자가 무거웠다. 쥘 곳이 마땅치 않아서 우리는 자주 내려놓아야만 했다. 목이 너무 말랐다. 방금 본 대로 와인 한 병을 꺼내 도로 경계석에 대고 목을 깨서 마셨다. (나는 프랑스 라벨이 붙은 진짜 부르고뉴산 와인을 손에 넣었다.) 날카롭게 깨져 나간 병목에 입을 대고 마시다가 아랫입술을 베였지만, 앙투안이 알려주며 손수건으로 피를 닦아줄 때까지 전혀 알아차리지 못했다. 이 순간에도 그는 상자 위로 두 다리를 벌리고 서서 상자를 지켰다. 피는 이미 목 아래까지 흘러 내려와 있었다.

우리 뒤로 빵집 주인이 숨을 헐떡이며 달려왔다. 그는 말똥으로 범벅이 된 푸르스름한 소 허벅지 살을 아기를 안듯 끌어안고 있었다. 햇볕이 따갑게 쏟아졌고, 나는 땀을 줄줄 흘렸다. 대포알 두 발이 지척에 떨어졌다. 더 먼 곳에서는 비행기에서 기관총을 쏘는 두두두 소리와 경대공포의 드르륵거리는 소리가 들려왔다.

건물 출입문 앞에서 우리는 전리품을 풀어헤쳤다.
어처구니없게도 하늘색 털실이 헝클어져 구석구석 끼어 있었다. 나의 노획물은 이렇다. 부르고뉴 와인 다섯 병, 수프용 채소 병조림 세 개, 진 한 병, 군용 빵 네 덩어리, 빵집 주인이 선심 쓰듯 건네준 완두콩 가루 여섯 봉지, 상표가 떨어져 나가 뭔지 모를 통조림 한 통. 나는 전부 2층 미망인의 집으로 가지고 올라갔다.

몸은 뜨거웠고 땀 범벅이었다. 나는 열댓 명의 사람들에게 모험담을 들려주며, 왼손에 접시를 들고 화덕 가에 서서 감자 죽 몇 숟가락을 허겁지겁 삼켰다. 여러 사람이 땔감을 구해 와 불을 지핀 화덕에 미망인이 끓여둔 것이었다. 다시 폭탄이 연이어 떨어졌다.

사람들은 눈을 동그랗게 뜨고 나의 노획물을 훑어보았다. 나는 다시 경찰 숙소로 나갈 엄두가 나지 않았다. 어차피 이미 깨끗이 털렸을 것이다.

몇 시간 후, 저녁 6시경 다시 지하실. 나는 그사이에 잠을 조금 잘 수 있었다. 미망인과 힘을 합쳐 마개에 조그만 구멍을 내 부르고뉴 와인 한 병을 다 비우고는 완전히 취해버렸다. 잠에서 깨자 입이 마르고 머리가 어지러워, 가물거리는 석유 램프가 켜진 지하세계에 와 있는 이 상황이 곧장 연결되지 않았다. 곧 사람들이 밖으로 달려나가는 것을 보았고, 자루를 가지고 오라고 외치는 소리를 들었다. "어서요! 저 건너 임시막사에서 감자를 꺼내 오고 있어요!"

나는 미망인과 함께 그곳으로 갔다. 적은 공격을 잠시 중단했고, 주위는 대단히 조용했다. 덕분에 정오까지 인적이 드물었던 거리가 갑자기 붐비기 시작했다. 방금 여자 두 명이 접이식 유모차에 커다란 통 하나를 싣고 지나갔는데 식초에 절인 양배추 냄새가 났다. 젊으나 늙으나 모두 귀신에 홀린 듯 임시막사 쪽으로 내달렸다. 미망인과 나는 구할 수 있는 모든 양동이를 챙겼다. 각자 두 개씩이었다. 길에 마구 흩어져 있는 짓밟힌 감자들과 썩은 당근들을 따라가기만 하면 되었다. 입구의 돌계단 앞에 핏덩어리가 보였다. 나는 기겁을 하며 물러섰다. 그러자 미망인이 웃으며 말했다. "잼이야!" 진짜 잼이었다. 사람들이 잼을 통에 퍼 담아 나르고 있었다.

우리는 북적이는 통로로 비집고 들어갔다. 미끄러운 계단을 비틀거리며 내려가 드디어 썩어가는 감자 더미에 도달했다. 역겨운 냄새가 진동을 했다. 천창에서 비치는 한 줄기 기다란 빛에 의지해 우리는 두 손과 신발로 질퍽한 더미를 마구 파헤치면서 아직 쓸 만한 것을 골라냈다. 물컹물컹한 당근과 썩은 순무는 버리고 감자로 양동이를 채웠다. 이미 반쯤 채워져 있는 자루 하나를 우연히 발견했는데, 누구 것인지 묻지도 않고 끌고 왔다. 계단을 올라와 거리를 건너 집에 도착했다.

다시 요란한 폭격 소리와 연이은 사격 소리가 났지만 아무도 신경 쓰지 않았다. 모두가 약탈의 열기에 사로잡혀 있었다. 우리는 곧장 두 번째 약탈을 위해 달려갔고, 이번에는 양동이를 조개탄으로 채워 끌고 왔다. 주변 곳곳에서 약탈자들이 달려가고 무언가를 낚아채 오고 있었다.

이제 버려진 가게들에 대한 약탈도 시작되었다. 머리가 허옇게 센 남자—'신사'라고 불러야 더 적당했다—가 가루비누 통들이 가득 담긴 서랍 하나를 끌고 왔다. 서랍에는 '쌀'이라고 적혀 있었다.

2층으로 올라왔다. 우리는 거실 소파에 웅크리고 앉았다. 팔은 뻣뻣해졌고, 다리는 후들후들 떨렸다. 창문에 아직 남아 있는 유리들이 희미하게 떨렸다. 부서진 창문짝을 통해 탄내가 섞인 미지근한 온기가 불어왔다. 이따금 우르릉거리는 소리, 중대공포가 발사되는 소리가 길게 울려 퍼졌다. 그런 다음에는 쾅! 하는 폭발이 이어졌다. 고막을 짓누르는 충격이 전해졌다. 독일군의 대형 대포들이 발사되는 소리였다. 그리고 아주 멀리서 가끔 무척 빠르게 타당– 타당– 소리가 고함과 개 짖는 소리와 함께 들려왔다. 나는 그것이 무슨 소리인지 몰랐는데, 미망인은 '스탈린 오르간' 소리라고 주장했다. 아직까지 융단폭격은 없었고, 산발적으로 폭탄만 떨어졌다.

마지막으로 우리 둘은 길모퉁이 가게에 푸딩 파우더가 남아 있는지 알아보기 위해 밖으로 나갔다. 그곳도 어제 폭격을 맞았다. 그래도 여전히 손님이 있었고, 실제로 물건도 팔고 있었다. 푸딩 파우더에 새롭게 찍은 가격표가 붙어 있었다. (내가 알기로는 38페니히였다.) 가게에서 살림도 하고 장사도 하는 주인장은 돈을 페니히로 지불하라고 고집했다. 사람들은 안팎에서 서로 잔돈을 셈하고 바꾸느라 분주했다. 폭격이 계속되는 와중에 말이다. 오직 여기에서만 있을 수 있는 일이다. 페니히 잔돈을 뒤지다가 무덤 속으로 들어간다.

별 기대 없이 길모퉁이를 돌아 정육점을 살펴보러 갔다. 할당받은 양만큼 고기를 여태 배급받지 못했기 때문이다. 세상에! 이곳도 영업 중이었다. 기껏해야 열 명 남짓한 사람들이 가게에 있었고, 물량은 당장 필요한 것보다 많아 보였다. 우리는 질 좋은 돼지 살코기를 정확한 양으로 받았다.

정육점 밖으로 나오자 독일군이 탄 트럭 한 대가 지나갔다. 군복의 빨간색 장식을 보아하니 대공포 부대였다. 그들은 우리를 버리고 중부를 향해 나아갔다. 군인들은 말없이 앉아 앞만 물끄러미 바라보고 있었다. 한 여자가 말했다. "저들도 가련한 사내들일 뿐이야."

요즘 들어 남자에 대한 나의 감정, 아니 모든 여자의 감정이 변하고 있다는 것을 느낀다. 남자들이 안됐고, 너무나 비참하고 무기력해 보인다. 나약한 성(性)이 된 남자들. 여자들의 마음속 깊은 곳에서 움튼 일종의 집단적인 환멸이 점점 더 뚜렷해지고 있다. 여자들을 지배하던 남자들, 강한 남자를 찬미하는 나치 세계가 흔들리고 있다. 나아가 '남성'이라는 신화가 무너지고 있다. 지금까지의 모든 전쟁에서 남자들은 조국을 위해 죽고 죽일 수 있는 특권이 남자에게만 있다고 주장해왔다. 이 전쟁에서는 우리 여자들도 그 특권에 가담한다. 전쟁은 우리를 변화시켰고, 우리는 담대해졌다. 이 전쟁이 끝나면 수많은 패배와 더불어 '남자들'의 패배도 찾아올 것이다.

얼마 후 지하실에 걸맞지 않은 저녁 식사가 차려졌다. 집마다 반 평도 안 되는 자리에 정물화에서나 볼 법한 식탁을 차렸다. 버터 바른 빵에 차를 마시는 가족, 감자 죽을 먹는 가족도 있다. 스-틴헨은 나이프와 포크로 완벽하게 격식을 갖추어 오이 피클 하나를 찍어 올렸다. 그녀의 다친 머리에는 붕대가 단정히 둘러져 있다. 책방 여주인이 물었다. "제가 한잔 따라드려도 될까요?" "아 물론이죠, 부인." 커튼 장수 슈미트가 부드럽게 대꾸했다.

카나리아 새장 위에는 수건이 덮여 있었다. 탈영병 남자가 러시아군이 영화관 쪽으로 정찰을 나갔다고 알렸다. 우리가 사는 구역은 이미 소총 사격을 받고 있다. 우리 지하실에서는 누구도 군복을 입어서는 안 된다고 퇴역 군인이 명령했다. 그랬다가는 전시 국제법에 걸려 약식 군법회의의 규정에 따라 처형된다고 했다.

여기저기서 《판처베어》 신문에 실린 소식을 두고 설전을 벌였다. 실제로 베를린을 구하기 위해 두 부대가 진군 중인데, 쇠르너 부대는 남쪽에서, 또 다른 부대는 북쪽에서 진군 중이라는 것이다. 트로이엔브리첸, 오라니엔부르크, 베르나우 방어선은 무너졌다고 한다.

우리는 어떻게 되는 거지? 여러 감정이 뒤섞였고, 충격에 혼란스러웠다. "여기서 서로 공격을 주고받으면 우리는 중간에 끼게 되는 셈이군. 몇 달이나 지하실에서 지내게 될까? 어차피 우리는 졌어. 러시아 군인들이 제대로 못 하면 곧장 미군이 뜨겠지. 공중에서 융단폭격을 퍼부으면 우린 끝장이야. 이 지하실에 생매장되는 거지."

방금 거리에서 새 소식이 들어왔다. 국민방위대가 물러났고, 러시아군이 곧장 우리 쪽으로 들어온다는 것이었다. 독일 포병대가 우리가 사는 구역에 당도했고, 대포 소리가 지하실에 쩌렁쩌렁 울렸다. 그 와중에 여섯 명의 여자가 탁자 주변에 빙 둘러앉아 노닥거렸고, 미망인은 양조장 여주인에게 카드 점을 쳐주었다. 그녀의 점은 제법 용했는데, 곧 점괘가 나왔다. "조만간 남편에 대해 크게 실망할 일이 있을 거예요." (그녀의 남편은 아직도 빨간 머리 엘비라와 함께 양조장을 굳건히 지키고 있다.)

잠을 자야겠다. 잠이 간절하다. 정신없이 바쁜 하루였다. 내 상태를 점검해본다. 나는 건강하고 활기차고 대담하며, 불안은 좀 멀어졌다. 머릿속은 탐욕과 걱정으로 요란하다. 뻣뻣해진 등, 기운 없는 발, 엄지손톱 하나가 부러졌고, 베인 입술은 화끈거린다.

"나를 파멸시키지 못하는 시련은 나를 더 강하게 만든다."
이 말은 옳다.

(덧붙여. 거리에서 본 것. 한 남자가 손수레를 밀고 가는데, 거기에 죽은 여자 한 명이 뻣뻣하게 누워 있었다. 희끗희끗한 머리 다발들이 이리저리 나풀거렸고, 파란색 앞치마를 두른 채였다. 회색 양말이 신겨진 깡마른 다리가 수레 끄트머리 밖으로 길게 뻗어 나와 있었다. 누구도 쳐다보지 않았다. 예전에 쓰레기를 수거하는 수레가 지날 때처럼.)

1945년 4월 27일, 금요일
파국의 날, 엄청난 혼란 – 토요일 오전에 씀

그 일이 벌어지기 전에는 고요했다. 너무나 고요한 밤이었다. 자정 무렵에 벤 양이 적군이 텃밭이 모여 있는 곳까지 밀고 들어왔고, 독일의 방어선은 이제 우리가 사는 곳 바로 앞이라고 알려주었다.

오래도록 잠이 오지 않아 머릿속으로 러시아어를 떠올려보고, 사용할 줄 아는 관용구들을 연습했다. 오늘 처음으로, 지하실 사람들에게 내가 러시아어를 약간 할 수 있다고 귀띔했다. 지난 시절에 구석구석 돌아다닌 10여 개 국가 가운데 유럽 쪽 러시아가 포함되어 있었다.

내가 할 줄 아는 러시아어는 순전히 돌아다니며 주워들은 단순한 일상어뿐이다. 그래도 수는 셀 수 있고, 날짜를 말할 수 있고, 글자도 좀 읽을 수 있다. 실제로 사용해볼 기회가 코앞에 다가왔으니 내 실력은 금세 돌아올 것이다. 언어를 익히는 일은 그다지 힘들지 않다. 러시아어로 수를 세면서 잠이 들었다.

새벽 5시까지 잤다. 그때 출입문 쪽에서 누군가가 불쑥 나타나 돌아다니는 소리가 들렸다. 책방 여주인이었다. 그녀는 밖에서 돌아오는 길이었는데, 내 손을 잡고 속삭였다. "그들이 와 있어요."

"누구? 러시아군?" 나는 눈이 거의 떠지지 않았다. "맞아요. 좀 전에 그들이 마이어 씨 가게(술을 파는 곳) 창으로 몰래 들어갔어요."

그녀가 안쪽으로 들어가 이 소식을 알리는 동안 나는 재빨리 옷을 껴입고 머리를 빗었다. 2~3분 만에 지하실 사람 전체가 일어났다.

나는 나선형 계단을 손으로 더듬으며 2층으로 올라왔다. 좀 남아 있던 식량 중 아직 숨기지 못한 것들을 숨기려 했다. 부서져 잠글 수 없게 된 뒷문에 귀를 대고 소리를 들어보았다. 조용했다. 부엌은 비어 있었다. 몸을 숙이고 창문으로 접근했다. 새벽 어스름 속의 거리에서는 총격전이 벌어져 총알이 날아가고 박히는 소리가 들렸다.

기다란 포신 네 개가 달린 러시아군의 대공포가 길모퉁이를 돌아 다가오고 있었다. 포신이 탑처럼 우뚝 솟아 있어 위협적으로 보였다. 남자 두 명이 거리를 저벅저벅 걸어 올라왔다. 등이 넓적했고, 가죽 재킷에다 목이 긴 부츠를 신고 있다. 자동차들이 달려와 도로 경계석 쪽에 멈춰 섰다. 아침의 희미한 빛 속에서 대포들이 덜컹거리며 거리를 지나갔다. 길에 깔린 포석이 들썩거리며 요란한 소리를 냈다. 깨진 유리창으로 휘발유 냄새가 들어왔다.

나는 다시 지하실로 돌아갔다. 우리는 악몽에 짓눌린 채 아침을 먹었다. 이런 순간에도 나는 빵을 몇 조각이나 계속 먹어 미망인을 놀라게 했다. 속이 메슥거렸다. 수학 시험을 앞둔 학생처럼. 불편함과 불안 그리고 빨리 끝나버렸으면 하는 소망.

조금 후에 미망인과 함께 위층으로 올라가 집의 먼지를 털어내고 걸레질을 했다. 물을 한 양동이만 남겨두고 문지르고 닦았다. 악마는 우리가 이러는 이유를 알까. 아마 팔다리를 좀 움직여볼 심산이었거나 어쩌면 불확실한 미래를 외면하기 위해 손에 만져지는 현재 속으로 도망친 것이었을 수도 있다.

틈틈이 우리는 창가로 기어가 밖을 살폈다. 끝없는 수송 행렬이 도착하고 있었다. 살진 암말들과 망아지들이 보였다. 젖소 한 마리가 젖 짜는 사람을 부르며 먹먹하게 울었다. 군인들은 벌써 건너편 차고에 야전 취사장을 차리는 중이었다. 우리는 처음으로 그들의 모습과 얼굴을 살폈다. 탄탄하고 넓은 두개골에 머리를 짧게 깎은 통통한 얼굴에는 근심이 없어 보였다. 민간인은 어디에도 보이지 않았다. 러시아 군인들은 아직은 거리에서 자기들끼리만 모여 있다. 모든 건물의 지하실에는 소리 죽여 말하며 불안에 떠는 사람들이 있다. 언젠가는 오늘의 이 대도시를, 위태롭게 숨겨진 이 지하세계를 그려낼 수 있을까. 깊숙한 곳까지 숨어든 사람들이 서로 아무것도 모른 채 최소한의 공간으로 쪼개져 사는 세계를.

하늘은 푸르고 햇살은 투명했다.

함부르크 출신의 여자와 내가 방금 지하실 사람들을 위해 빵집의 조리실에서 끓인 오트밀을 한 솥 가득 두 번째로 날라왔다. 그때 적군이 우리 지하실로 통하는 길을 발견했다. 그는 뺨이 붉은 농부 타입으로, 석유 램프 불빛에 의지해 지하실 사람들을 훑어보며 눈을 깜빡거렸다. 그는 머뭇거리며 우리 쪽으로 두어 걸음 다가왔다.

가슴이 쿵쾅거렸다. 겁에 질린 사람들이 수프가 담긴 접시를 그에게 내밀었다. 그는 고개를 가로저으며 미소를 지었지만 말은 하지 않았다.

순간, 내가 러시아어로 말했다. 목소리가 잠겨 맥없이 내뱉었지만. "슈토 비 젤라니예?"(Что вы желание?) — "무엇을 원하나요?"

남자는 몸을 휙 돌리더니 나를 멀거니 쳐다보았다. 당황한 듯했다. '벙어리' 여자가 자기 나라말로 말을 거는 상황을 아직 겪어보지 못한 것 같았다. 러시아인은 독일인을 보통 '벙어리'라고 부른다. 아마도 500년 전 독일 한자동맹 시절부터 그렇게 불러왔을 것이다. 당시 독일 상인들이 노브고로드를 비롯한 여러 지역에서 말이 통하지 않으니 손짓, 발짓으로 천과 레이스를 러시아의 모피와 밀랍과 교환한 것이 그 시작이 아니었을까 짐작해본다.

아무튼 이 러시아 병사는 내 질문에 대꾸 없이 그저 고개를 가로저었다. 나는 혹시 먹을 것을 찾고 있는지 물었다. 그러자 그가 히죽 웃으면서 독일어로 "슈나압스"(Schnaaps: 올바른 표기는 Schnaps[슈납스]이다—편집자)라고 말했다. 술 말이다.

술? 사람들은 다들 유감스러워하며 머리를 흔들었다. 지하실에 술이라고는 없었다. 술을 가진 사람들은 꼭꼭 숨겨두었다. 러시아 병사는 어슬렁거리며 통로들과 안마당들로 복잡하게 얽힌 돌아가는 길을 찾아 나갔다.

우리 건물 앞 거리의 군인들은 활기가 넘쳤다. 나는 여자 두세 명과 함께 용기를 내 밖으로 나가 그 생경한 장면을 지켜보았다. 우리 건물 출입구 앞에서 젊은 병사가 오토바이를 닦고 있었는데, 새것이나 다름없는 최신 독일제였다. 그는 헝겊을 내밀면서 몸짓으로 나에게도 닦아보라고 권했다. 나는 러시아어로 그럴 생각이 없다고 말하고 심지어 미소까지 지어 보였다. 그는 놀란 눈으로 쳐다보더니 따라 웃었다.

훔친 자전거로 서로에게 자전거 타는 법을 가르치는 이들도 있었다. 그들은 서커스에서 외발자전거를 타는 침팬지만큼이나 뻣뻣하게 안장에 앉아 있다가 나무에 부딪히고는 유쾌하게 환성을 질렀다.

나는 얼마간 불안이 사라졌음을 느꼈다. 결국 러시아 군인들도 일종의 여자만의 방식, 즉 간계와 술책으로 상대할 수 있는 '고작 남자들'일 뿐이다.

보도 곳곳에 말들이 똥을 싸고 오줌을 갈겼다. 코를 찌르는 마구간 냄새가 났다. 병사 둘이 내게 다가와 가까운 펌프장이 어디인지 물었다. 말들이 갈증을 느낀다고 했다. 우리는 함께 텃밭들을 가로질러 15분 거리를 터벅터벅 걸었다. 그들은 말투가 다정했고 성품이 순해 보였다. 처음으로, 그리고 곧 한없이 되풀이될 질문을 받았다. "남편이 있나요?" 그렇다고 대답하면 어디에 있는지 물었다. 아니라고 대답하면 러시아인과 '결혼'하고 싶은지 물었다. 어느 질문이든 그다음엔 상스럽게 시시덕거렸다.

그 두 사람은 처음에 나를 '너'라고 불렀다. 나는 이를 거부했고, 나는 그들에게 '너'라고 부르지 않겠다고 말했다. 우리는 풀이 수북한 황량한 길을 따라 걸었다. 머리 위로 대포알들이 포물선을 그리며 날아갔다. 독일군의 방어선이 10분 거리 내에 있었다. 독일군 비행기는 전혀 보이지 않았고, 우리 쪽 대공포 소리도 거의 들리지 않았다. 수돗물은 나오지 않고, 전기와 가스는 완전히 끊겼다. 러시아 군인들뿐이었다.

물통을 들고 다시 돌아왔다. 말들이 물을 먹는 모습을 두 수송병은 만족해하며 바라보았다. 나는 주변의 러시아 병사들과 이런저런 잡담을 나누었다. 점심시간이 지나자 태양이 한여름처럼 뜨겁게 내리쬐었다. 낯설고 이해하기 힘든 어떤 분위기, 사악하고 위험한 분위기가 퍼지는 것을 느꼈다. 몇몇 병사가 나를 수줍게 슬쩍 쳐다보더니 서로 눈길을 주고받았다. 키가 작고 피부가 누런 한 젊은 병사가 입에서 술 냄새를 풍기며 나를 대화에 끌어들이더니 슬며시 옆쪽 안마당으로 유인하려 했다. 털이 수북한 팔에 찬 시계 두 개를 가리키며 나에게 하나를 주겠다고 했다, 만약 내가 그와….

나는 안마당을 가로질러 달아났다. 지하실 쪽 통로에 들어서면서 그를 따돌렸다고 생각했다. 바로 그 순간 그가 내 옆에 나타나는 바람에 우리는 같이 지하실로 들어오게 되었다. 그는 비틀비틀 이 기둥에서 저 기둥으로 돌아다니며 손전등으로 마흔 명이나 되는 지하실 사람들의 얼굴을 비추며 살펴보았고, 둥근 불빛을 휙휙 움직이다 여자들의 얼굴에서 멈추었다.

지하실은 얼어붙었다. 모두가 굳어버린 것 같았다. 누구도 움직이거나 말하지 않았다. 낮게 숨 쉬는 소리만 들렸다. 그 둥근 불빛이 열여덟 살짜리 처녀, 머리에 새하얀 붕대를 감은 슈틴헨에게서 멈추었다. 그녀는 긴 접이식 의자에 누워 쉬고 있었다. 러시아 병사가 그녀를 가리키며 독일어로 위협적으로 물었다. "몇 살이야?"

아무도 대답하지 않았다. 그녀는 돌처럼 뻣뻣하게 누워 꼼짝도 하지 않았다. 러시아 병사는 거칠게 화를 내며 고함을 질렀다. "몇 살이야?"

내가 황급히 러시아어로 대답했다. "그녀는 대학생이에요, 열여덟이고요." 나는 그녀가 머리에 상처를 입었다는 말도 덧붙이려 했지만, 상처라는 단어를 떠올리지 못해 되는대로 국제적으로 통용되는 '카푸트'(капут), 즉 '망가지다'라는 단어를 썼다. "머리가 망가졌어요, 폭격으로."

그 남자와 나 사이에 질문과 대답이 성급하게 오갔지만, 그것을 여기 적는 것은 무의미하다. 말이 통하지 않았기 때문이다. 사랑, 진정한 사랑, 열렬한 사랑이라는 말이 나왔다. 그는 나를 사랑한다며 나도 그를 사랑하는지, 우리가 서로 사랑을 나누기를 원하는지 물었다. "어쩌면"이라고 말하고는 나는 한 걸음씩 문 쪽으로 움직이기 시작했다. 그 병사는 나의 계략에 걸려들었다. 아직도 겁에 질려 굳어 있는 사람들은 무슨 일이 벌어지고 있는지 눈곱만큼도 이해하지 못했다. 나는 손을 덜덜 떨면서 입으로는 실없는 소리를 계속했다. 심장이 요동치는 바람에 두 마디도 연달아 꺼내지 못했다. 그의 눈동자는 까맸고 흰자위는 황달에 걸려 누랬다. 지하실 어둑한 통로로 나온 나는 그를 마주 보며 서둘러 뒷걸음질 쳤다. 복잡한 통로를 속속들이 알지 못하는 그는 나를 따랐다. 나는 속삭이듯 말했다. "저기 건너편으로. 그곳이 좋아요. 사람들도 없어요." 세 걸음만 더, 두 계단만 더. 어느덧 우리는 쨍쨍한 정오의 햇살이 훤히 비치는 거리로 나왔다.

나는 곧장 말을 돌보던 아까 그 두 병사에게로 달려갔다. 그들은 마침 말을 솔질하는 중이었다. 나는 뒤쫓아 오는 병사를 가리켰다.

"저 병사는 정말 나쁜 사람이에요, 하하하!" 그 병사는 사나운 눈길로 나를 쏘아보고는 슬쩍 도망쳤다. 말을 돌보던 두 사람이 웃음을 터뜨렸다. 나는 잠시 그들과 실없는 이야기를 나누며 기운을 차렸다. 떨리던 손은 진정되었다.

내가 밖에서 잡담을 나누는 사이, 지하실 사람들은 여자에게는 별 관심이 없는 몇몇 병사에게 시계를 차례로 빼앗겼다. 얼마 후부터 나는 많은 러시아 병사들이 양쪽 팔에 한가득 시계를 차고 다니는 것을 보았다. 그들은 대여섯 개의 시계를 차고 다니며 서로 비교해보고, 태엽을 감고, 시각을 맞추었다. 유치하기 짝이 없는 짓을 하며 어린애처럼 좋아했다.

우리가 사는 지역은 이제 야영지가 되었다. 보급 부대가 가게와 차고에 자리를 잡았다. 말들은 깨져 나간 진열창 밖으로 대가리를 내밀고 우스꽝스럽게 아래위로 흔들며 귀리와 건초를 먹었다. 안도의 분위기가 퍼져 나갔다. 비록 시계는 날렸지만. 러시아군 말처럼 "보이나 카푸트"(война капут), 즉 전쟁은 망했고, 끝났다. 세찬 폭풍이 머리 위로 한바탕 지나갔지만, 지금 우리는 바람이 들지 않는 곳에 있다.

그렇다고 생각했다.

오후 6시경, 일이 벌어지기 시작했다. 만취한 덩치 큰 병사 하나가 권총을 휘두르며 지하실로 난입해 양조장 여주인 쪽으로 다가갔다. 오직 그녀가 목표물이었다. 그는 권총으로 그녀를 이리저리 내몰더니 앞세워 문 쪽으로 떠밀었다. 그녀는 주먹을 마구 휘두르고 울부짖으며 저항했다. 그때 권총이 발사되었다. 총알은 기둥들 사이를 지나 벽에 박혔다. 다친 사람은 없었다. 지하실은 공포에 휩싸였다. 사람들은 혼비백산해 비명을 지르고…. 권총 주인도 놀란 기색이 역력했다. 그는 슬며시 옆으로 새더니 통로로 사라져버렸다.

오후 7시경에 나는 미망인과 함께 평온하게 위층의 집에 앉아 저녁 식사로 죽을 먹고 있었다. 그때 수위의 작은딸이 소리를 지르며 황급히 달려 들어왔다. "빨리 내려가 보세요, 러시아어로 얘기해야 해요, 놈들이 또다시 B 부인을 노리고 있어요." 그러니까 이번에도 양조장 여주인이었다. 그녀는 우리 중 가장 뚱뚱했고, 가슴도 컸다. 그들이 뚱뚱한 여자를 찾는다는 소문은 이미 파다했다. 풍만함이 곧 아름다움이었다. 풍만한 몸은 더 여성스러운 몸이었고 남성의 몸과는 확연히 차이가 있는 몸이었다. 원시 사회에서는 뚱뚱한 여자를 풍성함과 비옥함의 상징으로 추앙했다. 애석하게도 러시아군은 그런 여자를 이 나라에서 쉽게 찾아낼 수 없을 것이다. 풍만하던 중년 여자들은 대개 몸집이 엄청나게 줄어들었으니까. 양조장 여주인은 확실히 궁핍한 생활에 시달리지는 않았었다. 그녀는 전쟁 기간 내내 식량과 바꿀 것을 가지고 있었다. 이제 그녀는 부당하게 찌운 비곗덩어리에 대한 대가를 치러야만 한다.

아래로 내려가자 양조장 여주인이 건물 출입문 입구에 서서 흐느끼며 벌벌 떨고 있었다. 지하실에서 뛰쳐 나와 그 사내들에게서 벗어난 그녀는 지하실로 돌아갈 엄두도, 그렇다고 4층인 자기 집으로 올라갈 용기도 내지 못했다. 때때로 독일군이 대포 사격을 했기 때문이다. 그리고 사내들이 따라 올라갈지도 몰랐다. 그녀는 손톱자국이 날 정도로 내 팔을 꼭 붙들고는 '지휘관'을 찾아가서 호위를, 일종의 보호를 부탁해보자고 내게 애원했다. 나는 그녀가 어떻게 이런 엉뚱한 생각을 떠올렸는지 알 수가 없다.

마침 어깨에 별 표지를 단 군인이 지나가기에, 그에게 말을 걸어 이 여자가 불안해하는 이유를 설명해보려 애썼지만, '불안'이라는 단어를 모른다는 걸 깨달았다. 그가 참을성 없이 손짓으로 제지했다. "나 원, 누구도 당신들을 해코지하지 않아요, 집으로 가요." 울먹이던 여자는 결국 비틀거리며 위로 올라갔다. 그 후로 한동안 그녀를 다시 보지 못했는데, 틀림없이 자기 집에 숨었을 것이다. 잘한 일이다. 그녀는 너무나 탐나는 먹잇감이다.

내가 다시 2층으로 돌아오자마자 심부름꾼으로 지명된 것이 확실한 수위의 딸이 또다시 뛰어 올라왔다. 병사들이 다시 지하실에 나타난 것이다. 이번에도 마찬가지로 전쟁 동안 몸에 약간의 지방질을 남길 수 있었던 빵집 여주인을 원했다.

자신이 주무르던 밀가루만큼이나 창백해진 빵집 주인이 통로에서 쭈뼛거리며 나에게 다가오더니 두 손을 내 쪽으로 내밀고 더듬더듬 말했다. "그들이 우리 집사람 옆에서…." 그는 목이 메어 말을 잇지 못했다. 한순간 나는 어떤 연극에서 연기를 하는 느낌이 들었다. 부르주아인 빵집 주인이 그런 동작을 취하고, 목소리에 그런 가슴 두근거리는 소리를 넣어 처절하고 근심에 사무치는 느낌을 주기란 불가능하다. 나는 여태껏 위대한 배우들에게서만 그런 연기를 실감했다.

지하실. 석유 램프가 꺼져 있다. 연료가 바닥난 모양이었다. 대신 수지가 채워진 마분지 통 위에 촛불 모양으로 타오르는 힌덴부르크 등불(Hindenburglicht: 직경 5-8센티미터, 높이 1-1.5센티미터의 밑을 편평하게 한 금속 용기에 담긴 초. 1차 세계대전부터 사용되던 것으로 당시 독일군 총사령관이었던 파울 폰 힌덴부르크의 이름을 땄다—편집자)이 가물거리고 있었다. 나는 그 불빛에 의지해 빵집 여주인의 새하얀 얼굴과 실룩이는 입 등을 알아보았다. 그녀 옆에 러시아 병사 셋이 서 있었다. 한 명은 긴 접이식 의자에 누워 있는 그녀의 팔을 당기기도 하고, 다른 한 명은 몸을 일으키려는 그녀를 의자 위로 도로 밀치기도 했다. 마치 그녀가 인형인 듯, 물건인 듯이 다루었다. 그러면서 세 병사는 아주 빠르게 대화를 나누었다. 언쟁을 벌이고 있는 것이 분명했다. 나는 무슨 말인지 거의 알아듣지 못했는데, 그들이 비속어를 사용했기 때문이다. 어떻게 하면 좋지? 빵집 주인이 "위원장"이라는 말을 불명확하게 내뱉었다. 그 말은 발언권이 있는 어떤 사람을 의미했다.

거리로 나와 보니 긴장이 풀어진 저녁의 평온한 분위기가 깔려 있었다. 사격 소리와 화염은 멀었다. 나는 하필이면 얼마 전 도움을 청한 나를 별 관심 없이 돌려보냈던 그 장교와 또 마주쳤다. 나는 그에게 최대한 공손하게 러시아어로 말을 걸어 도움을 청했다. 그는 내 말을 알아듣고 짜증을 냈지만, 마지못해 나를 따라왔다.

지하실은 침묵에 싸여 있었다. 남자들, 여자들, 아이들, 모든 사람이 화석으로 굳어버린 것 같았다. 병사 셋 중 한 명은 사라지고 없었고, 나머지 두 사람은 여전히 빵집 여주인 옆에 서서 언쟁을 벌이고 있었다.

장교가 그 대화에 끼어들었지만, 위압적이기보다는 대등한 자격으로 말하는 것 같았다. 나는 여러 번 '우카스 스탈리나'(ука́з Сталина)라는 표현을 들었는데, 아마도 스탈린의 훈시를 의미하는 듯했다. 스탈린이 '그 일'을 금지하는 훈시를 내린 모양이다. 그러나 장교가 나에게 어깨를 으쓱해 보이며 암시한 대로 '그 일'은 당연히 일어나기도 한다. 훈계를 듣던 한 병사가 반발했다. 그의 얼굴은 분노로 일그러졌다. "무슨 말입니까? 독일 놈들이 우리 여자들에게 한 짓을 생각해보십시오!" 그는 고함을 질렀다. "그놈들이 내 누이들을…" 등등의 말을 했고, 나는 다 알아들을 수는 없었지만 대강의 뜻은 이해할 수 있었다.

장교가 다시 부드러운 목소리로 그 남자를 끈기 있게 달랬다. 그러면서 천천히 출입문 쪽으로 멀어져갔고, 병사 둘도 따라 밖으로 나갔다. 빵집 여주인이 쉰 목소리로 물었다. "갔어요?"

나는 고개를 끄덕였지만 만일을 위해 다시 어두운 통로로 나가보았다. 순간, 그들이 나를 붙들었다. 두 사람은 숨어서 기다렸던 것이다.

나는 소리를 지르고 또 질렀지만… 등 뒤로 지하실 문이 둔탁한 소리를 내며 닫혔다.

한 병사가 내 손목을 잡은 채 통로 위쪽으로 끌고 갔다. 다른 한 명도 합세했다. 그는 내가 소리를 지르지 못하도록, 아니 숨이 막혀 소리를 아예 낼 수 없을 정도로 세게 목을 눌렀다. 둘이 나를 와락 끌어당겼고, 내 몸은 순식간에 바닥으로 나뒹굴었다. 외투 주머니에서 무언가가 딸그락거리며 빠져나왔다. 집 열쇠가 달린 열쇠꾸러미였다. 내 머리는 지하실 계단의 맨 아랫단에 놓였고, 등으로 차갑고 축축한 타일 바닥이 느껴졌다. 약간의 빛이 새어 들어오는 문틈에 서서 한 명이 망을 보고, 그사이 다른 병사가 내 속옷을 벗기고 억지로 헤집고 들어와…. 그 와중에도 나는 왼손으로 바닥을 이리저리 더듬어 열쇠꾸러미를 찾아내 왼손으로 단단히 움켜쥔 채, 오른손으로 저항을 해봤지만 아무 소용이 없었다. 거들스타킹이 완전히 찢겨 나갔다. 비틀거리며 일어서려 하자 두 번째 병사가 덮쳤고, 주먹으로 치고 무릎으로 눌러 완전히 바닥에 눕혔다. 이제 다른 병사가 망을 보면서 낮게 말했다. "빨리빨리 해…."

그때 두런두런 러시아어가 들려왔다. 주위가 환해졌다. 문이 열린 것이다. 밖에서 두 명, 아니 세 명의 러시아 병사들이 안으로 들어왔는데, 세 번째는 군복을 입은 여자였다. 그들은 웃었다. 두 번째 녀석은 방해를 받자 벌떡 일어났다. 두 병사는 나를 뉘어둔 채 다른 셋과 함께 밖으로 나갔다.

간신히 몸을 일으킨 나는 기어 올라가며 옷가지를 주웠고, 벽에 몸을 기댄 채 지하실 출입문 쪽으로 나아갔다. 문은 안쪽에서 빗장이 걸려 있었다. 나는 소리쳤다. "문 열어요, 나 혼자예요, 아무도 없어요!"

이윽고 쇠로 된 양쪽 레버가 열렸다. 지하실 사람들이 나를 물끄러미 바라보았다. 그제야 내 꼴을 짐작해냈다. 발목 아래까지 흘러내린 찢어진 스타킹, 엉망진창으로 헝클어진 머리, 너덜너덜해진 거들 조각은 손에 든 채였다.

나는 고래고래 소리를 지르기 시작했다. "이 더러운 인간들아! 내가 두 놈한테 당하고 있는데도 문을 걸어 잠가? 오물 덩어리 취급을 해?" 그러고는 뒤돌아 나가려 하자, 침묵이 깨지고 갑자기 말소리가 터져 나왔다. 모두가 말을 하고, 뒤엉켜 고함을 지르고, 서로 언쟁을 벌이고, 팔을 마구 휘둘렀다. 마침내 의견이 모였다. "모두 함께 지휘관을 찾아가서 밤 동안에 보호를 요청합시다."

이렇게 해서 남자 두 명을 포함한 조촐한 대표단이 꾸려졌다. 우리는 어둑한 저녁 시간에 밖으로 나와 탄내가 섞인 포근한 공기를 가르며 지휘관이 있다는 맞은편 블록으로 갔다.

포격이 멈춘 거리는 고요했다. 건너편 건물의 출입구에 아무렇게나 드러누운 형체들은 러시아 군인이었다. 우리가 다가가자 한 병사가 일어났고, 다른 병사가 투덜거렸다. "뭐야, 그냥 독일인들이잖아." 그러더니 몸을 돌려 누웠다. 안쪽 마당으로 들어가 러시아어로 지휘관을 만나고 싶다고 하자, 뒤채의 문 앞에 모여 있던 무리에서 한 명이 걸어 나왔다. "무슨 일로?" 하얀 치아에 키가 큰, 코카서스 태생인 것 같았다.

그는 나의 어설픈 러시아어 실력과 고충을 호소하려 찾아온 초라한 무리를 보며 비웃었다. "이런, 당신들 병에 걸린 것도 아니잖아. 러시아군은 건강하다고." 그는 어슬렁거리며 돌아갔고, 이어 소리 죽여 웃는 소리가 들려왔다. 나는 말했다. "부질없는 짓이에요."

지하실로 돌아갔지만, 이 역겨운 얼굴들을 보고 있기 힘들어 미망인과 함께 2층으로 올라갔다. 미망인은 환자를 돌보듯이 내 옆에 들러붙었다. 낮은 소리로 말하고 쓰다듬어주며 내내 지켜보는 통에 귀찮을 정도였다. 나는 그저 잊어버리고 싶은데.

욕실로 가서 옷을 벗고 며칠 만에, 얼마 되지도 않는 물이지만 그렇더라도, 가능한 한 철저히 몸을 씻어냈다. 거울 앞에 서서 이도 닦았다. 그때 유령처럼 소리도 없이 러시아 병사 한 명이 문간에 나타났다. 그가 낮은 목소리로 물었다, 더구나 독일어로. “문이– 어디– 있죠?” 길을 잃어 집 안으로 잘못 들어온 모양이다. 잠옷 차림에다 놀라 몸이 굳어 나는 입도 못 뗀 채 계단으로 연결되는 현관문 쪽을 가리켰다. 그러자 그가 공손하게 말했다. “감사합니다.”

서둘러 부엌으로 가보았다. 그랬다, 그는 뒷문을 억지로 밀고 들어왔다. 미망인이 막아둔 청소도구함이 밀려나 있었다. 마침 미망인이 뒷문 쪽 나선형 계단으로 올라오는 소리가 들렸다. 우리는 함께 뒷문을 다시 막았다. 더 꼼꼼하게. 의자들을 겹겹이 쌓고 묵직한 부엌 조리대도 붙여놓았다. 이 정도면 충분할 거야, 미망인이 말했다. 현관문은 평소처럼 빗장을 채우고 이중으로 잠갔다. 조금이나마 안심이 되었다.

힌덴부르크 등불의 조그만 불꽃이 깜빡거리며 타고 있다. 불빛이 이불에 커다란 그림자를 그렸다. 미망인이 나의 잠자리를 거실의 긴 소파 침대에 마련해주었다. 까마득히 오랜만에, 등화관제용 블라인드를 내리지 않았다. 그럴 필요가 없었다. 금요일에서 토요일로 넘어가는 오늘부터 공중공습은 없을 것이다. 이미 러시아군 치하에 있으니까. 미망인이 내 옆의 침대 모서리에 웅크리고 앉아 막 신발을 벗었을 때였다. 문을 쿵쾅거리며 뒤흔드는 소리가 났다.

빈약한 뒷문, 허술하게 쌓은 보루…. 쿵, 소리가 들리자마자 의자들이 타일 바닥으로 우당탕 떨어졌다. 발 구르는 소리와 밀치는 소리 그리고 여러 명의 굵은 목소리가 들렸다. 우리는 서로를 멍하니 쳐다보았다. 부엌과 거실 사이의 벽 틈으로 불빛이 어른거렸다. 발들이 거실 밖 복도까지 들어왔고, 곧 누군가가 문을 열어젖혔다.

하나, 둘, 셋, 넷. 중무장을 하고 자동소총을 허리에 걸친 병사들이었다. 그들은 말없이 우리를 잠시 쳐다보았다. 한 사람이 곧장 거실을 가로질러 진열장으로 가더니 서랍을 죄다 열어젖혀 뭔가를 찾다가는, 실망했다는 듯 몇 마디를 뱉으며 쿵쾅거리며 밖으로 나갔다. 곧 옆방을 뒤지는 소리가 들렸다. 그곳은 예전에 미망인 집에 세든 남자가 국민방위대로 소집될 때까지 살았던 방이다. 나머지 셋은 멀거니 서서 은밀하게 속삭이며 나를 흘끗댔다. 미망인은 신발을 꿰차며 위로 올라가 도움을 청해보겠다고 몰래 속삭였다. 그녀는 떠났다. 그들은 그녀를 제지하지 않았다.

난 어떻게 하지? 문득, 낯선 세 명의 사내들 앞에서 리본이 달린 분홍색 잠옷을 입고 침대에 앉아 있는 내 모습이 지독히 우스꽝스럽게 느껴졌다. 더는 견딜 수가 없었다. 말이든 행동이든 뭐든 해야만 했다. 내가 러시아어로 물었다. "슈토 비 젤라니예?"

화들짝 놀란 그들이 당혹스러운 표정으로 질문했다. "러시아어를 어디서 배웠지?"

나는 보잘것없는 러시아어 실력을 동원해 예전에 글을 쓰고 사진을 찍으며 러시아 횡단 여행을 했었다고 설명했다. 그러자 세 병사는 무기를 내려 옆으로 치우더니 안락의자에 다리를 쭉 펴고 앉았다. 실없는 얘기를 몇 마디 나누면서도, 나는 끊임없이 마루 쪽으로 귀를 기울였다. 미망인이 이웃과 함께 빨리 돌아오기를 기다리며. 그러나 아무런 기척도 들리지 않았다.

그사이 뭔가를 뒤지던 병사가 다시 나타났고, 이번에는 졸병으로 보이는 병사를 데리고 부엌으로 갔다. 나머지 둘이 낮게 무슨 말을 지껄였는데, 내가 알아서는 안 되는 내용임이 분명했다. 그 둘이 서로 눈치를 살피는 게 느껴졌다. 일이 벌어질 조짐이 보였다. 어느 쪽으로 내려앉을지 모르는 불티 하나가 사방을 날아다니는 것만 같았다.

미망인은 오지 않았다. 나는 누비이불을 두른 채 안락의자에 앉아 있는 둘과 어떤 말이라도 해보려고 애썼지만 먹히지 않았다. 그들은 곁눈질을 하면서 몸을 이리저리 움직였다. 틀림없이 일이 벌어질 것이다. 신문이 나오던 시절에 읽었던 기사들이 생각났다. 열 번, 스무 번…. 내가 어찌 알겠는가. 몸에 열이 오르고 얼굴이 화끈거렸다.

이때, 부엌에 있던 둘이 이쪽을 향해 뭐라고 소리쳤고, 그러자 앉아 있던 둘이 미적미적 일어나더니 어슬렁거리며 부엌으로 갔다. 나는 조용히 침대에서 빠져나와 문가에서 동정을 살폈다. 부엌에서 술을 마시는 것 같았다. 재빨리 칠흑같이 캄캄한 마루를 지나 맨발로 살금살금 걸어가다가 복도 옷걸이에 걸린 외투를 집어 잠옷 위에 걸쳤다.

조심조심 현관문을 열었다. 미망인이 급히 나가느라 살짝 열린 상태였다. 깜깜한 계단 쪽에서 무슨 소리가 나는지 주의 깊게 들었다. 아무 소리도 나지 않았다. 어떤 소리도 불빛도 없었다. 대체 미망인은 어디로 가버린 걸까. 내가 막 계단으로 올라서려는 순간 뒤에서 누군가 나를 와락 끌어안았다. 기척도 없이 내 뒤를 쫓았던 것이다.

거칠고 커다란 두 손과 술 냄새. 심장이 미친 듯이 쿵쾅거렸다. 나는 작게 애원했다. "한 명, 제발 한 명만. 누구든 한 명만. 다른 사람들을 내보내주세요."

그는 조용히 그러겠다고 하고 나를 아기처럼 두 팔로 안아 올려 마루를 건너갔다. 나는 그가 그 넷 중 누구인지, 어떻게 생겼는지도 몰랐다. 그는 유리창이 다 깨져 나간 깜깜한 옆방, 매트리스도 없는 침대 틀에 나를 내려놓았다. 그런 다음 복도 쪽으로 고개를 돌려 거칠게 몇 마디 소리를 질렀다. 뒤편의 문을 잘 맞물리게 닫고 나서는 내 옆에 누웠다. 너무 추워 이불이 있는 옆방으로 데려가 달라고 간청했지만 그는 들어주지 않았다. 미망인이 돌아올까 봐 염려되었던 모양이다. 30분 후쯤 일을 끝낸 후에야 옆방을 허락했다.

자동소총이 침대 기둥에서 달그락거렸다. 그는 모자를 침대 기둥 끝에 걸어두었다. 밀랍 양초가 고요히 타들어갔다. 머리끝이 뾰족한 그 병사의 이름은 페트카였다. 이마 쪽으로 V자 모양으로 자란 뻣뻣한 금발 머리카락은 질기고 두꺼운 플러시 천 같았다. 몸집은 장롱만큼이나 넓고 엄청난 거구에 손은 벌목꾼처럼 거칠고 컸으며, 치아는 하얬다. 너무 기운이 없고 지쳐 있던 나는 이 상황을 분간하기 어려웠다. 그는 더듬거리며 자신이 시베리아 출신이라고 말했다. 그가 부츠마저 벗었다. 나는 어지러웠고 머리 반쪽은 완전히 죽은 느낌이었다. 반쪽의 나는 어떤 저항도 못 하고 빨랫비누 냄새가 풍기는 단단한 몸에 굴복했다. 마침내 찾아온 휴식, 어둠, 잠.

새벽 4시쯤 보급 부대가 데려온 수탉이 울었다. 나는 정신이 번쩍 들어 페트카 밑에 깔린 내 팔을 빼냈다. 싱긋 웃으며 그가 하얀 이를 드러냈다. 그는 잽싸게 일어나더니 지금은 보초를 서야 하며, 그래도 7시에는 확실히 돌아오겠다고 말했다. 아주 확실히 말이다! 작별인사를 하면서 그는 내 손가락을 거의 으스러뜨려 놓았다.

다시 이불 속으로 들어갔다. 불안하게 자다 깨기를 10분마다 반복했다. 한번은 "살려줘!" 하는 비명에 깜짝 놀라 일어났는데, 알고 보니 수탉의 울음소리였다. 이제 젖소도 연신 음매음매 운다. 장갑에 싸인 자명종을 꺼냈다(자명종은 미망인의 것이지만, 어느덧 우리는 완전히 가족처럼 살고 있다). 자명종은 뺏길까 봐 수건으로 감싸 진열장 서랍의 맨 안쪽에 보관했다. 우리는 혼자 있고 안전할 때만 그것을 꺼내본다. 들키면 바로 빼앗겨버리기 때문이다.

5시였는데 더 자기는 그른 것 같아 잠자리에서 일어나 침대를 두드려 매끈하게 펴놓았다. 자물쇠가 깨져 잠글 수 없는 뒷문 앞에 상자와 의자 들을 밀어 붙여놓고, 병사들이 남긴 빈 병들을 치웠다. 끝으로 부엌 찬장 뒤편의 낡은 양동이 속에 숨겨둔 우리의 부르고뉴 와인들이 무사한지 살폈다. 다행히 발각당하지 않았다.

창문으로 검붉은 빛이 쏟아져 들어왔다. 아직 전투가 끝나지 않았다. 아주 먼 곳에서 희미하게 폭발음이 연이어 들렸다. 전선이 도심 쪽으로 옮겨 가고 있었다. 옷을 입고 대충 세수를 하고 아직 조용한 층계참 쪽으로 귀를 기울여보았다. 텅 빈 고요. 미망인이 어디로 숨어들었는지 알면 좋으련만! 나는 어떤 집의 문도 두드려볼 용기가 나지 않았다. 누구도 놀라게 하고 싶지 않다.

층계에서 이윽고 목소리가 들려왔다. 나는 위로 달려 올라갔다. 그들이, 여자들이 나에게 오고 있었다. 비통하게 흐느껴 우는 미망인이 앞장서고 그 뒤로 여자들이 떼를 지어 왔다. 미망인이 비틀거리며 내 품에 안겨 한탄했다. "날 너무 나쁘게 보지마!" (얼마 전부터 우리는 서로 말을 놓고 지내고 있다.) 주변 몇몇 여자도 함께 흐느꼈다. 나는 웃었다. "대체 왜 이래요? 나 살아 있잖아요, 다 끝난 일이에요!"

한 층 위의 책방 주인집으로 올라가는 동안 미망인이 나에게 속삭였다. 처음에는 여러 집의 문을 두드리고 우리를 보호해달라고 부탁했지만 허사였단다. 어떤 집도 문을 열지 않았다. 우체국장은 문의 안전고리를 풀지 않은 채 말했다. "그 여자 말인가요? 안 돼요, 우리까지 시달리고 싶지 않아요!" 잠시 후 깜깜한 어둠 속에서 어떤 병사가 층계에 있던 미망인을 붙들어 바닥으로 밀어 넘어뜨렸고…. 아직 애였어, 하고 그녀가 읊조렸다. "수염도 없고, 피부도 매끈하고, 경험도 없었어." 그녀는 이 말을 하면서 울어서 퉁퉁 부은 얼굴로 피식 웃음을 지었다. 나는 그녀가 몇 살인지 정확히 몰랐고, 일부러 나이를 밝힐 이유도 없었다. 머리를 염색한 거로 봐서는 마흔에서 쉰 사이일 것이다.

그러나 남자들이 어둠 속에서 손을 뻗을 때 여자는 그저 한 종류일 뿐이다.

책방 주인집에는 이 건물 주민 열다섯 명이 숨어 있었다. 그들은 침구들을 가져와 소파, 마룻바닥, 공간이 비는 곳이라면 어디에나 자리를 잡고 있었다. 이 집은 현관문과 뒷문에 특허를 받은 잠금장치를 달아놓았고, 바닥에도 문과 맞물리는 장치가 되어 있었다. 게다가 현관문 안쪽으로도 철판이 덧대어져 있었다.

움푹 팬 눈, 푸르죽죽한 낯빛, 잠이 부족해 피로에 찌든 얼굴로 그다지 친하지 않은 남의 집 식탁에 모두 둘러앉았다. 속삭이듯 말했고, 낮게 숨을 쉬었다. 그런데도 뜨거운 맥아 커피를 맛있게 마셨다. (책방 주인이 털어놓은 바에 따르면 나치 문헌들로 화덕에 불을 지펴 끓인 커피였다.)

우리는 빗장이 채워지고 엄폐물이 쌓인 뒷문이 제발 버텨주기를 바라면서 몇 번이나 뚫어지게 쳐다보았다. 나는 누구 것인지도 모르는 빵을 허겁지겁 먹어치웠다. 그때 뒤편 계단에서 발소리와 함께 너무나 거칠고 상스러운 낯선 발음이 들려왔다. 식탁 주변이 차가운 침묵으로 얼어붙었다. 우물거리던 입을 다물고 숨을 멈췄다. 나는 두 손으로 가슴 위를 움켜쥐었다. 눈알들이 이리저리 두리번거렸다. 바깥이 이내 조용해지더니 발소리가 점점 멀어져갔다. 누군가 나직이 속삭였다.
"계속 이런 일이 벌어지면…"

누구도 대답하지 않았다. 우리 지하실에서 숨어 지내던, 쾨니히스베르크에서 피란 온 여자는 소리를 지르며 식탁 위로 엎어졌다. "난 더 못 참겠어! 다 끝낼 거야!" 그녀는 한 무더기의 추격자들을 피해 달아났던 다락방에서 몇 번이나 그 일을 당해야 했다. 그녀의 얼굴이 여태 머리카락으로 뒤엉켜 있었는데, 먹지도 마시지도 않으려 했다.

우리는 움직이지 않고 귀만 기울였다. 머리 위로 대포알이 날아가는 소리가 희미하게 들렸다. 거리에서는 대공포 소리가 요란하게 울렸다. 내가 미망인과 함께 계단의 발판을 조심스럽게 디디면서 2층으로 살금살금 내려왔을 때가 7시쯤이었다. 우리는 현관문 앞에 멈춰 몸을 낮추고 귀를 대보았다. 그때 갑자기 안쪽에서 문이 열렸다.

군복을 입은 사내였다. 숨이 콱 막힐 정도로 놀랐다. 미망인은 내 팔을 꼭 쥐었다. 그러나 곧 안도의 한숨을 쉬었다. 페트카였다.

미망인은 잠자코 서서 우리의 대화를 들었다. 1분쯤 지나자 나도 할 말을 잃었다. 페트카가 너무나 환하게 웃으면서 나를 바라보았기 때문이다. 그의 조그만 파란색 눈이 반짝거렸다. 그는 나와 악수를 하고 이렇게 털어놓았다. 날 만나러 오고 싶어서 견딜 수가 없었다고, 보초 임무가 끝나자마자 허겁지겁 돌아왔다고, 나를 찾아 집을 온통 다 뒤졌는데, 이렇게 다시 만나서 정말 기쁘다고. 그는 이 말들을 늘어놓으며 내 손을 거칠고 큰 자기 손으로 세게 쥐었는데, 너무 아파 손을 빼지 않을 수 없었다. 나는 백치처럼 서서 이 의심의 여지가 없는 증상들을 목도하며 로미오의 알아듣기 힘든 사랑 고백을 끈기 있게 들었다. 마침내 페트카가 사라졌다. 한시바삐, 자신이 할 수 있는 한 최대한 빨리 다시 오겠다는 약속을 남기고.

나는 입을 벌리고 멍하니 서 있었다. 미망인은 한마디도 알아듣지 못했지만, 페트카의 얼굴만 보고도 사태를 파악했다. 머리를 절레절레 흔들며 그녀가 말했다. "원, 기가 막혀서." 우리 둘 다 할 말을 잃었다.

지금 나는 부엌 식탁에 앉아, 만년필에 잉크를 막 새로 채워 넣고 글을 쓴다. 쓰고 또 써서 머리와 마음에서 모든 혼란을 털어내려 애쓰는 중이다. 앞으로 어떻게 될까? 우리에게 또 무슨 일이 닥칠까? 나는 너무나 불쾌해서 어떤 것도 만지고 싶지 않고, 내 피부조차 건드리고 싶지 않다. 목욕을 하고 싶다. 제대로 된 비누와 충분한 물이 있다면 얼마나 좋을까. 그런 꿈같은 생각은 집어치우자.

문득 새벽녘에 뜬잠을 괴롭히던 희한한 꿈이 떠오른다. 페트카가 떠나고 난 후 좀 더 자려고 뒤척이다가 빠진 일종의 백일몽이었다. 내가 침대에 납작 드러누워 있는데, 누운 내 육신에서 빛을 내는 하얀 어떤 것이 떨어져 나와 허공으로 올라갔다. 날개는 없었지만 천사처럼 똑바로 높이 떠올랐다. 이 글을 끄적이는 중에도 몸이 위로 당겨지고, 둥둥 떠 있는 기분이다. 소망이었을까, 도망이었을까. 나의 분신은 더럽게 짓밟힌 가련한 나의 육신을 그냥 버려두었다. 분신은 육신에서 빠져나와 아득히 먼 곳으로 둥실둥실 사라졌다. 나의 '분신'이 내 육신을 버리다니. 나는 이 모든 생각을 밖으로 밀어내는 중이다. 혹시 내 정신이 이상해졌나? 그렇지만 이 순간 머리는 명료하고, 두 손은 납덩이만큼 무겁고 차분하다.

1945년 4월 28일 토요일을 회상하며
5월 1일 화요일에 씀

4월 28일 토요일 아침 이후 처음 펜을 잡는다. 그간 너무나 많은 일들, 두려움과 불안, 갖가지 감정으로 폭발 지경이었던 사흘이 흘러갔다. 어디서부터 시작해야 할지, 무슨 말을 해야 할지 모르겠다. 우리는 시궁창에 깊이, 깊이 빠졌다. 매 순간 값비싼 생존의 대가를 치른다. 매 순간 정수리 위를 폭풍이 휩쓴다. 우리는 그저 회오리에 날리는 나뭇잎들이고, 어디로 얼마나 딸려갈지 모른다.

토요일 이후 사흘이 영원처럼 길고 길었다. 오늘은 화요일이자 5월 초하루, 전투는 여태 끝나지 않았다. 나는 옆방의 안락의자에 웅크리고 앉았다. 내 앞의 침대에는 미망인의 세입자이자 귀가 조처를 받은 국민방위대원 파울리 씨가 누워 있다. 놀랍게도 그가 토요일 오후에 불쑥 나타났다. 수건으로 감싼 16파운드의 버터 덩어리를 겨드랑이에 끼고 있었다. 그는 지금 심한 신경통을 앓고 있다.

창문으로 바람이 세차게 불어와 간신히 막아놓은 마분지 조각들을 흔들어댄다. 마분지가 타닥거리고 햇빛이 아른거린다. 방 안은 밝아졌다가 어두워졌다가 한다. 아직도 지독히 춥다. 나는 모포로 몸을 감싸고 곱은 손가락으로 이 글을 쓴다. 파울리 씨는 잠들었고, 미망인은 건물 이곳저곳을 돌아다니며 초를 찾고 있다.

거리에서 러시아어가 들려온다. 러시아 병사가 말들과 이야기를 한다. 그들은 우리보다 말들에게 훨씬 친절하고 인정이 넘쳐 그야말로 '인간적으로' 짐승들과 교감하는 것 같다. 이따금 말 냄새가 끼쳐 들어온다. 쇠사슬이 달그락거리는 소리. 어딘가에서 누군가 하모니카를 불고 있다.

마분지 조각들 사이로 창밖을 내다보았다. 아래에서 군인들이 야영을 한다. 보도에는 말들, 마차들, 식수통, 건초와 귀리가 담긴 상자들, 밟힌 말똥과 쇠똥이 널려 있다. 건너편 건물 입구에 의자들을 부숴 지핀 장작불이 타오른다. 그 주변으로 솜을 넣어 누빈 재킷을 입은 군인들이 웅크리고 불을 쬐고 있다.

손이 떨린다. 발은 얼음처럼 차갑다. 어제저녁 날아든 독일군의 유탄이 마지막 남은 유리창을 박살 냈다. 이제 이 집은 동풍에 무방비 상태이다. 1월이 아니어서 그나마 다행이다.

구멍이 숭숭 뚫린 벽들 사이로 우리는 이리저리 재빨리 오가면서 바깥에 귀를 기울이고 무슨 소리가 날 때마다 불안에 떨며 이를 꽉 문다. 망가진 뒷문은 더는 수습할 생각조차 못 한 채 열어두었다. 수시로 병사 무리가 부엌과 마루, 방을 헤집고 돌아다닌다. 반 시간 전에는 전혀 모르는 병사가 나타나 집요하게 내 몸을 요구하다가 쫓겨났다. 그는 위협하며 소리쳤다. "다시 올 거야."

성폭행이란 어떤 의미일까? 이 말을 금요일 저녁에 지하실에서 처음으로 내 입으로 소리 내 말할 때 등골이 오싹해지는 것을 느꼈다. 지금은 이 말을 생각해볼 수 있고, 손으로 쓸 수 있고, 이 단어에 익숙해지기 위해 혼잣말도 해본다. 이 말이 최악의 상황, 모든 것이 끝장난 상황으로 들리지만, 그렇지는 않다.

토요일 오후 3시경에 병사 둘이 나타나 주먹과 무기로 현관문을 두드리고, 거칠게 고함치고, 나무판을 발로 걷어찼다. 미망인이 문을 열어주었다. 그녀는 매번 문 자물쇠가 망가지지 않을까 벌벌 떤다. 머리가 희끗희끗한 두 사내가 술에 취해 비칠거리며 들어왔다. 그들은 자동소총으로 온전하게 남은 현관의 마지막 유리창을 쳤다. 유리 조각들이 쨍그랑거리며 안마당으로 떨어졌다. 그다음 등화관제용 블라인드를 끌어 내려 엉망으로 만들고 오래된 괘종시계를 발로 걷어찼다.

한 명이 나를 붙들고 미망인을 쫓아버린 후에 나를 옆방으로 몰아갔다. 다른 병사는 현관문 곁에 우뚝 서서 미망인을 꼼짝 못 하도록 지켰다. 그는 총으로 위협했지만 건드리지는 않았다.

나를 몰아붙인 병사는 턱수염이 허옇게 센 중늙은이였는데 술 냄새와 말 냄새가 났다. 그는 등 뒤로 문을 확실히 닫고 열쇠 구멍에 열쇠가 없는 것을 발견하자 등받이가 높은 안락의자를 문에 밀어붙여 놓았다. 그는 먹잇감을 전혀 쳐다보지도 않았다. 그래서 그가 먹잇감을 침대로 몰며 돌진할 때 더욱 진저리가 났다. 나는 두 눈을 감고 이를 앙다물었다.

아무런 소리도 나지 않았다. 속옷이 찌익 소리를 내며 찢어지자 나도 모르게 이를 부드득 갈았다. 마지막 남은 온전한 속옷이었는데.

내 입에 손가락이 닿았고, 말과 담배 냄새가 역하게 들어왔다. 나는 눈을 번쩍 떴다. 낯선 남자의 두 손이 능숙하게 내 턱을 벌려놓고 있었다. 눈과 눈이 마주쳤다. 그는 제 입에 고인 침을 신중하게 내 입안으로 떨어뜨렸다.

몸이 뻣뻣하게 굳었다. 구역질이 아니라 한기가 몰려왔기 때문이다. 등골이 서늘해졌고 뒤통수 주변으로 얼음처럼 차가운 전율이 몰려왔다. 내 몸이 미끄러져 나락으로 떨어지는 느낌이었다. 베개와 함께 방바닥을 뚫고 땅속으로 깊이 가라앉는 그런 느낌이었다.

다시 사내와 눈이 마주쳤다. 낯선 남자의 입술이 벌어지며 누런 이들이 보였다. 앞니 한 개는 반쯤 부러져 있었다. 입꼬리가 올라가고 가늘게 뜬 눈가에 잔주름이 보였다. 그는 미소를 짓고 있었다.

그는 떠나기 전에 바지 주머니를 뒤져 무언가를 말없이 침대 옆 탁자에 휙 내던졌다. 그리고 안락의자를 옆으로 밀어 치우고 등 뒤로 문을 소리 나게 닫았다. 그가 남기고 간 것은 러시아제 담배 몇 개비가

든 구겨진 담뱃갑이었다. 내 몸값.

몸을 일으키자 어지럽고 구토가 올라왔다. 찢어져 누더기가 된 옷이 발치로 떨어졌다. 나는 휘청거리며 마루를 가로질러 흐느끼고 있는 미망인 곁을 지나 욕실로 갔다. 구토를 했다. 물에 푸르죽죽한 내 얼굴이 비치고, 변기에는 덩어리들이 떠 있다. 나는 욕조 가장자리에 앉아서 물로 씻어 내릴 엄두조차 내지 못했다. 계속해서 속이 메스꺼웠고, 물도 부족했기 때문이다.

"빌어먹을!" 큰 소리로 욕을 하고 나서 나는 한 가지 결심을 했다.

아주 빤한 결심. 다른 온갖 늑대들이 접근하지 못하도록 한 마리 늑대를 불러들여야 해, 장교를. 가능한 한 계급이 높아야겠지. 지휘관이든 장성이든, 내가 데려올 수만 있다면. 이 머리와 어설픈 외국어 실력을 어디다 쓰겠어.

다시 어지간히 걸을 수 있게 되자 나는 곧바로 물통을 하나 들고 거리로 내려갔다. 어슬렁거리며 이리저리 돌아다녔고, 안마당 여러 곳을 기웃거렸다. 사방을 둘러보다가 다시 계단으로 돌아와 주의를 기울였다. 장교에게 말을 걸 만한 문장과 어휘들을 미리 생각해두었다. 한편으로는 내가 그들의 마음에 들기에 너무 서툴고 초라해 보이지 않을지 가늠해보았다. 아무튼 말 못 하는 먹잇감에서 벗어나기 위해 계획을 세우고 행동하니 몸이 좀 나아진 느낌이 들었다.

30여 분쯤 아무 소득이 없었다. 별을 단 사람을 찾지 못했던 것이다. 계급장과 서열은 정확히 몰랐지만, 장교는 별이 달린 모자를 쓰고 거의 언제나 외투를 입고 다닌다는 걸 눈썰미로 알고 있었다. 아쉽게도 녹색 군복을 입은 한심한 녀석들밖에 보이지 않았다. 그날은 포기해야겠다 싶어 우리 집 현관문을 두드리려는 순간, 건너편 건물—그 건물의 주인은 제때 피신해 겨우 목숨을 구할 수 있었다—에서 문이 열렸다. 별을 달았다. 키가 크고, 검은 곱슬머리에 통통하게 살이 찐 사내였다. 그가 물통을 손에 든 나를 보자 웃음을 지어 보이며 더듬더듬 말했다. "당신, 결혼한 여자?" 나는 웃음으로 화답하며 내가 아는 최고의 러시아어를 들려주었다. 그는 자기 나라말을 듣자 황홀해했다. 이런저런 실없는 말을 주고받는 동안 그가 중위라는 사실까지 알아냈다. 이윽고 우리는 그날 저녁 7시에 미망인의 집에서 만나기로 약속했다. 저녁까지 처리해야 할 업무가 있다고 했다. 그의 이름은 아나톨 어쩌고라고 했으며 우크라이나인이었다.

"당신 틀림없이 오실 거죠?"

그가 확신에 차 대답했다. "틀림없이 간다니까, 가능한 한 빨리."

그러나 오후 5시경에 이미 거의 잊고 있던 다른 남자가 먼저 나타났다. 페트카, 뻣뻣한 머리카락과 로미오처럼 사랑을 더듬더듬 고백했던 페트카. 그가 동료 둘을 데려와 우리에게 그리샤와 야샤라고 소개했다. 어느새 그들 셋이 우리의 둥근 식탁에 둘러앉았다. 그리샤와 야샤는 마치 귀족 친척 집에 초대받은 시골 소년들처럼 약간 거북해했다. 페트카는 자기 집이라도 되는 양 행동하며 나를 자신의 것처럼 의기양양하게 소개했다. 세 사람은 의자에 앉아 기지개를 켜고 유쾌한 표정을 지었다. 야샤가 보드카 한 병을 내놓았다. 그리샤는 기름이 밴 《프라우다》(*Правда*) 신문지를 풀어헤쳐 청어와 빵을 꺼냈다. (신문지는 타이틀 면이었지만 아쉽게도 오래된 것이었다.) 페트카는 집주인처럼 잔을 가져오라고 외쳤다. 그는 술잔을 채우고 주먹으로 식탁을 내리치며 명령했다.

"피티 나도!"(пить надо!)—다 비워버려!

미망인과 나는—소집이 해제되어 돌아온 국민방위대원 파울리 씨까지—식탁 가에 함께 앉아 그 남자들과 술을 마시지 않을 수 없었다. 페트카는 우리 앞에 검고 촉촉한 빵을 한 조각씩 놔주었고, 다음으로 윤이 나는 마호가니 식탁 위에서 청어를 갈라 손으로 집어 우리의 빵에 올려주었다. 그것이 아주 특별한 혜택이자 진미라도 되는 듯 우리를 향해 환히 웃었다.

미망인은 기겁하며 접시를 가지러 갔다. 그리샤는 입가에 웃음을 띤 중재자였고, 목소리가 매우 걸걸했다. 그는 우리 모두가 빵과 청어를 똑같이 받도록 신경 썼다. 키가 작고 머리를 박박 깎은 야샤는 미소를 지으며 우리를 향해 고개를 끄덕였다. 그 둘은 차르코프 출신이었다. 나는 서서히 그들과 잡담을 나누게 되었고, 파울리 씨와 러시아인들 사이에서 통역을 해주었다. 우리는 서로를 위해 건배를 했다. 시베리아인인 페트카는 기분이 한껏 좋아져 떠들어댔다.

나는 계속 문 쪽으로 귀를 기울였고, 야샤가 팔에 찬 조그만 여자 손목시계를 흘끗 보았다. 집으로 오겠다던 중위 아나톨 어쩌고가 언제 나타날지 알 수 없어 너무나도 불안했다. 그들 사이에 언쟁이라도 벌어지면 큰일이다. 페트카는 매우 강하고 몸을 씻는 것 같긴 하지만, 유치하고 비열한 인간이어서 보호자로는 직당하지 않다. 중위에게는 분명 일반 병사가 넘볼 수 없는 특권 같은 게 있으리라. 나는 마음을 다졌다. 일이 벌어지면 어떻게든 둘러대야지. 한편으로는 잔꾀를 부리다가 전전긍긍하는 내가 우스웠다. 내가 나만 보는 무대의 연기자가 된 것 같았다. 이 모든 사람이 나와 대체 무슨 상관이란 말인가! 나 자신에게서 이토록 멀어지다니. 나 스스로가 이렇게 낯설어지다니. 일순간에 모든 감정이 마비된 것 같다. 오직 생존 본능만이 살아 움직였다. 그들은 나를 파멸시키지 못할 것이다.

그리샤는 자신을 '회계원'이라고 소개했다. 산업체 판매원인 파울리 씨도 자신이 회계원이라고 밝혔다. 그리샤와 파울리 씨, 두 사람은 주거니 받거니 술을 마셨다. 그러다가 서로 목을 껴안고 환성을 질렀다. "나 회계원, 당신 회계원, 우리는 회계원!" 최초의 독-러 친선 입맞춤이 파울리 씨의 뺨에서 쪽 소리를 냈다. 금세 엉망으로 취한 파울리 씨가 우리를 향해 기분 좋게 소리쳤다. "대단한 녀석들이군, 이 러시아 친구들! 활기가 넘치잖아!"

우리는 국제회계원연합을 위해 술잔을 한 순배 더 돌렸다. 미망인조차 흥이 올라 자신의 윤기 나는 식탁 위에서 청어가 발려지고 있다는 사실을 잊은 듯했다. (이 남자들 중 누구도 접시 따위는 상관하지 않았다.) 나는 매우 절제하며 술을 마셨고, 잔을 슬쩍 바꿔놓기도 했다. 나중을 위해 정신을 차리려고 애썼다. 우리는, 특히 두 여자는 억지로 유쾌한 척했다. 불과 세 시간 전에 일어났던 일을 잊어버리고 싶었기 때문이다.

바깥이 어둑해지기 시작했다. 야샤와 페트카가 약간 우수에 찬 노래를 부르고, 그리샤는 흥얼거린다. 파울리 씨는 얼이 빠진 상태다. 오늘 아침까지만 해도 죽음의 위기에 처해 있었던 그에게 술은 아직 무리였다. 국민방위대는 너무 늦지 않은 시점에 분별력을 발휘해 해산을 결의했고, 무기도 명령도 없으니 대원들은 스스로 귀가 조처를 내렸던 것이다. 파울리 씨가 트림을 하더니 앞으로 쓰러지며 양탄자에 토했다. 미망인과 '동료 회계원' 그리샤가 그를 욕실로 데려갔다. 모두 머리를 절레절레 흔들며 동정을 표했다. 파울리 씨는 그날의 나머지 시간뿐 아니라 그 후로도 기약 없이 오랜 시간을 침대에서 보내게 되었다. 그는 느리고 답답한 사람이었다. 무의식이 그렇게 몰아갔을 것이다. 정신이 신경통에 걸린 셈이다. 그런데도 그는 자신이 남자라는 사실 하나만 붙들고 버티는 듯 보였다. 미망인은 이따금 세계 정세에 관해 내놓는 그의 발언에 무조건 맞장구치면서 그의 허리를 주물러주었다.

저녁 해가 저물고 사격 소리가 멀리 전선에서 들려왔다. 미망인이 구해 온 양초에 불을 붙이고 받침 접시에 고정했다. 둥근 식탁 위로 불빛이 옹색하게 원을 그리며 비쳤다. 군인들이 오고, 저녁이 되자 활기가 돌았다. 현관문을 쿵쿵 두드리는 소리가 나고, 뒷문으로 들어온 사람들이 부엌으로 몰려들었다. 우리는 두려워하지 않았다. 페트카, 그리샤, 야샤가 식탁에 앉아 있는 한 아무 일도 일어나지 않을 것이다.

어느새 아나톨이 방 안에 들어와 있었고, 그의 몸집이 공간을 가득 채웠다. 그 뒤로 술이 가득 담긴 반합을 손에 들고 둥근 검은 빵 한 덩어리를 겨드랑이에 낀 병사 하나가 서둘러 들어왔다. 이들은 혈색이 좋고 퉁퉁하게 살이 쪘다. 실용적이고 튼튼한 군복을 말끔하게 입었으며, 활기차고 자신감 넘쳤다. 그들은 방 안에 침을 뱉고, 담배꽁초를 아무 데나 버리고, 식탁에 널린 청어 가시를 양탄자 위로 쓸어 내버리고, 안락의자에 아무렇게나 늘어져 앉았다.

아나톨은 이제 전선이 란트베어 운하에 걸쳐 있다고 알려주었다. 오래된 쓸쓸한 가요 한 구절이 떠올랐다. "란트베어 운하에 시체가 한 구 떠 있는데…." 지금은 수많은 시체가 떠 있을 것이다. 최근에 독일 장군 130명이 항복했다고 아나톨이 전했다. 그는 서류철에서 베를린 시가지도 한 장을 꺼내 전선이 형성된 지역을 보여주었다. 무척 정밀한 지도로 러시아어로 지명이 표기되어 있었다. 아나톨이 물어서 우리 건물의 위치를 가르쳐줄 때 나는 묘한 느낌이 들었다.

그러니까 1945년 4월 28일 토요일에는 전선이 란트베어 운하에 걸쳐 있었다. 내가 글을 쓰는 지금은 5월 1일 화요일이다. 우리 머리 위로 로켓탄이 날아가는 소리가 난다. 러시아 전투기가 매끄러운 굉음을 내며 날아간다. 길 건너편 학교에는 러시아 군인들이 다정하게 '카튜샤'라고 부르는, 특별 군가로 찬미되기도 하는 '스탈린 오르간'이 늘어서 있다. 카튜샤 대공포들이 사나운 늑대 울음소리를 내며 요란하게 발사된다. 카튜샤 대공포는 전혀 대단해 보이지 않는다. 속 빈 관으로 만든 난간 기둥처럼 보일 뿐이다. 하지만 발포 소리가 어찌나 시끄러운지 아주 멀지 않은 펌프장에 줄을 서 있으면 귀가 떨어져나갈 지경이다. 그 대공포들은 울컥울컥 기다란 불꽃도 내뿜는다.

카튜샤의 발포 소리를 들으며 나는 오늘 아침에 물 긷는 긴 줄에 서 있었다. 하늘은 새빨간 구름으로 덮여 있었다. 시내 중심부에서는 연기와 수증기가 피어올랐다. 물이 부족하니 사방에서 사람들이 기어 나와 있었다. 다들 수척하고 지저분했다. 여자들은 우중충하고 대부분 늙은이들이었다. 젊은 여자들은 숨겨두기 때문이다. 남자들은 면도도 하지 않은 얼굴에 항복을 표시하는 흰색 천 조각을 팔에 두르고 있었다. 그렇게 우리는 긴 줄에 서서 병사들이 말에게 먹일 물을 통마다 가득 퍼 담는 모습을 지켜보았다. 펌프장에서는 군대가 늘 우선권을 가지기 때문이다. 이걸 문제 삼는 사람은 없다. 그 반대라고 해야 옳다. 민간인이 펌프를 사용하다가 자루가 부러지면 러시아 병사들이 나사를 박아 곧장 다시 사용할 수 있도록 해준다. 텃밭 주변의 나무 그늘 아래는 군인들의 야영지였다. 화기들은 밭이랑에 단단히 박아두었다. 헛간들 앞에서 러시아 병사들이 잠을 잔다. 몇몇은 헛간에 가두어놓은 말들에게 물을 먹인다. 치마 군복에 계급장이 달린 베레모를 쓴 여군이 많았다. 너무 많아서 놀랄 만큼. 그녀들은 정규군 소속 같았고, 대개 아주 젊었다. 키는 작아도 다부졌고 머리는 단정했다. 여군들은 커다란 통에 옷가지들을 빨았다. 셔츠와 여성용 재킷이 임시로 매단 빨랫줄에서 펄럭였다. 스탈린 오르간들이 요란하게 발사되었고, 검은 연기 덩어리가 벽처럼 솟아올라 하늘을 가렸다.

오늘 아침도 어제 아침과 다르지 않았다. 집으로 돌아오다가 마지막까지 골수 당원이었던 골츠 씨를 우연히 만났다. 이제 그는 순응하는 듯했다. 그가 지나가는 한 러시아 병사의 가슴주머니 위에 달린 울긋불긋한 장식끈을 가리키며 물었다. “훈장인가요?”(그가 가르쳐준 바에 따르면 독일어나 러시아어로 모두 같은 말이다. 그는 내가 러시아어를 할 줄 아는지 모른다.) 그는 나에게 조그만 책자를 하나 주며 자신은 더 구할 수 있다고 덧붙였다. 독-러 군사용어 사전이었다. 나는 그것을 샅샅이 읽었다. 비겟살, 밀가루, 소금 같은 유용한 어휘가 많았다. '불안'과 '지하실' 같은 단어는 없었다. 내가 여행할 당시에는 알 필요가 없었던 '죽다'라는 단어도 지금은 매우 필요하지만 찾을 수 없었다. 나는 '죽다'라는 말 대신, 충분히 이해할 수 있고 또 다른 많은 상황에도 적용되는 '카푸트'라는 말을 쓰고 있다. 사전에는 "손들어!"나 "차렷!" 같은, 우리에게는 아무짝에도 쓸모가 없는 표현도 많았다. 그런 종류의 단어는 누군가 우리에게 명령할 때 들을 뿐이다.

다시 4월 28일 토요일 저녁으로 돌아가자. 저녁 8시경에 페트카는 자기 동료들과 함께 물러갔다. 업무 때문에 일어나지 않을 수 없었다. 페트카는 곧 돌아오겠다는 취지의 말들을 중얼거렸지만 중위는 듣지 못했다. 그러면서 그는 내 손을 꽉 쥐며 나와 눈을 맞추려고 했다.

그런데 이상하게도 장교의 별 모양 계급장이 사병들에게 별 위력을 주는 것 같지 않다. 계급을 의식하거나 술자리를 방해받았다고 느끼는 낌새가 전혀 없다. 아나톨도 그렇다. 사병들과 허물없이 함께 앉아 웃으며 잡담을 나눈다. 그는 이들의 잔에 물을 따라주기도 하고 술이 담긴 자신의 반합을 병사들에게 돌리기도 했다. 내 기대가 틀린 걸까? 약간 불안해졌다. 프로이센 군대와는 다른 것이 분명했다. 별 표지를 달았다고 결코 특별한 계층이 아니며, 집안이나 교육 수준도 사병들과 별반 다르지 않았다. 명예에 관해 특별한 불문율도 없었고, 더불어 여자들을 대하는 태도도 기대할 것이 없었다. 기사도와 신사적인 태도 같은 서양의 전통은 러시아를 스치지도 않았다. 내가 아는 한, 러시아에는 마상무예나 연애 시, 음유시인, 옷자락이 길게 끌리는 옷을 입는 시동은 없었다. 그러니 그들이 어떻게 여성에게 정중한 태도를 보일 수 있겠는가? 그들은 그저 농군의 아들들이었다. 아나톨도 마찬가지다. 물론 나의 러시아어 실력이 어휘와 말투로 직업이나 교육 수준을 단번에 짐작할 수 있는 수준은 아니다. 다른 언어라면 가능했겠지만. 문학과 예술에 관해서는 아직 누구와도 한 마디도 나눌 수 없었다. 나는 이 병사들이 제아무리 거칠게 행동한다 해도 나를 대할 때 위축된다는 것을 안다. 그들은 단순하고 분별력 없는 사내들, 그저 인민의 후예다.

아나톨은 기운이 넘치고 몸무게가 최소한 90킬로그램 이상은 되어 보인다. 별 표지는 그다지 위력이 없다 해도 어쩌면 덩치는 위력을 보여줄지 모른다. 아직까지 나의 전략은 확고하다. 아나톨은 혜성처럼 젊은 부하들을 달고 다닌다. 부하들은 소년병들로, 순대처럼 붙어 다니는 할머니 자매들이 버리고 간 집에 숙소를 차렸다. 그들 중에는 정말 어린 소년도 한 명 있다. 조그만 얼굴에 검은 눈에서 나오는 엄격하고 강렬한 눈빛을 가진 그의 이름은 바냐이고 열여섯 살이다. 미망인이 바냐가 그날 밤 층계참에서 자신을 욕보인 녀석인 것 같다고 속삭였다. 꼭 저렇게 작고 매끈한 얼굴에다 가냘픈 몸매였다는 것이다. 하지만 바냐는 전혀 알은 체하지 않았다. 아마 그럴 수도 없었을 것이다. 그는 허겁지겁 붙든 여자를 상대로 일을 치르기는 했으나 다른 걸 살피지는 못했을 테니까. 그런데도 나는 그가 알고 있는 듯한 느낌이 들었다. 얼굴은 못 보았더라도 목소리는 분명 들었을 테니까. 미망인도 자신이 내내 울고 애원했다고 말했다. 아무튼 바냐는 미망인을 강아지처럼 졸졸 따라다니며 새 잔을 날라다 주고, 개수대에서 컵들을 설거지했다.

이날 저녁에 나는 술을 많이 마셨다. 실컷 마시고 취하고 싶었고 결국 그렇게 되었다. 그래서 기억이 조각나 있다. 나는 아나톨이 내 옆에 있는 것을 보았고, 그의 무기와 물건들이 침대 주변에 널부러져 있었고, 많은 단추와 호주머니, 그 안에 뭘 넣고 다니는지, 다정하고, 싹싹하고, 순진하게, 5월생에 황소자리, 황소자리…. 감각이 없는 인형이 된 나, 흔들리고, 이리저리 밀쳐지고, 나무로 만들어진 물건…. 갑자기 누군가 들어와 어두운 방에 손전등을 번쩍 비췄다. 그러자 아나톨이 호통치며 손전등을 비춘 사내를 주먹으로 위협했고, 상대는 사라졌고…. 아니다, 꿈인가?

동틀 무렵 눈을 뜨니 아나톨이 방에 서서 창밖을 내다보고 있었다. 방 안으로 붉은빛이 넘실거리며 들어오고, 벽지는 노랗게 물들었다. 카튜샤 대공포가 요란하게 발사되는 소리가 들렸다. 아나톨은 두 팔을 뻗고 말했다. "페투흐 파이오트"(петух поёт). —"수탉이 우는군." 사격이 잠깐 멈추고 조용해지자 진짜 수탉이 우는 소리가 들렸다.

아나톨이 떠나고 나서 나는 곧장 일어나 얼마 남지 않은 물로 세수를 했다. 그런 다음 식탁을 문질러 깨끗이 닦고, 담배꽁초, 청어 꼬리, 말 오물들을 쓸어 모으고, 양탄자를 둘둘 말아서 장식장 위에 올려놓았다. 옆방을 들여다보니 미망인이 세입자의 보호 속에 코를 골며 자고 있었다. 창문에 붙여놓은 마분지 조각 틈으로 얼음처럼 차가운 바람이 불어왔다. 다섯 시간이나 단잠을 자고 나니 기운이 솟구치고 충분히 쉬었다는 느낌이 든다. 머리가 약간 쑤시지만 그 이상은 아니다. 또다시 하룻밤을 견뎌냈다.

머릿속으로 날짜를 짚어보니 4월 29일 일요일이었다. 그러나 일요일은 평시에나 어울리는 말일 뿐 지금은 무의미하다. 전선에는 일요일이 없다.

1945년 4월 29일 일요일을 회상하며
5월 1일 화요일에 씀

마구잡이로 채찍을 휘두르는 것 같은 총소리에 오전 내내 귀가 먹먹했다. 거리에는 화물 트럭들이 떠나기도 하고 도착하기도 했다. 거친 고함, 말 울음소리 그리고 쇠사슬 끌리는 소리가 났다. 야전 취사장에서 올라온 연기가 창유리가 없는 부엌으로 들어왔다. 화덕에 상자 부순 것과 나뭇가지를 조금씩 넣어 불을 때는데 매캐한 연기 때문에 계속 눈물이 나왔다. 연기에 가려 보이지 않는 미망인이 건너편에서 나에게 물었다.

"겁나지 않아?"

"러시아군 말야?"

"그것도 그렇지만. 아나톨 때문에 하는 말이지. 그런 먹성에 황소 같은 놈이라니."

"아, 그 사람 나한테 꼼짝도 못 해."

"그러다가 덜컥 임신이라도 되는 날에는…." 이 말을 하며 미망인은 화덕의 불을 쑤석거렸다.

아, 그렇지! 맞아, 우리 모두에게 해당하는 문제잖아. 그러나 지금까지 나는 그 일로 조금도 근심해본 적이 없었다. 대체 어째서? 미망인에게 내 생각의 근거를 설명해주려고 해보았다. 예전에 들었던 속담이 떠올랐다. "사람들이 자주 다니는 길에는 풀이 자라지 않는다." 미망인이 적합한 예가 아니라고 해서 나는 이렇게 말했다. "잘은 모르지만 난 그런 일은 생기지 않을 거라는 확신이 들어. 마치 내 몸을 스스로 닫아버려 그런 불상사를 막아낼 수 있을 것 같은 느낌이야."

미망인은 이 말도 인정해주지 않았다. 남편이 약사였기 때문에 그녀는 제법 구체적으로 알고 있었다. 나름대로 잘 갖추어진 그녀의 구급상자에 내 몸을 지켜줄 수 있는 약은 없다며 안타까워했다.

"그럼 당신은?" 내가 되물었다.

그녀는 찬장으로 달려가더니 그 위에 놓인 핸드백에서 신분증을 찾아 나에게 내밀었다. 자신의 생년월일을 가리켰는데, 내 앞에서 발가벗은 양 곤혹스러워했다. 그녀는 올해 쉰 살이었다. 나는 그녀를 예닐곱 살은 더 젊게 봤다.

"난 적어도 그런 근심에서는 벗어났어." 그녀가 덧붙였다. "어쨌든, 그런 일이 닥치면 누구를 찾아갈지 지금이라도 생각해둬야 해." 그녀는 작고한 남편을 통해 아는 사람들이 있다고 나를 안심시켰다. "내게 맡겨, 내가 도와줄 사람을 찾을 수 있어. 지울 수 있을 거야, 확실해." 그녀는 마침내 끓어오르는 물을 맥아 커피에 부으면서 단호하게 고개를 끄덕였다. 나는 머리가 완전히 멍해져 두 손을 앞에 모으고 못 박힌 듯 서 있었다. 그러나 나는 여전히 내가 원하지 않는다는 의지만으로 그 불행을 막을 수 있다는 확신이 들었다.

병사들이 맨 처음에 늘 이렇게 묻는 것은 특이했다. "당신, 남편이 있나?" 어떻게 답해야 가장 좋을까? 없다고 말하면 곧장 군침을 흘린다. 있다고 대답하고 시달리지 않게 되었다고 믿는 순간, 끈질긴 질문이 이어진다. "남편 어디에 있는데? 스탈린그라드에 주둔한 적이 있나?" (우리 나라 군인 상당수가 스탈린그라드에서 전투를 벌였고, 그 공로로 특별한 메달을 달고 다녔다.) 그들에게 보여줄 수 있는 진짜 남편이 있으면(미망인은 파울리 씨를 이용한다. 비록 세입자일 뿐 그 이상은 아니지만) 그제야 일단 한 발 물러선다. 그들은 기본적으로는 어떤 여자든 상관하지 않는다. 결혼한 여자한테도 거리낌 없다. 그렇지만 일을 치르는 동안 남편을 내보내거나 감금하거나 떼어놓을 수 있다면 그쪽을 더 선호한다. 두려워서가 아니다. 그들은 이미 이 땅의 남편들이 그리 쉽게 감정적으로 나서지 않는다는 사실을 알아차렸다. 그래도 만취하지 않은 이상 남편이 주변에 있으면 불편해한다.

아무튼 나는 남편에 대한 이 질문에 어떻게 답해야 할지 모르겠다. 사실대로 대답하면 좋겠지만. 전쟁이 일어나지 않았다면 나와 게르트는 이미 오래전에 결혼했을 것이다. 게르트가 소집 명령을 받는 순간, 얘기가 끝났고 그가 결혼을 포기했다. "아이를 낳아 전쟁고아로 만들려고? 안 돼, 말도 안 되는 소리야. 내가 바로 전쟁고아야. 그게 어떤 건지 너무나 잘 알아." 그런데도 우리는 결혼한 부부와 다름없이 서로에게 책임을 느꼈다. 나는 9주 넘게 그의 소식을 듣지 못했다. 마지막 편지는 옛 프랑스 국경에 위치한 지크프리트선(Siegfried Line)에서 왔다. 이제 그의 얼굴도 가물가물하다. 갖고 있던 사진들은 폭격으로 잃어버렸고, 지갑에 유일하게 남아 있던 한 장은 군복을 입고 찍은 것이어서 없애버렸다. 하사관 군복에 지나지 않았지만 나는 두려웠다. 사람들은 이 건물 전체에서 군인을 떠올리게 하거나 러시아군을 자극할 수 있는 것은 모조리 치워버렸다. 그리고 책은 모두에게 땔감이었다. 적어도 책들은 연기로 사라지는 동안 열과 따뜻한 수프를 제공했다.

노획한 빵에 버터를 발라 구워 맥아 커피와 함께 먹자마자 또다시 아나톨의 부하들이 나타났다. 우리 집은 일종의 레스토랑이다. 다만, 손님이 먹을 것을 챙겨 온다는 차이가 있을 뿐. 이번에는 근사한 남자도 한 명 함께 왔는데, 내가 지금껏 보았던 남자들 중에서 최고였다. 이름은 안드레이, 계급은 하사, 전직 교사였다. 그는 이마가 좁고 담청색 눈동자를 지녔고, 조용조용한 목소리에 말이 통했다. 나는 처음으로 정치에 관한 대화를 나누었다. 생각만큼 어렵지는 않았다. 정치, 경제와 관련된 어휘는 거의 외래어이고 우리의 어휘와 매우 비슷하기 때문이다. 안드레이는 정통 마르크스주의자였다. 그는 전쟁에 대한 책임을 히틀러 개인에게 지우기보다 히틀러 같은 인물들을 탄생시키고 전쟁 물자를 무더기로 쌓아놓는 자본주의 탓으로 돌렸다. 그는 독일 경제와 러시아 경제가 서로 보완관계에 있기 때문에 사회주의 원칙에 따라 건설되는 독일은 러시아의 자연스러운 파트너가 될 것이라는 의견을 내놓았다. 내가 안드레이만큼 잘 표현하지 못하는 주제라는 점을 떼어놓고 보면, 이 대화는 나에게 무척 도움이 되었다. 단순히 러시아 군인 중 한 사람이 나를 대등한 대화 상대로 취급해주었다는 이유만으로도 그렇다. 그는 대화를 하면서 나를 눈빛으로도 건드리지 않았고, 지금까지 모두가 그랬던 것처럼 나를 그렇고 그런 여자로 취급하지도 않았다.

우리 집 방 두 칸에 오전 내내 병사들이 들락거렸다. 안드레이는 소파에 앉아서 보고서를 작성했다. 그가 이곳에 있는 한 나는 안전하다고 느꼈다. 그는 러시아군을 상대로 발행되는 신문도 한 부 가져왔는데, 베를린 시의 지명들로 맥락을 알아낼 수 있었다. 이 도시의 여러 구역이 더는 독일의 것이 아니었다.

평소에 우리는 완전히 무방비로 방치되었다는 느낌에 짓눌려 있다. 우리끼리 있을 때는 말소리가 날 때마다, 발소리가 들릴 때마다 흠칫흠칫 놀란다. 미망인과 나는 파울리 씨의 침대 주변으로 가 앉는다. 이 글을 쓰는 지금도 그렇다. 우리는 몇 시간이나 어두컴컴하고 차가운 방에 우두커니 앉아 있다. 러시아 군인들은 우리를 심하게 짓누르고 있다. 말 그대로 우린 그들 밑에서 살고 있다. 이 구역만 해도 여태 발각되지 않은 주민들과 가족은 지하실에 갇혀 지낸다. 그들은 지난 금요일부터 이른 아침에만 물 긷는 사람들을 내보낸다. 이 땅의 남자들은 능욕을 당한 우리 여자들보다 더 비참해 보인다. 펌프장 줄에 서 있던 한 여자가 자신이 머무는 지하실에서 있었던 일을 들려주었다. 러시아 병사가 그녀를 끌어내려 하자 함께 지내던 어떤 남자가 이렇게 외쳤단다. "제발 빨리 따라가요, 당신이 우리 모두를 위험하게 만들잖아요!" 서구 몰락에 대한 간략한 주석이다.

요즘 들어 나는 내 살갗만 봐도 구역질이 난다. 내 몸을 만지고 싶지도 쳐다보고 싶지도 않다. 어머니가 자주 들려주었던 이야기가 떠오른다. 어렸을 때 나는 자부심 강한 우리 부모를 기쁘게 해줄 정도로 뽀얗고 혈색 좋은 아기였다고 했다. 1916년에 군에 입대해야 했던 아버지는 역에서 어머니와 작별을 할 때도 신신당부를 했다. 나를 밖으로 데리고 나갈 때는 햇빛을 가리는 레이스 보닛을 꼭 씌우라고. 여자들의 목과 얼굴이 언제나 백합처럼 하얗게 유지되어야 한다는 것이 당시 시류이자 유행이었다. 지금의 내겐 쓰레기나 다름없는 보닛에 목욕물 온도계, 저녁 기도까지, 과분한 사랑이었다.

다시 지난 일요일의 일로 돌아간다. 모든 기억을 되살리기는 힘들다. 너무나 혼란스럽다. 10시경 우리 집 단골손님이 모두 모였다. 안드레이, 페트카, 그리샤, 야샤 그리고 소년병 바냐. 바냐는 이번에도 부엌에서 설거지를 했다. 그들은 먹고 마시고 잡담을 나누었다. 한번은 바냐가 어린아이처럼 진지한 표정을 지으며 내게 말했다. "인간은 전부 나빠요. 나도 나빠요, 나쁜 짓을 했거든요."

아나톨이 어디서 구했는지 전축을 한 대 힘겹게 들고 나타났다. 그의 부하 둘이 레코드판을 들고 따라왔다. 그들이 열 번도 넘게 틀어댄 곡이 뭐였더라? 로엔그린, 베토벤 9번, 브람스, 스메타나 같은 판들은 잠깐 틀어보고는 내던져버리고, 결국에는 슈피텔 시장에 있던 의류회사 C&A에서 물건을 일정액 이상 사면 끼워주던 선전용 레코드판을 틀었다.

"C&A로 오시면 멋진 물건들이 있고…" 등등. 폭스트롯 박자에 맞춘 흥겨운 선전에 러시아 병사들은 너무나 즐거워하며 흥얼거렸다.

그들의 취향에 딱 맞았던 것이다.

술잔이 벌써 여러 차례 돌았다. 아나톨이 욕망에 사로잡힌 익숙한 눈으로 날 쳐다보다가 결국은 빤한 구실을 대며 사람들을 전부 내보냈다. 이 방의 문에는 열쇠가 없었다. 아나톨은 등받이가 높은 안락의자를 문에 밀어붙였다. 나는 아침에 화덕 가에서 미망인과 나누었던 대화가 계속 떠올라 몸이 장작처럼 뻣뻣해졌고, 두 눈을 감고 내 몸이 임신을 막아내도록 신경을 집중했다.

미망인이 문을 두드리자 그가 안락의자를 도로 치웠다. 수프 접시를 들고 온 미망인과 나는 탁자 곁에 자리를 잡고 앉았고, 심지어 옆방의 파울리 씨도 말끔하게 면도를 하고 손톱도 손질하고 실크 잠옷 차림으로 다리를 절며 왔고…. 그러는 동안 아나톨은 침대 틀에 비스듬히 드러누웠다. 부츠를 신은 그의 다리가 침대 앞쪽에 대롱대롱 매달려 있고, 검은 곱슬머리는 헝클어져 있었다. 그는 숨을 조용히 내쉬면서 오래 잠을 잤다.

아나톨은 어린아이처럼 곤하게 세 시간이나 잠을 잤다. 적들인 우리 세 사람만 있는데도 그랬다. 비록 그가 잠을 자고 있어도 우리는 우리끼리 있는 것보다는 안전하다고 느꼈다. 그는 우리의 보호막이었다. 권총이 그의 허리춤에 꽂혀 있어서 침대 밑의 널빤지 판에서 긁히는 소리가 났다. 그동안에도 밖에서는 전투가 이어졌다. 도심에서는 연기가 피어올랐고, 총소리가 콩 볶는 소리처럼 요란하게 들렸다.

내가 옛 경찰 숙소에서 노획한 부르고뉴산 와인 한 병을 미망인이 내왔다. 러시아 병사들이 들이닥칠 때를 대비해 커피잔을 사용했다. 우리는 아나톨을 깨우지 않기 위해 소곤소곤 말했다. 서로 공손하고 다정한 태도를 보이며 함께 모여 있자니 기분이 좋아졌다. 우리는 이 조용한 시간을 즐기며 서로에게 호의를 보여줄 기회를 얻었다. 영혼의 상처가 아무는 듯했다.

오후 4시쯤 아나톨이 깨어나 볼 일이 있다며 황급히 나갔다. 얼마 후 현관문 밖에서 쿵쾅거리는 소리가 났다. 순식간에 몸이 벌벌 떨리고, 심장이 요동쳤다. 다행히도 담청색 눈의 전직 교사 안드레이였다. 우리는 그를 환하게 맞았고, 미망인은 안심이 되어 그의 목에 매달렸다. 그도 미소로 답했다.

그와 유익한 대화를 나누었는데, 이번에는 정치가 아니라 인간적인 면에 관해서였다. 안드레이는 자신은 '그 일'을 좋게 여기지 않는다고 장황하게 설명하다가 당황해서 나를 슬쩍 외면했다. 그는 여자를 성적인 대상이 아니라 동료로 여긴다고 했다. 그는 쉽게 열광하는 편이었고, 그렇게 열광적으로 말할 때는 두 눈이 먼 곳을 향했다. 그는 자신의 신조가 옳다고 확신했다.

요즘 나는 러시아어를 약간 할 줄 아는 것이 나에게 행운인지 불행인지 깊이 생각해보곤 한다. 다른 이들이 모르는 것들을 알 수 있긴 하다. 러시아어를 전혀 모르는 사람들에게 그저 거친 짐승의 소리인, 이해할 수 없는 외침이 나에게는 인간의 말로 들린다.

푸시킨과 톨스토이의 다양하고 운율이 깃든 문장처럼 받아들여지는 것이다. 물론 끊임없이 불안하기는 하지만(아나톨을 만난 후로 약간 줄어들었다), 나는 그들과 인간 대 인간으로 이야기를 나누고, 어느 정도 괜찮은 인간을 최악의 인간과 구분하며, 무리에서 개인을 분류해내고, 일부는 충분히 이해하기도 한다. 전쟁 이후 처음으로, 내가 증인으로서 자격이 있지 않을까 하는 생각도 든다. 이 도시에 그들과 말할 줄 아는 사람은 얼마 되지 않을 것이다. 나는 그들의 자작나무 숲과 시골 마을, 인피 샌들을 신은 농부들, 놀랍도록 빨리 지어지는 건축물들을 보았다. 그리고 지금은 그들의 군홧발에 짓밟혀 만신창이가 된 나 같은 사람들도 보았다. 그들의 언어를 한마디도 모르는 사람들은 얼마나 편할까. 이 병사들이 그저 낯설기만 할 테고, 감정은 저 깊이 묻어버린 채 인간이 아니라 단지 야수이고 짐승이라고 믿어버리면 그만일 테다. 나는 그렇게 할 수 없다. 나는 그들이 우리와 같은 인간임을 알고 있다. 물론 발전이 더디고, 아직은 그들의 조상들과 더 가까운 신생 국가이긴 하지만. 로마를 침공한 튜턴족이 향수를 뿌리고 일부러 머리를 곱슬곱슬하게 하고 손톱과 발톱을 짧게 자른 로마 여자들을 차지했던 때와 지금이 비슷한 데가 있다. 정복당한다는 것은 어떠한 경우라도 생살에 고춧가루를 뿌리는 것만큼 쓰라리다.

오후 6시경, 층계에서 울부짖는 소리가 들렸다. 우리 집 문에 대고 누군가가 고함을 질러댔다. "지하실이 약탈당해요!" 소파에 앉아 있던 안드레이가 그 말에 고개를 끄덕였다. 이미 몇 시간 전에 알고 있었다고 말하며 우리에게 당장 물건들을 살펴보라고 권했다.

아래로 내려가 보니 아수라장이었다. 널빤지로 된 칸막이는 부서져 있고, 자물쇠는 떨어져 나갔고, 트렁크는 찢긴 채 짓밟혀 있었다. 우리는 잡동사니들에 걸려 휘청거렸고, 빨아서 구겨진 채 돌아다니는 세탁물을 이리저리 밟고 다녔다. 몽땅해진 양초로 우리의 구석 자리를 비추며 이런저런 물건들을 뒤져 수건들과 노끈에 달린 넓적한 베이컨을 찾아냈다. 미망인은 자신의 최고급 옷가지들을 넣어둔 커다란 트렁크가 사라졌다며 앓는 소리를 했다. 그녀는 열려 있는 어떤 트렁크에 든 물건들을 통로에 쏟아버리고 남아 있는 자기 물건들을 채워 넣기 시작했다. 그녀는 바닥에 쏟아진 밀가루를 두 손으로 퍼 아무렇게나 트렁크에 집어넣었다. 정신이 나간 듯했다. 우리 양옆으로도 이웃들이 깜박이는 불빛에 의지해 물건들을 헤집어댔다. 날카로운 비명과 한탄, 중얼거리는 푸념이 들렸다. 이불을 채웠던 오리털이 공중으로 흩날렸고, 엎질러진 와인과 오물 냄새가 뒤섞였다.

우리는 자질구레한 물건들을 힘겹게 끌고 위로 올라왔다.

약탈 사건이 안드레이에게는 곤혹스러운 것이 분명했다. 그는 마구 내던져지고 뒤죽박죽이 되었을 뿐 없어지지는 않았을 거라며 우리를 위로했다. 침입자들의 목표는 오직 술뿐이었을 거라면서. 이 와중에 다시 찾아온 소년병 바냐는 미망인에게 검은 눈을 진지하게 빛내며 독일어와 러시아어를 섞어가며 약속했다. 내일 날이 밝으면 함께 아래로 가서 우리 물건을 전부 찾을 때까지 옆에서 지켜봐 주겠다고 말이다.

미망인은 눈물을 흘렸고, 자신의 트렁크에 들었던 고급 옷들, 니트 원피스, 튼튼한 구두를 하나하나 떠올리며 흐느꼈다. 나도 풀이 죽었다. 우리는 법의 보호를 받지 못하는 먹잇감이자 오물 덩어리다. 우리의 분노는 히틀러에게로 쏟아졌다. 끝이 잘린 의문들이 어지럽게 흩어진다. 지금 전선은 어디에 걸쳐 있을까? 평화는 언제 찾아올까?

파울리 씨는 점심 식사를 마치고 다시 침대로 기어들어 갔고, 우리는 그 곁에서 속삭이고 있었다. 그러는 동안 안드레이는 옆에서 자기 병사들과 마호가니 식탁에 둘러앉아 참모 회의를 진행 중이다. 갑자기 모든 창문이 벌컥 열리고, 마분지 조각들이 방 안에 어지럽게 흩날렸다. 요란한 폭발음이 나면서 내 몸이 건너편 벽으로 날아가 부딪혔다. 쨍그랑거리는 소리와 동시에 방에 먼지구름이 일었고, 밖에서는 벽이 무너졌고…. 30여 분이 지나 이웃들에게 들은 바로는 독일군 유탄 하나가 옆집 건물로 떨어져 러시아 군인 몇 명이 다치고 말 한 마리가 죽었다고 했다. 다음 날 아침에 우리는 그 말을 안마당에서 발견했다. 말은 고기만 말끔히 뜯겨 나간 채 피범벅이 된 침대 시트 위에 놓여 있었다. 그 옆의 붉고 축축한 땅에 내장이 허옇게 뒤엉켜 있었다. 그날 저녁이 어떻게 흘러갔는지 기억이 나지 않는다. 술, 빵, 청어, 통조림 고기, 아나톨과의 동침. 조금씩 기억이 난다. 우리 집 식탁 주변으로 알 만한, 또는 처음 보는 병사 한 무리가 둘러앉아 있었다. 그들은 끊임없이 자신의 시계들을 꺼내 시각을 비교했다. 그들이 올 때

맞추어놓은 모스크바 시각은 우리보다 한 시간 앞서간다. 한 병사는 두툼하고 오래된 회중시계도 가지고 있었는데, 동프로이센에서 만든 제품으로 불룩 솟고 노랗게 반질거리는 숫자판이 달려 있었다. 그들은 대체 왜 이토록 시계에 매달리는가? 금전적 가치 때문은 아니다. 반지, 귀걸이, 팔찌에는 확실히 그만큼 눈독을 들이지 않으며, 시계를 하나 더 손에 넣을 수 있다면 금붙이는 쉽게 무시해버리기 때문이다. 러시아에서는 아직 누구나 시계를 가질 수 없기 때문일까? 손목시계를 차지하려면, 즉 국가로부터 배급받으려면 상당한 지위에 올라 있어야만 하기 때문일까? 그런데 이제 그런 귀한 시계들이 밭에서 자라는 무처럼 원하면 누구나 뽑아갈 수 있을 정도로 지천으로 널린 것이다. 시계가 하나씩 늘 때마다 권력이 늘어나는 것처럼 느껴지나 보다. 고국으로 돌아가 주변에 선물할 시계가 하나씩 늘수록 자신의 가치가 높아지는 모양이었다. 아마 그럴 것이다. 그들은 시계를 금전적 가치에 따라 구분하는 법을 모르기 때문이다. 그들은 자질구레한 것들이 달린 시계, 예컨대 스톱워치나 금속 상자 아래의 숫자판을 돌릴 수 있는 시계를 특히 좋아한다. 숫자판이 화려하게 꾸며진 시계도 인기가 높다.

식탁 위에 펼쳐진 병사들의 수많은 손가락을 보자 갑자기 구역질이 올라왔다. 그 손들이 나에게는 너무나 충격적이었다. 저것들이 나에게 저질렀던 온갖 짓들, 저기에 치렁치렁 매단 시계들이라니. 나는 연거푸 술을 들이켰다. 그들은 내가 술잔을 입에 댈 때마다 "피티 나도!" 하고 외쳤고, 술을 들이켤 때마다 환호했다. 이번에는 레드 와인도 있었는데, 지하실에서 훔쳐 온 것이 분명했다. 받침 접시에 고정해놓은 초 한 자루가 깜빡이며 빛을 내보내고 있었고, 슬라브인들의 옆얼굴이 벽에 그림자로 비쳤다.

처음으로 본격적인 토론이 한판 벌어졌다. 그들 중에는 재능이 뛰어난 사람이 적어도 세 명은 되었다. 먼저 담청색 눈을 가진 전직 교사이자 체스 선수인 안드레이. 그는 늘 그렇듯이 침착하고 조용한 목소리로 말한다. 다음으로 매부리코에 눈빛이 매서운 코카서스 출신의 남자. ("저는 유대인이 아닙니다, 그루지아인이죠." 그는 나에게 자신을 소개할 때 이렇게 말했다.) 그는 엄청나게 박식하고, 운문과 산문을 유창하게 인용하며, 매우 달변에다 플로레 펜싱 선수만큼이나 민첩하다. 세 번째 지식인 역시 새로 나타난 사람이다. 그는 아주 젊은 소위로 오늘 저녁에 하필 파편에 부상을 입어 정강이뼈에 되는대로 붕대를 감고 독일제 여행용 지팡이에 의지해 절룩거리며 왔다. 지팡이에는 하르츠산맥의 유명 관광지에서 나온 갖가지 여행 기념 배지들이 주렁주렁 달려 있었다. 소위는 연한 금발에 우울한 모습을 하고 있었다. 그의 말투에는 어딘가 모난 구석이 있었다. 한번은 그가 이렇게 말했다. "지식인 입장에서 저는…." 그러자 코카서스 출신의 남자가 그의 말허리를 끊고 들어왔다. "이곳에는 지식인이 몇 사람 있죠…. 이를테면 '벙어리'처럼 말이죠." (나를 두고 한 말이다.)

그들은 전쟁의 원인이 침략을 부채질하는 파시즘 체제에 있다고 보았다. 그들은 독일은 전쟁을 일으킬 필요가 없었다고 생각한다며 고개를 저었다. 독일은 부유하고, 체제가 잘 갖추어진 문명화된 나라이며, 이 사실은 나라가 파괴되기는 했지만 지금도 마찬가지라는 것이다. 그들은 잠시 러시아혁명이 이어받은 미진한 초기 자본주의에 관해 언쟁을 벌였고, 이내 발전했고 부유하지만 타락한 후기 자본주의—그들이 보기에 우리 나라는 이것의 전형이었다—로 주제가 넘어갔다. 그들은 매우 조심스럽게 논증을 펼치면서 그들의 나라는 겨우 대대적인 발전의 초입에 와 있을 뿐이며, 따라서 러시아는 미래의 관점에서 고찰되고 판단되고 비교되어야 마땅하며….

한 사람이 주변에 놓인 가구들—1800년대 양식—을 가리키며 그것들에 우월한 문화가 깃들어 있다고 말했다. 마침내 그들은

'퇴행'이라는 주제로 빠져들었으며, 서로 우리 독일인들이 퇴행했는지 아닌지에 대해 언쟁을 벌였다. 그들은 임기응변으로 대처하는 그 게임을 즐겼다. 논거들이 날렵하게 이쪽저쪽으로 오갔고, 안드레이는 침착하게 통제하며 대화를 이끌었다. 그러는 내내 부상을 당한 금발의 소위가 나를 두고 개인적으로 악의적인 비방을 했다. 그리고 독일의 정복 계획과 패배를 비웃고 조롱했다. 다른 사람들은 이에 응하지 않고 재빨리 화제를 돌렸고, 그의 발언을 비난하며 승자의 배려를 보여주었다.

이 떠들썩한 논쟁에 아나톨이 업무를 처리하느라 지쳐 하품을 하면서 끼어들었다. 그는 그들 곁에 앉아 있었지만 무척 따분해했다. 그는 거기에 끼어들 수가 없었다. 시골 출신이었던 것이다. 그는 나에게 자신이 콜호스(kolkhoz)에서 우유 생산을 담당했으며, 따라서 낙농업 책임자 같은 직책이었다고 말해준 적이 있다. 그 말을 듣고 나는 이렇게 대꾸했다. "아, 얼마나 흥미로운 일일까." 그가 말했다. "뭐, 그건 알다시피 늘 우유와 관련된 일이야, 우유뿐이라고…." 이 말을 하며 그는 한숨을 쉬었다. 그는 반 시간 정도 함께 앉아 있다가 다시 물러났고, 토론은 계속됐다.

옆방에서는 파울리 씨가 자고 있었다. 이번에도 미망인은 그의 곁에 자신의 임시 잠자리를 폈다. 그러지 않으면 어떤 일이 벌어질지 뻔했다. 몇몇 친구들—만약 이렇게 부를 수 있다면—에게 그리고 아나톨의 부하들에게 이 집은 완전히 개방되어 있었다. 하지만 밤을 보낼 권리는 우두머리인 아나톨만이 가졌다. 아무튼 나는 금기의 대상이다, 적어도 오늘은. 내일은 어떻게 될까? 아무도 모른다.
아나톨은 밤 12시에 다시 불쑥 나타났다. 그러자 식탁에 모여 앉아 있던 사람들이 저절로 물러갔다. 마지막으로 연한 금발의 남자가 여행용 지팡이에 의지해 절뚝거리며 나가면서 무언의 작별인사로 나를 사납게 훑어보았다.

이제 기억상실 부분. 다시 술을 아주 많이 마셨고, 벌어진 일을 일일이 기억하지 못한다. 월요일 동틀 무렵, 내가 아나톨과 대화를 나누었던 것부터 비로소 기억이 되살아난다. 이 대화로 약간의 오해가 생겼다. 내가 그에게 말했다. "당신은 곰이야." ('곰'을 뜻하는 러시아어인 메드비예트[Медведь]는 예전에 타우엔트치엔가에 있던 유명한 러시아 음식점 이름이었기 때문에 내게 익숙했다.)

그러자 아나톨이 내가 단어를 혼동했다고 생각하고 참을성 있게 아이를 대하듯이 말했다. "아니야, 그건 틀렸어. 곰은 짐승이지. 숲속에 사는 갈색 짐승. 그 짐승은 덩치가 크고 으르렁거려. 하지만 나는 '첼라베크'(человéк), 인간이라고."

1945년 4월 30일 월요일을 회상하며
5월 1일 화요일에 씀

이른 아침, 잿빛 하늘이 불그스름하게 물들고 있다. 창문짝이 떨어져 나간 자리로 찬바람이 들어오고 입에서는 매캐한 연기 맛이 난다. 다시 수탉이 운다. 이른 아침 시간은 나만의 시간이다. 나는 그릇들을 치우고, 담배꽁초, 생선 가시, 빵 부스러기를 쓸어 모으고, 식탁의 술 자국을 문질러 닦는다. 그런 다음 욕실에서 물 두 컵을 이용해 간단히 세수를 한다. 미망인과 파울리 씨가 아직 자고 있는 아침 5시와 7시 사이가 나에게는 가장 행복한 시간이다. 지금 행복이라는 말을 사용하는 것이 적절하다면 말이다. 물론 상대적인 행복을 말한다. 나는 해진 속옷을 안감을 대서 기우고, 비누칠을 해서 씻었다. 이 시간에는 러시아 군인들이 불쑥 나타나지 않는다는 사실을 우리는 잘 알고 있다.

8시가 지나면 열려 있는 뒷문을 통해 평소처럼 사람들이 복잡하게 오가기 시작한다. 온갖 낯선 병사들 무리가 찾아온다. 두 명 혹은 세 명이 나타나서 나와 미망인 주변에서 어슬렁거리며 여우처럼 탐욕스럽게 우리를 붙들려고 한다. 그러나 대개는 알고 지내는 사람 중 한 명이 함께 와 있어서 그들을 뿌리치는 데 도움을 준다. 나는 그리샤가 그들에게 아나톨의 이름을 들먹이며 금기를 설명하는 소리를 듣는다. 나는 이 늑대들 중 한 마리를 길들이는 데 성공한 내가 자랑스럽다. 아마 그는 무리의 나머지 녀석들이 나에게 접근하지 못하게 막아주는 가장 강한 녀석일 것이다.

10시경에 우리는 위층 책방 주인의 집으로 올라갔다. 안전 자물쇠가 달린 그 집에는 아직도 10여 명의 건물 주민들이 피신해 있었다. 정해진 규칙대로 노크를 하자 문이 열렸다. 건물 주민들의 회합이 예정되어 있었다.

남녀들이 빼곡히 모여 있었다. 나는 지하실에 모여 지냈던 사람들을 쉽사리 알아보지 못했다. 어떤 사람들은 믿을 수 없을 정도로 달라졌다. 거의 모든 여자가 희끗희끗하거나 하얗게 센 머리칼을 땋아 내렸다. 염색약이 떨어졌기 때문이다. 얼굴들도 낯설고 초췌해 몹시 늙어버린 느낌이 들었다.

우리는 식탁 주변에 재빨리 둘러앉았다. 우리의 '회합'이 러시아 군인들의 눈에 띄어 오해를 사지 않을까 무척 불안했기 때문이다. 나는 내가 말할 수 있는 가장 빠른 속도로 러시아 신문에서 알아내고, 러시아 병사들, 주로 안드레이와 아나톨에게서 들은 새 소식을 전해주었다. 베를린 외곽은 차단되었으며, 모든 주변 도시가 점령당했고, 동물원 지역과 모아비트 구역에서만 교전이 벌어지고 있다, 장군들이 무더기로 체포되었다, 히틀러는 죽었다는 소문이 나돌지만 정확한 것은 모른다, 괴벨스는 자살했다고 한다, 무솔리니는 이탈리아인들에 의해 사살되었다고 전해진다, 러시아군이 엘베 강가에 주둔하고 있으며, 그곳에서 미군과 서로 만나 제휴를 맺었다고 한다….

모두가 열심히 귀를 기울였다. 그 모든 내용이 이곳에서는 처음 듣는 소식이었기 때문이다. 나는 주변을 둘러보고 함부르크 출신의 여자에게 딸아이, 즉 머리에 붕대를 감고 있던 슈틴헨에 관해 물어보았다. 그러자 짧은 S- 발음이 곁들여진 대답이 나왔다. 그녀는 부엌 천장 아래의 골방에서 매일 밤과 또 낮의 대부분을 보낸다고 했다. 러시아 군인들은 다락을 전혀 눈치채지 못한다. 자기 나라에서는 그런 우스꽝스러운 다락방을 보지 못했던 것이다. 예전에는 트렁크를 보관했고, 더 예전에는 하녀들이 쓰던 그곳에서, 좁고 곰팡내 나는 골방에서, 지금 슈틴헨은 베개와 이불, 요강, 향수를 가지고 근근이 살아가는 셈이다. 그리고 발소리가 들리거나 그 외의 무슨 소리가 나면 그녀는 다락방의 문을 재빨리 닫는다고 했다. 아무튼 슈틴헨은 아직 숫처녀다.

우리는 다시 터벅터벅 아래로 내려왔다. 우리 집은 오래전에 이미 병사들 차지가 되었다. 구석구석에서 말 냄새가 난다. 군화에 묻어 딸려온 말똥 부스러기들이 여기저기 흩어져 있다. 승리한 병사들에게 자제 따윈 없다. 그들은 아무 데나 벽에 대고 소변을 본다. 층계참과 아래쪽 건물 현관에는 오줌 웅덩이들이 생겼다. 주인이 버리고 떠나 자기 차지가 된 집들에서도 별반 다르지 않게 행동한다고 한다.

부엌에는 소년병 바냐가 벌써 자동소총을 들고 보초처럼 똑바로 서서 우리를 기다리고 있었다. 그는 개처럼 충직한 눈빛으로 지하실로 데려다주겠다고 나섰다. 다시 어두운 그곳으로 내려갔다. 뒷문 현관에는 아직도 몇몇 병사들이 여기저기 누워서 환한 햇빛 속에서 잠을 자고 있었다. 그들은 어디에선가 가져온 제대로 된 침구류 위에 누워 있었다. 나선형 계단 아래 구석에 병사 한 명이 길을 가로막고 누워 있었는데, 거기서부터 웅덩이가 시작되고 있었다. 바냐가 발길질을 하자 그 병사는 투덜거리며 옆으로 비켜주었다. 열여섯 살밖에 되지 않았지만 바냐는 이미 병장이었고, 자신의 계급에 맞게 행동했다. 안드레이가 말해준 바에 따르면 바냐는 젊은 외국인 노동자로 동프로이센의 한 농장에서 일했었다. 그는 밀고 들어오는 러시아 부대에 합류했고, 그 후에 여러 차례 영웅적인 행동을 보여주며 고속으로 진급했다는 것이다.

지하실에서 우리는 이리저리 손으로 더듬으며 미망인의 물건들을 찾았다. 그 물건들은 내가 모르는 것이었고, 미망인도 더는 정확히 가려내고 싶어 하지 않았다. 그녀는 필요해 보이는 것이면 무엇이든 챙겼다. 위쪽의 채광창에서 들어오는 흐릿한 빛과 바냐의 손전등에 의지해 우리는 감자와 양파를 주워 모았고, 어떤 선반에 말짱하게 남아 있던 병조림 병들도 챙겼다.

눈꼬리가 옆으로 째진 한 사내가 다가와서 독일어를 섞어가며 지저분한 말을 지껄였다. 그러자 바냐가 그 녀석 앞으로 지나가며 허공에 대고 외쳤다. “좋아, 이제 됐어.” 그러자 그 사내는 풀이 죽어 사라졌다.

점심 식사 시간. 아직 모든 것이 풍족하다. 내가 위층 다락집에서 홀로 꾸려가며 먹던 보잘것없는 음식에 비하면 지금은 호화로운 생활을 하고 있다. 쐐기풀이 아니라 고기, 베이컨, 버터, 완두콩, 양파, 통조림 야채를 먹는다. 파울리 씨는 누운 자리에서 엄청나게 먹어댄다. 병조림 배를 먹을 때였다. 파울리 씨가 욕을 하며 이 사이에서 길고 날카로운 유리 조각을 하나 빼냈다. 나도 입에서 뾰족하게 모가 난 것을 하나 뱉어냈다. 우리가 지하실에서 들고 온 병조림이었는데 전에 깨진 적이 있었던 것이다.

바깥에서는 전투가 벌어지고 있다. 우리는 새로운 아침저녁 기도문을 정했다. “이 모든 것을 우리는 총통께 감사드리네.” 전쟁 전에는 이 구절이 적힌 플래카드가 여기저기 걸려 있었고, 누구나 한번쯤 해본 칭송과 감사의 말이었다. 그렇지만 지금은 아니다. 조소와 조롱으로 변했다. 이런 것을 사람들은 변증법적 뒤집기라고 부르나 보다.

조용한 오후. 아나톨이 부하들과 밖을 돌아다니고 있다. 5월 1일의 노동절 기념식 준비를 협의하고 있다는 소문이 돌았다. 우리는 이 기념일이 두렵다. 그날 모든 러시아 군인에게 술이 배급된다고들 하기 때문이다.

아나톨은 나타나지 않았다. 대신 9시 무렵에 키 작은 사내 한 명이 나타났다. 꽤 나이가 들었고, 마맛자국이 있고, 뺨에는 자상이 나 있었다. 가슴이 두방망이질 쳤다. 이런 흉측한 얼굴이라니!

하지만 놀랍게도 품행은 단정하고 솔직했으며 말씨는 지극히 세련되었다. 그는 또한 나를 '그라즈단카'(гражданка), 즉 '시민'이라고 부른 최초의 병사이기도 했다. 러시아에서는 '동지'라는 칭호를 사용할 수 없는 낯선 여자들을 부를 때 이 말을 사용한다. 그는 자신이 아나톨의 새로운 부관이라고 소개했다. 아나톨이 저녁 식사를 하러 올 것이며, 거기에 필요한 것을 가져다주러 왔다고 했다. 그는 이 말을 내가 아직 안전고리를 벗기지 않고 있는 동안 현관문 밖에서 했다.

나는 그를 안으로 들이고 의자를 권했다. 분명 나와 대화를 나누고 싶은 생각이 간절한 것 같았다. 그는 자신의 얼굴이 얼마나 신뢰감을 불어넣지 못하는지 확실히 알고 있었고, 그 때문에 다른 방식으로 마음에 들려고 몇 배로 애를 썼다. 그는 자신이 코카서스 출신이며, 그곳은 푸시킨도 다녀간 적이 있고 작품에 많은 영감을 받았던 지역이라고 알려주었다. 나는 다 알아듣지는 못했다. 그는 교양 있는 표현을 썼고, 길고 복잡한 문장으로 말했다. 나는 '푸시킨'이라는 말에 《보리스 고두노프》와 《우체국장》 같은 작품 제목을 댈 수 있었다. 내가 《우체국장》이 한두 해 전에 독일에서 영화로 만들어졌다고 설명해주자 그는 기뻐하는 기색이 역력했다. 한마디로 우리의 대화는 사교계에서 나눌 법한 한담이었고, 매우 이례적인 일이었다. 원체도 러시아 병사들에 관해 잘 모르지만, 그들은 늘 우리를 깜짝 놀래키고 나는 새삼 허를 찔리고 만다.

난데없이 부엌이 소란스러워지면서 남자들의 목소리가 들린다. 혹시 아나톨인가? 키 작은 코카서스인은 아니라고 말하면서도 나와 함께 즉각 부엌으로 갔다. 부엌에서 미망인이 놀란 얼굴로 달려 나오며 소리쳤다.

"조심해, 페트카야!"

페트카? 맙소사, 그래, 아직 그 남자도 있었지. 뻣뻣한 머리카락과 크고 거친 손을 가진 그 페트카 말이다. 그가 나에게 괴롭게 로미오의 고백을 쏟아냈을 때 그의 손은 매우 떨리고 있었다.

우리 세 사람은 부엌으로 들어갔다. 조리대에는 조그맣게 꺼져가는 힌덴부르크 등불이 놓여 있었다. 그리고 한 번도 본 적이 없는 한 병사가 이리저리 비추고 있는 손전등의 약한 불빛도 보였다. 물론 나머지 한 사람은 의심의 여지 없이 페트카였다. 나는 목소리를 듣고 알아챘다. 그저께부터(그렇다, 딱 그저께부터였다) 나를 향한 그의 사랑은 완전히 증오로 변해 있었다. 쫓겨난 시베리아인 페트카는 나를 보자 몇 걸음 다가왔다. 그의 뻣뻣한 머리카락은 곤두서 있었다. (모자는 어디로 가버렸을까.) 그의 작은 눈이 반짝거렸다. 그는 고주망태가 되어 있었다.

창문 옆 구석 자리에 재봉틀이 하나 놓여 있었다. 페트카는 잠겨 있는 덮개를 쥐고 재봉틀을 통째로 바닥에서 들어 올리더니 부엌을 비스듬히 가로질러 내 쪽으로 집어 던졌다. 그 무거운 가구는 우당탕 소리를 내며 타일 바닥에 떨어졌다. 나는 머리를 숙이고 키 작은 코카서스인에게 소리쳤다. "아나톨을 불러와요!" 그런 다음 페트카와 함께 온 다른 낯선 병사 뒤로 몸을 숨겼다. 나는 그에게 주정뱅이를 내보내 달라고 간청했다. 페트카가 내 쪽으로 주먹을 휘둘렀지만 몸을 가누지 못해 한참 빗나가고 말았다. 그러다 예고도 없이 가물거리던 힌덴부르크 등불을 불어 꺼버렸다. 손전등마저 꺼져 우리는 어둠 속에 갇히게 되었다. 페트카가 거칠게 숨 쉬는 소리가 들렸고, 술 냄새도 났다. 나는 페트카에게서 벗어나야 하고, 그를 제지해야 한다는 생각에 너무나 몰두해 전혀 겁먹지 않을 수 있었다. 그리고 내 주변에 도움을 줄 사람들이 있다는 것도 잊지 않았다. 우리는 그를 뒷문 쪽으로 유인했다. 손전등이 다시 약간 깜빡이며 불빛을 냈다. 우리는 페트카를 나선형 계단 아래로 밀쳤고, 그는 순식간에 몇 계단 아래로 굴러떨어졌다. 그가 비틀거리며 나에게 소리쳤다. 나쁜 년, 그렇고 그런

년, 네 어미 어쩌고저쩌고….

새벽 1시, 그러니까 벌써 5월 1일, 화요일이다. 너무나 기진맥진해 안락의자에 퍼져버렸다. 키 작은 부관이 정말로 아나톨을 데리고 오겠다며 다시 떠났다. 나는 소리가 나는지 귀를 기울이며 반쯤 졸고 있었고… 미망인과 파울리 씨는 이미 자러 가버렸다. 나는 감히 그럴 수 없어 기다리고 있었다.

드디어 현관에서 노크 소리가 들렸다. 키 작은 부관이었다. 그는 베이컨, 빵, 청어, 술을 가득 담은 반합을 안고 있었다. 졸음이 쏟아져 비틀거리면서 접시와 술잔을 찾아 둥근 식탁에 상을 차리는데 키 작은 남자가 거들어주었다. 말끔히 가시를 바른 청어 포가 먹음직스럽게 돌돌 말려 있었다. 내가 하품을 하자 키 작은 남자가 위로했다.

"아나톨이 곧 올 겁니다."

아나톨은 10분 후쯤 연한 금발의 소위와 함께 나타났다. 소위는 아직도 독일제 지팡이를 짚고 절뚝거리며 걸었다. 아나톨이 나를 무릎 위로 앉히며 하품을 했다. "어이쿠, 졸려…."

우리 넷이 술과 음식 앞에 앉자마자 밖에서 문 두드리는 소리가 났다. 아나톨의 병사가 아나톨과 부관을 지휘관에게 데려가기 위해 찾아온 것이다. 무슨 일이 난 모양이었다. 아니면 노동절 기념식 때문일까? 아나톨은 한숨을 쉬며 일어나 나갔다. 키 작은 부관은 허둥지둥 베이컨 빵을 한입 가득 베어 물고는 입을 우물거리며 뒤따라 달려갔다.

그들은 떠났다. 연한 금발의 남자만 남았다. 그는 불안정하게 지팡이에 의지한 채 방을 이리저리 어설프게 돌아다니다가 이내 자리에 앉더니 나를 빤히 쳐다보았다. 촛불이 일렁거렸다. 나는 너무 졸렸다. 자칫 의자에서 굴러 떨어질 뻔했다. 모든 러시아어 낱말은 머리에서 빠져나가고 없었다.

연한 금발의 남자는 멍하니 앞만 쳐다보고 있었다. 그는 여기서 자고 가겠다고 말했다. 나는 그에게 뒷방을 보여주려고 했다. 그러자 그가 이 방에서 자겠다고 했다. 나는 그를 위해 소파에 이불을 펴 주었다. 그러나 그는 침대에서 자고 싶다고 졸랐다. 마치 기운이 빠진 어린아이처럼 단조롭고 완고하게. 좋아, 마음대로 하라지. 나는 옷을 입은 채 소파에 드러누웠다. 그러나 그는 나에게 자기가 누운 침대로 오라고 했다. 나는 그러고 싶지 않았다. 그러자 소파로 와서는 나를 귀찮게 했다. 나는 아나톨이 올 거라고 위협했다. 그가 상스럽게 웃으며 말했다. "오늘 밤에는 못 와."

나는 앞쪽 작은 골방이나 옆방의 미망인에게로, 어디로든 가려고 자리에서 일어났다. 그러자 그는 물러서며 소파에서 자는 것에 만족하겠다는 듯 이불을 몸에 둘렀다. 그제야 나는 신발만 벗고 옷은 입은 채로 침대에 몸을 뉘었다.

얼마 후, 어둠 속에서 지팡이가 톡탁거리며 가까이 다가오는 소리에 깜짝 놀라 일어났다. 그가 다시 다가와 침대 속으로 들어오려고 했다. 나는 졸음에 취해 거부하면서 싫다고 중얼거렸다. 그가 끈질기고 무식하게 매달렸다. 정나미가 떨어졌다. 그는 퉁명스럽게 두세 번 같은 말을 되풀이했다. "나는 젊은 남자야." 그는 기껏해야 스무 살 정도 되어 보였다.

저항하다가 그의 상처 난 다리를 쳤다. 그는 신음을 토해내며 욕을 퍼붓고 뭉툭한 주먹을 휘둘렀다. 그러더니 침대 밖으로 몸을 내밀고 바닥에서 무언가를 찾았다. 곧 나는 그가 침대 앞에 놓아둔 지팡이를 찾는다는 것을 알아차렸다. 마디가 굵은 여행용 지팡이였다. 그가 어둠 속에서 그것으로 내 머리를 내리친다면 만사가 끝장이었다. 나는 그의 손을 붙들려고 시도하면서 그를 침대 모서리에서 밀쳐냈다. 그가 다시 나에게 파고들기 시작했다. 나는 낮게 중얼거렸다. "이건

개들끼리나 하는 짓거리지….” 이 말이 마음에 들었는지 그는 통명스럽게 말꼬리를 늘이며 이 말을 반복했다. “그래, 그래– 그것도 좋아– 개들이 하는 것처럼– 아주 좋아– 개들의 사랑– 개들의 사랑–” 사이사이 우리 둘 다 깜빡 잠이 들었고, 그러고 나면 그가 다시금 헤집고 들어왔고… 나는 그곳에 상처가 나서 쓰라렸고, 너무나 기진맥진한 상태여서 잠에 취한 채 계속 저항했고… 그의 입술은 아주 차가웠고….

5시쯤 첫닭이 울자 그가 힘겹게 일어나더니 바짓가랑이를 걷어 올리고 들쭉날쭉 찢어진 상처에서 지저분해진 면 붕대를 떼어냈다. 상처를 보고는 나도 모르게 놀라 물러나며 말했다. “도와줄까요?” 그는 머리를 흔들고 나를 한동안 노려보았다. 그리고 내 침대 바로 앞에 침을 뱉었다. 경멸을 뱉었다. 그는 떠났다. 한 편의 악몽이 걷혔다. 나는 세 시간 더 죽은 듯이 잠을 잤다.

1945년 5월 1일, 화요일 오후

너무나 두려운 마음으로 하루를 시작했다. 아침 8시부터 노동절의 불길한 사태를 걱정했다. 하지만 오늘도 평소와 다름없이 시작되었다. 부엌이 병사들로 가득 찼다. 아는 치들도 있고 모르는 치들도 있었다. 흰색 작업 가운을 입은 남자가 다가와서 자신을 제빵사라고 소개하고, 내 귀에 대고 밀가루와 빵, 아주 많은 밀가루와 빵을 주겠다고 약속했다, 만약 내가 그와…. (그는 '사랑하다' 또는 심지어 '결혼하다' 또는 노골적으로 '잠자리를 같이하다' 따위의 말은 꺼내지 않고 단지 옆으로 눈을 돌리기만 했다.)

길거리에서 호출 명령이 들려오자 모든 사내가 한꺼번에 우르르 부엌에서 빠져나갔다. 그들은 얼마 후 단풍나무 아래에 두 줄로 정렬했다. 아나톨이 그들 앞에서 어느 모로 보나 중위답게 그리고 쾌활하게 오갔다. 그는 두 손을 가죽 재킷 주머니에 찔러 넣고 일장 연설을 했다. 몇 마디 말이 드문드문 위쪽까지 들려왔다. "5월 1일… 승리가 가까워졌고… 즐겁게 보내기를, 그러나 스탈린 동지의 훈시를 명심하고…" 등등이었다. 중간중간 부하들을 향해 교활하게 눈을 찡긋하면 병사들은 히죽 웃으며 화답했다. 안드레이가 어떤 질문을 하자 그가 답변했다. 이어 두세 명의 병사들이 학교에서처럼 손을 치켜들었고, 질문을 던지고 주저 없이 얘기했다. 병사들에게서 엄격하고 절도 있는 태도는 찾아볼 수 없었다. 중위 동지 또한 그저 동지였다. 기념식이 진행되는 동안 건너편 학교에서는 카튜샤 대공포가 계속해서 요란하게 발사되었고, 유황색 하늘 위로 기다란 불꽃을 뿜어냈다.

나는 비참한 데다 상처가 쓰라려 낙오병처럼 살금살금 걸었다.

미망인이 다락 골방에 숨겨놓은 약 상자를 꺼내 와 약간 남은 바셀린 통을 건네주었다.

지금껏 살아오면서 사랑 행위는 나에게 부담이었던 적이 결코 없었다. 그것이 늘 즐거움이었다는 것이 얼마나 다행이었는지 지금은 안다. 강요당한 적도 억지로 참을 필요도 없었다. 그냥 그런대로 괜찮았다. 지금 내가 이토록 비참한 것은 그 짓 자체 때문이 아니다. 내 의지에 반해 내 몸이 능욕당하고 있는데도 살기 위해 묵인하고 있기 때문이다. 내 몸은 지금 나에게 통증으로 저항하고 있다.

문득 결혼한 한 동창생의 일화가 떠오른다. 전쟁 초기였는데, 그녀는 어떤 의미에서는 남편이 군에 징집되어 곁에 없는 지금이 육체적으로는 더 편하다고 나에게 털어놓은 적이 있다. 남편과의 육체관계가 늘 고통스럽고 달갑지 않았지만, 그 기분을 남편에게는 한사코 비밀로 숨겨왔다고 했다. 흔히들 불감증이라고 부르는 상태였던 듯싶다. 그녀의 몸은 준비가 되어 있지 않았던 것이다. 나 또한 이런 식의 동침에 매번 불감증을 보인다. 달리 어쩔 수가 없다. 먹잇감인 상황에서는 그저 죽어 있고 싶고 무감각해지고 싶다.

점심시간에는 우연히 두 사람의 목숨을 구해줄 수 있었다. 나이가 지긋하고 처음 보는 독일인 남자가, 현관문을 두드리며 큰 소리로 "러시아어를 할 줄 아는 부인"을 찾았다. 그와 함께 계단을 따라 내려갔는데, 처음에는 무척 망설였다는 사실을 고백하지 않을 수 없다. 남자가 권총, 사살 같은 단어를 불명확하게 중얼거렸기 때문이다. 계단 아래 우체국장 노부부와 다행히도 아나톨이 거느리는 하사관 몇이 서 있었다. (아나톨이 알려준 덕분에 나는 계급을 정확하게 구분할 수 있게 되었다.) 슬리퍼를 신은 우체국장은 몸을 벽 쪽으로 향한 채 말없이 어깨를 축 늘어뜨리고 고개를 숙인 채 서 있었다. 그의 옆에 선 부인은 고개를 돌린 채 서서 똑같은 단어들을 중얼중얼 내뱉었다.

무슨 일이 벌어진 거지? 우체국장 부부 집에는 동프로이센에서 피란 온 처녀가 세 들어 있었다. 토요일 아침, 다 끝장낼 거라고, 더 이상은 못 견디겠다고 울부짖었던 그 여자였다. 그녀가 외투 주머니에 권총을 숨기고 나가다 층계에서 붙들렸다고 한다. 아마 오래전 고향에서 가져온 것일 텐데, 정확히는 아무도 몰랐다. 여하튼 병사들을 뿌리치고 내달린 그녀는 추격자들을 따돌렸고, 이내 종적을 감추었다. 병사들은 우체국장의 방들을 돌아다니며 살림살이를 내던지고 뒤진 끝에 결국에는 그녀가 나치 친위대 병사와 함께 찍은 사진 한 장을 찾아냈다. 오싹했다. 병사들은 사진을 내게 보여주었다. 나는 쾨니히베르크에서 피란 온 그 여자가 맞노라고 시인할 수밖에 없었다. 사진 속 나치 친위대원은 어쩌면 그녀의 약혼자일 것이다. 아니면 친오빠일 가능성이 크다. 사진 속 남자는 그녀처럼 머리가 컸다.

병사들은 노부부를 체포하고, 여자를 내놓지 않으면, 그녀가 어디로 달아났는지 말하지 않으면 당장 사살하겠다고 했다.

일단 나는 한 가지 오해를 풀어줄 수 있었다. 병사들은 노부부를 그 여자의 부모로 착각했다. 적어도 이 병사들은 아직 평범한 '가족'의 형태에 익숙했다. 그들은 지금 우리가 이룬, 어지럽고, 따로 갈라지고, 마구 뒤섞인 가족을 제대로 이해하지 못했다. 단지 세 들어 살기만 했을 뿐 그녀와 노부부가 서로 남남이라는 말을 듣자 금방 말투가 달라졌다. 말을 주고받는 동안 병사들과 나를 불안한 눈길로 뚫어지게 바라보던 노부인은 말이 잠시 중단된 사이에 끼어들었다. 사라져버린 여자에게 욕설을 퍼붓고 나쁜 사람으로 만드는 것이 지금 자신에게 도움이 된다고 판단했던 것이다. 사람들이 그 여자를 무작정 자기 집에 들여놓았고, 짜증을 유발하는 그녀에게 주변 사람들도 넌더리를 냈다며, 어디에 있는지 알면 진즉 말했을 거라고, 숨길 하등의 이유가 없다고 쉴 새 없이 말을 쏟아냈다.

할 수만 있다면 정말 그랬을 것이다. 노부인이 불안으로 떨면서 온갖 잡설을 늘어놓는 동안 남편은 내내 말없이 벽을 보고 서 있었다.

나는 계속해서 러시아 병사들에게 그녀는 틀림없이 그 권총으로 자살을 계획했을 거라고, 죽어버릴 거라는 소리를 나도 들었다고, 짐작건대 이미 어디선가 자살했을 거라고, 이제 곧 그녀의 시신이 발견될 것이라고 말했다. (사마우비스트바[самоубийство], 즉 '자살'이라는 말도 독-러 군사용어 사전에 나와 있지 않았다. 나는 그 말을 안드레이에게 물어서 알아냈다.)

점차 분위기가 누그러졌다. 나는 용기를 내 우체국장 부부를 아무것도 모르는 멍청이로 설명했다. 마침내 남편도 몸을 돌렸다. 벌어진 그의 입에서 젖먹이처럼 한 가닥 침이 흘러내렸다. 이윽고 부인은 말문을 닫았다. 당황한 기색이 역력한 그녀의 밝은색 눈동자는 나와 병사들 사이를 급히 오갔다. 결국 그 둘은 목숨을 건지고 물러났다.

다시 무기가 발견되면 전시 국제법에 따라 지하실에서 다락집까지 건물 전체를 불태워 없애버리겠다는 공지를 건물 내 모든 민간인에게 알리라는 임무가 나에게 부여되었다. 끝으로 병사들은 그 여자를 찾아내 반드시 제거하겠다고 맹세했다.

이들은 우리 집에서 보드카를 마시던 병사들이었는데, 전혀 딴 사람들 같았다. 둥근 식탁을 사이에 두고 나를 위해 여러 차례나 건배한 기색은 한 톨도 보이지 않았다. 축배는 그저 술자리 흥미였을 뿐이다. 일은 일, 술은 술이었다. 적어도 이 세 명의 병사들에게는. 오늘의 사건을 잘 기억해두어야겠다. 저들을 조심해야만 한다.

우체국장 부부네 일을 해결하고 나니 내가 무척 대견스러우면서도 한편으로는 불안해졌다. 이런 식으로 내 존재가 알려지는 것이 나에게 득이 될까? 아니었다. 나는 두렵고 가능한 한 숨어 지내고 싶다. 내가 그 자리를 떠날 때 나이 지긋한 남자가 뒤따라와 러시아 군인이 여러 번 내뱉은 이 표현이 무슨 뜻인지 물었다. "히틀러 두라크"(Гитлер дурак). 나는 우리말로 알려주었다. "히틀러는 멍청이." 아까 그 러시아 병사들은 우리에게 이 말을 마치 자신들이 새로 발견한 사실인 양 의기양양하게 들려주었다.

1945년 5월 2일, 수요일
화요일의 나머지 부분과 함께

화요일 오후 반나절을 파울리 씨의 침대 곁에 웅크리고 앉아 일어난 일을 되짚으며 기록하는 것으로 보냈다. 써먹을 데가 있을 것 같아 이 공책의 맨 뒤 몇 쪽은 독-러 단어장으로 채워놓았다. 호기심에 차서 참견하는 병사들에게 언제든지 보여줄 수 있도록 말이다. 그런 일은 지금까지 한 번 일어났고, 그 병사는 어깨를 으쓱하며 칭찬하는 말을 했다.

저녁 무렵에 방해꾼이 왔다. 누군가 현관문을 두드리기에 안전고리를 벗기지 않은 채 문을 열었는데, 하얀색이 어른거리는 걸 보고 작업 가운을 입고 화요일 아침에 찾아왔던 제빵사임을 알았다. 그는 안으로 들어오려고 했다. 나는 들이고 싶지 않아서 아나톨이 안에 있는 것처럼 행동했다. 그러자 다른 처녀를 요구했다. 어떤 여자든, 어디에 가면 있는지 귀띔이라도 해달라는 것이다. 그는 대가로 밀가루를, 많은 밀가루를 상대 여자에게 주겠다고 했다. 주선해주면 나에게도 밀가루를 주겠다고 했다. 나는 그에게 알려줄 처녀도, 알아볼 데도 없다고 했다. 그런데도 그는 귀찮게 매달리며 한쪽 발을 문틈으로 끼워 넣고 안전고리를 당겼다. 나는 그를 힘겹게 밀쳐내고 문을 닫아버렸다.

그렇다, 처녀들은 점차 품귀현상을 보이는 상품이 되고 있다. 병사들이 여자 사냥을 나가는 날짜와 시각을 알게 된 사람들은 처녀들을 가두어두고, 다락 골방에 숨기고, 안전이 확보된 집 안에 모은다. 펌프장에서 은밀하게 소문이 하나 돌았다. 한 여의사가 방공 대피소에서 방 하나를 전염병 격리 병실로 꾸며놓고 독일어와

러시아어로 티푸스 환자들이 입원해 있다는 커다란 표지판을
걸어놓았단다. 실제로는 주변 건물들에 살던 젊은 여자들인데,
여의사가 티푸스 속임수로 그네들의 순결을 지켜주고 있다는 것이다.

얼마 후 소란스러운 기척이 느껴졌다. 처음 보는 남자 두 명이
비어 있는 우리 옆집에 침입했다. 지난 공중 폭격으로 두 집 사이
벽의 2미터 높이에 주먹 네 개가 들어갈 정도의 구멍이 생겼는데,
침입자들은 이 구멍 바로 아래쪽에 테이블을 바짝 붙인 것 같았다.
그들은 갈라진 틈에 대고 당장 문을 열라고, 그러지 않으면 우리를
쏘겠다고 소리지르며 위협했다. (뒷문이 열려 있다는 건 아마 몰랐던
모양이다.) 한 녀석은 손전등으로 마루를 비추었고, 다른 녀석은
자동소총을 겨누었다. 그러나 우리는 그들이 성급하게 총을 쏘지는
않을 거라는 사실을, 무엇보다 그 둘처럼 정신이 말짱하고 혀가 잘
돌아갈 때는 더더욱 쏘지 않을 거라는 사실을 잘 알고 있었다. 나는
대수롭지 않은 말투로 응수하며 러시아어로 놀려주려고 했다. 그들은
수염도 나지 않은 소년병들이어서 나는 좋은 말로 달래며 위대한
스탈린 동지의 훈시에 관해서도 설교조로 말했다. 마침내 그들은 실내
사격 연습장에서 물러나 한동안 더러운 군화로 우리 집 현관문을
걷어차더니 사라졌다. 우리는 안도의 한숨을 쉬었다. 다급하면 한 층
위로 달려가 아나톨의 부하 중 한 명에게 도움을 청할 작정이었다.
약간 든든했다. 우리 집은 아나톨의 개인 사슴 농장이다. 이 사실을
이제 대부분의 사람이 알고 있다.

그런데도 미망인은 계속 두려워했고, 특히 저녁이 되어서도
단골손님 중 아무도 나타나지 않으면 더 심해졌다. 그녀는 층계 쪽이
잠시 조용한 틈을 타 위층으로 급히 올라가 건물 주민들과 접촉을
시도했다. 그러고는 10분 뒤에 돌아와 말했다. "벤트 부인 집에
가보자고. 그곳에 아주 멋진 병사들이 와 있어. 분위기도 정말 유쾌해."

벤트 부인은 뺨에 곪은 부스럼이 난 홀로 사는 50대 여자로, 예전에 결혼반지를 팬티 고무줄에 묶어두었다고 했던 바로 그 인물이다. 그녀는 서부 지역으로 달아난 우리 건물주인이 홀로 남겨둔 건물 관리인 여자와 살림을 합친 듯했다. 불안과 궁핍 때문에 이리저리 합쳐서 살아가는 이 특이한 공동체는 주변 곳곳에서 만들어지고 있다. 비좁은 부엌은 탁한 공기와 담배 연기로 가득했다. 흔들리는 촛불 주위로 그 두 여인과 세 명의 병사가 보였다. 식탁에 통조림이 아주 많이 쌓여 있었다. 대부분 상표가 붙어 있지 않은 걸 보니 독일군 군수품을 노획한 것 같았다. 미망인은 러시아 병사 한 명에게서 통조림 하나를 건네받았다.

여자들의 부탁으로 나는 러시아어를 한마디도 하지 않고 멍청한 여자처럼 행세했다. 이 병사들은 나를 몰랐다. 세료샤라고 불리는 한 병사가 나에게 바짝 붙어서 팔을 내 허리에 둘렀다. 그러자 다른 병사가 나서서 부드럽게 말했다. "동지, 제발 그러지 말게." 산통이 깨진 세료샤는 나에게서 떨어져 앉았다.

나는 놀랐다. 세료샤를 제지한 병사는 젊고 얼굴도 잘생겼다. 거무스름한 낯빛에 균형이 잡힌 생김새였다. 눈에서 빛이 났고, 두 손은 희고 길었다. 이제 그는 나를 진지하게 바라보며 서투른 독일어로 말했다. "두려워하지 마세요."

벤트 부인이 미망인과 나에게 이 병사의 이름이 스테판이라고 속삭였다. 그는 독일군의 키예프 공습으로 부인과 두 아이를 잃었다고 했다. 그런데도 그는 우리의 모든 것을 용서했으며 성자나 다름없다고 했다.

키가 작고 마맛자국이 난 세 번째 병사가 나에게 주머니칼로 뚜껑을 딴 통조림을 내밀었다. 곧이어 그는 그 칼도 건네주며 나에게 몸짓으로 먹으라고 권했다. 통조림 속에 든 것은 고기였다. 나는 기름지고 커다란 조각을 몇 개 찍어서 입으로 가져갔다. 배가 고팠다. 세 병사가 모두 흡족한 듯이 지켜보았다. 벤트 부인은 찬장을 열고 빼곡히 늘어선 통조림들을 보여주었는데, 전부 이 남자들이 가져다준 것이었다. 이곳은 정말 유쾌하게 돌아갔다. 그런데 이 두 여인의 외모는 혐오스러운 편이었다. 벤트 부인은 부스럼이 퍼져 있었고, 흡사 안경을 쓴 쥐처럼 생긴 건물 관리인 여자는 너무나 쇠약해져 있었다. 이들의 몰골을 보면 욕보이고 싶은 마음이 싹 달아날 것이다. 이 사내들이 왜 하필이면 이곳에 눌러앉아, 그토록 부지런히 통조림을 가져다 나르는지 죽었다 깨도 모를 일이었다.

나로서는 더 오래 앉아 있을 수도 있었다. 스테판은 정말 안전하다는 느낌을 주었다. 나는 그를 마치 그림이나 되는 듯이 멍하니 바라보고, 《카라마조프 가의 형제들》이 떠올라 속으로 그를 알료샤라고 불렀다. 그러나 미망인이 혼자 침대에 누워 있는 파울리 씨를 염려했다. 우리 나라 남자들은, 특히 병이 들어 자리에 누워 있는 남자들은 러시아 군인들을 두려워할 필요가 전혀 없는데도 말이다. 이 사내들 중 한 명이 허리를 살랑살랑 흔들며 다가와 남자에게 "남자, 이리와" 하고 속살거리기라도 한단 말인가. 그쪽 방면으로 이들은 대체로 정상적인 사람들이었다.

세료샤가 촛불을 들고 우리를 문까지 안내했다. 그는 스테판이 보고 있을 때는 양처럼 온순하고 고분고분하더니, 일단 문간에 와서는 대담하게 나의 팔을 슬쩍 꼬집었다.

우리는 서둘러 아래로 내려왔다. 각자 고기 통조림을 한 통씩 들고서. 우리 집에서 흥겨운 음악 소리가 울려 나왔다. 안에서는 한창 판이 벌어지고 있었다. 거실에는 늘 열려 있는 뒷문을 통해 밀고 들어온 아나톨의 부하들이 진을 치고 있었다. 어디서 아코디언을 하나 구해 와서는 번갈아가며 연주를 하고 있었다. 모두가 도전했지만 제대로 연주할 줄 아는 사람이 없어서 결과는 신통치 않았다. 그들은 마구 웃어젖혔다. 노동절이어서 더 떠들고 더 놀고 싶어 했다. 아나톨이 어디에 틀어박혀 있는지 그들은 몰랐다. 그들은 그가 업무상 밖에 나가 있으며, 처리해야 할 일이 많다고 했다.

우리는 옆방의 파울리 씨 침대 곁으로 물러났다. 그런데 그곳에도 러시아 방문객이 있었다. 배지들이 주렁주렁 달린 여행용 지팡이를 짚고 있는 침울한 소위와 그가 데려온 것으로 보이는 사람이 하나 더 있었다. 소위가 그 사람을 우리에게 교묘하면서도 대수롭지 않게 소개했다. –치 –치 –치 어쩌고 하는 소령이었다. (그들은 조상에게서 물려받은 이름과 성을 불분명하게 말해서 은폐하는 특별한 습성이 있으며, 모두가 자신의 정체성을 숨기려고 애쓴다. 그래서 가장 흔히 사용되는 이름과 정통한 사람들은 어차피 알아차리기 마련인 계급만 밝힌다.)

나는 구역질 나는 연한 금발의 남자를 노려보며 어디론가 가버렸으면 하고 바랐다. 하지만 그는 차분하고 예의 바른 척하며 나무랄 데 없이 정중한 태도를 보였다. 그가 데려온 소령은 훨씬 더 정중했다. 그는 우리가 안으로 들어서자 자리에서 벌떡 일어나 춤 교습 시간 마냥 허리를 숙여 절을 했고, 우리 각자 앞에 서서 다시 한번 인사를 했다. 그는 키가 크고 호리호리한 남자로 머리는 흑갈색에다 말끔한 군복을 입고 있었다. 그는 한쪽 다리를 약간 절면서 걸었다. 나중에 가서야 나는 방 안에 또 다른 인물이 있다는 것을 깨달았다. 그는 창가 의자에 꼼짝 않고 앉아 있다가 소령이 부르자 눈을 깜빡이며 촛불의 불빛이 닿는 우리에게 다가왔다. 턱뼈가 굵고 옆으로 갸름하고 툭 불거진 눈을 가진 그 아시아인은 우리에게 소령의 당번병으로 소개되었다. 소개가 끝나자 그는 곧장 창가의 구석 자리로 돌아갔고, 밖에서 불어오는 바람을 막기 위해 자신의 회색 모직 외투의 옷깃을 높이 세웠다.

미망인과 나, 소령과 연한 금발의 남자, 우리 네 사람은 이제 파울리 씨의 침대 곁에 둘러앉았다. 소령이 대화를 주도했다. 나는 그의 부탁으로 파울리 씨와 미망인에게 그의 세련된 의례적인 상투어를 독일어로 옮겨주어야만 했다. 그와 나는 서로를 은밀하게 훑어보았다. 우리는 조심스럽게 말을 주고받았다. 나는 그의 속마음을 알 수가 없어서 그를 계속 살폈다. 소령이 재킷 주머니에 낱개로 넣어둔 시가를 내밀었다. 파울리 씨가 감사를 표하면서 두 개를 받았고, 소령이 불을 붙여주어 그중 하나를 피웠다. 두 사람은 여유 있게 연기를 내뿜었다. 소령은 이따금 파울리 씨에게 아주 공손하게 재떨이를 내밀었다. 그러더니 벌떡 일어나 혹시 자신이 불편을 끼치고 있는지 알려달라고 했다. 그렇다면 당장 방에서 나가겠다는 것이다, 당장! 그리고 그는 달려나갈 준비가 된 것처럼 행동했다. 아니, 아니, 우리는 불편하지 않다고 한사코 말렸다. 그러자 그는 다시 자리에 앉아 말없이 담배를 계속 피웠다. 예절 지침서 그 자체였다. 러시아가 우리에게 보낸 무진장한 상품 견본집에 나오는 또 하나의 완전히 새로운 견본이었다. 그렇긴 해도 어쩐지 그는 초조해 보였다. 시가를 든 그의 손이 상당히 떨렸다. 아니면 열이 오르는 걸까? 그는 무릎을 다쳤고, 연한 금발의 소위와 병원에서 서로 알게 되었다고 말했기 때문이다. (그러니까 러시아 군인들이 병원을 차지했단 소린데, 나는 병원 사람들이 그들을 어떻게 받을 수 있었는지, 우리 나라 군인들은 어디로 보냈는지 궁금했다. 지난주만 하더라도 침상이든 바닥이든 발 디딜 틈이 없이 가득 차 있었는데 말이다.)

옆에서 노래를 부르던 무리는 아코디언을 가지고 나갔다. 주변이 고요해졌다. 나는 연한 금발 남자의 손목시계를 곁눈질로 쳐다보았다. 시침은 벌써 11시를 향해 다가가고 있었다. 미망인과 파울리 씨 그리고 나는 서로를 쳐다보았지만, 이 손님들의 속마음을 어떻게 알아내야 할지 몰랐다.

소령이 창가 구석 자리의 아시아인에게 어떤 명령을 내렸다. 그러자 그는 외투 주머니에서 잘 빠져나오지 않는 무언가를 억지로 꺼냈다. 독일 유명 상표의 샴페인 병이었다! 그는 그 병을 불빛이 미치는 파울리 씨 침대 옆 협탁에 내려놓았다. 미망인은 벌써 술잔을 가지러 나갔다. 우리는 서로를 위해 건배를 하고 잔을 완전히 비웠다. 이때 소령과 연한 금발의 소위 사이에 내가 들어서는 안 될 것이 분명한 어떤 말이 장황하게 낮은 목소리로 오갔다. 마침내 소위가 내 쪽으로 몸을 돌리더니 마치 교장 선생처럼 엄격하게 물었다. "당신은 파시즘에 관해 무엇을 알고 있나요?"

"파시즘이요?" 나는 더듬거리며 되물었다.

"네, 그렇습니다. 그 말의 유래를 우리에게 설명해보세요. 그 정치 노선이 생겨난 국가가 어디입니까?"

나는 필사적으로 머리를 굴려, 이탈리아, 무솔리니, 고대 로마인, 파스키스(fasces) 같은 말을 더듬거렸고, 고대 로마 집정관의 권위의 표지인 파스키스를 소위의 배지들로 장식된 여행용 지팡이를 이용해 알아듣게 설명해주려고 시도했는데… 그러는 내내 손과 무릎이 후들거렸다. 소령이 무슨 생각을 하고 있는지, 나한테 원하는 게 무엇인지 느꼈기 때문이다. 나를 정치적으로 검증하고, 나의 신조, 나의 과거를 확인해보려는 게 아닐까. 그런 다음 나를 러시아의 관심사—잘은 모르지만—와 관련된 통역관이나 군 보조요원 같은 것으로 동원하려는 게 아닐까. 상상만으로도 벌써 강제로 끌려가 전투가 벌어지는 거리에서 노예처럼 일하는 모습이 그려졌다. 아니면 이들이 GPU(국가비밀경찰) 요원들이어서 나를 스파이로 활용하려는 걸까? 수많은 끔찍한 생각들이 떠올라 두 손이 납덩이처럼 무겁게 축 늘어졌고, 마지막에는 말을 맺을 수가 없을 만큼….

틀림없이 얼굴이 창백해졌을 것이다. 우리의 대화를 알아듣지 못하는 미망인이 나를 쳐다보는 눈에서 불안이 읽혔다. 소령이 연한 금발의 소위에게 만족스럽다는 투로 "그래, 그녀는 뛰어난 정치적 식견을 가지고 있군" 하고 말하며 자신의 잔을 들어 올려 나를 위해 건배했다.

나는 안도의 한숨을 쉬며 놀란 가슴을 쓸어내렸다. 시험을 통과한 것이 분명했다. 내 지식의 수준을 타진해보는 것 이상의 의미는 없어 보였다. 나는 잔을 비우고 샴페인 병의 마지막 남은 술을 받았다. 미망인은 점차 눈이 감겼다. 손님들이 물러갈 시간이 되었다.

별안간 분위기가 바뀌더니 공개적인 제안이 나왔다. 연한 금발의 소위가 이를 두 문장으로 표현했다. "여기 소령님이 계십니다. 소령님이 마음에 드시는지 물어보라고 하십니다."

나는 어리둥절해져서 두 남자를 멍하니 쳐다보았다. 소령은 시가에 시선을 집중한 채 조심스럽게 남은 부분을 재떨이에 눌러 껐다. 그는 자신이 시켜서 소위가 나에게 물어본 내용을 전혀 모르는 척했다. 창가의 어둠 속에 있는 아시아인은 잘 보이지 않았다. 그는 여태 말없이 그곳에 웅크리고 있었다. 그는 샴페인도 받지 못했다.

침묵이 흘렀다. 미망인은 어깨를 으쓱하며 눈치를 살폈다. 소위가 다시 무덤덤하고 냉담하게 말했다. "당신, 소령님이 마음에 드나? 이분과 사랑을 나눌 수 있겠나?"

사랑을 나눠? 이 지긋지긋한 말, 더 이상 듣고 있을 수가 없었다. 나는 놀라고 의기소침해져서 무슨 말을 하고 어떻게 행동해야 할지 몰랐다. 아무튼 연한 금발의 소위는 아나톨의 무리에 속했다. 따라서 그는 금기 사항을 잘 알고 있다. 아나톨이 없어졌단 말인가? 이 소령이 혹시 그의 후임자인가? 그래서 후임자로서 나를 다룰 수 있다고 여기는 것일까? 아닐 거야, 소령은 방금 자신이 현재 병원에서 지내고 있다고 말했었다.

나는 일어나며 말했다. "무슨 말씀인지 모르겠군요."

소위는 지팡이에 의지해 절뚝거리며 방을 가로질러 나를 따라왔다. 반면에 소령은 아직도 겉으로는 무관심하게 파울리 씨의 침대 곁에 앉아 걱정이 되어 어쩔 줄 몰라 하며 침묵을 지키고 있는 두 독일인을 애써 무시하고 있었다.

나는 낮은 소리로 소위를 향해 속삭였다. "그럼 아나톨은요? 아나톨은 어쩌라는 거죠?"

"뭐, 아나톨?" 하고 그가 쌀쌀맞게 대꾸했다. "지금 아나톨이 왜 튀어나와? 오래전에 멀리 떠났는데. 아나톨은 참모부로 옮겨 갔다고."

아나톨이 떠나다니? 한마디 말도 없이? 진짜일까? 하지만 소위의 말투는 아주 확실하고 거만하고 경멸적이었다.

머리가 어질어질했다. 이제 소령도 일어나 예의를 갖추어 미망인과 파울리 씨에게 작별인사를 했고, 두 사람의 성실한 손님 환대에 대해 거듭 감사를 표했다. 파울리 씨와 미망인은 이 잠자리 알선에 관해 조금도 모르고 있었다. 나도 러시아 군인들이 보는 앞에서 독일인과 감히 독일어로 이야기를 나누지 못했다. 나는 러시아 군인들이 그것을 좋아하지 않으며, 그러면 곧장 음모와 모반을 꾸민다고 추측한다는 걸 알고 있었다.

우리를 향해 인사를 하고 소령은 문 쪽으로 물러났다. 창문 쪽에서 아시아인이 뒤뚱거리며 왔다. 나는 촛불로 그들 세 사람이 밖으로 나가는 길을 비춰주었다. 소령은 아주 느리게 오른쪽 다리를 살짝 끌면서 마루를 가로질러 터벅터벅 걸어갔지만, 저는 모습을 보이지 않으려고 최대한 애썼다. 소위가 무례하게 팔꿈치로 나를 툭 건드리며 물었다. "어때? 아직도 생각 중?" 그런 다음 소령과 어디서 이

밤을 묵을 것인지에 관해 잠깐 의논했다. 밤을 병원에서 보낼 것인가, 아니면? 그러다 소위는 나에게 냉담하게 그러나 다시 공손하게 물었다. "우리가 이곳에서 묵을 수 있을까요? 우리 세 사람 모두 말이죠." 이 말을 하며 그는 소령과 자신과 반쯤 졸면서 서 있는 아시아인을 가리켰다.

세 사람 모두라면? 왜 안 되겠어? 그러면 우리는 밤새 남자들의 보호를 받는 거야, 하고 생각하며 나는 그 셋을 뒤편 부엌 옆방으로 데려갔다. 거기에는 커다란 긴 소파 하나와 모포 몇 장이 놓여 있었다. 소위와 아시아인은 내 앞을 지나 방으로 들어갔다. 소위가 등 뒤로 방문을 당겨 닫아 나는 그가 손전등을 이리저리 비추는 모습만 겨우 보았다.

나는 촛불을 손에 들고 부엌에 서 있었다. 내 옆에는 소령이 말없이 서 있었다. 그가 공손하게 욕실이 어디에 있는지 물었다. 나는 문을 가리키며 촛불을 그에게 넘겨 주었다. 내가 기다리면서 부엌 창가에 서서 어둠 속을 내다보고 있는 동안 다시 한번 옆방 문이 열렸다. 어느새 셔츠 바람이 된 연한 금발의 남자가 나에게 은밀하게 속삭였다. "우리의 일, 어제 그 일은 누구에게도 말할 필요 없어." 그는 다시 사라졌다. 나는 잠시 골똘히 생각해보았다. 어째서 우리의 일이라고 하는 거지? 지난밤 일이 다시 떠올랐다. 개 같은 사랑, 내 침대 앞에 침을 뱉은 일. 지난밤이 한없이 먼 과거처럼 느껴졌고, 나는 그것을 떨쳐버리려고 애썼기에 사실 거의 잊고 있었다. 시간관념이 뒤죽박죽이었다. 하루가 일주일 같았고, 이틀 밤사이에 심연이 패였다.

소령이 다시 나타났고, 우리는 함께 내 방으로 들어섰다. 이제 옆방의 파울리 씨와 미망인은 마침내 여기서 무슨 일이 벌어지는지 알았을 것이다. 나는 벽 너머에서 그들이 소곤대는 소리를 들었다. 소령은 주머니에서 커다란 새 양초 한 자루를 꺼내 재떨이에 촛농을 몇

방울 떨어뜨려 초를 고정하고 촛불을 나의 침대 쪽 협탁 위에 놓았다. 그는 부드러운 목소리로 물었는데, 아직 모자를 손에 들고 있었다. "제가 여기서 자도 좋을까요?"

나는 손과 어깨를 이용해 어쩔 수 없다는 표시를 했다.

그러자 그가 눈을 내리깔고 말했다. "그 중위 일은 잊어버려요. 내일이면 그는 아주 멀리 가 있을 테니. 내가 듣기로는."

"그럼 당신은요?"

"나? 오, 난 더 오래, 아주 오래 남아 있을 거요. 적어도 일주일은 더, 그리고 어쩌면 꽤 오랫동안." 그는 자신의 다리를 가리켰다. "여기에 파편이 하나 박혀 있지. 수술을 받게 될 겁니다."

그때 나는 그가 그렇게 멀거니 서 있는 것이 안됐다는 생각이 들었던 것 같다. 나는 그에게 자리를 찾아 앉으라고 권했다. 그는 당황해서 말했다. "피곤하겠군. 시간이 너무 늦었소. 자리에 눕고 싶소?" 그러고는 창문 쪽으로 가서 밖을 내다보는 척했다. 지금은 아무 소리도, 전선으로부터도 더는 아무 소리도 들려오지 않았다. 나는 순식간에 대충 옷을 벗고 미망인의 오래된 모닝가운을 걸치고 이불 속으로 기어들어 갔다.

그가 가까이 다가와 안락의자 하나를 침대 곁으로 밀고 왔다. 무엇을 하려는 걸까? 또다시 대화를 나누고, 예의범절 놀음을 하려거든 '적국 아가씨들을 성폭행하기'라는 장을 참조하시죠! 하지만 아니었다, 그는 자신에 관해 알려주려 했다. 그는 안주머니에서 온갖 서류를 꺼내 누비이불 위에 펼쳐놓고 내가 잘 볼 수 있도록 초를 가까이 당겨 왔다. 이 사람은 자신의 모든 세밀한 부분까지 털어놓은 최초의 러시아 군인이었다. 나는 이제 그의 이름이 무엇이고, 언제 어디서 태어났는지 알게 되었다. 심지어 그의 재산이 얼마나 되는지도 알았다. 서류 중에는 레닌그라드 시에서 발행한 예금통장도 하나 있었는데,

거기에는 4000루블이 넘게 들어 있었다. 그는 자신의 자질구레한 서류들을 다시 챙겨 넣었다. 그가 고상한 러시아어를 썼기 때문에 나는 문장 전체를 이해하진 못했다. 그는 박식하고 음악에 일가견이 있는 것 같았고, 지금 이 순간까지도 신사답게 처신하려고 전력을 다하고 있었다. 그가 자리에서 벌떡 일어나더니 초조하게 물었다. "나와 함께 있는 것이 불편하오? 내가 싫소? 솔직히 말해주시오."

"아니, 아니에요." 아니, 결코 그렇지 않아요. 지금 이대로의 당신이라도 이미 좋아요. 다만 내가 그렇게 빨리 편하게 느낄 처지가 될 수 없을 뿐이에요. 나는 이 남자에게서 저 남자에게로 넘겨지는 데 구역질이 나요. 몸이 더럽혀지고 능욕을 당했다는 느낌. 나는 성적 노리개로 전락했어요. 동시에 이런 생각도 떠올랐다. 진짜로 아나톨이 떠나버렸다면? 힘들게 쌓아 올린 금기가, 이 장벽이 다시 무너져버린다면? 더 오래 지속될 금기를 만드는 것이, 새로운 장벽을 둘러치는 것이 좋지 않을까?

이제 소령은 아주 느린 동작으로 나를 곁눈질하면서 혁대를 풀고 재킷을 벗었다. 나는 앉아서 기다리며 손바닥에 땀이 나는 것을 느꼈다. 나는 그 사람의 어려움을 도와주고 싶기도 했고, 그러지 않고 싶기도 했다. 그때 그가 말했다. "손 좀 내밀어보시오."

나는 그를 쳐다보았다. 예절 지침서에 따라 손등에 키스하려는 건가? 아니면 손금을 볼 줄 아나? 그는 나의 손을 마주 잡고 꼭 쥐었다. 그리고 입술을 떨고 가련한 눈으로 쳐다보며 말했다. "용서해주길. 나는, 너무나 오래, 여자를 가까이하지 못해서…."

그런 말은 해서는 안 되었다. 나는 그의 무릎에 얼굴을 파묻고 흐느끼고 울부짖었다. 나의 영혼에서 비탄의 울음이 한꺼번에 쏟아져 나왔다. 그가 나의 머리카락을 쓰다듬는 것이 느껴졌다. 그때 문가에서 소리가 났다. 벌어진 문틈으로 초를 손에 든 미망인이 무슨 일이냐고 겁에 질려 물었다. 소령과 나는 나가라는 손짓을 했고, 그녀도 내게 아무 일도 일어나지 않았음을 확인했다. 문이 다시 딸깍 하고 닫히는 소리가 들렸다.

잠시 후, 나는 어둠 속에서 내가 지금 얼마나 기운이 없고 상처가 심한지 그에게 말했고, 부드럽게 해달라고 부탁했다. 그는 부드러웠고, 말이 없어도 다정했으며, 금세 일을 끝내고 나를 자게 해주었다.

이것이 내가 화요일, 5월 1일에 겪은 일이다.

계속해서, 수요일. 남자들과 이렇게 보낸 밤 중에 처음으로 날이 훤히 밝을 때까지 실컷 늦잠을 잤고, 그때까지 소령은 내 곁에 남아 있었다. 그는 업무가 없는 것이 분명해 보였고, 그 짓을 나누어서 할 수 있었다. 우리는 매우 사이좋게 합리적으로 여러 가지 잡담을 나누었다. 그는 나에게 공산주의자가 아니라고 털어놓았다. 자신은 직업 장교이며, 사관학교에서 훈련을 받았고, 콤소몰(komsomol) 출신의 젊은 칩자들을 지독히 싫어한다고 했다. 이 사실로 미루어 나는 고위 장교들도 당의 감시를 두려워한다는 것을 알아냈다. 하지만 그는 솔직했다. 물론 우리 주변에 밀고할 만한 인물이 없기는 했지만. 마찬가지로 솔직하게, 그는 내 몸이 건강한지, 확실히 문제가 없는지 알아보려고 했다. "당신도 이해하겠지. 내 말은, 그러니까, 이해하겠소?" (그는 존칭과 비칭[卑稱]을 섞어 사용했다.) 나는 한 번도 그런 질병을 앓아본 적이 없으며, 최근 나를 강간한 러시아 군인들에게 옮았는지는 알지 못한다고 대답했다. 그는 머리를 흔들고 한숨을 내쉬었다. "아, 이 훌리건 놈들!" (훌리건은 자주 쓰이는 러시아 외래어로, 건달, 부랑자, 무뢰한을 뜻한다.)

그는 자리에서 일어나 옷을 챙겨 입고 마루에서 아시아인을 불렀다. 아시아인은 금세 뒤뚱거리며 왔는데, 아직 양말 바람에 군화는 손에 든 채였다. 소위는 보이지 않았는데, 이미 나간 듯했다. 옆방에서 미망인의 말소리가 들렸다.

밖에서 불어오는 5월의 아침 공기에 몸이 오싹해졌다. 쇠사슬이 끌리는 소리가 났고, 말들이 히잉 하고 울었다. 수탉이 운 지는 한참 되었다. 하지만 아직 카튜샤 대공포는 발사되지 않았고, 총격전도 벌어지지 않았고, 아무 소리도 나지 않았다. 소령이 방 안을 절뚝거리고 돌아다니며 다리를 풀면서 고운 목소리로 노래 몇 곡을 불렀다. '매력적인 나의 아름다운 그대여, 내 곁에 남아 있어주오' 같은 노래였다. 그러고는 침대 모서리에 앉아 주머니에서 꺼낸 소형 하모니카로 행진곡을 연주했다. 너무나 정열적이고 능숙해서 깜짝 놀랐다. 그동안 아시아인—그는 내가 물어보자 우크라이나 출신이라고 대답했다—은 자신의 상관이 부드러운 가죽 부츠를 수월하게 신도록 도와주고, 그의 아픈 다리를 조심해서 다루려고 애썼다. 그러면서 그는 하모니카를 연주하는 소령을 우러러보며 어색하게 들리는 러시아어로 구슬픈 소리를 질렀다. "에에, 얼마나 아름다운 곡인지!"

두 사람이 떠난 후, 미망인은 새벽 4시쯤 베를린이 항복 선언에 서명했다는 소식을 층계에서 전해 들었다. 누군가 전파 탐지기로 그 소식을 들었다는 것이다. '이제 평화다' 하고 우리는 기뻐했다. 얼마 후 북부와 남부에서 전투가 계속되고 있다는 사실을 알게 되기 전까지는 그랬다.

수요일, 시간이 더디게 흘러갔다. 나는 글을 적는 일을 자주 중단해야 했다. 어찌 됐든 지금은 내가 끄적거리는 것을 아무도 기분 나쁘게 여기지 않는다. 한 병사가 이렇게 말했을 뿐이다. "잘하고 있어. 러시아어를 부지런히 배우도록 해."

계속해서 러시아 병사들, 술, 부엌일, 물 길어 오기. 어딘가에 나무 대들보가 하나 놓여 있다는 말이 들려서 서둘러 가보았다. 바로 가지 않으면 다른 사람이 끌고 가버리기 때문이다. 최근 며칠간 차지하고 있던 버려진 집에서 아나톨의 부하 두 명이 나왔다. 팔에 매트리스와 이불을 들고 있었다. 대체 어디로 옮겨 가려는 걸까? 아나톨의 행방이 여전히 묘연했다. 소위가 거짓말은 하지 않았을 것이다. 그리고 소령은 집을 나서면서 나를 잘 돌봐주고, 먹을 것을 가져다주겠다고 약속했다. 그 정도면 족하다. 며칠 전부터 파울리 씨가 국민방위대에서 받아 온 버터 덩어리를 나눠 먹어야 한다는 사실에 마음이 불편했다. 위층 다락집에서 혼자서 뭐든 닥치는 대로 깡그리 먹어치우던 시절보다는 사정이 나았다. 마지막으로 받은 배급품에, 내가 훔친 것, 경찰 숙소에서 노획한 것, 임시막사에서 가져온 감자도 있었다. 미망인에게도 감자, 콩, 말린 베이컨이 약간 남아 있다. 그리고 아나톨이 부하들과 함께 오가던 때 빵, 청어, 베이컨 껍질, 고기 통조림 같은 먹을 것을 제법 남겨두었다! (다만 술은 한 방울도 남기지 않았다.) 거기에다가 알료사라고 이름 붙인 스테판의 하얀 손에서 건네받은 고기 통조림도 두 개나 있다! 이것으로 충분할 것이다. 이토록 기름지게 먹은 것이 몇 년 만인가, 뭘 먹고 나서 배가 부른 것이 대체 몇 달 만인가. 물론 계속 이런 식으로 지낼 수는 없을 테다. 그래도 당분간은 배불리 먹을 만큼 가졌으니 이 기회에 기력을 회복할 것이다.

바깥 날씨는 차갑고 하늘은 우중충하다. 오늘 펌프장에서 가랑비를 맞으며 꽤 오래 서 있었다. 짓밟힌 과수원들 곳곳에 장작불이 타고 있고, 아코디언 연주에 맞춰 남자들의 합창 소리가 울려 퍼졌다. 내 앞에 남자 신발을 신은 여자가 서 있었다. 스카프로 머리와 얼굴 절반을 감쌌는데 울어서 눈이 퉁퉁 부어 있었다. 물을 길으려고 차례를 기다리는 동안 이렇게 사방이 고요하기는 처음이다. 카튜샤 대공포도 잠잠하다. 하늘에는 아직 누런 연기가 피어오르고 있다. 수요일로 넘어가는 밤에 불길이 심하게 치솟았다. 하지만 베를린에 더 이상 총소리는 울리지 않는다. 우리는 그렇게 그곳에 서 있었고,

비가 쉬지 않고 내렸고, 그녀와 몇 마디 말을 낮게 주고받았다. 펌프가 콸콸 물을 쏟아내고, 자루가 삐걱거리는 소리를 내고, 러시아 군인들이 양철통에 연이어 물을 채우고 있었다. 우리는 기다렸다. 내 앞의 후줄근한 여자가 건조한 목소리로 말했다. 자신은 아직 그 일을 당하지 않았는데, 몇몇 다른 건물 주민들과 함께 지하실에서 문을 걸어 잠그고 지내고 있었단다. 그러다 남편이 돌아왔는데, 알다시피 부대에서…. 그래서 이제 그녀는 남편을 보살펴주고 숨겨주어야 하고, 남편을 위한 음식과 음료까지 구해 와야 하니 자기 몸을 챙길 여유가 없다고 했다. 얘기를 나누는 동안 내 뒤에서 빗질도 하지 않은 여자가 떠들어댔다. "그 귀한 긴 소파는 코발트색 벨벳으로 된 것이었는데, 짝을 이루는 안락의자도 두 개 있었다오. 그런데 그들이 다 때려 부숴 땔감으로 사용했지 뭐예요!" 그러자 얼굴이 조막만 하고 하도 말라 뼈만 앙상한 한 남자가 진짜인지 지어낸 건지 모를 이야기를 꺼냈다. 자기가 사는 건물에 한 가족이 젊은 딸을 긴 의자 밑에 납작 엎드리게 해 숨겨두었다는 것이다. 덮개를 바닥까지 늘어뜨리고. 러시아 병사들이 거기에 앉았는데도 그 밑에 사람이 있는 걸 전혀 알아차리지 못했다고…. 진짜일까? 알 수 없지만 그런 일이 벌어졌을 가능성은 충분하다. 우리는 삼류 통속 소설의 세계에 살고 있다.

나 또한 다락집에 몸을 숨길 만한 비밀 구멍이 하나 있다는 것을 알지만 거기에 숨을 수는 없다. 나에겐 구멍으로 물과 음식을 날라줄 사람이 없기 때문이다.

아홉 살 무렵 방학 때 할아버지 댁에 놀러 갔던 기억이 떠오른다. 어느 일요일 오후에 사촌 클라라와 함께 다락에 숨었던 적이 있다. 우리는 다락 서까래에 매달린, 햇볕을 받아 따뜻해진 밀짚 허수아비 밑의 한쪽 구석으로 기어들어 가 아기가 태어나는 일에 관해 은밀하게 속삭였다. 나보다 어리지만 아는 것이 많았던 클라라는 아기가 세상에 나오도록 여자의 배를 가르는 커다란 칼에 관해 낮은 목소리로 말했다. 공포의 전율로 목이 조여오던 느낌이 아직까지 생생하다. 그때 마침 아래쪽 층계에서 오후 간식을 먹으러 오라는 할머니의 굵은 목소리가 들려왔다. 나는 구원이라도 받은 듯 비틀거리며 계단을 내려와, 코끄트머리에 니켈 테 안경을 걸치고 공단 앞치마를 둘렀지만 배가 갈라지지 않은 뚱뚱한 할머니의 모습을 보며 안도의 한숨을 쉬었다. 집 안에 커피와 사과 케이크 냄새가 진동했고, 그 케이크에는 분명히 가루설탕이 뿌려져 있었다. 가루설탕 1파운드에 몇백만 마르크나 하던 시절에 말이다. 케이크를 우물거리며 나는 클라라가 얘기해준 칼과 모종의 두려움을 잊었다. 요즘 들어 아이들이 성적인 것에 두려움을 느끼는 것이 당연하다는 생각이 든다. 성과 관련한 일에는 날카로운 비수가 얼마든지 날아드니까.

늘 그렇듯 펌프장 주변의 러시아 군인들이 물을 길으러 나온 여자들을 훑어본다. 그들도 주로 불구자와 늙은이가 펌프장에 내보내진다는 사실을 이미 안다. 나도 그곳에서는 늙고 추해 보이기 위해 이맛살을 찌푸리고 입언저리를 옆으로 당긴 채 두 눈을 가늘게 뜬다.

초기에는 우리의 러시아 손님들이 나에게 자주 나이를 물어보았다. 얼마 전에 서른을 넘겼다고 말하면 히죽 웃으며 이렇게 말했다. "헤헤, 이 여자가 나이가 많은 척하는군, 교활해!" 재빨리 신분증을 꺼내 보여야 순순히 믿어주었다. 그들은 우리를 잘 모르는 데다, 이른 나이에 출산을 많이 해서 일찍 몸매가 망가지는 자기 나라 여자들에게 익숙하기 때문에 몸매만 보고는 우리 여자들의 나이를 가늠하지 못한다. 우리는 전쟁 전보다 쇠약해지고 초라해졌다.

혈색 좋은 병사 하나가 아코디언을 연주하며 늘어선 줄을 빙 둘러보았다. 그는 우리를 향해 외쳤다. "히틀러 나쁜 새끼, 괴벨스 나쁜 새끼, 스탈린 최고." 그는 웃으며 네 어미 어쩌고 하는 욕설을 뱉었다. 다가온 동료의 어깨를 두드리며, 펌프장에 늘어선 사람들은 전혀 알아듣지 못하는데도 러시아어로 외쳤다. "이 친구를 좀 보라고! 이 사람은 러시아 병사야. 이 친구는 모스크바에서 베를린으로 왔지!" 그들은 승리의 자부심에 취해 있었다. 자신들의 성과에 자기들이 놀라고 있었다. 우리는 묵묵히 줄을 서 기다린다.

한참 후 물이 찰랑찰랑 넘치는 물통 두 개를 들고 집으로 돌아왔다. 안에서는 새로운 소동이 벌어지는 중이었다. 낯선 병사 두 명이 방을 돌아다니면서 재봉틀을 찾고 있었다. 나는 부엌에 있는 '싱어'(Singer) 재봉틀을 보여주었다. 머리털이 뻣뻣한 로미오 페트카가 그것으로 공놀이를 한 이후로 영 못 쓰게 되어버렸다. 그런데 뭐하러 재봉틀을 찾는 걸까? 알고 보니, 러시아로 부칠 소포를 린넨 천으로 박음질을 해 포장하려는 것이었다. 당연히 손으로도 할 수 있는 일이었다. 나는 친절하게 같은 단어를 반복해가며 아직은 그 정도로 재봉 기술이 발전하지 못했으며, 이 일에는 할머니들의 수작업이 적당하다고 설명했다. 마침내 그들은 동그란 머리를 끄덕이며 내 말에 따르기로 했다. 대가는 온전한 빵 한 덩어리였다. 미망인은 요모조모 따져보다가 그 성대한 주문을 바느질 솜씨가 좋고 빵이 필요한 책방 여주인에게 주선해주기로 했다. 그녀는 세 겹으로 안전장치가 되어 있는 문을 두드려 책방 여주인을 불러내기 위해 급히 나갔다.

곧이어 책방 여주인이 믿지 못하며 망설이는 눈빛으로 나타났고, 금세 빵에 탐을 냈다. 며칠 전부터 빵을 구경도 못 했다고, 남편과 함께 찧은 보리와 콩만으로 살고 있었다고 했다. 곧 그녀는 부엌 창가에 자리를 잡고 꾸러미를 싼 하얀 린넨 조각들을 세심하게 바느질했다. 안에 든 내용물은 알 수 없었다. 부드러운 느낌으로 봐서 아마도 옷가지들일 거라 짐작했다.

주인 없이 무방비로 마구 흩어져 있는 세간살이를 보고 러시아 병사들은 어떤 느낌이었을까. 나는 그들의 느낌을 상상해보았다. 건물마다 주인이 버리고 간 짐들이 온전하게 병사들 앞에 맡겨졌을 것이다. 온갖 잡동사니가 쌓여 있는 수많은 지하실도 마음대로 드나들 수 있다. 이 도시에서 그들이 원한다면 차지하지 못할 것이 없었다. 그야말로 너무 많아서 문제였다. 그들은 그 많은 물건을 두루 살피지 못하고, 화려한 물건들을 마구잡이로 주워 들고, 다시 잃어버리거나 공짜로 줘버리고, 많은 것을 끌고 갔다가 나중에는 너무 귀찮아져서 다시 내버린다. 나는 노획물을 이렇게 제대로 된 소포로 꾸리는 소년병들을 처음 본다. 보통 그들은 가치를 평가하는 데 익숙하지 않고, 질과 가격도 전혀 모르며, 눈에 띄는 아무것이나 집어 간다. 대체 왜 그러는 걸까? 평생 배급받은 것들만 몸에 지녀봤고, 무언가를 살펴보고 스스로 골라본 적이 없어서 무엇이 좋고 값비싼 것인지 전혀 알아차리지 못하는 걸까. 일례로, 그들이 침구류를 훔칠 때면 당장 깔고 잘 수 있는지만 따진다. 오리털 이불인지 재활용 모직 이불인지는 구별하지 못한다. 그리고 그들에게는 그 어떤 노획물보다 술이 우선이다.

책방 여주인은 린넨 천을 바느질하면서 우리에게 자신이 알고 있는 새로운 소식을 전해주었다. 열여덟 살짜리 슈틴헨이 여태까지 다락 골방에 갇혀 지내고 있다는 것이다. 며칠 전에 물을 길어 오는 사람들과 함께 두 명의 병사가 그 집으로 침입해서 권총을 이리저리 휘두르고 발사해 리놀륨 바닥에 구멍을 낸 이후로는 낮에도 종일 그곳에서 지낸다고 했다. 그 젊은 처녀는 이제 안색이 누렇게 변했단다. 당연하다. 대신 그녀의 몸은 아직 성하다고 했다. 책방 여주인은 건물의 새로운 주민들에 관해서도 요령 있게 알려주었다. 젊은 두 자매인데, 한 명은 전쟁으로 남편을 잃었고, 세 살짜리 사내아이 하나가 딸려 있다. 그들은 비어 있는 어떤 집에 들어와 살고 있는데, 때로는 낮에 때로는 밤에 군인들과 술판을 벌인단다. 매우 흥겹게 지낸다고 했다. 그 외에도 건너편 건물에 사는 한 여자가 러시아 병사들이 뒤쫓아오자 4층에서 길거리로 뛰어내렸다는 소식도 들었다. 그녀는 영화관 앞 잔디밭에 묻혔다. 그곳에 많은 사람이 묻힌다고도 했다. 나는 몰랐던 사실들이었다. 펌프장으로 가는 길과는 다른 방향이었기 때문이다. 밖으로 물건을 사러 다닐 일도 없으니까.

책방 여주인은 바느질을 하며 재잘재잘 소식들을 꺼내놓았다. 풍문. 나는 이 단어를 언제나 은밀하게 몸을 감추고 속삭이는 여자의 모습으로 상상했다. 소문. 우리는 소문을 먹고 살아간다. 옛날에는 모든 소식과 사건을 입에서 입으로 전하고 들었겠지. 소문이 얼마나 옛 문화에 영향을 미쳤을지, 불분명하고 불확실한 그들의 세계관이 얼마나 기괴했을지 판단하기란 불가능하다. 악몽, 웅얼웅얼 전해지는 참상과 공포, 사악한 인간과 분노한 신. 요즘 들어 나는 가끔 어떤 풍문도 전혀 들어맞지 않는다는 느낌이 든다. 히틀러는 어쩌면 이미 유보트를 타고 프랑코가 통치하는 스페인에 도착해 이름 모를 성에 머무르면서 트루먼을 위해 러시아군을 어떻게 하면 돌려보낼지에 관한 계획을 짜고 있을지도 모른다. 거의 모든 것이 불확실하지만, 이 와중에 우리가 전쟁에서 패했다는 느낌, 우리가 무방비 상태에 처해 있다는 느낌만은 오롯하게 생생하게 와 닿는다.

두 소년병이 다시 나타나 바느질한 꾸러미를 만족스럽게 받았고, 여주인에게 갓 구운 빵을 건네주었다. 나는 그 둘과 환담을 나누었다. 민족의 범주로 가려내면 그들은 러시아 민족이 아니었다. 한 사람은 쿠바 출신으로 독일 해외동포였고, 다른 한 명은 렘베르크 출신의 폴란드인이었다. 그 동포의 이름은 아담스로, 선조들이 200년 전에 팔츠 지방에서 해외로 이민을 했단다. 그는 독일어도 몇 마디

중얼거렸는데, 예를 들면 "불이 났어요"라고 말하며 팔츠 지방의 방언을 사용했다. 소포를 들고 선 폴란드인 소년병은 아주 잘생겼다. 검은 머리에 파란색 눈을 지녔고, 활기차고 행동이 민첩했다. 그는 순식간에 우리 집에 있던 상자 하나를 부숴 땔감으로 만들어주었다. 그는 미망인과 폴란드어로 말을 주고받았다. 미망인은 어릴 적에 동프로이센에 있는 친척의 농장에서 풀 베는 인부들이 쓰는 폴란드어를 약간 주워들었던 경험이 있었다. 그는 나에게 함께 물을 길으러 가고 싶다고 했다.

약간 망설여지기는 했지만 제안을 받아들였다. 몇 시간 전에 물을 길어 오는 길에 1층 출입문 옆에서 본 독일어와 러시아어로 쓰인 공고문이 떠올랐다. 러시아군은 이제부터 독일인의 집에 들어가서는 안 되며, 독일 민간인과 어울려서도 안 된다는 내용이었다.

우리는 펌프장으로 출발했고, 군인과 함께 있어 줄을 서지 않아도 되니 그 점은 기뻤다. 러시아 군인이 나를 위해 펌프질을 해주면 나는 남들보다 먼저 물을 받을 수 있기 때문이다. 밖으로 나서자마자 한 장교가 폴란드 병사 뒤에서 소리쳤다. "이봐 너! 왜 그 독일인 여자와 가는 거야!" 폴란드 소년병은 나에게 싱긋 눈짓을 하고 뒤처져서 따라오다가 펌프장에서 다시 만났다. 그는 기다리지 않고 펌프를 사용했다. 길게 줄 선 사람들이 나에게 노여움과 경멸이 뚜렷한 눈길을 퍼부었다. 나는 아무 말도 하지 않았다.

폴란드인 병사는 화를 잘 내는 성격이었다. 걷는 도중 아무것도 아닌 일에 다른 병사와 언쟁을 벌이다 주먹까지 휘두르며 고함을 질러댔다. 조금 뒤 다시 마음을 진정시키고 나를 따라잡긴 했다. 그가 자신의 뒤통수를 가리키며 스탈린그라드에서 머리에 총상을 입은 후로 자꾸 격분하고 사나워진다고 설명했다. 화가 난 상태에서는 종종 자신이 무슨 짓을 하고 있는지 모른다고, 예전에는 그렇지 않았다고 했다. 나는 그를 불안하게 살피며 물통 두 개를 들고 걸음을 서둘렀다. 실제로 그 폴란드 소년병은 색색의 셀로판지로 감싼 동으로 된 굵은 스탈린그라드 메달을 달고 있었다. 나는 그가 우리 건물 출입구에서 슬그머니 사라지자 기뻤다. 독일인의 집에 출입해서는 안 된다는 금지령이 완전히 지켜지기까지는 아직 약간 시간이 걸릴 것이다. 여기저기에 주인이 버리고 떠난 집이 상당히 많고, 그 집들이 공식적으로 그들의 숙소로 사용되는 한은 말이다.

1945년 5월 3일, 목요일
수요일 나머지 부분과 함께

약간 우스운 일이 있었다. 폴란드 소년병과 펌프장에 간 사이 나를 욕보였던 뻣뻣한 머리의 남자, 우리의 재봉틀을 박살 낸 페트카가 집에 나타났다. 그는 술에 취해 한 행동을 기억하지 못하는 것이 분명해 보였다. 미망인이 말하길, 지극히 다정한 태도를 보였다는 것이다. 그는 멋진 노란 가죽 트렁크를 가득 채워 가져왔다. 페트카에게 적당한 크기로 여느 사내들은 들어 올리지도 못할 정도였다. 그는 안에 든 내용물을 미망인이 보는 앞에서 펼쳐 보이고, 그녀에게 고르기만 하라고, 뭐든 다 주겠다고 떵떵거렸단다. 그러면서 나에게는 "아무것도 주지 않을거야, 정말이야!" 하고 말했다는 것이다. 하나 마나 한 소리였다. 그가 떠난 후에 미망인이 물건들을 나에게 넘겨주는지 어쩌는지 알 수 없는 노릇이니. 아마도 그는 선물을 잔뜩 보여주고, 그것을 빌미로 다시 한번 그 사랑이라 부르는 것을 나눌 기회를 얻어내려 했던 모양이다. 떠나기 전 아주 재빨리 그 짓을 한번 할 기회를. 그는 "다 스비다니야"(До свиданья)—"안녕히!"라는 인사말로 영원한 작별을 고하며, 자기 패거리 전체가 떠난다고 미망인에게 알려주었다고 한다.

미망인은 그 선물을 대단한 극기심을 발휘해 거절했고, 페트카를 그의 트렁크와 함께 다시 떠나보냈다. 도덕적인 압박감 때문이었을까? 아니었다. "내가 어떻게 그럴 수가 있겠어!" 건전한 독일 부르주아 출신인 그녀가 말했다. "내 트렁크도 누군가 끌고 가버렸는데." 이어진 발언으로 거절이 순전히 실용적인 동기에서 비롯됐음을 알게 되었다. "그것들을 입고 다닐 수가 없잖아. 그 트렁크도 분명 이 주변 건물에서 나왔을 텐데. 내가 거기에 든 옷을 입고 나다니려면 진짜 주인에게 걸리는 모험을 감수해야만 한다고." 다만 그녀는 신발 두 켤레를 슬쩍 꺼내놓으며, 자기 사이즈와 똑같아서 자제할 수가 없었다고 했다. 갈색이었고, 평범한 외출용 구두였다. 미망인은 검은색 구두약을 칠하면 주인에게 들킬 일은 없을 거라고 덧붙였다. 그녀는 신발이 한 켤레밖에 없는 내게 하나를 선물하려 했지만, 아쉽게도 내 발에는 너무 작았다.

오후 내내 조용했다. 아는 사람들 중 누구도 보지 못했다. 아나톨도 페트카도, 그리샤, 바냐, 야샤도, 또 전직 교사 안드레이도. 어둠이 깔리기 시작할 때 소령이 나타났다. 그림자처럼 따라다니는 통통한 당번병 우즈베키스탄인과 새로운 누군가를 대동하고 왔다. 다행히도 지팡이를 짚고 다니는 연한 금발의 소위는 아니었다. 이번에는 키가 작고 혈색이 좋은 소년으로, 파란색 세일러복을 입은 열여덟 살의 러시아 해병이었다. 그들은 베를린을 해상 쪽에서도 점령한 것으로 보였다. 우리 나라에는 호수도 상당히 많으니까. 그 젊은 해병은 학교에 다니는 소년처럼 보였다. 그가 나에게 부탁을 좀 해도 괜찮은지 수줍게 물을 때는 양쪽 볼에 숨김없는 미소가 보였다.

물론이지! 나는 손짓으로 그를 창가로 불러냈다. 창문을 통해 아직도 탄내가 들어왔다. 그러자 그 해병은 나에게 공손하게, 아주 천진난만하게 간청했다. 자신에게 처녀를 한 명 구해주면 좋겠다고. 단정하고 행실 바르며, 착하고 사랑스러워야 한다고 했다. 그는 그 여자에게 먹을 것을 가져다주겠다고 다짐했다.

나는 그 소년을 빤히 쳐다보며 웃음을 터뜨리지 않으려고 애썼다. 뻔뻔스럽기 짝이 없었다. 이제 그들은 정복한 향락의 대상에게서 단정함과 순박함과 고귀한 성품까지 요구한다! 여자들이 그들과 동침하기 위해 갖추어야 할 요건에는 이제 경찰의 신원 보증서만 남은 셈이다! 그렇지만 착한 마마보이 같은, 부드럽기 그지없는 피부를 지닌 소년병의 기대에 찬 모습을 보고 있으니 도무지 화를 낼 수가 없었다. 그래서 나는 적절히 유감을 표하며 머리를 흔들고서 말했다. 이 건물에 살기 시작한 지 얼마 되지 않았고, 주민들을 잘 몰라서 어디서 착하고 얌전한 여자를 찾을 수 있는지 정말 모르겠다고. 그는 말을 알아듣고는 매우 실망했다. 그의 귓바퀴 뒤편이 마르기나 했는지 한번 만져보고 싶어 내 손가락이 근질거렸다. 한편으로는 아무리 온순해 보이는 러시아 병사도 화나게 하거나 자존심을 건드리면 순식간에 사나운 짐승으로 돌변할 수 있다는 사실을 알고 있었기 때문에 매우 조심스럽게 대했다. 다만, 나는 왜 내가 계속해서 중매쟁이 노릇을 해야 하는지, 어쩌다 이렇게 되었는지 궁금했다. 그들이 원하는 것을 말로 알아들을 수 있는 유일한 여자이기 때문일까?

소년 해병은 고맙다며 어린애 같은 손으로 나와 악수를 한 후 다시 가버렸다. 이 소년병들은 대체 왜 이토록 부지런히 여자들을 찾아다닐까? 러시아 남자들이 우리네 남자들보다는 일찍 결혼한다 쳐도 확실히 아직은 더 기다려야 할 나이로 보인다. 층계에서 그 짓을 벌였던 열여섯 살 바냐처럼, 나이가 훨씬 많은 동료 앞에서 자신이 완전한 성인이라는 것을 입증하고 싶은 걸까? 아무튼 처음 며칠 동안 마구잡이로 겁탈을 하던 상황은 다소 수그러졌다. 제물이 부족했기 때문이다. 들리는 바로는, 다른 여자들도 나처럼 주인이 정해져 마음대로 할 수 없게 되었다. 술판을 벌이며 떠들썩하게 지내는 두 자매에 관해 미망인은 그간 좀 더 자세한 소식을 들었다. 그 집에는 장교들만 출입이 허용된다는 것이다. 장교들은 자신이 침실에 있을 때 비열한 병사들이 무단으로 침입해서 벌이는 짓을 매우 언짢게 여긴다. 이동 명령을 아직 받지 않은 군인들은 확실한 것, 다시 말해 자신만 소유할 수 있는 것을 구하려고 애쓰며, 그에 대한 대가도 기꺼이 지불한다. 우리에게 먹을 것이 늘 부족하다는 사실을 간파한 그들은 주로 빵과 베이컨, 청어를 내놓았고, 이 러시아 단어들은 이제 우리말처럼 통용된다.

나는 소령이 구할 수 있는 모든 것을 가져다주기 때문에 신세 한탄을 할 수는 없다. 오늘은 외투 속에 양초 한 통을 넣어서 왔다. 게다가 파울리 씨를 위한 시가도 더 가져왔다. 우즈베키스탄인 당번병은 짐이 많았는데, 뒤적거리며 물건들을 꺼냈다. 우유 한 통, 고기 통조림 하나, 소금이 잔뜩 묻은 베이컨 한 토막과 못해도 3파운드는 되는 천 조각에 싸인 버터 덩어리도 꺼냈다. 털이 잔뜩 묻어 있어서 미망인이 그 자리에서 떼어냈다. 우리가 더는 나올 것이 없을 거라 생각했을 때 쿠션 커버가 하나 나왔다. 그 속에 설탕이 수북이 들어 있었다. 짐작건대 5파운드쯤 되리라! 이 정도면 신랑이 결혼 다음 날 신부에게 주는 선물치고는 무척이나 성대했다. 파울리 씨와 미망인은 놀라 입이 벌어졌다.

이 선물들을 찬장에 쌓아두기 위해 미망인은 재게 움직였다. 파울리 씨와 소령은 사이좋게 담배를 피우며 서로를 쳐다보았다. 나는 그 곁에 앉아서 골똘히 생각에 잠겼다. 이것은 새로운 사태다. 결코 소령이 나를 강제로 범하고 있다고 주장할 수 없었다. 거절은 차갑게 뱉는 한마디 말로도 충분할 것이다. 그러면 소령은 떠나고 다시는 찾아오지 않을 것이다. 그러니 나는 자발적으로 그에게 몸을 내주고 있는 것이다. 내가 그렇게 하는 것은 동정심 때문인가? 아니면 욕망 때문인가? 말도 안 된다. 욕망은 있을 수 없다. 나는 이제 남자라면 지긋지긋하다. 내 평생에 자발적으로 그런 짓을 바라게 된다는 건 상상도 할 수 없다. 그렇다면 베이컨, 버터, 설탕, 양초, 고기 통조림을 얻기 위해 이 짓을 하는가? 어느 정도는 그렇다. 그전에는 미망인이 저장해둔 것들을 나눠 먹어야 해서 몹시 괴로웠다. 이제는 내가 소령을 통해 얻은 것을 그녀에게 나눠줄 수 있어 기쁘다. 내가 얻어 온 것들을 먹을 때는 더 홀가분하게, 죄책감 없이 먹을 수 있다. 다른 한편으로는 소령이 좋기도 하고, 그가 남자로서 나에게 원하는 것이 적기 때문에 인간적으로 괜찮다는 생각이 들기도 한다. 그는 자주 원하지 않는다. 그의 얼굴은 창백하다. 무릎의 상처가 성가시게 굴기도 하지만, 그저 단순히 성적인 관계보다는 인간적인 대화, 여자와의 교제를 더 추구하는 성향이 아닐까 싶다. 그렇기에 나는 그에게 자발적으로, 기꺼이 내준다. 최근 남자들 중에서 가장 견딜 만한 남자이자 인간이다. 잠자리 이외에도 나는 그를 조종할 수 있다. 아나톨이라면 이렇게 자신하지는 못할 것이다. 물론 아나톨이 나에게 한없이 고분고분했지만 말이다. 그러나 그는 너무 정욕적이고, 너무 덩치도 크고, 너무 우악스럽다! 만약 그가 자기도 모르게 살짝이라도 나의 따귀라도 갈긴다면 나는 입에서 부러진 이들을 뱉어내게 될 것이다. 그럴 의도가 아니었다 하더라도 힘이 넘치고, 곰처럼 미련해서 말이다. 반면, 소령과는 말이 통한다. 그러나 이렇게 생각해도, 내 질문에 답을 얻은 것은 아니다. 내가 사실상 내 몸에 의지해 살아가고 있고, 몸을 내주고 먹을 것을 받고 있으니 지금의 나를 창녀라고 불러 마땅한가?

그런데 이 글을 쓰다 보니, 내가 왜 그토록 도덕적으로 처신하려고 애쓰는지, 그리고 왜 매춘을 나의 품위에 훨씬 못 미치는 것으로 여기는지 생각해보지 않을 수 없다. 어쨌든 매춘은 오래되고 고상한 생업이고, 최상류층 사이에서도 벌어지는데 말이다. 그런 여자와 딱 한 번 이야기를 나눈 적이 있다. 그 여자는 공식적으로 등록하고 직업으로 그 일을 하는 사람이었다. 지중해에서 아프리카 연안까지 타고 가던 배에서 만났었다. 어느 날 매우 이른 시간에 일어나 이리저리 갑판을 돌아다니는 중이었다. 갑판 한쪽에서는 선원들이 박박 바닥을 문질러 닦고 있었다. 그때 항해 중에 한 번도 못 보던 한 여자를 보았다. 그녀는 통통한 몸에 대충 옷을 걸친 채 담배를 피우고 있었다. 그녀 곁으로 다가가 난간에 기대 서서 말을 걸었다. 영어를 더듬더듬하던 그녀가 나를 '미스'(Miss)라고 불렀고, 담배 한 개비를 권하며 나에게 미소를 지었다. 나중에 관리직 선원이 내 앞을 가로막고 대단한 일인 양 속삭이며 저 사람은 질이 나쁜 여자라고 알려주었다. 그 여자를 태우지 않을 수 없지만, 보통은 다른 승객이 일어나지 않는 이른 새벽에만 갑판에 내보낸다고 했다. 나는 그 후로 그녀를 더는 보지 못했다. 그렇지만 그녀의 통통하고 다정하고 여자다운 얼굴은 눈앞에 선하다. 대체 무슨 뜻인지, 질이 나쁜 여자라니!

그렇더라도, 도덕적인 면을 완전히 별개로 치더라도, 내가 이런 생업에 뛰어들면 대놓고 드러낼 수 있을까? 결코 그럴 수 없을 것이다. 이 일은 나의 기질에 반하며, 나의 자존심을 상하게 하고, 나의 긍지를 무너뜨린다. 게다가 몸을 쇠약하게 만든다.

급할 건 없다. 난 이 생업—만약 현재의 행위를 그렇게 불러야 마땅하다면—에서 기꺼이 빠져나올 것이다. 먹을 것을 예전처럼 다른 방식으로, 더 고상하고 나의 긍지에 더 잘 맞는 방식으로 구할 수 있기만 하면.

밤 10시 무렵, 소령은 우즈베키스탄인을 부엌 뒤편의 골방에 들여보냈다. 다시 혁대가 침대 기둥에서 달가닥거렸고, 권총이 밑으로 늘어져 흔들거렸다. 군인 모자는 침대 기둥 꼭대기에 걸렸다. 그렇지만 촛불은 아직 타는 중이었고 우리는 별별 이야기를 나누었다. 정확히는, 소령이 말하고 나는 들었다. 그는 나에게 자신의 가족 사항을 알려주고 수첩에서 조그만 사진들을 끄집어냈다. 그의 어머니 모습도 있었는데, 허연 백발에 눈꼬리가 치켜 올라간 검고 사나운 눈이었다. 그녀는 오래전에 타타르족이 정착했던 러시아 남부 출신으로 옅은 금발의 시베리아 남자와 결혼을 했다. 소령의 외모는 어머니를 많이 닮았다. 남쪽 혈통과 북쪽 혈통이 섞인 것을 보니 이제야 그의 기질이 이해가 되었다. 그는 기복이 심한 성격이었다. 조급해하다가는 문득 느긋한 태도를 보였고, 정열적으로 떠들다가도 순간 우수에 잠겼으며, 서정적인 감흥에 젖었다가 갑자기 우울해졌다. 결혼은 했었지만 헤어진 지 오래되었으며, 스스로 고백하듯 까다로운 배우자였음이 틀림없다. 아이는 없었다. 러시아인에게는 극히 드문 일이었다. 병사들이 한결같이 나에게 아이가 있는지 묻는 걸 보고 알게 되었다. 병사들은 우리 나라에는 아이가 너무 적고, 아이를 낳지 않는 여자들이 너무 많다며 고개를 내저으며 놀라워했다. 미망인에게 아이가 없다는 사실도 결코 믿지 못했다.

다른 한 장의 사진은 매우 잘생기고 꼼꼼하게 가르마를 탄 여인의 상반신이었다. 그녀는 소령이 지난겨울에 숙영을 했던 폴란드인 대학교수 집의 딸이었다.

소령이 내 가족의 상황을 꼬치꼬치 캐물었지만, 대답하고 싶지 않았던 나는 회피했다. 그러자 교육을 어디까지 받았는지 궁금해했다. 인문계 고등학교, 할 줄 아는 외국어 그리고 여행 이야기를 들려주자 그는 주의 깊게 들었다. 대단하다고 평하며 그가 말했다. "당신은 뛰어난 자질을 갖추었군." 그러더니 갑자기 독일 여자들은 날씬하고 지방이 없어 이상하다고 했다. 먹을 것이 그리도 귀하단 말인가? 조금 후에는 혼자만의 공상에 빠져 중얼거렸다. 만약 나를 러시아로 데려가 부인으로 삼고, 부모에게 소개하고…. 그곳에 가면 닭고기와 생크림을 먹여 날 뚱뚱하게 만들겠다고 약속했다. 전쟁 전에는 꽤 부유하게 살았다고…. 나는 그가 실없는 소리를 하도록 내버려뒀다. 나의 '교육 수준'—보잘것없는 러시아 교육을 척도로 판단한 것이겠지만—이 그에게 존경심을 불러일으켰고, 그의 입장에서 나를 탐낼 만한 대상으로 만든 것만은 확실했다. 독일 남자들과는 분명

달랐다. 경험상, 독일 남자들에게 여자의 박식함은 결코 매력이 못 된다. 오히려 그 반대라고 해야 옳다. 나는 본능적으로 늘 남자 앞에서 약간 더 아둔하고 무식한 것처럼 행동하거나, 더 자세히 서로를 알 때까지 박식함을 비밀에 부쳤다. 독일 남자들은 언제나 자신이 더 똑똑하다고 생각하며, 귀여운 아내를 가르치려 든다. 반면, 러시아 남자들에게 단란한 가정을 돌보는 귀여운 아내는 낯선 그림이다. 그곳에서 교육은 너무나 존중받고, 너무나 귀하고, 수요가 많고, 시급한 재화이기 때문에 국가에서 나서서 교육에 찬란한 후광을 둘러줄 정도다. 여기에다, 그곳에서는 지식이 돈벌이가 된다는 사실도 추가된다. 내가 러시아로 가면 틀림없이 '자격을 갖춰야 하는 일자리'를 얻게 될 거라며, 소령은 그 점에 대해 자세히 알려주고 싶어 했다. 고마워요, 당신은 호의에서 하는 말이겠지만, 나는 딱 잘라 거절하겠어요. 당신 나라에는 너무나 많은 야간 강습 코스가 있어요. 나는 야간 강습에 더 이상 나가고 싶지 않아요. 나만의 밤이 좋아요.

그는 다시 나지막하게 듣기 좋은 노래를 불렀고, 나는 기꺼이 들었다. 그는 성실했고 순수한 기질에 열린 마음을 지녔다. 그러나 그와 나와의 거리는 멀고, 막막하고, 너무나 무겁다. 우리는 얼마나 오래 얼마나 똑똑한 척을 해왔는가. 그들의 군홧발에 짓밟힌 오물 신세가 된 주제에.

그날 밤의 일들 가운데 기억나는 건 오직 이것이다. 내가 깊이 곤하게 잠을 잤고 심지어 기분 좋게 꿈까지 꾸었다는 사실. 아침에는 소령에게 '머릿속의 영화', '눈을 감고 보는 모습들', '잠을 잘 때 일어나는 진짜가 아닌 일'과 같이 이렇게저렇게 설명해가며 '꿈'을 나타내는 러시아어 단어를 캐물었다. 아무튼 군사용어 사전에는 나오지 않는 단어 하나를 알아냈다.

아침 6시쯤, 여태 나오지 않는 우즈베키스탄인을 불러내기 위해 골방으로 간 소령이 급히 나를 불렀다. 불상사가 생긴 것이 틀림없다고 생각했다. 기절했거나 습격을 받아 살해된 것이 아닐까? 우리는 손잡이를 흔들고 문을 두드렸다. 인기척이 없었다. 안쪽에 열쇠가 꽂혀 있는 것이 보였다. 아무리 아시아인이라 해도 사람이라면 그토록 깊이 잠들 수는 없는 일이었다. 나는 급히 미망인을 흔들어 깨워 귀에 대고 내 걱정을 낮게 전했다.

"난 또 뭐라고." 미망인이 하품을 하며 말했다. "몰래 이 집에 남아 있다가 소령이 나가면 어떻게든 너에게 수작을 걸어보려는 게지."

파울리 씨는 미망인에 대해 '여자다운 약삭빠름', 여자의 직감이라는 말을 여러 번 언급했다. 아무리 그렇더라도 이 상황에서는 믿기지 않는 말인지라 그냥 비웃어주었다. 소령은 몇 번이나 손목시계를 들여다보다가 결국 사라졌다. (러시아제 시계였다. 소령은 우리가 알게 된 초기에 제조사 상표를 보여주며 확인시켜주었다.)

그런데 그가 떠나자마자 실컷 자고 일어나 말끔히 차려입은 누가 마루에 나타났을까? 바로 우즈베키스탄 양반이 아닌가!

그는 뚜벅뚜벅 나를 향해 걸어오더니 툭 불거지고 이상하게 초점을 흐린 작은 눈으로 나를 쳐다보면서 외투 주머니에서 아직 종이 포장지에 싸인 실크 스타킹 한 켤레를 꺼냈다. 아니나 다를까, 나에게 그것을 내밀면서 어눌한 러시아어로 말했다. "원하나? 당신에게 주겠어. 내 말 이해하지?"

물론 이해하지, 이 뚱보 양반아! 나는 현관문을 활짝 열어젖히고 그에게 어떻게 처신해야 하는지 가르쳐주었다. "그걸 가지고 나가요!" 나는 독일어로 말했다. 그는 말을 알아듣고 어슬렁어슬렁 떠났다. 스타킹을 외투 주머니에 집어넣으면서, 다시 한번 원망 어린 눈길로 나를 쳐다보면서.

여자의 직감에 내가 한 방 먹었군!

5월 3일 목요일 밤부터 5월 4일 금요일까지

3시가 조금 지났고 아직 깜깜하다. 촛불을 켜고 이불 속에서 글을 쓴다. 소령이 초를 넉넉히 갖다주는 덕에 이렇게 촛불을 분에 넘치도록 사용할 수 있다.

목요일 내내 우리 집에 또 소동이 있었다. 아나톨의 부하 세 명이 불쑥 나타났다. 그들은 식탁에 둘러앉아 잡담을 하고 담배를 피우고 아무 데나 침을 뱉었다. 그리고 아직도 우리 집에 있는 전축을 대충 고쳐서 귀가 따갑도록 의류회사의 선전 레코드를 틀어댔다. 내가 아나톨의 소식을 물어보자—마음을 졸이며 한 질문이었다!—그들은 어깨를 으쓱했지만 돌아올 가능성이 있음을 슬쩍 내비쳤다. 그 외에도 하얀 작업 가운을 입은 군부대 제빵사도 다시 나타나서 판에 박힌 질문을 되풀이했다. 밀가루를 줄 테니 자신에게 처녀를 한 명 소개해주지 않겠느냐고.

그러나 나는 제빵사에게 소개해줄 처녀를 모른다. 술판을 벌이며 떠들썩하게 지내는 자매들은 장교들의 손아귀에 있다. 열여덟 살 난 부르주아 가정의 딸 슈틴헨은 다락 골방에 꼭꼭 숨겨져 있다. 수위의 두 딸은 최근 며칠 동안 보지도 소식을 듣지도 못했다. 그들도 어디 다른 곳에 숨어 있을 것이다. 아래층 빵집 가게의 두 판매원 중 한 명은 도망쳐버렸다. 다른 지하실에 숨어 있다는 소문이 돈다. 미망인이 들은 바에 의하면, 나머지 한 명은 재료를 보관하는 조그만 방에 숨어 지낸다. 문에 커다란 옷장을 밀어 붙여놓고, 바깥으로 난 창문에는 블라인드를 쳐놓았다고 했다. 깜깜한 방에서 얼마나 갑갑할까. 굳이 찾자면 젊은 남자처럼 보이는 24세의 레즈비언이 한 명 있다. 들은 바로는 지금까지는 러시아 병사들을 잘 피해 다닌단다. 그녀는 회색 양복에 혁대를 차고 넥타이를 매고, 남성용 모자를 깊숙이 눌러쓰고 돌아다닌다. 머리는 목덜미가 드러나도록 짧게 깎았다. 그런 애매한 차림으로 남자 행세를 하면서 러시아 병사들 사이를 빠져나간다. 물을 길으러 나와 펌프장의 긴 줄에서 담배를 피우며 서 있기도 한다.

파울리 씨는 그녀에 관해 너스레를 떨며 제대로 남자를 알려줘야 한다고 말했다. 예컨대 크고 거친 손을 가진 페트카 같은 사내를 붙여주는 것이야말로 좋은 일이라고 주장했다. 우리는 이제 겁탈을 당하는 일까지 유머로, 절망적인 상황에서 나오는 억지 유머로 받아들이기 시작했다.

그럴 수밖에 없다. 그 일은 그만큼이나 자주 벌어진다. 오전에는 뺨에 부스럼이 난 그 여자도 나의 예상과는 달리 결국 일을 당하고야 말았다. 이웃집에 가려고 나온 그녀를 사내 둘이 붙들어 빈집으로 끌고 갔다. 그곳에서 그녀는 그 일을 두 번, 더 정확히 말해 스스로 아리송하게 표현했듯이 한 번 반을 당했다. 그녀의 말로는 한 사내가 부스럼 딱지를 가리키며 "매독이야?" 하고 물었단다. 그런데 이 멍청한 여자가 생각지도 못한 병명에 너무 놀라 머리를 흔들면서 아니라고 소리쳤다. 일이 벌어진 직후에 그녀는 비틀거리며 우리 집으로 들어왔다. 그녀가 말을 꺼낼 수 있기까지 몇 분이 걸렸다. 우리는 부르고뉴산 와인을 한 잔 가득 따라주며 위로했다. 기운이 좀 돌아온 그녀가 쓴웃음을 지었다. "그 짓을 한 지가 7년이나 되었지 뭐예요?" (남편과 떨어져 지낸 지가 그토록 오래되었다.) 그러고는 자신이 끌려 들어간 집에 관해 설명하면서 진저리를 쳤다. "얼마나 냄새가 지독하던지! 곳곳에다 똥오줌을 싸질러가지고." 부스럼이 난 여자는 열심히 러시아어를 배운다. 조그만 사전도 하나 구해 단어들을 적어놓았다. 간혹 나에게 올바른 발음이 어떻게 되는지 묻기도 한다. 내 코앞까지 바짝 들이민 부스럼 딱지에는 연고가 덕지덕지 발려 있었는데, 썩은 꽃양배추 조각 같았다. 얼마 전까지 민감하게 반응했던 나의 구토증이 최근 들어 상당히 누그러져 얼마나 다행인지.

우리 또한 빈집들을 무법천지로 여기고 거기서 필요한 것을 가져오고 먹을 것도 훔쳐 온다. 나는 바로 옆집에서(병사들은 그 집의 개수대를 다른 어떤 용도도 아닌 그저 변소로 사용했다) 조개탄을 한 아름 안고 왔고, 망치와 병조림 체리 두 병도 가져왔다. 그럭저럭 잘 지내고 있고, 수벌처럼 빈둥거리는 파울리 씨도 잘 먹는다. 병 때문에 침대에 누워 지내면서도 볼에 제법 오동통하게 살이 올랐다.

저녁 무렵에 난데없이 아나톨이 우리의 방에 나타났다. 거의 잊고 있던 인물이었는데. 덜컥 겁이 나 가슴이 방망이질 쳤다. 아나톨이 웃으며 나를 껴안았다. 소령의 존재를 모르는 것이 분명해 보였다. 그가 참모부로 전출되었다는 것은 사실인 듯했다. 일급비밀에 해당하는 정보들을 가지고 있었기 때문이다. 베를린 도심은 폐허로 변했고, 제국의회 잔해 더미와 브란덴부르크 문 위에 러시아 국기가 나부끼고 있다고 그가 알려주었다. 그리고 히틀러에 관해서는 들은 바가 없지만, 괴벨스가 부인과 자녀들과 함께 자살한 것은 사실이라고 확인시켜주었다. 전축을 만지다가 그의 거친 손에 덮개가 순식간에 다섯 조각으로 부서져버렸다. 아나톨은 어쩔 줄 몰라 하며 조각들을 들고 서 있었다.

어지러운 모습들, 기억의 단편들이 뒤죽박죽되어 머릿속이 선명하지 않았다. 저녁에 보드카를 많이 마셨고, 다시 밤이 찾아왔다. 나는 불안에 떨며 바깥 동정에 신경을 썼는데, 말소리나 발소리가 날 때마다 놀라 몸을 움찔했다. 소령이 들어올까 봐 두려웠다. 다행히 그는 오지 않았다. 어쩌면 아나톨 무리를 알고 있는 연한 금발의 소위가 소령에게 귀띔해주었는지도 모른다. 아나톨도 소령에 관해 무슨 소문을 들었는지 나에게 그에 관해 물었다. 내가 그와…. 나는 손사래를 치며 우리는 정치에 관해 이야기를 나누었을 뿐이라고 말하자 그는 만족해했다. 혹은 만족하는 척했다. 아나톨은 베를린에서 나 말고는 지금까지 어떤 여자도 건드리지 않았다고 다짐하고는, 고향에서 온 우편물을 끄집어냈다. 편지가 열네 통 있었는데, 그중 열세 통은 여자들이 보낸 것이었다. 그는 겸연쩍은 듯 웃으며 그러나 당당하게 말했다. "다들 날 사랑한다는데 어쩌겠어."

아나톨은 경솔하게도 새벽 3시에 시내에 있는 새 야영지로 떠나야 하며, 아마 다시는 돌아오지 못할 거라고 했다. 나는 그와 침대에서 보낼 시간을 최대한 줄이려고 노력했다. 편지들을 하나씩 들여다보며 잡다한 질문을 하며 이야기를 시켰고, 베를린 시가지도와 전선의 상황을 설명해달라고 졸랐다. 부하들이 술을 마시고 레코드를 틀도록, 노래를 부르도록 부추겼다. 그들은 기꺼이 즐겼는데, 결국은 아나톨이 그들을 내쫓았다. 침대에서도 계속 교묘하게 거부하며 시간을 끌다가 딱 한 번 욕망을 채우게 해준 후에는 그만하고 싶다고 말했다. 졸리고, 지쳤고, 휴식이 필요하다고. 그러고는 당신은 '훌리건'이 아니라 사려 깊고, 교양 있고, 다정다감한 남자라고 치켜세우며 달랬다. 다행히 그는 이 달콤한 말에 넘어갔다. 반항하며 다시 고집을 피우기는 했지만 결국엔 제지할 수 있었다. 물론 그러느라 한숨도 못 잤지만. 새벽 3시가 되자 아나톨은 떠났다. 그 혈기 넘치는 종마와 다정한 작별을 했다. 이제야 한시름 놓고 발 뻗고 잘 수 있었다. 그런데도 나는 한동안 더 깨어 있었다. 나의 일거수일투족이 정보원들에게 감시당하고 있으니 곧 소령이 들이닥칠 거라는 터무니없는 예감이 들었기 때문이다. 하지만 지금까지 아무도 오지 않았다. 수탉이 울고 있다. 이제 자야겠다.

1945년 5월 4일 금요일을 회상하며
5월 5일 토요일에 씀

오전 11시쯤 소령이 나타났다. 아나톨이 이 지역에 와 있다는 소식을 들은 그는 알고 싶어 했다, 내가 그와…. 나는 아니라고, 부하들까지 데리고 와 즐겁게 놀다 술을 마셨을 뿐이며, 곧 다시 시내로 돌아갔다고 말했다. 그는 내 말을 믿었다. 영 기분이 찜찜했다. 언젠가 부딪칠 것이다. 어떻게 해야 하나? 나는 단지 먹잇감일 뿐이고, 먹잇감을 어떻게 할지 누구에게 넘길지는 사냥꾼들이 결정할 일이다. 아나톨이 다시 돌아오지 않기만을 간절히 바란다.

소령이 이번에는 여러 가지 단것들을 가져왔다. 독일 공군의 비상식량으로, 기력을 유지시켜주는 농축 식품이었다. 소령이 금세 다시 떠나는 바람에 그것들을 우리끼리 후식으로 먹었다. 우즈베키스탄인 당번병이 스타킹으로 거래를 제안한 얘기를 하자 그는 웃어야 할지 화를 내야 할지 몰라 하며 난감해했다. 결국은 웃어넘겼다. 그는 저녁때 다시 오겠다고 단호한 목소리와 단호한 눈빛으로 약속했다. 이제 나는 그를 마음대로 조종할 수 있을지 확신하지 못하겠다. 행동을 조심해야 한다, 그들이 지배자라는 사실을 잊어서는 안 된다.

파울리 씨와 내가 막일을 하는 일꾼들처럼 엄청나게 먹어대서 미망인이 질색을 한다. 우리는 버터를 손가락 두께만큼 듬뿍 발라 설탕까지 쳐서 먹었고, 기름을 발라 구운 감자도 달라고 했다. 미망인은 우리 입에 들어가는 감자 한 알 한 알이 아까워 죽을 지경이다. 그녀의 걱정에는 일리가 있다. 얼마 되지 않는 비축 식량이 서서히 바닥나고 있다. 감자가 한 바구니 가득 건물 지하실에 아직 남아 있지만, 거기에 손댈 수가 없다. 건물 주민들이 모두 나서서 비교적 고요한 5시에서

7시 사이에 지하실로 통하는 통로를 막아버렸기 때문이다. 부스러진 벽돌들을 산더미처럼 쌓고, 의자와 용수철이 들어간 매트리스, 옷장, 대들보 등으로 바리케이드를 쳤다. 그리고 전부 철사와 끈으로 단단히 묶어놓았다. 그걸 다 풀려면 몇 시간은 족히 걸릴 것이다. 어떤 약탈자도 그 정도의 인내심은 없고 그 지점이 노림수다. '나중'이 되면 다시 우리 손에 헐릴 것이다. 그 '나중'이 언제가 될지는 당연히 아무도 모른다.

어찌나 희한한 하루였던지! 오후에 아나톨이 나타났는데, 이번에는 사이드카 오토바이를 타고 왔다. 그는 운전병이 탄 채 주차된 오토바이를 보여주었다. 잠깐 있겠다는 뜻이니 얼마나 다행인가. 그는 정말로 이번이 마지막이라고, 참모들과 함께 베를린 외곽으로 옮겨 간다고 했다. 어디로? 그는 말해주지 않았다. 독일의 어떤 도시로? 그는 어깨를 으쓱하며 피식 웃었다. 솔직히 어디든 상관없었다. 다만 정말로 멀리 떠나는지 궁금했을 따름이다. 미망인이 그에게 다정하지만 지나치지 않게 인사를 건넸다. 그녀는 모든 일을 식량의 기준으로 따지기 때문에 찬장을 채울 다양한 먹거리를 가져다주는 소령을 더 좋아했다.

나는 침대 모서리에 걸터앉아 그토록 자랑스럽게 여기는 '그의' 오토바이에 관해 좀 더 설명해달라고 졸랐다. 그 순간 아나톨이 밀어붙여 놓은 안락의자가 밀려나며 문이 활짝 열렸다. 느닷없는 방해꾼에 아나톨이 짜증스럽게 고개를 돌렸다. 미망인이었다. 벌겋게 달아오른 낯빛에 머리도 마구 헝클어져 있었다. 그녀 뒤에서 러시아 병사 한 명이 들어왔다. 낯이 익었다. 렘베르크 출신의 귀엽게 생긴 폴란드 소년병이었다. 스탈린그라드에서 머리에 총상을 입어 불같이 화를 잘 내게 된 그 소년이었다. 그는 분노를 터뜨리기 직전이었다. 그는 나와 아나톨을 향해 판단을 내려보라며 소리를 지르기 시작했다.

나는 젊고 혈기가 넘친다, 남들도 다 그렇게 하니 나에게도 허용된다, 난 아주 오랫동안 여자를 차지하지 못했다, 이 여자의 남편이(그는 옆방에서 낮잠을 자고 있는 파울리 씨를 남편으로 알고 있었다) 눈치채거나 알 까닭이 전혀 없다, 금세 끝날 테니까! 하고 말했다. 그러고는 두 눈을 부릅뜨고 주먹을 불끈 쥔 채 머리카락을 마구 흔들었다. 미망인에 대한 자신의 권리가 충분하다는 생각에 완전히 사로잡혀 있었다. 미망인의 더듬거리는 폴란드어 몇 마디가 그의 귓전을 달콤하게 맴돌았던 모양이다. 그는 심지어 폴란드어로도 시도해보기 위해 그녀에게 폴란드어도 몇 마디 건넸다. 그는 흥분해 있었다. 미망인은 흘러내리는 눈물을 훔쳤다.

아나톨은 나와 미망인을 번갈아 쳐다보았고, 이 일에 관여하지 않으려는 눈치가 뚜렷했다. 그는 나에게 그리 대단한 것도 아니니 미망인을 설득해보라고 했다. 금방 끝날 테니 화는 내지 말았으면 좋겠다고도 했다. 그리고 그 폴란드 병사를 향해 손짓으로 제지하며 말했다. 제발 이런 일로 번거롭게 하지 말라고, 시간이 없어, 이제 곧 떠나야 하니…. 그는 안락의자를 다시 문에 밀어붙여 놓으려고 했다. 나는 황급히 미망인의 귀에 대고 몇 마디 속삭여, 폴란드인의 두부 총상과 분노 기질을 상기시켰다. 저 사내는 욕구가 채워지지 않으면 어떤 짓을 벌일지 모른다, 미쳐 날뛸 수도 있고… 아나톨은 이제 곧 떠날 테니 도와줄 사람도 없고… 아니면 파울리 씨를 깨워 저 병사를 쫓아내도록 하면 어떨까? 미망인은 그만두라는 손짓을 했다. 그럴 것까지야 있겠어? 그녀는 눈물을 거뒀다. 금세 진정된 폴란드 병사가 그녀를 쓰다듬었다. 둘은 사라졌다.

15분 후, 오토바이가 부르릉거리며 떠났다. 사이드카의 의자에 앉은 아나톨이 다시 한번 집을 올려다보고 내가 창가에 있는 것을 발견하고서 힘차게 손을 흔들었다. 오토바이는 재빨리 길모퉁이를 돌아 사라졌다.

오후 내내 미망인은 나와 말을 하지 않았다. 그녀는 원망하고 있었다. 저녁 무렵이 되어서야 누그러져서 이야기를 털어놓았는데…. 악마처럼 화를 내며 날뛰던 그 젊은 병사는 얌전하고 온순했으며, 그가 미망인을 놓아줄 때까지 따분해했다고 한다. 그가 칭찬을 하나 남겼는데, 그녀는 처음에 이 얘기까지는 꺼내지 않으려 하더니 결국은 털어놓았다. "우크라이나 여자, 이만– 해. 당신 이만– 해." 첫 번째 '이만해'는 양손 엄지와 검지로 원을 만들어 보여주고, 두 번째 '이만해'는 한쪽 엄지와 검지로 조그만 원을 만들어 보여주었다고 했다.

그날 또 어떤 일들이 일어났던가? 아 그래, 또다시 층계에서 먹잇감이 걸려들었는데 이번에는 환갑을 넘긴 노파였다. 젊은 여자들은 종일 층계를 이용할 엄두도 내지 못한다. 이번에 걸려든 여자는 검은 옷차림을 한 세 재봉사 자매 중 하나였다. 그녀들은 아나톨의 부하들이 떠나 자기들 집이 다시 비었다는 말을 듣고, 지하실 동료인 탈영병 남자의 도움을 받아 쓰레기와 잡동사니 더미에서 재봉틀 하나를 챙겨 두 층 위의 지금 살고 있는 집으로 옮겼다고 한다. 잠시 후 자매 중 한 명이 자잘한 바느질 도구들을 가지러 아래로 내려갔다가 러시아 병사에게 잡힌 것이다. 미망인이 저녁 무렵에 그녀와 이야기를 나누고 왔다. 그녀는 그때까지 책방 주인집의 소파에 누워 울먹였고, 주변으로 슬퍼하며 탄식하는 한 무리의 여자들이 모였다고 했다.

수위의 둘째 딸도 그사이에 일을 당했다. 그녀의 어머니가 펌프장에서 나에게 한탄했다. 처음 며칠 동안 그 가족은, 즉 어머니와 두 딸과 세 살배기 손자는 안전한 이웃의 지하실에 숨어 지냈다. 그러다가 러시아 군인들이 더 이상 그렇게까지 심하게 굴지는 않는다는 소문이 나돌자, 두 딸은 낮 동안에 1층 자기 집에서 음식도 하고 옷가지도 빨았다. 그러다 완전히 취해 노래를 흥얼대며 돌아다니던 소년병 두 명에게 급습을 당한 것이다. 어머니의 말에 따르면, 그들은 큰딸은 건드리지 않았다. 얼마 후 큰딸과 마주쳤는데 이해가 됐다. 그녀는 지나치게 살이 빠지고 얼굴에 두개골의 윤곽이 그대로 드러날 정도로 수척해져 있었다. 둘째 딸은 아무 이유 없이 자신의 그곳을 솜으로 막아놓았다고 한다. 러시아 군인들이 그렇게 한 여자들을 좋아하지 않는다는 소문을 어디선가 들었던 것이다. 그러나 아무 소용이 없었다. 사내들은 농담을 하고 고함을 지르며, 솜뭉치는 아무렇지도 않게 내던지고는 열여섯 살짜리 딸의 몸을 부엌에 놓인 소파에서 농락했다고 한다. "아직까지는 그럭저럭 잘 지내고 있어요." 어머니는 이렇게 말하고 스스로 놀란 눈치였다. 그렇기는 해도 만일에 대비해 둘째 딸을 세 개 층 위에 사는 책방 주인집에 데려다놓았다. 미망인이 들은 바로는, 그 둘째 딸은 러시아 병사들이 곧장 자신에게 손을 뻗었으며, 언니는 거들떠보지도 않았다고 몇 번이고 말했다고 한다. 대단한 일이라도 된다는 듯.

또 한 사람이 찾아와 작별인사를 했다. 아나톨의 무리에 속했고, 담청색 눈을 가진 전직 교사 안드레이였다. 그는 한동안 식탁에서 내 곁에 앉아 정치 이야기로 나를 즐겁게 해주기도 하고, 낮고 절제된 목소리로 사회주의니, 자본주의니, 경제학 같은 단어로 넘쳐나는 연설을 한바탕 늘어놓기도 했다. 나는 하나뿐인 수건을 깁고 망가진 스타킹 고무줄 부분을 수선하면서 조용히 듣기만 했다. 그러고 있을 때면 일종의 질서가 다시 살아나는 것만 같았다.

저녁에 나와 미망인과 탈영병 부인, 이렇게 셋이서 촛불을 밝혀놓고 파울리 씨의 침대 곁에 앉았다. 우리는 그 부인에게 초를 한 자루 주었고, 그 대가로 그녀는 우리에게 성냥 한 통을 주었다. 소령은 약속 시각에 맞춰 그림자처럼 따라다니는 통통한 당번병과 함께 나타났다. 그는 조그만 하모니카—그것은 독일 제품으로 약탈한 것이었다—를 힘차고 정열적으로 연주했다. 흥에 겨워 우즈베키스탄인에게 부드러운 가죽 부츠를 벗기게 하고 양말 바람으로 폴란드 민속춤도 추었다. 자신감에 넘쳐 엉덩이를 애교 있고 날렵하게 흔들면서 춤을 추었다. 그런 다음 미망인과 함께 탱고를 추었는데, 다른 나머지 사람들이 분위기에 맞춰 유행가를 한 곡 불러주었다. 그는 한 번 더 연주했는데, 이번에는 〈리골레토〉와 〈일 트로바토레〉에 나오는 곡이었다. 조그만 하모니카로 얼마나 많은 곡을 연주하는지 꼭 요술 같았다. 당번병은 검고 반질반질하게 빛나는 눈을 그에게서 한순간도 떼지 못하고 때때로 아이같이 서투른 러시아어로 찬미하곤 했다. "오, 얼마나 대단하신지. 이분의 실력을 따라갈 자는 없어." 마지막에는 소령의 권유에 따라 그도 우즈베키스탄 노래를 한 곡 불렀다. 불렀다기보다 흥얼거렸는데 무척 신비하게 들렸다. 또 끈질긴 청에 못 이겨 짧고 굵은 다리로 춤도 추었다. 억센 베를린 여자인 탈영병 부인은 소령이 가져온 와인을 함께 마셨고, 그에게 깍듯한 인사도 받았다. 소령이 미망인과 춤을 추는 동안 그녀는 나에게 낮은 목소리로 말했다. "이런, 저 사람 때문에 나는 정신이 완전히 나갈 것 같아요."

소령은 가지 않았다. 불편한 밤이다. 그렇게 춤을 추더니만 그의 무릎이 다시 부어올랐고 통증이 매우 심해졌다. 그는 몸을 움직일 때마다 앓는 소리를 했다. 나는 감히 몸도 뒤척이지 못했다. 그는 나를 전혀 귀찮게 하지 않았다. 나는 깊이 잠을 잤다.

1945년 5월 5일, 토요일

흐린 5월의 하늘. 추위는 좀처럼 물러날 기미가 없다. 화덕에 나치 서적들을 조금씩 넣어 불을 때면서 그 앞에 놓인 의자에 웅크리고 앉아 있다. 모든 사람이 다 이런다면—이미 다들 그렇게 하고 있지만—히틀러의 《나의 투쟁》도 곧 구하기 힘든 희귀한 책이 될 것이다.

조금 전에 프라이팬 한가득 튀긴 돼지껍질을 다 먹어치웠는데, 다시 버터를 듬뿍 바르고 있다. 미망인은 내 앞날이 걱정이라고 잔소리를 해댄다. 귀담아듣지 않는다. 내일이 어떻게 되든 상관없다. 지금 이 순간을 가능한 한 잘 지내고 싶다. 이런 낙이라도 없으면 이토록 어마어마한 삶의 변화에 나는 젖은 헝겊처럼 무너져내릴 것이다. 거울에 비친 내 얼굴이 다시 오동통해 보인다.

오늘은 우리 세 식구가 앞날에 관해 즐거운 대화를 나누었다. 파울리 씨는 속으로 벌써 자신의 금속공장 사무실 책상 앞에 앉을 준비를 하고 있다. 그는 우리를 이긴 연합군의 지원으로 엄청난 경제 도약이 찾아올 거라고 단언했다. 미망인은 자신이 혹시 그 공장의 구내식당 요리사로 고용될 수 있을지 곰곰이 따져본다. 죽은 남편의 생명보험에서 나오는 연금이 보잘것없는 액수여서 일자리를 찾아야겠다고 마음먹은 모양이다. 나는? 나는 배운 게 많았다. 어딘가에 취직은 할 수 있을 것이다. 그 문제로 불안하지는 않다. 나는 운명의 배를 무작정 시국에 내맡긴다. 운명은 지금까지 나를 풍요로운 해안으로 데려다주었으니까. 그러나 나라와 민족을 생각하면 서글프다. 범죄자와 도박꾼 들이 우리를 이끌었고, 우리는 도살장으로 향하는 양들처럼 끌려왔다. 이제 이 비참한 무리들 사이에 증오가 들끓는다.

"그 작자에게 못 오를 만큼 높은 나무는 없지." 오늘 펌프장에서 누군가 히틀러를 두고 이렇게 말하는 것을 들었다.

오후에 남자 몇이 불쑥 찾아왔다. 우리 건물에 사는 독일 남자들이었다. 눈치를 보거나 예의 주시할 필요가 없는, 전혀 두렵지 않은 남자들을 대면하니 묘했다. 그들은 오늘 우리 건물 전체에 파다하게 나돌던 책방 주인 부부의 무용담을 전해주었다. 바이에른주 출신의 작달막하고 옹골찬 남자인 책방 주인이 한 러시아 병사에게 호통을 쳤다는 것이다. 물을 길어 오는 부인을 한 병사가 현관문 바로 앞에서 불시에 덮쳤다. (그 부인은 남편을 펌프장으로 보내지 않는다, 과거에 나치 당원이었던 것이다.) 여자는 고래고래 소리를 질렀고, 남편이 집에서 달려 나와 병사에게 덤벼들며 고함을 쳤다. "이 빌어먹을 자식! 개같이 추잡한 놈!" 무용담은 그 병사가 움츠러들어 결국 물러선 것으로 끝난다. 어쨌든 호통이 통하긴 했다. 병사는 동물적 후각, 원시적 직감으로 남편이 살기를 띠고 있고, 그 순간에는 물불 가리지 않을 거라는 사실을 알아채고는 먹잇감을 포기했다.

지금과 같은 국면에 접어든 후로, 우리네 남자들이 그토록 불같이 화를 냈다는 얘기를 난 정말로 처음 듣는다. 대부분의 남자는 이성적이고 냉정하게 대응하고, 어떻게든 무사히 빠져나가려고 애쓰며, 이때 여자들은 전적으로 남편의 편을 들어준다. 어떤 남자도 여자—자기 부인이든 이웃의 부인이든 상관없이—를 정복자에게 내준다고 해서 체면을 구긴다고 생각지 않는다. 오히려 지배자를 거역해 화나게 만든다고 못마땅해할 것이다. 그런데 이 무용담은 풀리지 않는 무언가를 남긴다. 나는 책방 여주인이 남편의 분노를, 굳이 말하자면 사랑의 폭발을 결코 잊지 않을 것이라고 확신한다. 이 이야기를 퍼뜨리고 다니는 남자들의 말투에 존경심이 배어 있음은 말할 것도 없다.

그 남자들이 잡담이나 나누자고 우리 집에 온 것은 아니었다.

그들은 도움을 주러 왔다. 가져온 널빤지를 식탁에서 알맞은 크기로 톱으로 자른 후, 뒷문의 문틀에 비스듬히 대고 못질을 했다. 서둘러야 했다. 러시아 병사들이 끼어들면 상황이 복잡해지기 때문이다. 보답으로 우리는 남자들에게 소령이 어제 가져다준 두툼한 담뱃갑에 든 시가를 아낌없이 나누어주었다. 그래, 우린 풍족하니까.

널빤지로 문틀 전체를 다 막자마자 뒷문으로 러시아 병사 한 명이 나타났다. 그는 거칠게 발길질을 하며 문을 부수려 했지만 실패했다. 우리는 안도의 한숨을 쉬었고, 한없이 마음이 놓였다. 이제 더는 밤낮없이 낯선 녀석들이 북적대지 못할 것이다. 현관문으로 올 수도 있겠지만, 그 문은 단단하고 튼튼한 자물쇠도 달려 있다. 우리와 알고 지내는 사람은 대개 자신만의 신호를 주었다. 안드레이는 자신의 이름 앞에 "미안"이라는 말을 붙였었다. 소령과는 특별한 노크를 주고받았다.

약간 감동적인 일이 있었다. 점심때 예전에 지하실에서 당찬 우두머리 암말 노릇을 했던 벤 양이 찾아왔다. 지금 그녀는 남편이 동부전선에서 실종된 젊은 레만 부인 집에 살면서 두 아이를 돌봐주고 있었다. 그 젊은 부인도 벤 양도 꽤 예쁜 편인데, 그런데도 지금까지 겁탈을 당하지 않았다. 그들을 보호해준 것은 어린아이들이었다. 러시아군이 밀고 들어온 첫날 저녁부터 그 둘은 병사들이 아이들을 어떻게 대하는지 알아차렸다. 그날 거친 사내 두 명이 집에 침입했다. 무기를 들고 난동을 부리다 집 안으로 들어간 그들은 문을 열어준 벤 양을 떠밀어 앞세우고 방으로 갔는데, 유아용 침대를 보자 문득 멈추었다고 한다. 침대에는 촛불 불빛 아래 갓난아기와 네 살짜리 루츠가 함께 잠들어 있었다. 한 녀석이 얼빠진 얼굴로 독일어로 말했다. "아기들?" 두 병사는 한동안 침대 안을 들여다고는 발끝으로 살금살금 걸어 집에서 나갔다.

벤 양이 나를 찾아와 잠깐만 시간을 내달라고 부탁했다. 한 명은 젊고 다른 한 명은 꽤 나이가 든 러시아 병사 두 명이 찾아왔는데, 이전에도 왔던 사람들이며 오늘은 아이들에게 줄 초콜릿을 가져왔다고, 그들과 이야기를 나누고 싶으니 나에게 통역을 좀 맡아달라고 했다.

두 병사와 벤 양과 레만 부인 그리고 내가 서로 마주 앉았다. 루츠는 어머니의 무릎에 꼭 매달려 있고, 우리 앞에 놓인 유모차에는 아기가 타고 있었다. 나는 중년의 러시아 병사가 통역해 달라고 부탁한 말을 전했다. "얼마나 예쁜 여자애인지! 정말 미인이 될 거요." 그러면서 아기의 갈색 곱슬머리를 집게손가락으로 둘둘 감아올렸다. 이어지는 내용도 통역을 부탁했다. "나에게도 아들이 둘 있는데, 시골의 할머니 댁에서 살고 있소." 그는 너덜너덜 해어진 마분지 수첩을 뒤져 사진 한 장을 꺼냈다. 갈색으로 변한 종이 위에 빳빳한 머리카락이 하늘을 향해 뻗친 두 얼굴이 있었다. 1941년 이후로 아이들을 보지 못했다고 했다. 러시아 군인들에게 휴가가 거의 없다는 사실을 나는 이미 알고 있었다. 그들 대다수가 전쟁이 발발한 후로, 그러니까 거의 4년 전부터 가족들과 떨어져 지내고 있었다. 러시아 땅 역시 전쟁의 무대였고, 민간인들은 산지사방으로 흩어진 탓에 누구도 자기 가족이 현재 어디에 있는지 알지 못하는 상황이라는 것도 안다. 게다가 여기에서 러시아까지는 엄청나게 멀고 도로 사정 또한 열악하다. 어쩌면 지휘관들은 독일군이 진격했던 첫 몇 해 동안은 휴가를 주면 부하들이 탈영하거나 투항할지도 모른다고 판단했을 것이다. 사정이 어찌 되었든 간에, 이 병사들은 우리네 군인들처럼 휴가를 신청할 권리를 갖지 못했다. 나는 이 사실을 두 여자에게 설명해주었고, 그러자 레만 부인이 이해심 있게 말했다. "네, 그것으로 몇 가지가 이해가 되는군요."

또 다른 손님은 열일곱 살의 어린 병사였다. 예전에 빨치산 활동을 했으며, 그 후에 전투 부대원들과 함께 서부로 이동했다고 한다. 그는 이마를 잔뜩 지푸렸고 나를 빤히 쳐다보며 통역하라고 요구했다. 독일군이 고향 마을에 와서 아이들을 찔러 죽였고, 아이들의 발목을 잡고 머리를 벽에 내리쳐 박살 내버렸다는 것이다. 나는 말을 전하기 전에 물어보았다. "전해 들으셨나요? 아니면 직접 목격하셨나요?" 그는 앞을 바라보며 단호하게 말했다. "두 번이나 직접 보았지요." 나는 통역했다.

"믿을 수가 없군요." 레만 부인이 조심스럽게 되뇌었다. "우리 군인들이? 내 남편이? 절대 아닐 거예요…." 벤 양은 병사에게 물어봐달라고 청했다. 그런 짓을 한 군인들이 '새 문장'을 여기(팔) 아니면 여기(모자)에 달고 있었는지, 그러니까 그들이 정규군이었는지 나치 친위대였는지 물어보라는 뜻이었다. 젊은 병사는 질문의 뜻을 바로 알아들었다. 러시아 시골 마을 사람들도 그것을 구분하는 법을 배운 모양이었다. 하지만 그 어떤 경우라도, 그들이 나치 친위대였다 하더라도, 지금 우리의 정복자들은 정규군이든 나치 친위대든 그저 '독일인'으로 간주할 것이며, 우리 모두에게 책임을 지울 것이다. 이미 소문이 나돌았다. 펌프장에서 이런 말을 여러 차례 들었다. "우리 군인들도 그곳에서 아마 별반 다르지 않았을 거야."

아무도 입을 열지 않았다. 그저 허공만 바라볼 뿐이었다. 방 안의 분위기가 침울하게 가라앉았다. 아기는 아무것도 모른다. 아기는 낯선 손님의 집게손가락을 물고, 칭얼거리며 옹알이를 했다. 울컥 목이 메어 왔다. 아기가 기적처럼 여겨졌다. 갈색 곱슬머리를 지닌 그 아기는 썰렁하고 반쯤 허물어진 방에서, 오물을 뒤집어쓴 우리 인간들 사이에서, 불그레하고 뽀얗게 꽃처럼 피어나고 있었다. 불현듯 나는 이 병사들이 왜 아기에게 마음이 끌리는지 알 것만 같았다.

1945년 5월 6일, 일요일

먼저 토요일의 나머지 부분을 돌이켜본다. 저녁 8시경에 소령이 자신의 아시아인과 함께 나타났다. 그 당번병은 깊이를 알 수 없는 윗옷 주머니에서 크지는 않지만 신선한 가자미 두 마리를 꺼냈다. 미망인이 그 귀한 생선에 튀김옷을 입혀 튀겼다. 우리는 함께 먹었고, 창가 구석 자리에 있는 당번병에게도(그는 충직한 개처럼 언제나 곧장 그 구석 자리로 갔다) 한 조각 건네주었다. 맛있었다!

그날 밤에 소령이 남아 있었던가? 혼자였다면 나는 감히 옷을 벗지 못했을 것이고, 혼자였다면 잠자리에 들지 않았을 것이다. 그 점은 분명하다. 뒷문을 잘 폐쇄했고, 바깥에 요란한 전투도 없지만 우리 모두의 내면에 두려움의 찌꺼기가 남아 있다. 술에 취하거나 격분한 병사들이 언제든 들이닥칠까 봐 늘 두렵다. 소령은 우리를 그들로부터 보호해준다. 오늘 그는 기운이 빠져 있다. 무릎이 아직도 부은 채다. 그런 일에 손재주가 좋은 미망인이 그가 내 곁에 드러눕기 전에 습포를 붙여주었다. 그는 어머니가 자신을 얼마나 우스꽝스러운 애칭으로 불렀는지 털어놓았고, 나의 이름을 다정하게 줄여 러시아어로 옮겨주었다. 누가 봐도 우린 연인이다. 그런데도 나는 끊임없이 계속 주의하고, 될수록 말을 적게 하려고 마음을 다잡는다.

아침, 나는 혼자가 되었고, 파울리 씨의 침대 곁에 앉아서 근사하게 아침 식사를 하고 바깥의 동정에 귀를 기울였다. 마침내 미망인이 용기를 내서 층계로 나가 위층의 책방 주인집으로 달려 올라갔다. 그곳에선 아직 10여 명의 이웃이 모여 지내고 있었다. 그녀가 다시 돌아와 나에게 말했다. "얼른, 남은 바셀린 좀 줘." 그녀는 울음을 간신히 참고 있어 눈에 눈물이 그렁그렁했다.

미망인은 어젯밤 어둠을 틈타 양조장 주인이 부인의 집으로 돌아왔다고 전했다. 주인은 양조장을 함께 지켜온 빨간 머리 엘비라와 기거나 까치발로 걸어 전선 한복판을 통과해 왔다고 했다. 뭐하러 양조장을 지켰는지는 지금까지도 모르겠다. 숨겨둔 술병을 지키려 했던 걸까? 어쨌든 목숨을 걸고 재산에 매달리다니 사적 소유는 인간의 원초적 본능이 틀림없을 것이다.

나는 미망인과 함께 그들에게로 올라갔다. 그들의 집은 5층이었다. 지하실에서 최초로, 러시아군이 달라붙는 영예를 차지한 가슴이 불룩한 양조장 여주인은 그때부터, 그러니까 일주일 넘게, 5층에 있는 자기 집에서 시달림을 당하지 않고 지낸 것으로 밝혀졌다. 욕조 한가득 받아놓은 물도 있었고, 비축해둔 약간의 먹을 것도 있었다. 그녀는 완전히 혼자 지냈다. 시달림 없이 지냈다는 그녀의 말은 사실일 것이다. 러시아 병사들은 계단을 싫어했다. (우리는 이것을 대단히 늦게 깨달았다.) 대부분 농부의 후손이었던 그들은 땅에 붙은 단층집에서 자랐던 것이다. 계단을 오르내리는 습관이 없었을뿐더러, 높은 곳에 가면 고립되어 위험할 수도 있고 다시 내려오는 데 꽤 시간이 걸릴 거라고 생각했던 것이다. 한마디로 그들은 5층까지 올라갈 엄두가 나지 않았던 것이다.

우리는 환자에게 다가가듯 살금살금 집 안으로 들어갔다. 빨간 머리 엘비라는 부엌용 걸상에 웅크리고 앉아 멍하니 앞만 바라보고 있었다. 물을 가득 채운 통에 발을 담근 채였다. 발가락을 씻고 있었는데, 완전히 닳아 벗겨지고 피투성이였다. 남편도 발을 심하게 다친 것 같았다. 그 둘은 일찌감치 신발을 군인들에게 빼앗기고 양말만 신은 채 파편들이 널린 거리와 잔해 더미들을 헤쳐나와 전선을 통과했다. 속치마 위에 주인 여자에게서 빌린 것이 분명한 너무 헐렁한 블라우스를 걸친 빨간 머리 여자가 신음하며 발가락을 움직였다. 그 옆에서 남편은 양조장이 이틀 동안이나 전투 한가운데 있었다는 얘기를 했다. 처음에는 독일 군인들이, 그다음에는 러시아 군인들이 숨겨둔 술을 찾아내 퍼마셨다고 했다. 러시아 군인들이 술을 찾느라 양조장을 뒤지다가 결국은 판자벽 뒤에서 엘비라와 양조장 주인 그리고 또 다른 여자를 찾아냈다. 그 여자는 피신한 양조장 직원으로 어쩌다 같이 지내게 된 것이라고 했다. 남편은 어깨를 으쓱해 보이고 더는 말하기 싫다며 부엌에서 나가버렸다.

"그들이 줄을 서서 기다렸대요." 양조장 여주인이 우리에게 속삭여 설명했다. 빨간 머리 여자는 여전히 입을 다물고 있었다. "한 사람씩 끝나기를 기다렸대요. 적어도 스무 명은 되었다고 해요, 정확히는 모른대요. 거기 온 거의 모든 사내를 혼자서 견뎌내야 했으니. 다른 여자 하나는 몸이 좋지 않아서…."

나는 엘비라를 살폈다. 누렇게 뜬 얼굴에 부어오른 입이 푸른 자두처럼 튀어나와 있었다. "상처 좀 봐요." 안주인이 말했다. 빨간 머리 여자는 말없이 블라우스를 헤쳐 물어뜯기고 피멍이 든 젖가슴을 보여주었다. 그 모습은 글로 옮길 수 없을 정도로 참혹했고, 떠올리자니 또다시 목이 멘다.

남은 바셀린을 그녀를 위해 거기 놓고 왔다. 어떤 말도 꺼낼 수가 없었다. 우리 모두 아무 말도 하지 못했다. 조금 후, 그녀가 입을 뗐다. 입술이 너무 부어 알아듣기가 어려웠다. "나는 기도를 올렸어요." 이와 비슷한 말이었던 것 같다. "계속 기도를 올렸죠. 사랑하는 주님, 저를 취하게 해주셔서 감사드립니다." 사내들은 줄지어 늘어서기 전에 그녀에게 술을 실컷 먹였던 것이다. 중간중간 계속해서 술을 마시도록 해주었다.

이 모든 것을 종통께 감사드리는 바이다.

오후 내내 할 일이 많았다. 쓸어내고 씻어내느라 분주했고, 시간은 그런대로 흘러갔다. 소령이 어느 틈에 방에 들어와 있는 것을 보고 깜짝 놀랐다. 미망인이 들여보내 주었나 보다. 이번에는 새것처럼 보이는 카드 한 벌을 가져와 파울리 씨의 이불에 펼쳐놓았다. 둘이 같이 즐길 만한 놀잇감을 찾아낸 것이다. 카드놀이를 모르는 나는 부엌으로 나와 막간을 이용해 몇 줄 적고 있다. 소령은 심지어 '판돈'도 가져왔는데, 아주 오래전에 퇴출된 독일의 3마르크와 5마르크짜리 동전이었다. 어떻게 손에 넣었을까? 감히 물어보지는 않았다. 오늘은 마실 것을 가지고 오지 못해 미안하다고 그가 말했다. 괜찮아요, 오늘은 우리의 손님이니까요. 우리는 양조장 주인한테서 받은 술 한 병을 꺼냈다.

1945년 5월 7일, 월요일

여전히 춥지만 맑게 개어 햇살이 약간 비친다. 지난밤은 대단히 불안했다. 소령이 자주 깨 신음하는 바람에 나도 뜬눈으로 지새웠다. 무릎은 낫는 중이라고 했다. 그래도 부딪히거나 건드리면 통증이 심해졌다. 그런데도 나에게 별로 쉴 틈을 주지 않았다. 먼저 술판을 벌이며 떠들썩하게 지내는 자매에 관한 소식을 알려주었다. 그들은 1층 빈집으로 옮겨 간 모양이었다. 아냐와 리사라는 이름으로 불리며 러시아 장교들 사이에서 매우 인기가 높다고 했다. 나는 이들 중 한 명을 층계에서 본 적이 있는데, 검은색과 흰색이 섞인 옷을 입고 있었고, 덩치가 컸고, 매우 예쁘고 사랑스러웠다. 소령은 약간 거북해하면서 두 여자가 흥청망청 벌이는 짓거리에 관해 들려주었다. 동료들이 오늘 낮에 그 집으로 초대해 가보니, 두 여자가 사내 둘과 침대에 드러누워 있었고, 웃으면서 그에게도 함께 눕자고 청했다는 것이다. 건전한 사고방식을 가진 소령에게 그녀들의 제안은 나에게 얘기하는 순간에도 부르르 떨 만큼 충격적이었던 것 같다. 그런데 러시아 군인들의 관심을 끄는 또 하나는 자매 중 한 명의 세 살짜리 아들이라는 것이다. 아이는 벌써 러시아어 몇 단어를 중얼거리며 말할 줄 알고, 찾아오는 남자 손님들이 어찌나 귀여워하는지 응석받이가 되었다고 한다.

계속해서, 다음 날. 신문도, 달력도, 시계도, 한 달이라는 기한도 없이 살아간다는 것은 너무나 기이하다. 시간은 물처럼 무심하게 흘러가고, 오직 낯선 군복을 입은 병사들만이 시간의 흐름을 느끼게 해준다.

나는 지금 시간을 초월해 살고 있다.

그러면서도 내가 얼마나 끈질기게 이 초시간적인 시간을 기록하고 있는지, 때때로 나조차 놀라곤 한다. 글로 나 자신과 대결을 벌여보려는 이 시도는 이번이 두 번째다. 첫 시도는 학생 때였다. 열다섯 또는 열여섯 살이었고, 친구들과 나는 자주색 모자를 쓰고 신과 세상에 관해 토론을 벌였었다. (가끔 남학생들에 관해서도 이야기했는데 무척 깔보는 방식이었다.) 역사 선생님이 학기 중에 뇌졸중으로 쓰러져 신임 교사가 대신 그 과목을 맡게 되었다. 들창코가 인상적이었던 그 교사는 날벼락처럼 우리에게 왔다. 그녀는 애국으로 뒤범벅된 역사 교과서 내용을 대담하게 반박했다. 그녀는 프리드리히 대제를 도박꾼이라고 불렀다. 반면에, 쓰러진 역사 선생이 '말안장 숙련공'으로 비꼬고는 했던 사회민주당 제국 대통령 에버르트는 거듭 칭송했다. 그녀는 우리를 똑바로 쳐다보며 두 손을 치켜들고 외쳤다. "얘들아, 세상을 바꿔야 해, 변화가 필요하니까!"

그 말이 우리의 마음에 쏙 들었다. 우리도 1930년대 세상을 좋아하지 않았다. 오히려 열정적으로 거부했다. 세상은 뒤죽박죽이었고, 특히 젊은이들에게 너무나 폐쇄적으로 느껴졌다. 실업자가 수백만이었다. 원하는 직업을 구할 가망이 없었고, 세상은 결코 우리에게 열려 있지 않다는 말을 거의 날마다 들었다.

우연하게도 바로 그 시점에, 다시 한번 독일 제국의회 선거가 치러졌다. 저녁마다 열 개에서 열다섯 개의 주요 정당 집회가 열렸다. 신임 여교사에게서 자극을 받은 우리는 삼삼오오 모여 집회에 몰려다녔다. 나치 당원이었다가 중도파와 민주당원을 거쳐 사회민주주의자, 공산주의자가 되기도 했다. 나치 당원처럼 히틀러식 거수경례도 해보았고, 공산주의자처럼 서로를 '동무'라고 부르기도 했다. 그때 나는 처음으로 일기를 쓰기 시작했는데, 나만의 신념을 가져보려는 소망에서였다. 9일간 선거에 나온 연사들의 핵심 주장을 충실하게 옮겨 적었고, 청년다운 나만의 반론도 추가했다. 그리고 열흘째 되던 날 공책이 아직 많이 남았지만 나는 쓰기를 중단했다. 정치라는 정글에서 헤어날 수가 없을 것 같았다. 또래 여학생들 대부분이 그랬다. 우리가 보기에, 모든 정당이 한 가닥의 정당성은 가지고 있었다. 그러나 동시에 우리가 추악한 거래라고 부르는 것에도 거침없었다. 횡령, 부정부패, 권력을 둘러싼 난타전. 우리가 판단하기에 그 어떤 정당도 깨끗하지 않았다. 그 어떤 정당도 절대적이지 않았다. 지금에 와서 돌이켜보면, 당시 우리의 도덕적 요구를 충족하려면 열여섯 살만 가입할 수 있는 정당을 하나 만들어야 했을 것이다. 어른이 될수록 세상에 물들어갔다.

월요일 점심때 방문객이 찾아왔다. 근처 건물이 아니라 걸어서 두 시간 거리에 있는 서쪽 구역의 빌머스도르프에서 온 손님이었다. 프리다라는 이름의, 미망인은 소문으로만 들어 아는 여자였다.

그 소문에는 복잡한 이야기가 얽혀 있었는데, 의대생이었던 미망인의 조카와 함께 시작된다. 어느 날 밤, 그는 다니던 대학에서 방공대원으로 보초를 서게 되었다. 젊은 여자 의대생 하나도 같은 임무를 받고 배치되었다. 이 공동 경계 임무는 여자의 임신과 얼렁뚱땅 올린 결혼식으로 이어졌다. 신부는 열아홉, 신랑은 스물한 살이었다. 결혼식을 올리고 얼마 지나지 않아 이 젊은 남편은 전선에 투입되는데, 정확히 어디에 배치되었는지 아무도 몰랐다. 당시 임신 8개월이었던 젊은 아내는 여자 친구 집으로 들어가 함께 살게 되었고, 그 친구가 바로 지금 우리 집 부엌 의자에 앉아 소식을 전하고 있는 프리다다.

미망인이 가장 먼저 던진 질문은 이것이었다. "당신들도…?" 아니었다. 프리다는 무사히 빠져나왔다. 아니, 완전히 무사했던 것은 아니다. 지하실 통로에서 궁지에 몰린 적이 있었는데, 한창 전투

중이었던 터라 러시아 병사는 끝까지 밀어붙이지 못했다. 독일이 항복하기 직전이어서 여자들이 사는 구역에 진지를 구축하지 못한 채 속전속결로 진군해야 했던 것이다. 그 예비 엄마는 자신의 배를 가리키며 '아기'라고 말했고, 군인들은 그녀를 털끝 하나 건드리지 않았다.

키 작은 여자 프리다는 일부러 윤을 낸 듯 투명하게 반짝이는 눈으로 우리를 빤히 쳐다보았다. 나는 그 눈을 잘 안다. 쐐기풀과 곡물가루만으로 살았을 때 거울 속에서 나는 그 눈을 자주 보았었다. 그쪽 여자들은 거의 먹지 못하고 있었다. 굶주림에 떠밀려 프리다는 인적 하나 없는, 황량하고 스산한 거리를 혼자서 몇 시간이나 걸어왔던 것이다. 그녀는 결혼으로 친척 관계가 된 미망인에게 조카며느리와 배 속의 아기를 위해 음식을 좀 달라고 청했다. 그 젊은 예비 엄마는 종일 꼼짝도 못 한 채 드러누워 있는데, 일어나려고 뒤척이기만 해도 현기증으로 고통스러워한다고 알려주었다. 이따금 그녀를 살피러 오는 간호사가, 임산부가 음식을 충분히 섭취하지 못하면 태아는 엄마 몸의 칼슘과 피, 근육 조직에 거의 기생하다시피 해 영양분을 얻어낸다고 설명해주었다고 한다.

미망인과 나는 내어줄 만한 것들을 찾았다. 소령이 가져다준 버터와 설탕 약간, 우유 한 통, 빵 한 덩어리, 베이컨 한 조각. 프리다는 너무나도 기뻐했다. 사실 그녀의 모습도 비참하긴 마찬가지였다. 막대기처럼 비쩍 마른 다리에 혹처럼 무릎이 튀어나왔다. 그런데도 그녀는 쾌활했고, 걸어서 두 시간도 넘게 걸릴 귀갓길을 조금도 두려워하지 않았다. 우리는 먼 곳에서 온 심부름꾼이 반가워, 어느 길로 왔는지, 도중에 무엇을 보았는지 자세히 설명해달라고 청했다. 그리고 송아지를 닮은 그녀를 안아주었다. 굶주림에 여윈 열여덟 살의 그 여자는 한때 체조 교사가 되고 싶었단다. 글쎄, 당분간 우리 나라에 체조 분야의 수요는 거의 없을 것이다. 프리다를 보고 있자니, 이렇게 악착같이 뭔가를 구하러 다니지 않아도 되는 우리의 형편이 다행스럽게 여겨졌다. 굶주림은 그 모든 것을 마다하지 않도록 만든다. 나는 당분간은 굶주리지 않을 것이다. 내겐 아직 나만의 힘이 남아 있다. 미망인은 프리다에게 아픈 곳을 찌르는 제안을 했다. "아가씨, 그럭저럭 괜찮은 러시아 병사와 친하게 지내보면 어떨까? 먹을 것을 약간 얻을 수 있을 텐데…."

프리다가 힘없는 미소로 답했다. 자신이 사는 구역에는 러시아 군인들이 거의 없다며, "그렇지 않더라도…." 그러면서 그녀는 받은 물건들을 가져온 장바구니에 차곡차곡 집어넣었다.

어찌 됐든 프리다의 방문이 우리에게 기운을 불어넣어 주었다. 우리가 세상의 다른 사람들과 차단되지 않았다는 것, 용기를 내면 다른 구역에 사는 친구들과 친지들을 걸어서 찾아가 볼 수도 있다는 것을 알았으니까. 그 뒤로 우리는 그 일을 감행할지 어떨지 숙고했다. 파울리 씨는 반대했다. 그는, 러시아군이 벌써 우리를 시베리아 같은 곳으로 강제노동 보내려고 구금해둔 것처럼 여긴다. 나와 미망인은 여기까지 무사히 도착한 프리다를 생각하며 계획을 세워보기로 했다.

이 글을 쓰는 지금은 늦은 오후다. 그사이 나 혼자 제법 멀리까지 첫 나들이를 다녀왔다. 아주 뜻밖의 기회였다. 물 길으러 다니는 사람들과 러시아 군인들을 제외하면 행인이 거의 보이지 않는 시간, 창턱에 죽치고 앉아 있던 그때 러시아 군인 한 명이 자전거를 타고 오더니 우리 건물 출입문 앞에서 멈추었다. 소령이었다.

서둘러 계단을 달려 내려갔다. 눈부시게 번쩍이는 새 독일제 자전거였다. 난 애원하고 매달렸다. "잠깐만 타보면 안 될까요? 5분만!" 소령은 연석에 올라서 머리를 좌우로 흔들며 허락하지 않았다.

망설이면서도, 내가 타고 나갔다가 자전거를 빼앗길까 염려했다. 마침내 나는 그를 설득했다.

햇빛이 비치고 있었다. 공기가 순식간에 따뜻해졌다. 나는 최대한 빨리 페달을 밟았다. 바람이 귓등을 스치고 지났다. 굉장히 오래 갇혀 지내다 나와 씽씽 달리니 행복하기도 했고, 자전거를 탐내는 누군가가 날 붙들지 못하게 하려는 것도 있었다. 검게 타 무너져내린 폐허를 지나쳤다. 이 구역의 전투는 우리 쪽보다 하루 일찍 끝났다. 벌써 보도를 비질하는 민간인들이 보인다. 여자 둘이 완전히 타버린 이동 수술대를 밀며 지나갔다. 아마도 잔해 더미에서 꺼낸 듯했다. 수술대 위 모포 밖으로 핏기없는 노파의 얼굴이 드러났다. 아직 살아 있다.

남쪽으로 내려갈수록 전쟁의 상흔이 옅어졌다. 이곳의 독일인들은 벌써 무리 지어 모여 잡담을 나눈다. 우리 구역에서는 아직 엄두도 못 낼 일이다. 어린아이들도 보았는데, 볼이 홀쭉하고 이상하리만치 말이 없었다. 텃밭을 벌써 일구는 남자와 여자 들이 보였다. 러시아 군인들은 아주 드문드문 다녔다. 터널 앞에 국민방위대가 쌓아놓은 바리케이드가 여태 우뚝 솟아 있어 자전거에서 내려 옆쪽에 난 빈틈으로 지나갔다. 터널을 나오자, 급행 전차 정거장 앞 잔디밭에 무릎 높이의 무덤이 하나 있었다. 푸른 가지들이 꽂혀 있고, 허리 높이까지 오는 새빨갛게 칠을 한 나무 기둥 세 개가 둘러 세워져 있었다. 기둥마다 손으로 쓴 명판이 달려 있었다. 종이로 된 명판은 유리로 덮여 있었다. 나는 명판들에서 세 명의 러시아인의 이름과 사망 날짜를 읽었다. 1945년 4월 27일이었다.

한동안 그곳에 서 있었다. 러시아인의 무덤을 이렇게 가까이서 보기는 처음이었다. 내가 그 나라를 여행할 때는 그저 건성으로 묘지들을 보았다. 비바람에 상한 명판, 기울어진 십자가, 시골의 궁핍 속에서 비참해지고 잊힌 모습이었다. 우리 나라 신문은 러시아군이 전사자들을 숨기거나 집단 매장하고, 흙을 단단하게 다져서 무덤인지 드러나지 않게 한다는 기사를 자주 실었다. 되지도 않는 거짓이었다. 그럴 리가 없다. 이 나무 기둥과 명판을 그들은 이 땅에 들어올 때 가지고 온 것이 틀림없다. 공장에서 동일한 규격으로 생산된 제품이었고, 꼭대기엔 하얀색 나무 별—조잡하고 볼썽사나운 싸구려지만—도 달렸다. 빨갛고 아주 분명하게 두드러진 이 표지는 못 보고 지나칠 수가 없다.

그들은 이 기둥을 자기 나라에서도 세울 것이다. 그들의 공식적 신조가 육신의 부활을 전혀 인정하지 않는다 해도, 장례 의식을 치르고 심지어 영웅 숭배도 하는 것이다. 나중에 이장할 목적으로 단순히 무덤 자리를 표시한 것이라면 간단한 이름, 번호로도 충분했을 것이다. 그랬다면 이토록 빨간색 물감을 많이 쓰지도, 또 힘들게 별을 조각하지도 않았을 것이다. 그러나 아니었다. 그들은 전우의 죽음에 붉은빛의 광채를 둘러주고, 후광이 빛나도록 수고를 들여 비록 보잘것없기는 하지만 쓸 만한 나무를 다듬어 바쳤다.

다시 최대한 빠르게 페달을 밟아, 내가 일하던 출판사가 마지막에 임시로 들어와 있던 별장까지 도착했다. 1층에 살던 가족의 그 조그만 아기는 우유 배급이 끊긴 시절을 견뎌냈을까?

아이도, 젊은 엄마도 없었다. 문을 두드리고 소리를 치자 얼마 후에 지저분한 내의를 입고 수염이 까칠한 중년의 남자가 나타났다. 그를 알아보기까지 시간이 약간 걸렸다. 그는 출판사에서 근무했던 지배인이었다. 와이셔츠 옷깃까지 말끔하고 고급 정장만 입던 그가 지금은 너무나 초라하고 지저분했다. 그는 나를 알아보았지만 일말의 동요 없이 무뚝뚝하게 부인과 여기서 살고 있다고 말했다. 그의 집은 전쟁 마지막 날에 포격으로 날아갔다고 했다. 어차피 별장은 비어 있었고, 가구는 사라지고 없었다. 지배인이 들어왔을 때 이 별장은 이미 약탈당한 후였다. 약탈자가 독일인인지 러시아 군인인지는 몰랐다. 아마도 양쪽 다일 것이다. 별장 안은 그야말로 탈탈 털린 데다 여기저기 부서져 있었고, 곳곳에서 똥오줌 냄새가 코를 찔렀다. 그렇기는 해도 지하실에 아직 석탄이 산더미처럼 쌓여 있다고 했다. 나는 빈 상자를 하나 구해 조개탄을 가득 채웠다. 지배인이 못마땅하게 쳐다봤다. 석탄은 내 것도 아니었지만 그의 것도 아니었는데. 석탄을 담는 동안 그는 나를 거드는 시늉조차 하지 않았다. 나는 자전거를 세워둔 곳까지 석탄 상자를 힘겹게 끌고 와 짐 싣는 받침대에 올리고 내 허리띠와 버려진 노끈 자락을 이용해 단단히 묶었다.

출발. 최고의 속력으로 돌아간다. 거리를 쏜살같이, 도로 경계석을 따라 웅크리고 앉은 끝없이 긴 군인 대열을 지나갔다. 전투에서 퇴각한 보병들이었다. 지치고 지저분하고 먼지투성이 얼굴에 수염이 덥수룩했다. 이런 군인들을 지금껏 한 번도 본 적이 없었다. 우리가 사는 구역의 건물에는 포병대, 통신대 같은 엘리트 부대가 들어와 있어서 깨끗하고 면도도 말끔히 한 군인들만 봐왔던 것이다. 그보다 하급으로는 수송과 보급을 담당하는 군인들이 있었는데 말 냄새가 심하긴 했지만, 이들처럼 기진하고 넋이 나가 있지는 않았다. 그들은 기력이 없어 나나 자전거 따위를 거들떠보지도 않았다. 거의 고개를 들지도 못하는 걸 봐선 먼 길을 강행군으로 왔음이 분명했다.

자, 빨리 달리자. 곧 우리 구역 길모퉁이에 다다랐다. 경찰 숙소였던 건물 주변으로 자동차들이 밀집해 있었다. 깊고 풍성하게 부르릉거리는 소리를 내며 달리는 자동차 뒤에서 기름 냄새가 났다. 독일 자동차들은 그런 냄새를 뿜지 않는다.

숨을 헐떡이며 그리고 매우 자랑스럽게 나는 조개탄을 실은 자전거를 계단을 따라 끌고 올라왔다. 소령이 나를 향해 뛰어 내려왔는데 대단히 격앙되어 있었다. 자전거는 이미 도둑맞았고 나는 어디론가 사라져버렸다고 생각했던 것이다. 그사이에 우즈베키스탄인 당번병도 도착했다. 미망인은 물통 두 개를 주며 물을 길어 오라고 그를 곧장 펌프장으로 보냈다. 그는 우리를 가족처럼 대했고, 그래서 기분 나빠하는 기색 하나 없이 펌프장으로 향했다.

햇볕을 흠뻑 쬐고 자전거로 한껏 속도를 내 행복에 푹 빠진 나는 이토록 기쁘고 활기찬 기분이 도대체 얼마 만인지 신기했다. 몇 주 만에 처음이었다. 소령은 5푸토뇨스(puttonyos) 토카이 와인을 가져왔다. 우리는 함께 그 술을 마셨고, 나는 고양이처럼 나른해졌다. 소령은 오후 5시까지 머물렀는데, 그가 떠나자 울적해졌다. 나는 울었다.

(몇 주 후 가장자리에 끄적인 것, 소설가들이 사용하도록: "심장이 세 번 뛸 동안 그녀의 몸은 위에 있는 낯선 사람의 몸과 한 덩어리가 되었다. 그녀의 손톱이 낯선 이의 머리카락 속으로 파고들었고, 그녀의 목구멍에서 비명이 터져 나왔다. 그리고 그녀는 낯선 이가 낯선 목소리로, 알아듣기 힘든 말을 속삭이는 소리를 들었다. 15분 후에 그녀는 홀로 남겨졌다. 깨진 유리창으로 햇빛이 넓게 쏟아져 들어왔다. 그녀는 기지개를 켜고 사지가 나른해진 순간을 즐겼다. 마구 헝클어진 머리카락을 쓸어 넘겼다. 별안간 그녀는, 멀리 떨어져 있는, 어쩌면 이미 죽었을지도 모를 남자 친구의 손 같은 또 다른 손이 자신의 머리카락 밑으로 들어오는 것을 아주 선명하게 느꼈다. 그녀의 내면에서 무언가가 부풀어 오르더니 넘쳐흐르는 것을 느꼈다. 그녀의 눈에서 눈물이 줄줄 흘러내렸다. 그녀는 몸을 뒤척이고, 침대 쿠션에 주먹을 마구 휘두르고, 검붉은 잇자국이 생길 정도로 손과 팔을 물어뜯었다. 그녀는 베개에 얼굴을 파묻고 울부짖었다. 그녀는 죽고 싶었다.")

1945년 5월 8일, 화요일
월요일 나머지 부분과 함께

파울리 씨와 미망인, 나. 이렇게 우리 셋이 저녁 시간을 보내고 있었다. 태양이 하늘을 붉게 물들이며 저물었다. 역겨운 풍경이었다, 최근 몇 년간 보았던 그 모든 화재를 떠올렸다. 나와 미망인은 함께 구정물을 길어 오기 위해 조그만 연못으로 갔다. (펌프장의 마실 물을 긷기 위해서는 아직도 족히 한 시간은 기다릴 각오를 해야 한다.)

8시쯤이었을 것이다. 우리는 시계 없이 살고 있다. 수건으로 꽁꽁 싸서 진열장 뒤에 숨겨둔 자명종은 고장이 나서 아무 때나 멈춰버린다. 연못 주변은 조용했다. 염분이 섞인 물속에 나뭇조각, 헝겊, 녹색의 공원 벤치들이 떠다녔다. 우리는 걸쭉한 구정물을 통에 퍼 담아 하나씩 들고, 넘실거리는 세 번째 통은 함께 들고는 뒤뚱거리며 돌아왔다. 잔디 언덕으로 향하는 썩은 나무 계단 옆에 무언가가 있었다. 사람이었고, 남자였다. 잔디밭에 등을 대고 무릎을 세운 채 누워 있었다.

자는 건가? 틀리지 않았다, 깊이 잠이 든 사람이었다. 그는 죽어 있었다. 우리는 서서 그 사람을 빤히 들여다보았다. 주먹을 집어넣을 수 있을 정도로 입을 커다랗게 벌리고 있었다. 입술은 파랗고, 콧방울은 밀랍처럼 창백하게 오므라져 있었다. 쉰쯤 되어 보이는 남자로 말끔히 면도를 했고 대머리였다. 그는 매우 단정해 보였다. 연회색 양복을 입고 반들반들하게 닦은 끈 달린 구두를 신었고, 바짓단 아래로 보이는 회색 양말은 손으로 짠 것이었다. 나는 잔디에 놓인 그의 두 손을 만져보았다. 손가락들이 새 발톱처럼 위로 구부러져 있었다. 손에 온기가 느껴졌다. 죽은 사람의 것처럼 차갑지 않았다. 그러나 알 수 없는 노릇이었다. 그저 내리쬐는 햇볕 때문에 사체가 따뜻해졌을 수도 있으니까. 맥박이 없으니 죽은 것은 확실했다. 아직 누군가가 그의 물건을 훔쳐가지는 않았다. 넥타이에 은제 핀이 꽂혀 있었다. 우리는 그의 조끼를 뒤져 증명서를 찾아보고 혹시 있을지도 모를 가족에게 알려야 할지 고민했다. 오싹한 기분이 들었다. 누군가 있을까 싶어 주변을 살폈지만 아무도 없었다. 길을 따라 몇 걸음 급히 내려가니 젊은 남녀 한 쌍이 보였다. 나는 그 둘에게 남자가 쓰러져 있으니 함께 가보자고 부탁했다. 그들은 주뼛거리며 나를 따라왔고, 아무것도 건드리지 않고 망자를 잠시 내려다보았다. 조금 후 아무 말도 없이 어깨를 으쓱하고는 다시 떠나버렸다. 어찌해야 좋을지 몰라 한동안 더 서 있다가 우리도 떠나왔다. 마음이 무거웠다. 그 와중에도 내 눈은 나뭇조각들을 찾아냈다. 내 손은 나뭇조각을 담으려고 챙겨간 가방에 그것들을 주워 담았다.

우리 건물 앞에서 탈영병 남자와 함께 있던 커튼 장수 노인과 마주쳤다. 이 둘이 감히 거리로 나오다니 적잖이 놀랐다. 어쨌든 우리가 방금 본 망자에 관해 말하며 미망인이 입 모양을 흉내 내 보였다. "뇌졸중이군." 탈영병 남자가 중얼거렸다. "같이 가봐야 할까?" 커튼 장수가 대답했다. "괜한 소리. 나중에 그 사람 주머니에서 뭔가 없어지면 우리에게 책임을 물을걸."

그리고 이어진 커튼 장수의 말이 망자를 깡그리 잊게 했다. "러시아 군인들이 다 떠났어요." 건물을 몽땅 비우고 이 구역 전체에서 철수했단다. 우리가 구정물을 길어 오는 동안 차를 타고 떠나버렸다는 것이다. 러시아군이 빈집에서 매트리스 조각과 소파 쿠션을 마구잡이로 가져가 차 바닥을 아주 푹신하게 만들더라고, 커튼 장수가 설명했다.

떠나다니! 전부 떠나다니! 나는 믿기지 않아 거리를 멀리 내다봤다. 마치 새로운 부대를 태운 차가 달려오기나 하는 듯. 그러나 아무도, 아무것도 나타나지 않고 조용했다, 이상하리만치 고요했다. 말들도 없고, 말의 울음소리도 들리지 않고, 수탉도 사라졌다. 말똥만이 남아 있었는데, 수위의 둘째 딸이 건물 현관에서 비로 쓸어내는 중이었다. 나는 열여섯 살짜리 소녀를 살펴보았다. 러시아 군인들에게 순결을 빼앗긴 여자들 중 내가 유일하게 아는 소녀였다. 그녀는 평소와 다름없이 자기만의 세계에 빠진 멍한 표정이다. 나는 그 일이 나에게 처음으로, 그런 방식으로 일어났다면 어떨지 상상해보려고 했다. 하지만 곧 생각을 중단하지 않을 수 없었다. 상상할 수 있는 종류의 것이 아니었기 때문이다. 한 가지만이 명확했다. 그 소녀가 평상시에 웬 떠돌이 사내에게 성폭행을 당했다면, 고소, 조서 작성, 심문, 심지어 구속과 대질심문, 보도, 이웃들의 수군거림 등 갖가지 소동이 이어졌을 것이다. 지금과는 다르게 반응했을 테고, 다들 엄청난 충격에 빠졌을 것이다. 하지만 지금 우리는 성폭력을 집단 경험으로 여긴다. 전부터 여러 차례 짐작했고 염려했던 일이다. 성폭력은 이제 사방천지에서 일어나며, 심지어 협상의 대상이 되어버렸다. 그리고 이 같은 집단적 강간 경험은 집단적으로 회복되는 중이다. 여자들은 자신의 강간 경험과 괴로움을 말함으로써 다른 사람도 그것을 말할 수 있게 하고, 얼마나 고통스러운지 토로하며 서로를 지지한다. 하지만 그렇게 한다고 해서, 이 둔한 베를린 소녀보다 섬세한 여자들이 무너지지 않는다거나 남은 생애 동안 고통받지 않는다는 소리는 아니다.

4월 27일 이후 처음으로 저녁에 건물 출입문을 다시 잠글 수 있게 되었다. 새로운 부대가 오지 않는다면, 이로써 우리 모두에게 새로운 삶의 단계가 시작되는 것이다.

밤 9시경, 바깥에서 나를 부르는 소리가 들렸다. 우즈베키스탄인 당번병이 쥐어짜는 목소리로 내 이름을 여러 번 반복해서 불렀다(더 정확히 말하자면, 소령이 나에게 붙여준 러시아식 애칭이었다). 밖을 내다보자 그가 아래서 나를 향해 욕을 하고 위협하는 몸짓을 하며 잠긴 출입문을 가리켰다. 흥, 뚱보 양반, 그래 봤자지! 문을 열자 그의 뒤를 소령이 바짝 뒤따라 들어왔는데 다리를 심하게 절었다. 자전거가 몸에 무리가 되었던 것이다. 미망인이 그에게 습포를 붙여주었다. 무릎이 심하게 붓고 붉은 핏기가 두드러져 위험해 보였다. 어떻게 그런 상태로 자전거를 타고, 춤을 추고, 계단을 오를 수 있는지 나로서는 이해가 되지 않았다. 그것이 바로 준마의 기질이며, 우리는 따라잡을 수 없다.

소령은 밤새 열이 올랐다. 손은 뜨거웠고, 눈은 흐릿했으며, 내내 잠을 설쳐 덩달아 나도 뜬눈으로 밤을 지새웠다. 마침내 먼동이 트기 시작했다.

나는 소령과 당번병을 아래로 데려가 출입문을 열어주었다. 집은 다시 우리 것이 되었다. 그들이 나가고 우린 역겨운 청소를 해야만 했다. 우즈베키스탄인이 이질 비슷한 병을 앓고 있어서 화장실, 벽, 바닥을 더렵혀놓았기 때문이다. 나는 나치 의약 업계지 몇 권으로 가능한 한 깨끗이 닦아내려 애썼다. 어제저녁에 연못에서 길어 온 구정물을 거의 다 허비했다. 꾸준히 손톱과 발톱을 손질하는 과민한 파울리 씨가 이 사실을 안다면!

계속해서 화요일 이야기. 아침 9시경에 현관문에서, 러시아 군인들이 떠나고 없는 지금도 우리가 변함없이 사용하는, 정해진 노크 소리가 났다. 뺨에 부스럼이 난 여자, 벤트 부인이었다. 종전이 선언되었다는 소문을 들었다고 했다. 남부 전선과 북부 전선에서 뿔뿔이 흩어진 독일군의 최후 저항이 진압되었다는 것이다. 우리는 패전국이 되었다.

미망인과 나는 한결 가볍게 숨을 쉬었다. 사태가 이토록 빨리 진전되다니 다행이다. 파울리 씨는 지금까지도 국민방위대에 저주를 퍼붓는다. 마지막 순간에 무의미하게 죽어간 사람들, 늙고 지친 사람들, 상처를 묶을 헝겊조차 없어 속수무책으로 피를 흘리던 사람들,

바지를 뚫고 나온 부서진 뼛조각들, 들것에 실린 창백한 몸통에서 뚝뚝 떨어지는 핏방울, 골목 곳곳에 미지근하고 끈끈하게 고여 있는 피 웅덩이들… 파울리 씨가 힘든 일을 겪은 것은 확실하다. 일주일 넘게 그를 침대에서 꼼짝도 못 하게 붙들어 놓는 신경통의 절반쯤은 정신적인 병, 완전히 숨고 싶은 심리적인 퇴행이라고 나는 판단하고 있다. 이 건물에 사는 많은 남자가 다들 비슷하게 숨어 산다. 가령 책방 주인은 나치 당원으로 가입한 사실이 있고, 탈영병 남자는 말 그대로 탈영을 했다. 몇몇 다른 남자도 세상에 드러나면 처벌을 받을 수도 있는 나치 전력이 있다. 남자들은 물을 길으러 가야 하거나 그 외 생존을 위해 뭔가를 해야 할 때 그 점을 핑계 삼는다. 여자들은 사악한 적군으로부터 남자들을 숨겨주고 보호해주려고 사력을 다한다. 적들이 여자들에게 무슨 짓을 더 벌이겠나? 여자들에게는 이미 온갖 짓을 다 했는데. 그래서 여자들은 그 어느 때보다 앞장서서 일한다. 그래, 응당 그럴 수 있다. 그런데 아무리 그렇다 쳐도, 역시 꺼림칙하다.

요즘 자주 떠오르는 기억이 있다. 휴가를 나와 여행을 즐기던 우리 나라 병사들. 전선에서 휴가를 받아 귀가한 병사들 앞에서 우리 여자들이 얼마나 아양을 부리고, 야단법석을 떨며 비위를 맞추고, 얼마나 떠받들며 존경심을 표했던가. 생각해보면, 그들 중 일부는 파리나 오슬로에서 왔었다. 정확히 말해, 쉬지 않고 폭격을 받던 베를린보다 전선에서 더 멀리 떨어진 도시들에서 왔었다. 또는 프라하나 룩셈부르크처럼 완전히 평화로운 지역에서 온 군인들도 있었다. 설사 그들이 전선에서 왔다 하더라도, 대략 1943년까지는 지금과는 비교도 할 수 없을 정도로 말쑥하고 혈색도 좋았다. 그들은 모두 자신이 주인공으로 등장하는 영웅담을 풀어놓았다. 맞은편에 앉은 우리에게는 그저 입을 다문 채 탄복하는 것만이 허락되었다. 나쁜 일을 당하지 않도록 절체절명의 위기에서 우리 각자를 구해준 이야기인 마냥. 그런 태도를 보이지 않으면 여자 취급도 하지 않았다. 적어도 당시 군인들은 제대로 된 비누를 갖고 있었을 것이다. 비누라도 있다면 좋으련만! 살갗을 깨끗이, 완전히 깨끗이, 문질러내고 싶다. 철저하게 씻고 싶다는 욕망에 사로잡힌다. 그러고 나면 영혼도 정결해진 것처럼 느껴질 것 같다. 그럴 수 있을 것 같다.

오후에, 유익한 대화를 나눴다. 가능한 한 그대로 옮겨 적는다. 나중에라도 그 대화에 관해 깊이 생각해볼 수 있도록. 음료 회사에 다녔던 곱사등이 박사가 뜻밖에 다시 나타났다. 그를 거의 잊고 지냈는데…. 방공 대피소에서 지낼 때는 그와 꽤 자주 몇 마디씩 말을 나누곤 했었다. 그는 끝까지 발각되지 않은 이웃의 지하실에서 그 기간을 견뎌냈다고 했다. 러시아 병사가 한 번도 들이닥치지 않았단다. 그래도 물을 길으러 나왔다가 성폭행을 당한 여자들에 관한 소식을 들었단다. 시력이 매우 나쁜 한 여자가 그 일을 당하다가 안경을 잃어버려 지금까지 완전히 속수무책으로 더듬거리며 돌아다닌다는 것이다.

그건 그렇고, 곱사등이 박사가 '동무'인 것으로 드러났다. 1933년까지 공산당 당원이었으며, 러시아 국영 여행사의 모집 아래 모 단체와 함께 3주간 소련을 여행한 적도 있어서 러시아어도 약간 알아듣는다는 사실을 알게 되었다. 지하실에서는 나에게 그런 얘길 전혀 털어놓지 않았었다. 내가 러시아를 여행했고 러시아어를 할 줄 안다는 사실을 그에게 밝히지 않은 것처럼. 나치의 제3제국은 우리에게 이런 식으로 어설픈 신뢰 따위를 원천 봉쇄시켰다. 그런데도 나는 이상하다고 생각했다. "어째서 나서서 러시아 군인들에게 지지자라고 밝히지 않았어요?"

그는 당황해서 나를 멍하니 쳐다보았다. "그래야 했는데…." 그러더니 잠시 후에 덧붙였다. "험악한 분위기여서, 초반 며칠이

지나기만을 바랐소. 조만간 관할 당국에 신고할 거요. 관청이 다시 자리를 잡으면 내가 맡을 일이 있을 거요."

(나는 짐작은 하면서도 대놓고 말하지는 않았다. 아마도 그는 불구였기에 과감하게 나서지 못했을 것이다. 분노를 주체하지 못하고 날뛰는 러시아 군인들 앞에서 신념이 같음에도 아무것도 할 수 없는 자신의 장애가 더욱 비참하게 느껴졌을 것이다. 그 강인한 야만인들의 눈에 자신이 거세된 남자, 가련하고 보잘것없는 존재로 보일 거라 생각했을 것이다.) 그의 머리는 양어깨 사이에 푹 파묻혀 있고, 걷는 것조차 수월하지 않았다. 하지만 두 눈에는 총기가 어려 있었고, 말은 막힘이 없었다.

"이제는 어떤가요? 제대로 알게 되었나요? 당신의 동지들에게 실망했나요?" 내가 물었다.

"아닙니다." 그리고 덧붙였다. "우리에게 일어난 일들을 너무 세세하게 그리고 개인적으로 받아들이지는 맙시다. 충동과 본능이 사납게 날뛰었소. 복수심도 섞였고. 결국 우리 군도 그 나라에서 같은 짓을 저질렀을 테니. 우리 쪽이나 그쪽이나 회개하고 반성해야겠지. 그것은 어제의 세계, 낡은 서구였소. 이제 새로운 세계, 내일의 세계가 태어나고 있어요. 물론 고통이 따를 거요. 슬라브족의 문화가 젊고 활기차게 세계사의 무대로 들어서고 있소. 유럽의 나라들은 경계를 허물고 더 큰 나라로 확장될 거요. 나폴레옹이 과거에 영주들과 소국들을 쓸어버렸듯이, 이제 승리한 강대국들이 국가와 민족을 해체할 거요."

내가 물었다. "그러니까 당신은 독일이 앞으로 소련에 속하는 나라, 즉 소비에트 공화국의 일부로 편입될 거라고 생각하나요?"

그가 답했다. "그편이 바람직하겠지요."

"그들은 우리를 강제로 이주시켜 고향을 잃게 만들고, 민족성을 말살시킬 거예요." 나는 반박했다.

그가 힘주어 말을 이었다. "오늘날 우리 독일인은 단지 희생양일 수도 있고 밑거름일 수도 있어요. 새로운 단계로 나아가는 징검다리에 지나지 않을 수도 있고요. 어쩌면 전문지식을 전수하는 교사가 될지도. 하지만 난 새로운 여건에서 보람찬 삶을 꾸려가는 것은 자기 자신에게 달렸다고 생각하오. 누구나 스스로 어디로든 끌고 갈 수 있어요. 어느 쪽으로든. 어디에서 살든 말이오."

내가 다시 물었다. "시베리아로 가더라도 말인가요?"

"선의만 보장된다면야 시베리아에서도 보람 있는 삶을 살 수 있으리라 믿어요." 그가 확신에 차 답했다.

불구인 이 남자는 정말 그리 믿는 것 같다. 실제로 그는 불편한 몸으로 이곳에서도 꽤 괜찮은 직장생활을 했었다. 대형 광천수 회사 소속 수석 화학자였다. 지금까지 그래왔다 하더라도, 앞으로 닥쳐올 육체적 부담을 견뎌낼 수 있을까? 나는, 우리는, 견뎌낼 수 있을까? 그가 어깨를 으쓱해 보였다.

가끔은 내가 이제부터 세상의 어떤 일도 견뎌낼 수 있을 거라는 생각이 든다. 그것이 내안에 자리한 자기기만 같은 것이 아니라 외부에서 오는 충격이라면 말이다. 완전히 소진된 나는 오늘 나를 움직이고 내일 나를 자극할 수 있는 것이 무엇일지 상상할 수도 없다. 어떻게든 살아야 한다면 얼어붙은 황무지에 있는 편이 나을지도 모르겠다. 박사와 나는 악수로 조금의 기운을 나눴다.

이런 순간에도 확고하고 고지식한 부르주아 근성은 사라지지 않는다. 미망인은 언제나 자신이 방들의 주인임을 잊지 않는다. 집 안을 돌아다니며 쓸고 솔질을 하다가 양탄자의 보푸라기를 털어내라며 내 손에 살이 빠진 빗을 하나 쥐여주었다. 그 후에는 부엌에서 모래와 소다로 그릇을 닦았다. 지하실에서 약탈을 당할 때 마이센 도자기 인물상의 손과 코가 떨어져 나갔다고 한탄하거나, 작고한 남편의 넥타이핀에 박힌 진주를 어디에 숨겼는지 까맣게 잊어버렸다고 슬퍼하는 그녀였다. 어떤 때는 골똘히 생각에 잠겨 있다가 별안간 외치고는 했다. "혹시 내가 그걸 반짇고리에 넣어두었나?" 실패와 낡은 단추들을 이리저리 헤쳐보지만 끝내 진주는 찾지 못했다. 이런 점만 아니라면, 그녀는 수단이 좋았고 닥친 상황을 두려워하지 않았다. 상자를 잘게 부숴 장작을 패는 것도 나보다 능숙했다. 불같이 화를 내는 병적인 기질 덕에 특히나 상자를 잘 부수던 렘베르크 출신의 폴란드 소년병이 장작을 패는 모습을 보고 미망인은 요령을 빨리 터득했다. (한편, 그사이에 이 건물의 모든 사람이 "우크라이나 여자, 이만- 해. 당신, 이만- 해!"라는 말의 뜻을 다 알게 되었다.)

해가 비친다. 우리는 몇 번이고 물을 길어 와 침대 시트를 빨았다. 내 침대 시트도 갈았다. 군화를 신은 그 많은 손님이 드나들었으니, 그래야 했다.

아래층 빵집에 사람들이 몰려들어 요란하게 떠드는 소리가 유리 없는 창문으로 고스란히 들려온다. 오늘도 배급용 빵은 나오지 않고 내일이나 모레를 기약하는 번호표만 주어지는 모양이다. 모두 밀가루와 석탄을 학수고대하고 있다.

빵집 주인이 약간 남은 조개탄으로 우리 건물 주민들만을 위해 빵을 몇 개 구웠다. 나에게는 특별히 넉넉히 몫을 챙겨주었는데, 러시아 병사들이 자기 아내를 끌고 갈 때 내가 도와줬던 일을 잊지 않았던 것이다. 장롱으로 막은 골방 뒤쪽에서 웅크린 채 지내다 무사히 빠져나온 빵집 판매원 에르나가 우리 집으로 빵을 갖다주었다. 빵을 만드는 데 건물 주민들도 힘을 보탰다. 남자 몇이 벤 양의 지시에 따라 반죽에 쓸 물을 통에 담아 조그만 수레에 실어 나를 동안, 여자들은 벤트 부인이 거칠게 표현했듯 '똥을 삽으로 퍼냈다'. 이유인즉, 러시아 군인들이 빵 가게에 있는 벤치를 변소로 썼던 것이다. 벤치를 벽에서 약간 떨어뜨려서 웅크리고 앉아…. 어쨌든, 그 빵은 모두 힘을 합쳐 정직하게 벌어들인 셈이다.

러시아 군인들이 이상하게 생긴 돈을 가져왔다. 빵집 주인이 우리에게 50마르크 상당의 증표 하나를 보여주었는데, 독일에서 통용되는 일종의 군표로 우리는 처음 보는 것이었다. 갖고 있던 빵 열네 덩어리를 전부 내주고 한 러시아 장교에게 그것을 받았는데, 내줄 거스름돈도 없었고 장교 또한 개의치 않았다고 한다. 비슷한 증표가 장교의 지갑에 가득했단다. 장교가 말만 하면 빵이야 다 공짜로 내주었을 텐데, 장교는 한사코 대가를 지불하겠다고 고집했다. 성실과 신의 비슷한 것이 다시 돌아오기라도 한 건지…. 빵집 주인은 그 돈을 어떻게 처리해야 할지 전혀 몰랐다. 어쩌면 그들이 우리 여자들에게도 그 돈을 줄지 모른다. 우리 나라 돈의 가치는 기껏해야 반절만큼도 인정받기 어려울 것이다.

어찌 됐든, 빵이 배급될 거라는 소문은 위에서 누군가가 우리를 염려해 보살피겠다는 의지를 보여준 첫 징후였다. 또 다른 징후는 건물 출입문 옆에 붙었다. 먹지를 대고 여러 장으로 복사한 타자 글씨의 벽보로, 관할구역 책임자 아무개 박사의 서명이 들어간 포고문이었다. 그 포고문은 타자기, 사무실 가구, 시설물 등등 가게와 관청에서 훔쳐간 모든 물건을 반환하도록 촉구하고 있었다. 당분간은 처벌을 면한다고 했다. 절도품이 나중에 발각되면 전시 국제법에 따라 처벌받을 수 있다는 위협이 이어졌다. 이어 모든 무기를 당국에 제출하라고, 발각될 경우 건물 주민 전부 처벌하겠다고 경고했다. 끝으로 러시아군에 위해를 가하는 주민은 사형에 처한다고 겁박했다.

어딘가에 무기를 들고 숨어 있다가 러시아 군인들을 노린다고? 나로선 상상도 할 수 없었다. 그럴 수 있을 만한 남자들은 최근 본 적도, 들은 적도 없다. 독일 민족에게는 빨치산 기질이 없다. 우리는 영도와 명령을 필요로 한다. 종일 달리는 소련 횡단 열차에 몸을 싣고 여행 중이던 어느 날, 한 러시아인이 가볍게 농을 던졌다. "독일 동무들은 미리 입장권을 끊지 않으면 절대로 역사 안으로 돌격하지 못한다네." 좋은 뜻으로 풀이하자면, 독일인은 불법 행위를 딱 질색한다는 것이다. 독일 남자들은 지금 잔뜩 겁을 먹었다. 우리의 이성은, 우리가 현재 정복당했음을, 조금이라도 항의하거나 반항하는 행위가 결국 괴로움만 더할 뿐이라는 현실을 알려주고 다른 감정을 억누른다.

우리 건물 남자들이 지금 열심히 무기를 찾고 있다. 여자를 대동하지 않고, 남자들끼리 집마다 돌아다니며 무기가 있는지 확인하지만 공이치기가 빠져버린 낡은 총 한 자루만을 건진 모양이다. 독일 남자들이 큰 소리로 말하고 활기차게 돌아다니는 모습을 본 것이 얼마 만인지. 남자처럼 보이기도 했다. 사람들이 예전에 흔히 말하던 '남자답다'는 그런 모습과 비슷해 보였다. 시절에 구애받지 않고 쓸 수 있는 새롭고 더 나은 표현이 나오길 기다려보는 수밖에 없다.

1945년 5월 9일, 수요일
화요일 나머지 부분은 생략

지금까지는 늘 전날 밤에 관해 더 써야 할 일들이 있었다. 그런데 오늘은 없다. 오늘 밤에 관해서, 내가 혼자 밤을 보낼 수 있게 되었다는 사실만이 새롭다. 4월 27일 이후 처음으로 침대에 홀로 누웠다. 소령도, 우즈베키스탄인도 보이지 않는다. 미망인은 즉각 생계에 불안을 느꼈고, 버터가 다 떨어져 간다는 둥 비관적인 말을 했고, 소령이 하루속히 새로운 양식을 가져다주면 좋겠다고 했다. 난 그저 웃기만 했다. 그는 다시 올 것이다. 나는 새로 빨아 상쾌한 시트에 기분 좋게 누워 기지개를 켰고, 곤히 잠을 잔 후 매우 만족스럽게 깨어났다. 미망인이 선심 쓰며 내어준 따뜻한 물로 세수하고 깨끗한 옷을 차려입고 혼자 휘파람을 불었다.

여기까지가 내가 9시에 적었던 내용이다. 지금은 11시, 사정이 완전히 달라졌다.

바깥에서 사람들이 쓰레받기를 가지고 거리로 나오라고 외쳐댔다. 모두 내려가 길모퉁이에 쌓여 있던 쓰레기 더미를 삽으로 퍼내고 잔해와 말똥을 쓸어 손수레에 실은 다음 가까운 폐허 지역으로 운반했다. 그곳에는 아주 오래전에 공중 폭격으로 풍비박산 난 건물에서 나온 석회와 고철들이, 다시 그 위에 최근 대포 공격으로 생긴 잔해들이 쌓여 있었으며, 넝마와 깡통 그리고 수많은 빈 병이 나뒹굴고 있었다. 작업을 하다가 독일에서 인쇄된 누드 사진을 발견했는데, 수많은 지문으로 얼룩져 있었다. 수년 전 내가 모스크바의 한 사무실에 들어갔다가 몇 권의 미국과 독일 잡지들을 잠시 두고 나왔던 일이 떠올랐다. 단 몇 분 후에 찾긴 했는데, 집에 돌아와 들춰보니 군데군데 낱장이 뜯겨나가 있었다. 여성용 속옷, 거들, 브래지어 등의 광고 지면들이었다. 러시아 잡지에는 그런 광고가 없었다. 어떤 지면에도 성적 뉘앙스를 드러내지 못한다. 서구의 남자들은 쳐다도 안 볼 그 광고들이 러시아인의 눈에는 대단히 자극적인 음란물이었던 것이다.

러시아 군인들이 그 엽서에 환장했을 수 있겠다 싶다. 남자들이 다 그렇지. 게다가 자기 나라에서는 못 보는 것이니 더 집착했을지도. 어쩌면 잘못된 것일지 모른다. 이런 식의 억압은 여성의 이상적인 외모만을 각인시킨다. 결국에는 현실의 여자, 늙고 추할 수도 있는 평범한 여자를 여자로 생각지 않게 될 것이다. 이 문제에 관해 좀 더 생각해봐야겠다.

10시경에 맥아 커피를 한 모금이라도 마시려고 집으로 올라갔는데 소령이 와 있었다. 혼자였다. 작별인사를 위해 찾아와 기다렸던 것이다. 무릎이 좋지 않아 두 달의 요양 휴가를 받았다고, 고향인 레닌그라드 가까이에 있는 군인휴양소에서 지낼 예정이라고, 오늘 당장 떠난다고 했다.

엄숙해 보일 정도로 침통한 눈빛이 엿보였고, 단단히 마음을 먹고 감정을 자제하는 듯했다. 그는 쪽지에 나의 주소를 아주 꼼꼼하게 한 자씩 적었고, 나에게 편지를 보내고 나와 연락을 계속하겠다고 다짐했다. 그가 사진을 달라고 부탁했지만 가진 것이 없어 줄 수 없었다. 앨범 한 권과 두툼한 봉투에 담겨 있던 내 사진들은 폭격으로 불에 타버렸다. 요사이 몇 주간은 당연히 사진을 찍을 기회가 없었다. 그는 나를 오랫동안 쳐다보았다. 마치 눈으로 사진을 찍듯이. 이어, 나에게 러시아식으로 양쪽 뺨에 키스한 다음, 한 번도 뒤돌아보지 않고 다리를 절며 나갔다. 나는 약간 슬펐고, 약간 허전했다. 그리고 그가 오늘 들고 온 가죽장갑을 생각했다. 처음 보는 것이었다. 그는 그 장갑을 우아하게 왼손에 들고 있었다. 장갑 한 짝이 그의 손에서 딱 한 번 바닥으로 떨어졌는데, 그가 황급히 주워들었다. 그 순간 나는 그것이 서로 맞지 않는 짝이라는 것을 단번에 알아채고 말았다. 한 짝의 손등에는 재봉선이 있었고 다른 한 짝에는 없었다. 당황한 그가 눈길을 돌렸다. 그 짧은 순간에 나는 그가 무척 마음에 들었다.

삽질을 더 해야만 해서 다시 거리로 나갔다. 그 작업을 마치고 우리는 나무를 구하러 가기로 했다. 엄청난 양의 완두콩 수프를 끓이느라 땔감을 거의 다 써버려 화덕에 불을 지필 것이 필요했다. 문득, 앞으로 나에게 음식과 양초와 담배를 사람이 누군가가 아무도 없다는 사실이 떠올랐다. 미망인이 펌프장에서 돌아오면 이 사태를 말해줘야 한다. 파울리 씨에게는 아무 말도 하지 않을 것이다. 그에게는 미망인이 사정을 알려주겠지.

나무를 구하러 갔다가 2주 만에 처음으로 영화관 앞 잔디 광장에 발을 들였다. 그곳에 우리 구역의 사망자들이 묻혔다. 잔해 조각들과 포탄 구멍들 사이에 세 기의 합장묘와 세 기의 자살한 부부 묘가 있었다. 돌 위에 쪼그리고 앉아 입을 우물거리던 노파가 나의 궁금증을 알아채고는 후하게 인심 쓰듯 연신 고개를 끄덕이며 죽은 사람들에 관해 자세히 늘어놓기 시작했다. 맨 오른쪽 무덤에는 나치 지구당 위원장이 부인과 함께 묻혀 있다(권총 자살). 시들어버린 라일락꽃 가지들이 꽂혀 있는 가운데 무덤에는 중령이 부인과 함께 묻혔다(독극물 자살). 또 다른 무덤에 묻힌 부부에 관해서 노파가 아는 것은 없었고, 다만 무덤 앞 모래 속에 나무토막이 박혀 있었는데 빨간 색연필로 '뮐러 가족 2'라고 적혀 있었다. 다른 무덤 한 기에는 러시아 병사들이 쫓아오자 4층에서 뛰어내린, 소문으로 들은 여자가 묻혔다. 그 앞에 누군가 일종의 십자가를, 문짝에서 떼낸 나뭇조각 두 개를 하얗게 칠해 철사로 비스듬하게 묶어 만든 십자가를 세워놓았다.

울컥 목이 메었다. 어째서 십자가 모양은 우리의 마음에 이토록 강하게 다가올까. 더는 기독교인이라고 부를 수 없는데도 말이다. 어린 시절의 몇몇 장면이 떠오른다. 이웃의 큰언니뻘이었던 드라이어 양이 동네 일곱 살배기 조무래기들을 모아놓고는 그리스도의 수난에 대해 한없이 세세한 부분까지 눈물을 흘리면서 묘사해주던 장면, 읊조리던 말들…. 기독교 전통 속에서 자란 우리에게 십자가는 신의 존재 그 자체였다. 얼기설기 철사에 매달린 두 조각의 나무판자라 할지라도….

사방에 오물과 말똥이 널려 있는 광장에서 아이들이 놀고 있다. 논다고 할 수나 있을까. 이리저리 빈둥거리면서 지나는 어른들을 껌뻑거리며 쳐다보고 저희끼리 귓속말을 주고받는다. 큰 목소리가 들리면 그것은 러시아 병사다. 커튼을 팔에 걸치고 한 병사가 저벅저벅 걸어오다가 우리의 뒤통수에 대고 음탕한 말들을 쏟아냈다. 무리를 지어 군데군데 흩어져 있거나 부대 단위로 행군하는 러시아 병사들이 보였다. 그들의 노래가 우리의 귀에 거칠고 도발적으로 와 닿았다.

빵 두 덩어리를 70페니히에 샀다. 낯설기도 하고, 빵집 주인에게 전혀 무가치한 것을 주었다는 미안한 느낌이 든다. 독일 화폐를 제대로 된 돈으로 여겨도 되는지 모르겠다. 빵집에서 일하는 에르나가 우리 건물에 사는 모든 사람에게서 가족 증명서를 모아 생존자 수와 이름을 명부에 기록했다. 곧 식량 배급표가 나올 모양이다. 에르나는 근사하게 치장을 하고 꽃무늬 여름 원피스를 입고 나타났다. 일부러 지저분하게 꾸민 다음에야 밖으로 나올 수 있었던 2주간을 떠올리면 참 이례적인 풍경이었다. 나도 새 옷을 입고 싶은 기분이 들었다. 그러나 아직은 러시아 군인이 우리 집 문을 두드리지 않고, 누구도 우리 집 소파와 안락의자에 앉아 기지개를 켜지 않는다는 걸 믿기 어렵다. 방을 샅샅이 치웠는데, 침대 밑에서 빨간 유리로 된 조그만 별 하나와 종이 포장지에 싸인 콘돔 하나를 발견했다. 누가 잃어버렸는지 짐작조차 할 수 없다. 그 물건을 아는 러시아 병사가 있기나 했을까. 그 누구도 독일 여자들을 상대로 번거롭게 콘돔을 사용할 생각은 하지 않았을 것이다.

전축은 그들이 가져가 버렸고, 의류회사의 선전 레코드도 가져갔다("… 여성용, 아동용, 누구나 우리 가게에서 멋진 옷을 고를 수 있고…"). 대신 우리에게는 바흐에서 피츠너에 이르기까지 마흔네 장의 클래식 레코드가 남았고, 거기엔 〈로엔그린〉 반쪽도 포함되어 있다. 아나톨이 부러뜨린 덮개도 남아서 퍽 고마운 마음으로 화덕에 넣어 태워버렸다.

벌써 5월 9일, 수요일 저녁이다. 창턱에 앉아 이 글을 적고 있다. 여름 날씨다. 단풍나무는 짙푸른 색으로 변했고, 말끔히 비질이 된 거리는 텅 비어 있다. 저물어가는 석양에 의지해 글을 쓴다. 이제 초를 아껴야 한다. 누구도 새것을 가져다주지 않을 테니.

술, 설탕, 버터, 고기도 끝이다. 감자에 손을 댈 수만 있어도 좋으련만! 아직 건물 지하실 앞의 바리케이드를 치우자고 나서는 이가 없다. 그들이 다시 올지, 새로운 부대가 들이닥칠지 아직 모르기 때문이다. 미망인의 설교는 끝이 없다. 우리 처지와 딱 어울리는 들에 핀 백합꽃(신약성서의 "무엇을 먹을까, 무엇을 마실까, 무엇을 입을까 걱정하지 말아라. 목숨이 음식보다 소중하지 않느냐? 몸이 옷보다 소중하지 않느냐? 들의 백합꽃이 어떻게 자라는가를 살펴보아라. 수고도 하지 않고, 길쌈도 하지 않는다"는 구절을 연상시킨다—편집자)에 관한 것도 아니었다. 불안한 앞날에 공상을 덧붙이고 모두가 굶어 죽을 것이라고 했다. 내가 완두콩 수프를 한 접시 더 부탁하자 파울리 씨와 눈길을 주고받는다.

글을 휘갈겨 적는 중에 대공포 소리가 요란하게 들려왔다. 러시아 군인들이 승전 행진을 위해 연습 중인데 미군도 참가할 거라는 소문이다. 충분히 가능한 일이다. 그들의 축하 행진은 우리와는 아무런 상관이 없다. 우리는 패전국이다. 그런데도 나는 삶에 애착을 느낀다.

계속, 밤중에 글을 적는다. 촛불을 밝혀놓고 이마에 습포를 붙이고.
저녁 8시쯤에 현관문을 주먹으로 두드리는 소리가 났다. "불이야! 불!" 밖으로 뛰쳐나갔다. 바깥이 대낮같이 훤했다. 두 건물 떨어진 폐허가 된 건물 지하실에서 불꽃들이 일렁이며 밀려 나와 온전한 옆 건물의 방화벽 쪽으로 치솟고 있었다. 폐허가 된 건물 구멍에서 올라온 매캐한 연기가 거리를 따라 스멀스멀 퍼졌다. 그림자들이 구름처럼 엉켜 북적대고 고함치고 울부짖었다.

어떻게 해야 하나? 물은 없다. 발화 지점은 폐허가 된 건물 아래쪽 지하실이었다. 지하실에서 잔뜩 뜨거워진 공기가 내뿜어져 나왔다. 폭격을 당하는 밤의 상황과 같았다. 익숙한 장면이라 사람들은 그다지 흥분하지 않았다. "공기를 차단해야 해" 하는 소리가 들렸다. "잔해 부스러기로 불길을 덮어야 해." 순식간에 사람들이 두 줄로 늘어섰다. 돌덩이들이 손에서 손으로 전해졌다. 마지막 사람은 그것을 불길 속으로 던져 넣었다. 한 남자가 이제 곧 9시가 되니 서둘러야 한다고 외쳤다. 밤 10시 이후엔 민간인들은 거리에 나다녀서는 안 되기 때문이다.

검은 형체의 사람들이 어디서부터인지 모르겠지만 큰 통을 하나 굴리며 왔고, 통 속에서 지독한 냄새를 풍기는 걸쭉한 물을 길어 올렸다. 물통을 넘겨줄 때 어떤 여자가 실수로 양철 물통 모서리를 내 관자놀이에 부딪쳤다. 눈앞에 불이 번쩍했고, 나는 건너편 무덤들이 널린 잔디밭의 돌덩이 쪽으로 가서 쪼그리고 앉았다. 어떤 여자가 곁에 앉더니 단조롭게 '저기 저 아래쪽'은 장교 부부의 무덤인데 청산가리로 자살했다고 알려주었다. "관도 없고 아무것도 없었어요. 등화관제용 종이에 둘둘 말아서 노끈으로 이리저리 묶여 있었대요. 침대 시트도 없었다나 봐요. 폭격을 당해 집을 잃고 그곳으로 배정만 받은 상태였어요." 다 아는 얘기였지만 내버려 두었다. 필시 독극물을 미리 준비해두었을 것이다.

심하게 어지러웠다. 이마에 혹이 부풀어 오르는 것이 느껴졌다. 불길은 곧 잡혔고 돌덩이들에 파묻혀 꺼졌다. 나는 욕을 해대는 어떤 무리에 끼어 걸어가면서 화재의 원인을 알아냈다. 예전에 이 파괴된 건물에서 가게를 운영했던 식품점 주인이 지하실의 아직 온전한 부분에 저장용 와인을 그대로 두고 갔고, 군인들이 이를 알아내—냄새로 추적했을 것이다—촛불을 손에 들고서 술병들을 약탈했는데, 그때 실수로 병 밑에 깔아둔 밀짚에 불티가 날아가 번졌다는 것이다. 한 남자가 얘기했다. "그들이 엉망으로 취해 하수구를 따라 널브러져 있었어요. 겨우 일어설 정도는 되는 한 병사가 걸어가면서 동료들의 시계를 팔에서 풀어내는 걸 내가 직접 봤다니까요." 그 말에 다들 허탈하게 웃었다.

나는 침대에 누워 혹이 난 이마를 찜질하고 있다. 우리는 내일 베를린을 가로질러 쇤베르크까지 멀리 나들이를 갈 계획이다.

1945년 5월 10일, 목요일

집안일을 하고 장작을 패고 물을 길어 오니 아침나절이 지났다. 미망인은 소다수에 담가 발을 씻고, 하얗게 센 머리칼이 조금이나마 더 가려지는 머리 모양을 찾느라 거울 앞에 오래 머물렀다. 오후 3시에 드디어 출발 준비를 마쳤다. 정복당한 도시를 가로지르는 우리의 첫 나들이.

이런 가련한 말들로 이 도시를 표현하기에는 충분치 않다.

우리는 하젠하이데 공원에 있는 공동묘지 위를 지나갔다. 노란 모래로 쌓아 올린 비슷비슷한 무덤들이 줄지어 늘어서 있었다. 3월의 마지막 대공습으로 생긴 무덤들이다. 여름의 태양이 뜨겁게 내리쬐었다. 공원은 황폐했다. 독일군이 오래전에 시계를 확보하려고 나무들을 베어냈다. 곳곳에 참호들이, 그 속에 헌 옷, 빈 병, 깡통, 철사, 탄피 들이 어지럽게 흩어져 있다. 한 벤치에 러시아 병사 두 명이 여자 한 명과 함께 앉아 있었다. 러시아 병사가 밖에서 혼자 돌아다니는 경우는 드물다. 둘이 있어야 안전하다고 느끼는 모양이다. 계속 걸었다. 우리는 한때 인구가 밀집되어 있던 노동자 거리를 지나갔다. 거리는 적막했고, 건물들은 모두 잠겨 있었다. 이제야 이곳에 살던 1만 명의 사람들이 이주를 했거나 죽었다는 사실이 와닿았다. 인간이든 동물이든, 살아 있는 소리가 전혀 들리지 않았다. 자동차, 라디오, 전철 소리도 없었다. 오직 우리의 발소리만이 숨 막힐듯한 적막을 깨뜨렸다.

건물 깊이 숨은 사람들이 거리를 횡단하는 우리를 은밀하게 확인했다. 창문으로는 아무도 얼굴을 내밀지 않는다.

계속, 여기서부터 쇠네베르크 구역 시작이다. 곧 우리가 더 나아갈 수 있을지, 급행열차 선로 너머 서부 지역으로 연결되는 육교 중 하나라도 온전하게 남아 있을지 드러날 것이다. 몇몇 건물에 아주 작아 장난감처럼 보이는 빨간 국기가 걸려 있었다. 분명 옛 나치 깃발을 오린 것이다. 이따금 검은색 갈고리십자가가 있었을 흰색 원 부분을 알아볼 수 있었다. 그 조그만 국기들은 말끔하게 감침질 되어 있었다. 분명 여자들 손을 거쳤으리라. 우리가 이렇게 하지 않을 재간이 있었겠나!

곳곳에 군인들이 남긴 것들이 보였다. 부속을 들어낸 자동차, 완전히 불타버린 장갑차, 구부러진 포신 받침대. 여기저기에 러시아어로 된 표지판과 플래카드도 걸려 있었다. 5월 1일 노동절, 스탈린, 승전을 축하하는 내용이었다. 이 거리에도 사람들은 거의 보이지 않는다. 가끔 셔츠 차림의 남자나 머리가 산발인 초라한 행색의 여인이 지나고는 했다. 아무도 우리를 눈여겨보지 않았다. "육교는 아직 남아 있어요." 쇠약한 맨발의 여자가 우리의 질문에 답하고는 급히 가버렸다. 맨발이라니? 베를린에서? 난생처음 보는 광경이었다. 육교 앞에 잔해 더미들로 만든 바리케이드가 있었다. 그 틈으로 빠져나가면서 가슴이 심하게 요동쳤다.

눈부시게 태양이 빛났다. 육교를 오가는 사람은 없었다. 우리는 걸음을 늦추고 철둑을 내려다보았다. 누런 선로들이 건초처럼 뒤엉겨 있고, 그 사이사이로 지름이 1미터에 가까운 포탄 구멍들이 뚫려 있거나 선로 일부가 높이 휘어 공중으로 솟아 있다. 폭격을 맞은 침대열차와 식당열차에서 쿠션과 찢어진 조각들이 흘러나와 있었다. 찌는 듯한 열기. 화염 냄새가 선로 위를 떠돌았다. 사방이 황량했다. 버려진 것들이 생명의 흔적을 완전히 삼켜버렸다. 베를린은 썩은 시체였다.

계속, 쇠네베르크 방향으로 진입. 건물 현관에 여자들이 주저앉아 있다. 멍한 두 눈, 푸석하게 부어오른 얼굴, 그들의 모습을 보고 이곳의 전투가 고작 며칠 전에 끝났다는 것을 알았다. 아직 마음의 평정을 찾지 못한, 우리가 며칠 전에 그랬던 것처럼 넋이 나간 얼굴이었다.

우리는 포츠다머가를 따라 서둘러 내려갔고, 검게 불타버린 관청들, 텅 빈 고층빌딩들, 파편 더미 앞을 지나쳤다.

한 길모퉁이에서 가슴이 주저앉는 광경을 보았다. 쇠약한 노파 둘이 자신들의 키보다도 높이 쌓인 파편 더미 앞에서 낡은 손삽으로 쓰레기들을 긁어내 조그만 수레에 퍼 담고 있었다. 한참 전부터 그러고 있었던 듯 보였다. 그 산더미를 다 치우려면 최소한 몇 주는 걸릴 것이다. 뼈마디가 굵은 손을 가진 두 노인은, 어쩌면 해낼 수도 있을 것이다.

클라이스트 공원은 황무지였다. 곳곳에 쌓인 똥 무더기에 파리 떼가 웽웽거렸고, 입구에는 넝마, 매트리스, 뜯어낸 자동차 쿠션들이 작은 언덕을 이루었다. 한가운데에 반쯤 지어진 고층 벙커가 고슴도치처럼 철심들에 둘러싸여 있었다. 짐작건대 전쟁이 7년 정도 계속되면 우리를 그 속으로 대피시킬 요량이었을 것이다. 두 남자가 벙커 앞에 쌓인 각목 무더기를 끌어 내렸고, 그중 한 남자가 다루기 쉬운 조각을 찾아내 톱질을 했다. 모든 것에 주인이 따로 없다. 숨 막히는 정적 속에 톱질 소리가 가련하게 울렸다. 이 죽은 도시가 숨소리마저 억눌러 우리는 저도 모르게 서로 낮게 속삭였다.

클라이스트 공원이 먼지로 채워진 듯했다. 모든 나무 위에, 총격으로 벌집처럼 구멍이 숭숭 뚫리고 뒤틀린 나무들 위에, 눈처럼 하얗게 먼지가 내려앉았다. 먼지 속에서 흐릿한 사람의 형상 하나가 이부자리를 질질 끌고 서둘러 지나갔다. 출구 쪽에 철조망이 둘러 있었는데, 새빨간 비목들이 꽂혀 있는 걸로 볼 때 러시아 군인들의 무덤이다. 비목들 사이로 납작한 화강암 판석 하나가 눈에 띄었다. 끌로 파 석회를 채워 새긴 비문이었는데, '이곳에 영웅들이 잠들었으며 조국을 위해 싸우다 전사했노라'고 쓰여 있었다. '게로이'(герой),

'영웅'이라는 뜻이다. 꼭 프로이센식 발음과 비슷했다.

20분 후쯤, 미망인의 친구가 산다는 집 앞에 도착했다. "남편의 동창생이야." 그녀가 말했다. 고전을 가르치는 고등학교 교사로, 기혼자라고 했다. 집은 죽은 듯이 잠잠했다. 판자를 대고 못질을 해서 앞문을 막아놓았다. 그래서 뒤쪽 출입구를 찾다가 한 여자를 마주쳤는데, 안마당 구석에서 치마를 까뒤집고 우리가 보는 앞에서 거리낌 없이 볼일을 보았다. 베를린에서, 독일 여자가 드러내놓고 이런 행동을 하다니. 이 또한 처음 보는 장면이었다. 그녀에게 물어 마침내 올라가는 입구를 발견했고, 계단으로 두 층을 올라가 노크를 하고 안전하다는 신호로 미망인의 이름을 외쳤다. 안에서 사람들이 술렁이더니 발소리와 속삭이는 소리가 들렸고, 드디어 밖에 누가 왔는지 알아차렸다. 문이 활짝 열리고 우리는 서로 목을 얼싸안았고, 나는 내 얼굴을 전혀 낯선 얼굴에 대고 비볐다. 나는 이들과 일면식도 없었다. 밖으로 나온 사람은 교사의 부인이었는데, 그 뒤편에서 남편이 나타나 우리에게 손을 내밀고 안으로 들어오라고 했다. 미망인이 들떠 이야기를 늘어놓아 모든 사연이 뒤죽박죽되었는데, 누구도 귀담아듣지 않는 듯해서 다행이었다. 어느 정도 시간이 지나서야 바람으로 심하게 망가진 집에서 잠시 앉을 만한 자리를 찾을 수 있었다. 곧 가방을 뒤져 버터 바른 빵을 꺼내 그들 앞에 내놓았다. 부부는 무척이나 놀랐다. 아직 빵은 배급되지 않고, 러시아 군인들은 아무것도 남겨놓지 않았다고 했다. "당신은 몇 번이나…?" 이 판에 박힌 미망인의 질문에 안주인은 동프로이센 특유의 느린 말투로 답했다. "저요? 딱 한 번, 첫날. 그날 이후로 우리는 방공호에서 문을 걸어 잠그고 지냈어요. 다행히 빨래 삶는 솥에 물을 한가득 받아놓고 그것으로 버텼어요." 점령군들은 이곳에 더 늦게 와서 더 일찍 사라졌다. 모든 것이 신속하게 진행된 것이다. 둘이 그간 무얼 먹고 살았을까. "아직 곡물가루 한 자루와 약간의 감자가 있어요. 참, 말고기도!"

말고기? 웃음이 새어 나왔다. 말고기를 어떻게 구했는지 안주인은 생생하게 몸짓을 더해 설명했다. 아직 독일군이 거리에 진을 치고 있을 때 누군가 지하실로 달려와 밖에 말이 쓰러져 있다는 기쁜 소식을 전했다. 지하실 사람들이 한꺼번에 우르르 몰려나갔다. 말이 아직 움찔거리고 눈알을 굴리고 있는데 벌써 빵칼과 호주머니 칼이 말의 몸통을 찌르기 시작했다. 그러는 동안에도 당연히 포격이 쏟아졌다. 누구나 자신이 처음 찔렀던 부분을 자르고 헤집었다. 교사 부인은 지방질이 누렇게 낀 부위로 손을 뻗었다가 칼자루에 손가락을 한 방 얻어맞았다. "이봐! 당신이 찌른 부위나 가져가라고!!" 부인은 6파운드나 되는 고기 조각을 힘겹게 잘라냈다. "그 고기로 우리는 제 생일 파티를 벌였답니다." 그녀가 말했다. "남은 걸 식초에 담가두었더니 제법 먹을 만해요."

우리는 열렬히 칭찬했다. 보르도산 와인 한 병이 나왔다. 우리는 함께 마셨고, 부부를 위해 건배했고, 미망인은 소년병 하나가 우크라이나 여자와 자신을 비교했던 일명 '구멍 이야기'를 재치 있게 들려주었다. 우리 모두 경계를 풀고 수다를 떨었다.

헤어질 때 작별인사를 몇 번이고 되풀이했다. 교사가 방 안을 구석구석 뒤지며 빵에 대한 답례로 뭔가를 주고 싶어 했지만 아무것도 없었다.

계속, 바이어리셔 지구로 걸어 들어갔다. 나의 친구 기젤라도 보고 싶었기 때문이다. 독일 승용차들의 긴 행렬이 거리를 차단하고 있었는데, 대부분 속이 비어 있었다. 건너편에 미용실 한 곳이 문을 열었다. 쪽지에 남자 머리를 깎아주며, 더운물을 가져오면 여자 머리도 감겨준다고 적혀 있었다. 안쪽을 자세히 들여다보니 제일 끝 어둑한 자리에 손님 한 명이 앉아 있고, 남자 미용사가 가위를 들고 이리저리 움직이는 것이 보였다. 썩은 시체가 된 이 도시에서 처음으로 살아 있는 징후를 발견했다.

계단을 따라 기젤라의 집으로 올라갔다. 문을 두드리고 이름을 부르자 흥분으로 몸이 부들부들 떨렸다. 드디어, 그녀와 다시 얼굴을 맞댔다. 기껏해야 악수나 하는 사이였는데 말이다.

기젤라 또한 홀로 지내지 않았다. 지인이 소개한 젊은 처녀 둘과 함께 살고 있었다. 브레슬라우에서 피란을 온 여대생들이었다. 유리창도 없는 텅 비다시피 한 방이었지만 그래도 깨끗했다.

처음에 흥분으로 몇 마디 인사말을 나눈 다음에는 어색한 침묵이 찾아왔다. 나는 이곳이 슬픔에 짓눌려 있다는 것을 알아차렸다. 두 여대생의 눈에 검게 다크서클이 내려앉아 있었다. 그들의 말은 너무나 절망적이고 비참했다. 기젤라가 나를 슬쩍 발코니로 불러내 소리 죽여 들려준 바로는 그 둘이 러시아 군인들에게 순결을 잃었으며, 그 일을 여러 차례 당했다는 것이다. 이제 막 스무 살이 된 금발의 헤르타는 그 후로 계속해서 통증에 시달리고 자주 우는데, 자기도 어찌해야 좋을지 모르겠다고 했다. 헤르타는 가족의 소식을 전혀 모르며, 만약 살아 있다면 슐레지엔 지역에서 뿔뿔이 흩어져버렸을 거라고 했다. 그 처녀는 발작적으로 기젤라에게 매달렸다. 이제 겨우 열아홉 살이 된 곱상한 브리기테는 정신적 상처를 지독한 냉소로 견디고 있었다. 분노와 증오에 휩싸여, 삶은 지저분하고 모든 인간—모든 남자를 두고 하는 말이었다—은 더러운 짐승이라고 욕했다. 그녀는 떠날 거라고, 스치기만 해도 심장이 터질 것 같은 군복 입은 남자들이 없는 어딘가로 멀리 가버릴 거라고했다.

기젤라는 별 탈 없이 지나갔다. 내가 아쉽게도 너무 늦게야 알게 된 속임수를 이용했다. 기젤라는 편집자가 되기 전에 배우가 되려고 준비했는데, 연기 수업을 받으면서 분장하는 법도 약간 배웠다.

그녀는 노파로 변신했고 머리칼은 두건으로 가렸다. 러시아 병사들이 나타나 손전등을 비춰가며 두 여대생을 찾아냈을 때, 목탄으로 그린 주름살투성이인 기젤라를 보고는 구석으로 밀쳐버리며 말했단다. "바부시카(бабушка)—할망구, 넌 잠이나 자." 피식 웃음이 나왔지만 이내 거두었다. 두 처녀가 너무나 침통하고 괴로운 얼굴이었기에.

이 처녀들은 사랑의 첫 결실을 영원히 빼겨버렸다. 사랑하는 사람을 만나게 된다 하더라도 첫 손길에 전율을 느낄 수 없으리라. 나에게도 그런 사람이 있었다. 파울. 그가 울멘가에서 나를 낯선 집 대문간의 어둑한 곳으로 밀어붙였을 때 우리는 동갑내기 열일곱이었다. 학생 콘서트—내 기억으로는 슈베르트였던 것 같다—에 참석했다가 집으로 돌아가는 길이었는데, 말로 표현할 능력까지는 없었지만 음악의 감동이 가시지 않은 상태였다. 우리 두 사람 모두 경험이 없었다. 내가 경건한 마음으로, 남들이 말하는 첫 키스의 황홀함을 기다리는 동안 이가 이와 마주 부딪쳤다. 그 순간 내 머리가 풀어헤쳐졌다는 것을 알아차렸다. 평소에 목덜미 부근에 단단히 매달려 있던 머리핀이 사라졌다.

얼마나 소스라치게 놀랐는지! 옷자락과 옷깃을 흔들어 털어보았다. 파울은 어둠 속에서 돌이 깔린 도로 위를 이리저리 더듬었다. 나도 그를 거들었고, 서로의 손이 닿았지만 몸은 식어버린 뒤였다. 결국 그 머리핀은 찾지 못했다. 아마 걸어오는 도중에 잃어버린 것 같았다. 신경이 쓰였다. 어머니가 날 보자마자 곧장 알아차릴 테고, 꼬치꼬치 물어볼 것이고, 나를 꼼꼼히 살펴볼 것이다. 그러면 어머니가 나의 표정에서 파울과 내가 대문간에서 벌인 짓을 알아채지 않을까? 우리는 당황해서 허둥지둥 헤어졌고, 그 후로 다시는 가까워지지 않았다. 그런데도 그 수줍은 몇 분은 내 인생에 언제까지나 은빛으로 반짝이고 있다.

한 시간 후, 긴 작별인사를 나누었다. 헤어지려니 마음이 아팠다. 언제 어떻게 다시 만날지 결코 알 수 없다. 우리 앞에는 너무나 많은 일이 일어날 수 있다. 그래도 나는 기젤라를 우리 집으로 오라고 초대했다. 미망인도 남편의 동창 부부를 초대했었다. 형편이 조금이라도 나은 우리는 빵 한 조각이라도 나눠주고 싶었다.

먼지가 이는 황량한 길을 따라 집으로 돌아왔다. 미망인은 너무 무리한 탓에 발이 따끔거린다고 했고, 그래서 우리는 자주 도로 경계석에 앉아 쉬어야 했다. 나는 무거운 짐을 짊어진 듯 느리게 걸었다. 베를린은 다시는 재건될 수 없을 것이며, 우리는 평생 폐허 속의 쥐로 남을 거라는 불길한 예감이 들었다. 처음으로 이 도시를 떠나 숨통을 트일 만한, 자연이 살아 있는 다른 곳에서 밥벌이를 하고 살 곳을 마련하고 싶다는 생각이 들었다. 공원에서 우리는 벤치에 앉아 쉬었다. 우리 옆에 사내아이 둘을 데리고 나온 젊은 부인이 앉았다. 러시아 병사 한 명이 손짓으로 짝꿍을 불러들였다. "이리와 봐, 여기 꼬마들이 있어. 우리가 얘기할 수 있는 유일한 인간들이라고." 젊은 엄마가 불안하게 우리를 바라보더니 어깨를 으쓱했다. 두 병사와 두 꼬마 사이에 즐거운 대화가 시작되었다. 꼬마들은 병사들이 하자는 대로 그들의 무릎에 올라앉았고 러시아 노래에 맞춰 말을 탄 듯 몸을 흔들었다.

문득 병사 하나가 내 쪽으로 몸을 돌리더니 세상에서 가장 다정한 말투로 말했다. "누가 당신과 잠자리를 가지든지 전혀 상관없잖아. 꼬리는 꼬리니까." (아나톨이 이 표현을 존스럽고 거친 언행으로 나에게 가르쳐준 적이 있다.) 나는 못 알아듣는 척 멍청해 보이려고 몹시 애를 썼다. 그저 미소를 짓자, 두 사내가 시시덕거리며 웃었다. 그래, 실컷 비웃어라!

지친 발을 달래 집을 향해 걸었다. 파울리 씨가 안락의자를 창가에 붙여놓고 우리가 오는지 내다보고 있었다. 세 시간이나 돌아다니면서 러시아 군인을 둘밖에 보지 못했다고 하니 전혀 못 믿겠다며 신기해했다. 그는 도심이 병력으로 넘쳐날 거라고 했었다. 얘기를 하다 보니 진짜 이상하다는 생각이 들었다. 점령군은 대체 어디에 머물러 있었을까?

우리는 크게 숨을 들이쉬었다. 쇠네베르크의 먼지 덮인 쓸쓸한 풍경을 곱씹으며 몸서리쳤다. 힘들게 겨우 잠이 들었다. 끝없이 쏟아지는 암울한 생각들. 슬픈 하루였다.

1945년 5월 11일, 금요일

집안일을 했다. 빨랫감을 비눗물에 불려놓고, 마지막으로 남은 감자의 껍질을 벗겼다. 벤 양이 우리에게 새로운 식량 배급표를 전해주었다. 배급표는 갱지에 독일어와 러시아어로 인쇄되어 있었다. 성인용 도안과 14세 이하의 어린이용 도안이 있었다.

배급표를 옆에 놓고 일일 배급량을 옮겨 적는다. 빵 200그램, 감자 400그램, 설탕 10그램, 소금 10그램, 맥아 커피 2그램, 고기 25그램. 지방질은 나오지 않는다. 여기 적힌 대로 주기만 한다면야 썩 괜찮을 것이다. 한편으로는, 이 혼란의 와중에 이 정도의 질서가 다시 잡혀간다는 사실에 몸이 굳는다.

채소 가게에 긴 줄이 늘어선 것을 보고 나도 서서 차례를 기다렸다. 늘어선 줄에서 펌프장에서 들었던 이야기를 다시 들었다. 이제 모두가 히틀러에게서 등을 돌렸다, 눈을 씻고 찾아봐도 협력했다는 사람은 코빼기도 보이지 않는다, 모두가 추적을 당하는데 밀고했다는 사람은 없다는 내용이었다. 배급표를 내고 사탕무와 말린 감자를 받았다.

나는 그의 체제에 찬성했던가, 아니면 반대했던가? 어쨌든 나 또한 그 속에 포함되어 있었으며, 비록 원하지 않았다 하더라도 나를 둘러싸고 물들였던 공기를 들이마셨다. 파리 여행 중에 그 사실을 새삼 깨달았다. 히틀러가 집권한 지 3년 차였는데, 뤽상부르 공원에서 한 대학생을 만났더랬다. 비가 억수같이 쏟아져 우리는 커다란 나무 밑으로 몸을 피했다. 그와 프랑스어로 잡담을 나누었고, 우리 둘 다 프랑스어가 서툰 외국인이라는 걸 알게 됐다. 어느 나라 사람일까?

재미 삼아 서로 맞혀보기로 했다. 그는 내 머리 색을 보고 스웨덴 사람으로 추리했고, 나는 그를 모네가세(Monegasse)로 부르기로 했다. 모나코 사람을 지칭하는 이 표현을 배운 지 얼마 되지 않았고, 그 말이 재미있었다.

비는 쏟아져 내릴 때처럼 갑자기 그쳤다. 우리는 함께 걷기 시작했는데, 그의 발걸음과 맞추기 위해 내가 나도 모르게 군인들처럼 '발 바꾸어 가기'를 했던 모양이다. 그가 문득 멈춰 서더니 소리를 질렀다. "아, 총통의 딸이군!" 한 여자가 히틀러의 체제 아래 살고 있다는 것을, 그저 보조를 맞춰 걷고자 몇 걸음 떼는 순간 알아차린 것이다.

재미와 농담은 그렇게 끝났다. 그 젊은 남자가 곧바로 자신이 모네가세가 아니라 네덜란드인이자 유대인이라고 소개했기 때문이다. 무슨 얘기를 더 할 수 있을까. 우리는 다음 갈림길에서 헤어졌다. 쓰라린 경험이었고, 나는 이 일을 두고두고 곱씹었다.

문득, 골츠 씨 부부의 소식을 듣지 못한 지가 한참 지났다는 생각이 든다. 지금은 불타버린 내가 살던 건물의 같은 층에 살던 이웃인데 한때 당을 신봉했던 이들이다. 두 건물 떨어진 곳까지 가서 소식을 물었지만 허사였다. 내가 끝없이 문을 두드리자 어느 한 집에서 안전고리를 벗기지 않고 문틈으로 골츠 씨 부부가 남들 눈에 띄지 않으려고 달아났다고 얘기해주었다. 그러면서 그나마 다행이라고, 얼마 전에 러시아 군인들이 골츠 씨를 찾아왔었다고, 누군가 러시아군에 그를 밀고했을 거라고 덧붙였다.

오후 늦게 우리 집 문을 두드리는 소리가 나더니 누군가 내 이름을 불렀다. 예전에 지하실에서 알고 지냈지만, 그 이후로는 거의 잊고 지낸 인물, 독일의 승리를 믿어 의심치 않던 지기스문트였다. 그는 누구한테서인지 내가 '고위층 러시아 군인들'과 관계를 맺고 있다는 소문을 들었다고 했다. 그가 물었다. 진짜로 나치당에 입당했던 사람은 자수하고 노역을 해야 하는지, 자원하지 않으면 총살한다는 말이 사실인지 간절히 알고 싶어 했다. 너무 많은 소문이 떠돌아다니니 일일이 확인하기란 불가능하다. 나는 그에게 아무것도 모르며, 그런 계획이 있다고 믿지도 않는다고, 그러니 두고 봐야 한다고 말했다. 그는 사실 알아보기 힘들 만큼 비쩍 말라 있었다. 몸통을 헐렁하게 두른 바지가 깃발처럼 펄럭였고, 몰골은 어느 곳 하나 남김없이 비참했다. 미망인이 한 톨의 동정심 없이 당에 가담한 행위를 질타하며 이제 그 결과를 똑똑히 보라고 책망했다. 지기스문트—나는 그의 진짜 이름이 무엇인지 아직도 모른다—는 그 모든 것을 겸손하게 참아 넘기며 빵 한 조각을 구걸했다. 미망인은 그에게 빵을 주었다. 그런데 그가 떠나자마자 가정불화가 벌어졌다. 파울리 씨가 화를 내고 날뛰면서 그 작자에게 먹을 것까지 쥐여주냐며 주제넘은 짓이라고 미망인을 다그쳤다. 그 꼴이 된 건 다 제 탓이고 더 험한 일을 당해도 싸다는 둥 마땅히 감옥에 처넣어야 할 뿐 아니라 배급표를 뺏어야 한다고 역정을 냈다. (파울리 씨는 확실히 오래전부터 히틀러와 이 체제에 반대해왔다. 원체 무엇에든 반대하는 성격이기 때문이다. 그는 부인하고 반대하는 "언제나 부정하는 정신의 소유자"(《파우스트》에 등장하는 메피스토펠레스를 지칭하는 말—옮긴이)이다. 내가 지금까지 본 바로는 무엇이든 그가 무조건 인정하는 것은 이 세상에 아무것도 없다.) 그렇다, 이제는 누구도 지기스문트를 달가워하지 않는다. 이 건물에서 돌아다녀서도 안 되고, 누구나 매정하게 그의 말을 가로막고 대들거나 아예 상대조차 않는다. 그와 비슷한 처지에 있는 사람이라면 더더욱 필사적으로 몸을 사린다. 이 남자의 마음은 오갈 데 없이 쓸쓸하고 난처할 것이다. 나 또한 그를 야멸차게 대한 적이 있다. 그 때문에 그가 간절한 두려움으로 나를 찾아온 그 순간 나는 마음이 불편했다. 내가 어쩌다가 이 모든 비천함 속에 응답자가 되었을까. 십자가에 매달리신 주여, 저를 구원하소서, 이 말을 계속 되뇐다.

30분쯤 전, 해 질 녘에 별안간 총소리가 들렸다. 멀리서 날카로운 여자의 비명도 들렸다. "사람 살려!" 우리는 창밖을 내다보지도 않았다. 그럴 필요가! 그러나 이런 일이 그런대로 유익하기도 하다. 우리의 기억을 다시금 일깨우고, 처신을 조심시킨다.

1945년 5월 12일, 토요일

오전에 건물에 사는 사람들, 건물공동체—공식적으로 이제 이렇게 부른다—가 함께 나서서, 구덩이를 하나 팠다. 뒤뜰에 공동묘지가 되는 상상을 했던 그 뜰에 산더미처럼 쌓인 쓰레기를 파묻기 위해서였다. 모두 흥겨운 마음으로 열심히 일하며 덕담들을 주고받았다. 한시름 놓았다고 느꼈고, 보람 있는 일을 하는 것을 기뻐했다. 아무도 '출근할' 필요가 없는 날들, 말하자면 누구나 휴가를 받아 집안일을 하고 부부가 아침부터 밤늦게까지 붙어 지내는 일상, 이 모든 것이 무척이나 낯설다.

구덩이 작업을 마치고 거실을 걸레질하고, 군인들이 아무렇게나 뱉은 침과 구두약 흔적, 말똥 찌꺼기들을 마룻바닥에서 긁어 닦아냈다. 그러고 나니 식욕이 돋았다. 우리에게는 아직 완두콩과 밀가루가 남아 있다. 미망인은 파울리 씨가 국민방위대에서 받아 온 버터의 마지막 찌꺼기를 녹여 버터기름으로 음식을 만들었다.

우리의 쇠네베르크 손님들이 도착했을 때 집은 윤이 나서 반짝거렸다. 친구 기젤라는 그전에는 몰랐던 미망인의 친구들과 함께 그 길을 걸어왔다. 모두 깨끗이 씻고 머리를 제대로 다듬고 말끔한 옷차림으로 무사히 도착했다. 우리가 갔던 길과 같은 길로 왔고, 같은 풍경을 보았다. 드문드문 보이는 사람들, 거의 인적이 없는 도로, 두어 명씩 붙어 돌아다니는 러시아 병사들을 제외하고는 황량하고 스산했다고 했다. 묽은 커피를 냈고, 그들 각자에게 기름에 구운 빵 세 조각을 대접했다. 이 정도면 융숭한 대접이다!

나는 기젤라를 거실로 데려와 앞으로 어떻게 살아갈 작정인지 이야기를 나누었다. 그녀는 비관적이었다. 유일하게 소중하게 여기는 서구의 예술과 문화에 젖은 세계가 몰락했다고, 새 출발을 하기에는 정신적으로 너무 지쳐 있다고 했다. 섬세한 사람이라면 정신적 회복은 언감생심이고 숨 쉴 기력도 거의 남아 있지 않을 거라고 말했다. 그렇다고 베로날(강력한 수면제) 같은 습관성 약물을 시작할 수는 없다고, 비록 용기도 없고 사는 낙도 없지만 견뎌보고 싶다고 했다. 그녀는 자신의 영혼 안에서 '신의 존재'를 찾기를, 마음 깊숙한 곳의 자신과 화해하기를, 그로써 구원을 얻기를 바랐다. 이미 그녀의 눈 밑에는 영양실조로 짙은 그늘이 생겼고, 함께 살게 된 두 처녀와 지금처럼 앞으로도 계속 굶주려야만 할 것이다. 내 느낌으로는 그녀가 두 젊은 여자에게 자신의 먹을 것까지 내주는 것 같았다. 비축해둔 약간의 콩과 귀리 플레이크는 러시아 군인들이 진입하기 전에 이미 지하실에서 독일인들이 훔쳐 갔다고 했다. 인간은 인간에게 늑대다(Homo homini lupus). 그녀와 작별하기 전에 그녀의 손에 시가 두 대를 쥐여주었다. 소령이 가져다준 담뱃갑에서 꺼낸 것이다. 파울리 씨가 이미 반이나 피워버렸지만, 그 선물을 받기 위한 노력은 내가 했으니 상관없다. 내 몫은 내 마음대로 할 수 있다. 기젤라는 그것을 먹을 것과 교환할 수 있을 것이다.

저녁에 물을 길으러 나갔다. 우리 펌프는 대단한 물건이다. 몸체는 부러졌고 자루는 여러 번 떨어져 나갔었다. 지금은 몇 미터의 노끈과 철사를 이용해 단단히 묶어놓았다. 두 사람이 물을 퍼 올리는 동안 세 사람이 그 구조물을 붙들고 있어야 한다. 이 공동 작업은 손발이 척척 들어맞아서 한마디도 필요치 않다. 물통 두 개를 보니 펌프에서 뿜어져 나온 부스러기와 조각들이 떠다녔다. 물은 여과해서 먹어야 했다. 참 이해할 수 없는 일이다. 아무짝에도 쓸모가 없는 바리케이드는 열심히 설치하면서, 자신들이 이미 수복해 포위 중인 곳에 왜 제대로 된 급수전을 만들 생각을 하지 않는 걸까. 도시를 점령한 적이 많은 그들이 무엇이 시급한지 모를 리가 없다. 아무래도 펌프장 설치를 언급하는 지휘관들이 실없는 인간 취급을 당하는 모양이다.

오늘 저녁은 조용하다. 3주 만에 처음으로 나는 책을 한 권 펼쳤다. 조지프 콘래드의 《섀도 라인》이었다. 그러나 읽는 건 불가능했다. 머리에 온갖 상념이 밀려들었다.

1945년 5월 13일, 일요일

화창한 여름. 아침 일찍부터 희망을 깨우는 소리가 들렸다. 두드리고 문지르고 망치질하는 소리. 한편으로는 우리 건물을, 집들을 주둔군을 위해 비워주어야 한다는 불안에 짓눌려 있다. 펌프장에서는 군대가 우리 구역에 배치될 거라는 소문이 돌았다. 이 나라에 우리 것이라고는 없다. 시간 말고는. 우리 셋은 풍성하게 차려진 테이블에 둘러앉아 아침 식사 시간을 즐겼다. 파울리 씨는 아직 모닝가운 차림이긴 하지만 눈에 띄게 건강해졌다.

베를린 상공에 연합군의 승리를 축하하는 종소리가 울려 퍼졌다. 어디에선가는 우리와 전혀 상관없는 거창한 행진이 거행되고 있다. 오늘은 러시아 군인들에게는 축제일이며, 병사들에게 승전을 축하하는 보드카가 배급될 거라고 한다. 펌프장에서는 여자들은 가능한 한 건물 밖으로 나오지 말아야 한다는 말이 나돌았다. 그 말을 믿어야 할지 어떨지 잘 모르겠다. 미망인은 미심쩍은 듯이 고개를 가로저었다. 파울리 씨는 아침부터 허리를 문지르며 다시 자리에 누워야겠다고 말하고…. 나는 기다려본다.

우리는 술 문제에 관해 집중적으로 얘기했다. 파울리 씨는 전장에서 패하고 퇴군을 하더라도 비축한 술은 절대 버리지 말고 적들에게 넘겨주라는 지시를 받은 적이 있다고 했다. 적군이 술에 취해 지체하면 다음 전투력에 손상을 입기 때문이라는 것이다. 완전히 허튼소리로 날조된 얘기다. 술이 병사들을 호색한으로 만들고 충동적으로 행동하게 한다는 사실을 단 1분만 생각해보면 알 것이다. 나는 그 병사들이 우리 나라 곳곳에서 찾아낸 그토록 많은 술이 없었다면 겁탈이 절반밖에 일어나지 않았을 것이라고 확신한다. 러시아 병사들은 타고난 호색한이 아니다. 뻔뻔한 짓을 하려면 먼저 자극을 받아야 하고, 심리적 압박을 내팽개쳐야만 한다. 그들 스스로도 그 사실을 안다. 적어도 감으로 안다. 그렇지 않고서야 그토록 열심히 술을 찾아다니지는 않을 것이다. 여자들과 아이들 한가운데에서 벌어질 다음 전투에서는(이들을 보호하기 위해 남자들은 더 일찌감치 외곽으로 철수했다고 한다) 우리 나라 군대를 철수시키기 전에 흥분을 유발하는 음료는 마지막 한 방울까지 하수구에 쏟아버려야 하며, 와인 저장고는 폭파되어야 하며, 맥주 창고는 완전히 날려버려야 한다. 아까워서 안 된다면 우리 나라 병사들이 철수하기 전에 흥겨운 술판이라도 벌이게 내버려두어야 한다. 여자들이 적들의 손아귀에 들어갈 가능성을 조금이라도 차단하려면 술을 모조리 없애버리기만 하면 된다.

계속해서, 이제 저녁이다. 두려움에 떨며 일요일이 지나갔다. 아무 일도 일어나지 않았다. 1939년 9월 3일 이후로 가장 평화로운 일요일이었다. 나는 소파에 드러누워 있었다. 바깥에는 태양이 빛나고 새들이 지저귀었다. 나는 미망인이 죄책감을 느낄 정도로 많은 땔감을 들여 구워준 쿠키를 야금야금 먹으며 삶에 관해 골똘히 생각했다. 생각의 결과는 이렇다. 내 사정은 나쁘지 않다. 나는 활기차고 건강하다. 어딜 크게 다친 것도 아니다. 살아가려고 최대한 노력 중이고, 진흙탕을 헤쳐나갈 물갈퀴도 갖추었다. 나의 힘줄은 특별히 유연하면서도 동시에 질기다는 기분이 든다. 세상에 적응을 제법 잘하는 편이며 대단히 섬세하지는 않다. 할머니의 기질을 물려받은 것이다. 반대편에 부정적인 측면이 없지는 않다. 앞으로 무엇을 하며 살아가야 좋을지 모른다. 누구에게도 없어서는 안 될 존재도 아니며, 그냥 이 상황을 멀거니 서서 지켜볼 따름이다. 지금으로선 어떤 목표도 임무도 없다.

예전에 한 현명한 스위스 여자와 끈질기게 나누었던 대화가 생생하게 떠오른다. 나는 세상을 개선해야 한다는 그녀의 모든 계획과 생각에 맞서며 이 원칙을 고수했다. "눈물의 총량은 누구나 같다." 어떤 나라에서 어떤 통치 체제 아래 살든 전혀 상관없이, 어떤 신을 섬기고 임금을 얼마나 받든 전혀 상관없이, 살아가기 위해 치러야만 하는 눈물, 고통, 불안을 합친 양은 항상 일정하다. 배부른 국민은 우울과 권태에 시달린다. 지금의 우리처럼 지나치게 고통받는 사람들에게는 무감각이 유용하다. 그렇지 않다면 나는 아침부터 밤중까지 울며 다닐 것이다. 남들이 그러지 않듯 나도 그렇게 하지 않는다. 여기에는 하나의 법칙이 있다. 살면서 흘린 눈물을 다 합친 양이 다르지 않다고 믿는 사람은 세상을 바꾸기에 부적합하다. 그리고 급진적인 행동에도 전혀 어울리지 않는다.

다시 한번 살펴보자. 나는 유럽 12개국을 가보았고, 모스크바, 파리, 런던에 살면서 공산주의, 의회주의, 파시즘을 바로 가까이에서 보통 사람들 사이에 섞여 보통 사람으로서 경험했다. 차이가 있었던가? 그렇다. 상당한 차이가 있었다. 그 차이는 주로 체제의 형태와 색깔, 그리고 때마다 다른 게임규칙에 달렸다. 캉디드가 우려했던 것처럼, 보통 사람이 행복한가 아닌가에 달려 있지 않았다. 태어날 때부터 처한 환경에 익숙해진 소심하고 둔감하고 예속적인 사람이 모스크바에서 사는 것은 파리나 베를린에서 사는 것보다 더 불행할 것도 없었다. 그런 사람은 자신이 처한 생활 여건에 정신적으로 적응해 살아간다.

나에게는 현재 지극히 개인적인 문제, 즉 나의 취향이 결정적인 요인이다. 나는 모스크바에서 살고 싶지는 않다. 그곳에서 나를 가장 괴롭힌 것은 쉴 새 없는 사상 교육이었다. 넓은 세상으로 자유롭게 여행할 수 없고, 그 어떤 에로틱한 분위기도 허용되지 않는다는 점

또한 나와 맞지 않았다. 반면에 파리나 런던에서 사는 것은 좋았다. 그런데 그 도시들에서도 나는 내가 주변에 머무는 이방인이고, 그저 용인될 뿐인 외국인이라는 사실을 매 순간 뼈저리게 느꼈다. 그때 파리에서도, 런던에서도 친구들이 계속 살라고 청했지만 결국 독일로 돌아왔다. 고국으로 돌아온 것을 후회하진 않았다. 낯선 곳에서는 어디에서도 확고한 기반을 잡을 수 없었을 것이다. 나는 우리 민족의 일원이라고 느끼며 이 운명을 함께하려고 한다, 지금까지도.

그러나 어떻게? 젊은 시절 한때 그토록 찬란해 보였던 붉은 깃발 쪽으로 되돌아갈 길은 없다. 눈물을 다 합친 양은 모스크바에서도 항상 일정했다. 어린 시절의 신실함은 이미 증발해 신과 피안은 상징과 추상 개념으로만 남았다. 발전? 그래, 더 큰 폭탄으로 발전하겠지. 대다수의 행복? 그래, 페트카와 그 일당에게는 그렇겠지. 조용한 구석으로 물러나 사는 전원생활? 그래, 양탄자의 보풀을 털어내는 사람들에게는 가능하겠지. 재산, 쾌락? 원하지도 즐기지도 않는다, 나는 정처 없는 대도시의 유랑자이다. 사랑? 바닥에 팽개쳐지고 짓밟혔다. 다시 살아난다 해도, 매 순간 불안할 것이고 그 속으로 도피하지 못할 것이며, 영원히 지속되기를 꿈꾸지도 못할 것이다.

그렇다면 예술, 형식(form)에 봉사하는 고된 작업? 천부적인 소질이 있는 사람에게는 가능하겠지만, 나는 아니다. 나는 그저 보잘것없는 막일꾼일 뿐이고, 내 한계를 잘 안다. 나는 아주 가까운 몇 사람에게만 영향을 미치고 좋은 친구가 될 수 있다.

끝을 기다리는 일만 남았다. 하지만 인생의 어둡고도 놀라운 모험은 여전히 반짝인다. 나는 호기심 때문에라도 계속 살아가게 될 것이다. 숨을 쉬고 건강한 사지가 움직이는 것을 느끼는 순간이 기쁘기도 하다.

1945년 5월 14일, 월요일

어젯밤 시끄러운 자동차 엔진 소리에 시달려 선잠이 들었다 깼다. 밖에서 사람들의 고함이 들렸고 경적이 쉬지 않고 울렸다. 비틀거리며 창가로 가보았다. 아래에 밀가루를 가득 실은 러시아 화물차 한 대가 서 있었다. 석탄을 미리 구해둔 빵집 주인은 이제 빵을 구워 배급표와 번호표를 받고 빵을 지급할 수 있을 것이다. 그가 환호하는 소리를 들었고, 러시아 운전병의 목에 매달리는 모습도 보았다. 운전병도 환하게 웃어주었다. 그들은 산타클로스 노릇을 즐긴다.

어둠도 채 가시지 않은 새벽부터 빵을 받으려고 늘어선 줄이 우리가 사는 구역 절반을 휘감을 정도로 길었는데, 오후가 된 지금까지도 계속 줄이 길어지고 있다. 여자들이 등받이 없는 의자를 가져와 앉아서 줄을 선다. 사람들이 재잘거리는 소리가 끊이질 않는다. 온갖 풍문이 은밀하고 뻔뻔스럽게 더 멀리 전해진다.

처음으로, 그리 멀지 않은 곳에 있는 제대로 된 급수 시설에서 물을 길어 왔다. 약간 신기했다. 자동 펌프에 달린 세 개의 수도꼭지에서 굵은 물줄기가 뿜어져 나와 순식간에 물통이 채워졌다. 단 2~3분 만에 차례가 돌아왔다. 자동 펌프 시설이 우리 일상을 바꾸고 우리 삶을 쉽게 해준다.

물을 길으러 가는 중에 수많은 무덤을 지났다. 거의 모든 앞뜰이 공동묘지다. 어떤 무덤에는 독일군 철모가, 어떤 무덤에는 하얀 소비에트 별이 달린 어딜 가나 똑같이 생긴 새빨간 나무 기둥들이 반짝인다. 러시아군은 대체 이 비목을 몇 트럭이나 싣고 왔을까!

도로 경계석에 독일어와 러시아어로 적힌 표지판들이 솟아 있었다. 한 표지판에는 스탈린의 말을 인용해 '히틀러는 사라졌지만 독일은 건재하다'고 쓰여 있었다. 러시아 군인들은 이런 구호를 Losungi라고 하는데, 같은 뜻을 지닌 독일어 Losung에서 비롯된 단어다.

우리 건물 출입문 옆에 이제는 제대로 인쇄된 '독일인들을 위한 소식'이 붙었다. '독일인들을 위한'이라는 말이 너무 거슬려서 거의 욕처럼 들린다. 우리 나라의 무조건적인 항복선언문이 나와 있고, 카이텔, 슈툼프, 프리데부르크의 서명이 있다. 모든 전선에서 항복했으며, 괴링은 체포되었단다. 어떤 여자가 전파 탐지기로 들었는데 그가 체포될 때 어린애처럼 울었다며, 사실은 히틀러가 이미 사형을 선고했다고 주장했다. 권력의 무상함을 느낀다.

더 많은 사람에게 둘러싸인, 논란이 분분한 다른 게시글에는, 러시아군이 새롭고 더 많은 식료품을 배급해줄 것이며, 다섯 부류로 등급을 나누어 지급할 것이라고 쓰여 있었다. 중노동자(schwer-arbeiter), 노동자, 사무직, 어린이, 기타 주민. 빵, 감자, 곡물, 커피 대용품, 원두커피, 설탕, 소금, 심지어 지방질까지. 사실이기만 하면야 나쁘지 않다. 히틀러 시절의 막바지에 받았던 것보다 더 많다. 이 새로운 소식의 위력은 강력했다. 나는 들었다. "히틀러의 선전이 거짓뿐이었다는 사실을 새삼 깨닫게 되는군!"

그렇다, 맞는 말이다. 적군이 우리를 굶겨 죽이는, 완전히 멸망시켜버리는 벽화가 지천에 널렸었다. 그리하여 우리는, 러시아 군인들에게서 빵 한 조각이 나올 때마다 깜짝 놀라며 앞으로도 이런 식으로 보살핌을 받게 될지 모른다는 기대가 은연중에 떠돌아다녔다. 괴벨스가 점령군을 위해 얼마나 완벽한 밑작업을 해놓았던가! 그들의 손에서 떨어지는 빵 부스러기가 우리에게는 더할 나위 없는 선물로 보인다.

오후에는 고기를 얻기 위해 줄을 섰다. 다시 또 기나긴 줄이다. 더 많은 소식을 듣는다. 슈테틴, 퀴스트린, 오더 강변의 프랑크푸르트 방향으로 이미 기차가 다닌단다. 역설적으로, 시내 교통은 아직 한 치의 진척도 없다.

한 여자가 흐뭇한 말투로 러시아 병사들이 자기 건물에 잠시 침입했다가 달아난 이야기를 들려주었다. 병사들이 2층의 한 침실에서 독극물로 자살한 한 가족을 발견한 것이다. 3층의 한 가족은 부엌 창문의 십자 창살에 목을 매달아 죽었단다. 병사들은 완전히 겁에 질려 달아나 다시는 나타나지 않았단다. 그 건물 주민들이 만일의 사태에 대비해 그 주검들을 꽤 오래 그 자리에 그대로 놓아두었는데…. 나는 차례를 밀리지 않고 수월하게 고기를 받았다. 쇠고기, 그것도 순 살코기였다. 이 어려움을 헤쳐나가는 데 도움이 될 것이다.

"오후 4시 반에 지하실에서 주민 모임이 있다"는 통지가 집집에 전해졌다. 드디어 지하실의 바리케이드가 철거되는 것이다. 좋은 일이다. 미망인의 나머지 감자를 가지러 가는 길이 뚫린다. 우리는 통로를 따라 길게 인간 띠를 만들었다. 의자 위에 세워진 작은 초 한 자루에서 희미한 빛이 흘러나왔다. 벽돌, 널빤지, 의자, 매트리스 조각 들이 손에서 손으로 전달되었다.

지하실 안은 뒤죽박죽이었다. 마구 어질러진 채 똥 냄새가 심했다. 각자 자기의 잡동사니를 주워 모았다. 주인 없는 물건들은 안뜰에 내놓기로 했다. (미망인이 자기 것이 아닌 실크 속옷 한 벌을 슬쩍 자기 자루에 집어넣었지만, 조금 후에 '잘못 딸려 들어왔다'며 원래의 주인에게 돌려주었다. 십계명을 운운했지만, 수놓인 이니셜을 보고 주인이 알아채기도 했다.) 소유권 개념이 완전히 무너졌다. 누구나 남의 것을 훔친다. 누구나 도난을 당한다. 어떤 상황에 무엇이 필요할지 예측할 수 없기 때문이다. 그래서 '주인 없는 물건'으로는 결국 폐기물만 모였다. 너무 많이 빨아서 헤진 속옷가지, 모자, 외짝이 된 신발. 미망인이 어딘가 잘 모셔두었는데 여태 못 찾고 있는 넥타이핀의 진주를 끈질기게 뒤지는 동안 나는 감자를 위층으로 끌고 올라와 파울리 씨 침대 앞에 내려놓았다. 미망인이 뒤따라오더니 다시 이 마지막 감자들을 다 먹고 나면 덮쳐올 식량난을 예고하며 카산드라처럼 암울한 미래를 쏟아냈다. 파울리 씨가 강력히 맞장구쳤다. 얼마 전부터 이들이 나를 군식구로 취급한다는 느낌, 내 입으로 가져가는 약간의 음식조차 아까워하고 내게 감자 한 알도 달갑게 주지 않는다는 느낌이 든다. 파울리 씨도 내가 소령에게서 받은 설탕을 함께 먹으면서. 어쨌든, 다시 독자적으로 먹을 것을 구할 방법을 찾아야겠다. 어떻게?

둘에게 화를 낼 수는 없다. 화를 내볼까 시도해본 적도 없지만. 비슷한 처지라면 나 또한 내 음식을 나누기 싫어했을지 모른다. 희망의 가능성인 새로운 소령은 아직 나타나지 않고 있다.

1945년 5월 15일, 화요일

평소처럼 집안일을 하고 나니 따분해진다. 러시아군이 진입한 후로 처음 가본 위쪽 다락집에 기와장이 두 명이 쿵쾅거리며 돌아다니고 있다. 그들은 일당으로 빵과 담배를 받는다. 러시아 군인은 다락집까지 올라오지 않았다. 누구라도 들어왔다면 석회 먼지가 뿌옇게 쌓인 마룻바닥에 발자국이 남았을 텐데, 내가 기와장이들을 들여보낼 때 아무런 흔적도 없었다. 충분한 물과 식량만 있었다면 나는 다락집에서 아마 잠자는 숲속의 공주처럼 내내 남의 눈에 띄지 않고 지낼 수 있었을 것이다. 하지만 그렇게 지냈다면 틀림없이 미쳐버렸을 것이다.

모든 주민이 시청에 나가 신고를 해야 한다. 알파벳 순서에 따라 오늘은 내 차례다. 서류 신청 시간이 가까워지자 많은 이들이 거리로 몰려나왔다. 입구 로비에서 한 남자가 히틀러 부조상을 끌과 망치로 떼어내고 있었다. 코가 떨어져 나가는 것을 보았다. 기념비며 동상이 다 무슨 소용이란 말인가. 요사이 유례없는 우상 파괴가 독일을 휩쓰는 중이다. 이렇게 신들의 세계가 멸망하는데, 언젠가 나치 거물들이 부활할까? 머리가 정리되면 바로 나폴레옹이 어땠는지 알아봐야겠다. 당시에도 그는 추방당하고 잊혔지만, 부활했고 영웅이 되지 않았던가.

여자들은 4층에서 차례를 기다려야 했다. 복도가 칠흑같이 깜깜해서 웅성거리는 소리만 들릴 뿐 눈에 보이지는 않았다. 내 앞에서 아스파라거스 캐는 이야기가 나왔는데, 벌써 몇몇 여자가 그 일에 동원되었다고 한다. 나쁘지 않은 일이다. 내 뒤편에서 이야기를 나누는 두 여자는 말투로 보아 귀부인인 것 같았다. 한 여자가 말했다. “아시다시피, 나는 어떻게 되든 상관없었어요. 나는 매우 엄격하고,

그래서 남편이 늘 그 점에 신경 써주었어요." 이 여자는 여러 번 겁탈을 당하고 나서 독약으로 자살을 시도했던 모양이다. "난 몰랐는데, 나중에야 사람들이 설명해주었어요. 약물이 작용하려면 위가 산성화되어 있어야 한다고요. 나는 그렇지 못했죠."

"그래서 지금은 어때요?" 다른 여자가 낮은 목소리로 되물었다.

"흥, 누구나 살아가기 마련이죠. 어차피 좋은 시절은 지나갔어요. 나는 남편이 그 일을 안 겪어도 돼서 기쁠 따름이에요."

두려움과 고난 속에서 홀로 지낸다는 것이 어떤 의미인지 생각해본다. 어쩌면 나에게는 혼자인 편이 더 쉬울 것 같다. 함께 괴로워하지 않아도 되니까. 자기 딸아이가 만신창이가 되었다면, 어미의 심정은 어떠할까. 정말로 사랑하는데 도와줄 수 없거나 도와줄 용기가 없는 사람들. 어떤 마음일까. 오래 부부 생활을 해온 남편들은 이 상황을 아직은 잘 견뎌내고 있는 것처럼 보인다. 자세한 내막을 알려고 들지 않는다. 어느 날 갑자기 부인으로부터 대가를 치르라는 요구를 받겠지. 그렇지만 부모의 입장은 너무나도 고통스러울 것이다. 모든 가족이 죽을 때 서로 엉겨 붙는 것이 충분히 이해된다.

사무실로 들어서자 등록은 신속하게 진행되었다. 누구나 어떤 외국어를 할 수 있는지 밝혀야 했다. 내가 러시아어를 약간 할 수 있다고 하자 그들은 쪽지를 한 장 손에 들려주었다. 나에게 러시아군 사령부의 통역 업무에 지원해야 할 의무가 생겼다.

집으로 돌아와 저녁 내내 러시아어 단어들을 예습했고, 띄엄띄엄 구사하는 나의 말이 보잘것없다는 것을 새삼 느꼈다. 아래층에 사는 함부르크 출신의 여자 집을 방문하며 하루를 마무리했다. 열여덟 살짜리 대학생 슈틴헨은 마침내 다락 골방에서 내려와 있었다. 파편에 맞아 찢어진 이마의 상처는 다 나았다. 그녀는 고귀한 집안의 행실 바른 딸처럼 행동했으며, 진짜 차가 담긴 주전자를 부엌에서 들고 나와 우리의 대화를 주의 깊게 들었다. 젊은 남자처럼 보이는 우리의 젊은 처녀는 무사히 넘긴 것 같았다. 내가 어제저녁에 층계에서 그 처녀가 다른 처녀와 승강이를 벌이는 장면을 보았다고 말했다. 하얀색 스웨터를 입은 황갈색 피부의 무척 예쁜 여자였는데, 상스럽고 거침없이 욕설을 퍼부었다. 차를 마시며 어제 그 장면에 질투가 개입되어 있었다는 사실을 알았다. 황갈색 피부의 여자가 어떤 러시아군 장교와 여러 번 그리고 나중에는 어느 정도 자발적으로 관계를 맺으면서, 그와 술도 마시고 먹을 것도 받은 모양이었다. 그 일로 젊은 여자 친구는 화가 났다. 레즈비언이었던 그녀가 지난 몇 년간 그 황갈색 피부의 여자에게 끊임없이 선물을 주고 유혹했다는 것이다. 이 모든 이야기가 지체 높은 집안의 티타임에 담담하고 차분하게 다루어졌다. 어떤 판단도 어떤 평가도 내려지지 않았다. 우리는 더 이상 은밀하게 속삭이지 않는다. 어떤 특정한 말도 주저하는 법이 없다. 우리는 그런 것들을 입에 올리면서도 어깨를 으쓱하고 마치 다른 행성에서 온 양 행동한다.

1945년 5월 16일, 수요일

모스크바 시각으로 7시에 일어났다. 텅 빈 거리에 아침의 고요가 감돈다. 가게들은 비어 있고, 새 배급표는 아직이다. 사령부의 쇠창살문 앞에서 군복을 입은 처녀가 나를 막아섰다. 팔을 쭉 뻗어 어제 받은 쪽지를 내밀었다.

이윽고 사무실 안으로 들어가 적어도 10만 명을 통치하는 지휘관 옆에 앉았다. 키가 작고 호리호리하고, 얼굴은 반질반질하며 옅은 금발인 이 사내는 이상하도록 저음이었다. 그는 러시아어밖에 할 줄 몰랐고, 옆에 독일어와 러시아어를 억양 없이 재잘거리는 여자 통역관을 앉혀놓고 있었다. 그녀는 체크무늬 원피스를 입고 안경을 썼는데 군인은 아니었다. 방금 코가 오뚝한 카페 여주인이 한 말을 그녀가 번개같이 빠르게 통역했다. 이 여자가 가게를 다시 열고 싶어 한다고? 잘됐군, 그렇게 해줘. 무엇이 필요한가? 밀가루, 설탕, 지방, 소시지. 흠, 글쎄. 지금 팔고 있는 건 뭐지? 맥아 커피? 좋아, 그걸 팔면 되겠고, 가능하다면 음악도 틀어주도록 하라고, 어쩌면 전축을 한 대 놓아야 할 거야. 빠른 시일 안에 정상화되는 게 중요하니까. 전기는 내일 그 거리 전체에 다시 들어올 거야. 지휘관은 이렇게 약속했다. 여자 통역관이 부르자 옆방에서 한 남자가 나타났다. 전기기술자인 듯한 그가 청사진을 지휘관에게 보여주며 그 구역의 전기 공급 상태가 어떤지 설명했다. 나는 목을 길게 늘였으나 우리가 사는 구역은 거기 나와 있지 않았다.

이어서 몇몇 청원자들이 나타났다. 파란색 조립공 작업복을 입은 남자가 건너편 공원에 피를 흘리며 쓰러져 있는 말 한 마리를 집으로 데려가 치료한 다음 키워도 되는지 물었다. 그렇게 하게, 말을 다룰 줄 안다면 말이야. 나는 그 말이 여태 조각조각 잘려 끓는 솥에 들어가지 않았다는 것이 의아했다. 어디든 즉시 도살장이 되던 무자비한 시절이 끝났다는 뜻일까. 그나저나 모두가 자기 행동에 대해 허락을 구하고, 혹시나 뒤탈이 날까 염려하는 이 상황이 놀라웠다. '지휘관'이 우리 사이에 가장 흔하고 중요한 단어가 되었다.

한 사업가가 속기사 두 명을 대동하고 나타나 소규모 사업을 신고했다. 난로 연통을 만드는 공장인데 재료가 없어서 현재 가동이 중단된 상태라고 했다. "부디트"(бýдит) 하고 지휘관이 말했다. "부디트"는 러시아 사람들이 잘 쓰는 마법의 단어다. 통역관은 날 안심시키며 이렇게 옮겨주었다. "곧 다시 돌아갈 겁니다." 뭐, '부디트' 정도는 나도 알아들을 수 있다. 두 번째 마법의 단어인 '내일' 또는 '가까운 미래'라는 뜻의 '자브트라'(завтра)도.

초콜릿 공장의 지배인이라는 두 신사가 이어서 들어왔다. 그들은 통역사를 직접 데려왔는데, 나와 비슷한 실력으로, 아마 노동자나 군인으로 러시아에서 얼마간 살았던 사람 같았다. 용건은 초콜릿과는 아무 관계가 없었다. 둘은 시 외곽의 창고에서 호밀 가루를 가져와 면을 만들어 팔고 싶다고 했다. 그렇게 하도록! 지휘관은 그들에게 트럭 한 대를 "자브트라"에 보내주겠다고 약속했다.

지극히 사무적인 분위기로 스탬프도 찍지 않고, 서류도 거의 작성하지 않았다. 지휘관은 조그만 메모장만을 들고 일을 처리했다. 나는 매우 주의 깊게 행정이 돌아가는 것을 지켜보았고, 흥미롭고 흐뭇하다는 생각마저 들었다.

마침내 내 차례가 왔다. 지휘관도 들으면 어차피 알게 될 테니 솔직하게 말하기로 작정했다. 다양한 문장을 통역하기엔 실력이 부족하다고 고백하자, 그는 나에게 어디서 러시아어를 배웠는지, 어떤 종류의 일을 했었는지 다정하게 물었다. 그러더니 카메라와 잡지를 다룰 수 있는 사람이 조만간 필요할 것이 확실하니 기다려보라고 말했다. 나는 그 말에 만족했다.

그사이에 러시아 군인 둘이 안으로 들어왔다. 둘 다 윤이 나도록 군화를 닦았고, 화려한 장식을 달았으며, 빳빳하게 다림질한 군복 차림이었다. 몸을 깨끗이 씻고 단정하게 빗질을 하고 다니는 것이 그들 사이에서는 문화 수준(культу́ра)의 일부이며, 고상한 인간성의 표시이다. 나는 모스크바의 모든 관청과 전차에 걸려 있던 플래카드의 구호를 아직도 기억하고 있다. "날마다 얼굴과 손을 씻고, 적어도 한 달에 한 번은 머리를 감자." 세숫대야에서 얼굴을 흔드는 작고 귀여운 그림들이 곁들여져 있었다. 구두를 닦는 일도 이 문화 수준과 청결에 대한 믿음의 일부이다. 그래서 나는 그들이 틈이 날 때마다 구두를 공들여 닦는 것이 특이하게 보이지 않는다.

두 군인은 낮게 속삭이듯 지휘관과 즐겁게 대화를 나누었다. 마침내 지휘관이 나에게로 몸을 돌리고 중위 아무개에게(치-치-치, 이름을 들었지만 금세 잊어버렸다) 통역을 해주면서 몇 구역 동행할 수 있는지 물었다. 관할구역의 은행들을 검열하는 임무를 받았다는 것이다. 나로서는 좋았다. 물을 긷거나 땔감을 구하는 일만 아니라면 무엇이든 좋았다.

나는 까무잡잡하고 잘생긴 장교와 나란히 베를린의 거리들을 빠른 걸음으로 지나쳤다. 그는 말을 잘 못 하는 외국인들과 이야기하듯 느리고 아주 또박또박하게 나에게 설명했다. 가장 먼저 독일인 시장(市長)을 찾아가 은행 지점 목록을 요청할 참이라고 했다.

이제 시장은 러시아어로 '부르가미스트르' (бургоми́стр)로 불린다. 시청의 어두운 복도가 온갖 소음으로 북적거렸다. 방마다 문이 끊임없이 열리고 닫히고, 타닥타닥 타자기 치는 소리가 울렸다. 빛이 약간 비쳐드는 기둥마다 같은 내용의 손글씨 쪽지가 붙어 있었다. 4월 23일에 실종된 정신이상자를 가족들이 찾고 있다는 내용이었다. "43세 여자, 치아가 상했고 머리를 검게 염색했으며, 실내화를 신고 있습니다."

시장실로 들어가니 책상 주변에 남자들 한 무리가 서 있었다. 시장과 중위가 이야기를 시작한 뒤 손짓이 자주 격해졌고, 그 사이에서 한 통역관이 쉬지 않고 말을 옮겼다. 몇 분 후 중위가 바라던 은행 지점 목록을 넘겨받았다. 한 젊은 여자가 주소를 타자기로 작성해 주었다. 창턱에 놓인 한 다발의 라일락이 현실에 상관없이 멋진 분위기를 연출했다.

우리는 은행 지점들을 둘러보기 시작했다. 중위는 조심스럽고 공손한 태도로 나를 대했다. 자신이 너무 빨리 걷지는 않는지, 내가 은행 업무를 좀 아는지, 함께 가는 것이 정말로 귀찮은 일이 아닌지 등을 물었다.

드레스덴은행은 벌써 질서를 회복한 듯했다. 말끔한 책상들 위에 필기구들이 가지런히 놓여 있었다. 커다란 장부들이 펼쳐져 있고, 금고는 전부 온전했다. 출입구에서 꽤 안쪽에 은행 입구가 있던 터라 러시아 군인들이 못 보고 지나친 모양이었다.

코메르츠은행의 사정은 달랐다. 더러운 우리나 다름없었고 텅 비어 있었다. 금고, 귀중품 보관실은 전부 털렸고, 서류함과 가방 들은 뜯겨 짓밟힌 채 나뒹굴었다. 게다가 곳곳에 널린 배설물 냄새가 코를 찔렀다. 우린 곧바로 도망쳐 나왔다.

반면 도이치은행은 그럭저럭 말끔해 보였다. 두 남자가 비질을 하며 이곳저곳을 손보는 중이었다. 금고들은 비어 있었는데, 강제로 털렸다기보다 은행 측에서 열쇠로 연 듯했다. 청소하던 남자가 전후 사정을 설명했다. 그들이 지점장의 집 주소를 알아내 찾아갔을 때, 지점장은 이미 부인, 딸과 함께 독극물을 마시고 자살한 후였으며,

이에 그들은 지체하지 않고 부지점장에게 향했고 금고를 열 수 있었다는 것이다. 이 은행은 이미 업무를 보고 있었다. 예금을 받는 창구가 오후 1시에서 3시 사이에 열린다는 안내문도 붙었다. 세상에, 지금 은행에 예금하겠다는 사람이 있다고! 누가 봐도 양말이나 이불 밑에 숨기는 게 훨씬 안전해 보이는데.

이런 식의 금고 파괴는 공식 명령이 아니었을 것이다. 아무렇게나 때려 부순 귀중품 보관함들과 강도들이 남기고 간 배설물의 악취가 이를 증명한다. 물론 그들은 이 나라의 은행은 악덕 자본가의 보루라고 교육받았을 수 있고, 은행을 탈취하는 행위는 착취자의 재산에 대한 징수일 뿐이라고 생각할는지도 모른다. 그들의 교조가 그렇게 표현하고 있고 또 칭찬할 만한 행위로 칭송하듯이 말이다. 말도 안 되는 소리다. 이건 그냥 병사들이 사리사욕을 채우려고 벌인 마구잡이식 약탈일 뿐이다. 중위에게 묻고 싶었지만 감히 그러지 못했다.

베를린 시 저축은행은 대청소가 한창이었다. 두 중년 부인이 바닥을 문질러 닦고 있었다. 금고는 없었다. 눈에 보이는 현금 보관함은 전부 비어 있었다. 중위는 내일부터 경호를 해주겠다고 약속했다. 이곳에 경호할 만한 것이 뭐가 있다고?

우리는 한참 신용은행의 한 영업소를 찾았지만 허사였다. 그러다 마침내 뒤뜰에서 철제 격자문의 보호 아래 잠자는 숲속의 공주인 양 상처 없이 조용히 잠들어 있는 은행을 발견했다. 나는 은행에 들어가 수소문 끝에 영업 담당의 주소를 알아냈고 중위에게 알려주었다. 러시아군이 이 은행을 못 보고 지나친 것이 틀림없었다. 은행의 존재를 알려주던 거리의 유리 표지판은 조각 난 채 파편 몇 개만이 나사에 간신히 매달려 있었다.

변두리에 있는 도이치은행의 두 번째 지점을 아직 둘러보지 못했다. 이번엔 그곳으로 출발했다. 태양이 따갑게 내리쬐었다. 나는 지쳐서 맥없이 허우적거리며 걸었다. 중위는 사려 깊게 발걸음을 적당히 늦춰주었다. 그는 개인적인 문제들, 그러니까 나의 교육 수준, 나의 언어 실력에 관해 물었다. 그러더니 그가 나를 쳐다보지는 않은 채 프랑스어로 나지막이 물었다. "디트 무와, 에스 콩 부아 페 뒤 말?"(Dites-moi, est-ce qu'on vous a fait du mal?)—"얘기해봐요, 나쁜 짓을 당했어요?"

나는 당황해 말을 더듬거렸다. "메 농, 파 뒤 투"(Mais non, pas du tout).—아뇨, 전혀 아니에요. 하지만 몇 초 후 번복했다. "위, 무슈, 엉팽, 부 콩프렁"(Oui, monsieur, enfin, vous comprenez).—"실은 그래요. 눈치채고 계시겠지만요."

단번에 분위기가 달라졌다. 어떻게 이토록 매끄러운 프랑스어를 구사할 수 있지? 그의 대답을 듣지 않아도 이유를 알 것 같았다. 그가 '비브시'(бы́вши), 즉 전성기가 지난 인물, 제정 러시아 시절 지배계층에 속한 사람이었기 때문이다. 내 짐작을 눈치챘다는 듯 그가 스스로 자신의 출신에 관해 얘기했다. 모스크바 태생으로, 아버지가 의사였고, 할아버지 역시 유명한 외과 의사이자 대학교수였다. 그의 아버지는 파리와 베를린에서 대학을 다녔다. 유복했으며 프랑스인 가정교사가 집에 함께 살았다고도 했다. 1907년생인 중위는 '왕년의' 그 생활양식에 여전히 젖어 있는 듯했다.

프랑스어로 몇 마디 주고받은 후 우리 사이에 다시 침묵이 흘렀다. 중위가 나를 대하는 태도가 눈에 띄게 불편해 보였다. 그가 돌연 허공에 대고 말했다. "위, 주 콩프렁. 메 주 부 프리, 마드모와젤 일니야 펑세 플뤼. 이 포 우블리에 투"(Oui, je comprends. Mais je vous prie, Mademoiselle, n'y pensez plus. Il faut oublier. Tout).—"그 상황을 알 것 같습니다. 그러나 당신이 더 이상 그 생각을 하지 않기를,

모든 것을 잊어버릴 수 있기를 바랍니다." 그는 신중하게 단어를 골라 간절하고 진지하게 말했다. 나는 답했다. "전쟁 중이니까요. 더는 얘기하지 않으셔도 됩니다." 우리는 그 일에 관해 더는 말하지 않았다.

우리는 말 없이 무방비로 노출된, 모조리 파괴되고 약탈당한 은행 영업점에 들어섰다. 서랍들과 색인 카드 상자들에 걸려 넘어졌다가, 사방에 널린 서류들을 발로 헤치며 똥무더기를 피해 지나갔다. 파리들이 우글거렸다. 태어나 그토록 거대한 파리 떼를 본 적도, 그런 굉장한 소리를 들은 적도 없었다. 파리들이 그렇게 대단한 굉음을 낼 수 있으리라고는 상상도 못 했다.

철제 사다리를 타고 금고 지하실로 내려갔다. 아래에 엄청나게 많은 매트리스가 이리저리 널려 있었다. 틈새마다 술병들과 발싸개들, 찢긴 트렁크와 서류가방 들이 나뒹굴었다. 그 모든 것 위로 심한 악취가 떠돌고, 사방은 죽은 듯 조용했다. 우리는 다시 사다리를 타고 올라왔다. 중위는 기록했다.

밖으로 나오니 태양에 눈이 부셨다. 중위는 쉬면서 물을 한잔 마시고 싶어 했다. 우리는 거리를, 파괴되어 인적도 없는 쓸쓸한 거리를 걸어 내려갔다. 그러다 어느 집 앞뜰의 라일락 나무 아래 무너져 바닥만 남은 담장 한쪽에 걸터앉았다. "세 비엥!"(c'est bien) — "좋군요!" 하고 그 러시아 장교가 말했다. 그러나 그는 러시아어로 말하는 것을 더 좋아했다. 그가 구사하는 프랑스어는 발음이 아주 매끄럽고 훌륭하기는 하지만 능숙하진 않았고, 처음 몇 마디를 한 이후로는 막혀버렸다. 그가 나의 러시아어를 매우 씩씩하다고 평하면서, 억양에 관한 얘길 하다 살짝 웃었다. "익스큐제, 실부 플레"(Excusez, s'il vous plaît). 실례지만 유대인 말투 같단다. 무슨 뜻인지 안다. 러시아에 사는 유대인의 모국어는 이디시어(Jiddische), 즉 일종의 독일 방언이기 때문이다.

문득 구릿빛으로 그을린 중위의 얼굴을 들여다보며 그가 유대인일지 따져보았다. 그에게 물어볼까? 그러나 무례한 질문이겠다 싶어 즉각 떨쳐버렸다. 그러고 보니, 러시아군이 우리에게 그 모든 악담과 욕설을 퍼붓는 와중에도 유대인 박해에 대해서는 별다르게 비난하지 않았다는 생각이 떠올랐다. 얼마 전에 우리 집에 드나들던 코카서스 출신 병사는 나에게 말을 걸면서 자신이 유대인으로 오해될까 봐 무척 경계했었다. 러시아에 여행 갔을 때 입국신고서에 타타르, 칼무크, 아르메니아처럼 출신이나 종족을 적는 칸에 유대인도 구분해 적게 되어 있었다. 나는 한 여인이 자기 어머니는 러시아인이라고 주장하며 '유대인'이라고 적기를 한사코 거부했던 것을 기억한다. 하지만 외국인이 꼭 출두해야 하는 러시아의 관공서에 가서 보면, 우아하고 화려한 발음의, 골트슈타인이나 페를만, 로젠츠바이크 같은 전형적인 독일식 이름을 지닌 유대인 공무원이 많았다. 그들 대부분은 여러 나라말을 구사할 줄 알았고, 소비에트 사회주의를 신봉했다. 여호와를 믿지 않고, 언약궤도 없고, 안식일도 지키지 않았다.

우리는 그늘에 앉았다. 뒤편으로 새빨간 비목이 보였다. 조용히 잠든 이는 마르코프 하사다. 그때 지하실 집으로 통하는 문이 약간 벌어지더니 그 틈으로 노파가 빼꼼 우리를 내다보았다. 나는 노파에게 물 한 잔을 부탁했다. 노파는 음료수 잔에 뿌옇게 김이 서릴 정도로 차가운 물을 담아 친절하게 건네주었다. 중위가 일어서서 인사하며 고마움을 표시했다.

얼마 전 고국으로 돌아간 소령과 깍듯한 그의 예절, 그리고 그 주변인들을 떠올리지 않을 수 없었다. 늘 극과 극이었다. "거기, 이리와!" 거칠게 명령하고 방마다 배설물을 늘어놓는 병사들이 있었다. 반대로 다정하게 말하고 예의를 갖춰 인사하는 군인들도 있었다. 지금 내 옆에 있는 이 중위는 더할 나위 없이 공손하고 나를 완벽히 귀부인으로 대한다. 그의 눈에 내가 정말 귀부인으로 보이기라도 하는 걸까. 러시아인들이, 대체로 단정하고 예의 바르고 지성을 갖춘 독일 여자들을 존경할 만한 상대로, 더 높은 문화 수준의 전형적인 인물로 보고 있다는 느낌이 든다. 사냥꾼처럼 억센 페트카조차 내심 그런 유의 존경심을 갖고 있었던 것으로 보인다. 어쩌면 우리가 가진 물건들로 우리를 판단했을 수도 있으리라. 제대로 남아 있는 것이 거의 없긴 하지만, 윤이 나는 가구들, 피아노, 그림, 양탄자…. 그들에게 대단해 보였을 이 모든 부르주아의 장식품들 말이다. 아나톨이 대화 중에 독일 농부의 부유함에 놀라워하던 모습이 기억난다. 이동 중에 전선 근처의 마을에서 농부을 만났다고 했다. "집 안 서랍마다 옷가지가 가득하더군!" 그 많던 옷가지들! 무척 낯선 현실이었을 것이다. 러시아라는 나라에서는 개인이 소유할 수 있는 것이 거의 없다. 가족 공동체의 물건들은 방 하나에 차곡차곡 쌓여 있다. 그리고 많은 가정에서 옷장 대신 벽에 걸린 옷걸이 한두 개만을 사용한다. 게다가 새 옷도 금세 헌 것으로 만들어버린다. 독일의 주부들처럼 끊임없이 깁고 수선하는 일을 러시아 여자들은 달갑게 여기지 않는다. 러시아의 한 숙련공 가정을 방문했을 때, 그 집 안주인이 방에서 먼지를 비롯해 지저분한 것들을 꽤 오래 쓸어 모은 다음, 결국에는 그것들을 장롱 밑으로 넣는 것을 보았다. 장롱 밑에 쓰레기가 수북이 쌓여갔다. 방문 뒤편에는 수건이 하나 걸려 있었는데, 세 아이 모두 거기에 코를 닦았다. 막내는 아래쪽에, 더 큰 아이들은 그 위쪽에. 때 묻지 않은 순박한 풍경이었다.

우리는 꽤 오랫동안 무너진 담장에 앉아 잡담을 나누며 쉬었다. 중위는 내가 어디에 사는지, 어떻게 사는지 궁금해했다. 그는 나에 관해 더 자세히 알고 싶어 했다. 그러면서도 엉뚱한 의심을 받을까 봐 조심했다. "파 사, 부 콩프렁?"(Pas ça, vous comprenez?) — "그런 뜻이 아니라는 거, 아시죠?" 이렇게 말하면서 몽롱한 눈으로 나를 바라보았다. 아, 그럼 그럼, 이해하고말고.

우리는 저녁에 만나기로 약속했다. 그가 거리에서 나를 부르겠다고 했다. 나는 약속한 시각에 창가에서 귀를 기울일 것이다. 그의 이름은 니콜라이. 그의 어머니는 그를 콜랴라고 부른단다. 그의 부인에 관해서는 묻지 않았다. 그에게는 부인과 아이들이 있을 것이다. 그것은 나와 무슨 상관이란 말인가? 그가 작별인사를 했다. "오 흐부아"(Au revoir). — "또 봐요."

집으로 돌아와 미망인에게 이 얘기를 들려주자 그녀는 무척 감격했다. "그를 붙잡아. 드디어 좋은 집안 출신의 교양 있는 남자를 만났군. 그와는 즐겁게 이야기를 나눌 수 있을 거야." (파울리 씨와 미망인도 프랑스어를 약간 할 수 있다.) 미망인이 벌써부터 굴러 들어올 물건들을 헤아리고 있다는 것을 나는 진작에 눈치챘다. 니콜라이가 식료품을 구해줄 수 있을 테고, 나를 위해 — 결과적으로 우리 셋을 위해 — 무언가 해줄 것이라고 확신한다. 나는 판단을 할 수 없다. 한편으로는 그가 마음에 들었다는 사실을 부인하지 못하겠다. 그는 내가 지금까지 점령군으로 만났던 모든 러시아 군인 중 가장 서구적인 사람이다. 다른 한편으로 나는 새로 남자를 얻고 싶은 마음이 전혀 없다. 나는 아직도 깨끗한 침대 시트 속에서 혼자 지내고 싶고 그 순간을 아낀다. 그리고 나는 이제 이곳 2층 집과 미망인을 떠나려 한다. 무엇보다, 내가 먹는 감자 한 알까지 아까워하는 파울리 씨로부터 말이다. 나는 다시 더 위층 나의 다락집으로 올라가 그곳을 깨끗이 정리하고 지낼 만하게 만들고 싶다. 내가 왜 몸을 팔아 게으른 파울리 씨에게 먹을 것을 대줘야 한단 말인가. (몸을 팔아 음식을 구한다는 말도 최근 우리가 많이 쓰는 말이다. 새로 등장한 말이 이뿐일까. 소령의 설탕, 능욕의 신발, 약탈 와인, 훔친 석탄.)

저녁 늦은 시각. 8시경에 약속한 대로 창가에서 동정을 살폈지만, 니콜라이는 나타나지 않았다. 파울리 씨는 건실하지 못한 남자를 유혹했다며 나를 놀려댔다. 미망인은 미련을 버리지 못하고 자명종 시계에서 눈을 떼지 않았다. 날이 이미 저물었을 때 밖에서 부르는 소리가 났다. "접니다!" 나는 약간 상기되어 문을 열고 그를 2층의 우리 집으로 데려왔다. 하지만 그는 15분밖에 시간이 없다며, 오래 머물 수 없다는 말을 하려고 왔을 뿐이었다. 그는 미망인과 파울리 씨에게 격식을 차린 프랑스어로 인사를 건넨 후 곧 다시 "오 흐부아"라며 작별을 고했다. 복도에서 그는 나의 두 손을 꼭 쥐며 러시아어로 말했다. "일요일 저녁 8시에 만나요." 그리곤 프랑스어로 "부 퍼메츠?"(Vous Permettez?) — "허락하신 건가요?" 하고 물었다. 언제부터 우리가 허락을 하고 말고 했다고? 세상이 정말 달라지려나? 좀 다른 얘기이긴 하지만, 세상이 딱히 변하진 않을 거라고 니콜라이가 말했었다. 오전에 만나 인플레이션이나 새로운 화폐 유통 가능성에 대해 물었을 때 그는 당분간은 현재 화폐 그대로 유통될 거라며 다만 은행 체제는 대단히 단순해질 것이라고 답했다. "아하, 국유화되는 모양이죠?" 내가 묻자 그는 이렇게 답했다. "아뇨, 아닙니다. 이건 전혀 다른 상황입니다." 그는 말머리를 돌렸다.

1945년 5월 17일, 목요일

아침 일찍 일어나 새로 설치된 급수전에서 물을 길어 왔다. 어떤 가게의 창문에 신문이 한 장 붙어 있었다. 〈테클리헤 룬트샤우〉(*Tägliche Rundschau*)라는 이름으로 '베를린 주민들'을 위한 붉은 군대의 소식지였다. 지금 우리는 한 나라의 국민이 아니다. 우리는 단지 시민일 뿐이며, 존재하기는 하지만 어디서도 인정받지 못한다. 다른 나라 말에도 이 차이는 분명하다. people(국민)과 population(주민). 나는 모스크바와 벨그라드와 바르샤바에서 승전 축하 행사가 열렸다는 소식을 읽고 침통해졌다. 슈베린-크로지크 백작은 한 연설에서 독일인들에게 실상을 직시하라고 경고했다고 한다. 우리 여자들은 오래전부터 이미 그렇게 해왔다. 그런데 이제 철십자가 훈장을 단 이와 장군, 대관구 지도자 들까지 다 그렇게 산다면 이 나라는 대체 어떻게 되는 걸까? 최근 독일인의 자살자 수가 얼마나 되는지 궁금하다.

파울리 씨는 꽤 낙관적인 견해를 밝혔다. 경제가 급속히 부흥하고, 독일이 세계무역에 편입되고, 진정한 민주주의가 실현될 것이라고. 그러면서 조만간 외인하우젠 온천장으로 요양을 갈 수 있을 것처럼 말했다. 내가 니콜라이에게서 들은 내용을 근거로 그의 주장에 김을 빼자 알지도 못하는 일에 참견하지 말라고 호통을 쳤다. 그의 불같은 화가 단순히 나를 마뜩잖게 여겨서가 아니라는 것을, 단순한 비호감을 넘어서는 어떤 것이 있다는 사실을 나는 알아차렸다. 예전에는 미망인이 아침부터 밤중까지 오직 그만을 돌봐주었다. 내가 방해가 되는 것이다.

식사를 마치고 나자—완두콩 수프가 나왔는데, 앞날을 위해 배불리 먹어두었다—파울리 씨의 기분이 누그러졌다. 미망인은 심지어 나에게 더 먹으라고 권했다. 이 집에서 내 몸값이 다시금 올라가는 것을 느꼈다. 니콜라이가 시세에 영향을 미친 것이다. 이런 형편에 분개해야 할까. 함께 사는 이들에게 굳이 도덕적 잣대를 들이대야 할까. 나는 그러지 않을 것이다. 인간은 인간에게 늑대다. 이 격언은 동서고금을 막론하고 옳다. 더욱이 이런 시절에는 피를 나눈 사이에서도 들어맞는 말이다. 물론 자신은 굶주리면서 자식들은 배불리 먹이려고 애쓰는 엄마도 있다. 엄마는 자식을 유일한 피붙이로 여긴다. 그런데 최근 몇 년간 우유 배급표를 팔거나 담배와 맞바꾸었다고 비난받는 엄마들도 심심찮게 보긴 했다. 굶주리는 인간의 배 속에는 늑대가 산다. 나는 난생처음으로 더 약한 자의 손에서 빵을 빼앗을 순간을 상상하곤 한다. 때때로는 그런 순간조차 결코 오지 않을 것만 같다. 그저 서서히 허약해지다가 쓰러지고 정신이 혼미해져 결국엔 훔치고 약탈할 기력도 없어져 굶어 죽는 모습을 그려볼 뿐. 배도 부르고 새로운 러시아 후원자가 나타났는데도 별 생각이 다 든다.

층계에서 새로운 소식을 들었다. 우리 건물에서 예전에 나치 당직을 맡았던 남자 한 명을 찾아냈다는 것이다. 제3제국 청사에서 일한 공직자였다던데, 나는 나치 서열에 관해서는 잘 모른다. 지하실에서 그를 여러 차례 보았고, 그의 옆에 언제나 붙어 있던 우리 지하실로 배정받아 들어온 금발의 여자도 기억한다. 우리 모두 그 둘을 잘 몰랐다. 한시도 손을 놓지 않는 금발의 여자와 정체불명의 남자로만, 그저 한 쌍의 사이 좋은 비둘기 정도로만 알고 있었다. 그런데 수비둘기가 거물급 인사였던 것이다. 당시에 그는 전혀 그렇게 보이지 않았다. 허름했고 죽치고 앉아 있기만 했다. 말수도 별로 없고 다소 멍청해 보였다. 그의 신분을 알고 나니 사람들은 이제 그의 모습이 감쪽같은 위장이었다고 수군거렸다.

다만 나는 이제 와서 그 사실이 어떻게 발각됐는지 궁금할 따름이다. 애인이었던 금발의 여자가 밀고한 것은 아닌 듯하다. 책방 여주인이 말하길, 그녀는 지금 4층 자기 집에서 애처롭게 엉엉 울고 있다는 것이다. 그녀는 그 집에서 첫날 밤에 러시아 병사 두 명에게 당한 것 말고는 별 탈 없이 지내왔다고 한다. 군인들이 남자를 군용차에 태워 데려간 이후 그녀는 감히 밖으로 나올 엄두를 내지 못한 채 자기도 끌려갈지 모른다며 두려움에 떨고 있다고 했다.

솔직히 이런 일을 이야기할 때, 우리 모두의 내면에 모순되는 감정이 갈등을 일으킨다. 그 불행을 고소해하는 마음이 없었다고 말하기는 어렵다. 그간 나치 당원들은 너무나 거만하게 설쳐댔으며, 특히 마지막 몇 년간은 사소한 꼬투리를 잡아 사람들을 심하게 괴롭혔다. 이제 그들이 나라가 패망한 것에 대해 죗값을 치러야 마땅하다. 그런데도 나는 이 땅에 사는 그 선동가들을 러시아군에게 넘겨주고 싶어 안달하는 사람이 되고 싶지는 않다. 만약 그들이 나를 폭행했거나 나와 가까운 사람을 살해했다면 달랐을지도 모르겠다. 한데 지금 대다수 사람을 휩쓴 것은 거창한 복수심도 아니고 사소하고 비열한 보복 심리이다. 자신을 깔보았다든가, 자기 아내를 놀리듯 "하일 히틀러" 하고 외쳤다든가, 일도 별로 안 하면서 돈을 많이 벌고 더 굵은 시가를 피웠다든가 하는. 그러니 콧대를 꺾고, 입을 막아버려야 한다고….

다가오는 일요일이 강림절이라는 말을 들었다. 완전히 잊고 있었다.

1945년 5월 18일, 금요일

아침 일찍 일어나 물을 길어 오고 땔나무를 찾아 모았다. 점점 땔감을 찾는 나의 안목이 높아져 작은 나무토막 하나도 쉽게 놓치지 않는다. 지하실, 폐허 더미, 버려진 막사에서 다른 이들이 미처 샅샅이 뒤지지 못한 새로운 구석들을 발견해낸다. 점심때 벤 양이 와서 새 배급표를 전해주었다. 미망인과 파울리 씨와 나는 가장 낮은 부류인 5급, '기타 주민'에 속한다. 내 배급표의 하루 배급량을 옮겨 적는다. 빵 300그램, 감자 400그램, 고기 20그램, 식용유지 7그램, 곡물 식품 30그램, 설탕 15그램. 여기에다 매달 커피 대용품 100그램, 소금 400그램, 진짜 차 20그램, 원두커피 25그램이 추가된다. 비교를 위해 저명 예술가, 기술자, 사업가, 목사, 교장, 전염병 전문의와 간호사가 포함되는 1급의 배급량을 적어본다. 빵 600그램, 고기 100그램, 식용유지 30그램, 곡물 식품 60그램이다. 그리고 매달 원두커피 100그램도 추가된다. 그사이에 노동자를 위한 2급 배급표와 사무직을 위한 3급 배급표가 있는데, 하루에 빵이 각각 500그램, 400그램씩이다. 다만 감자만이 모두에게 민주적으로 균등하게 배급된다. 2등급 두뇌 노동자는 2급 배급표를 받는다. 어쩌면 나도 거기에 낄 수 있을지 모른다.

주민들 사이에 그럭저럭 안심하는 분위기가 감돈다. 각자 자리에 앉아 자신의 배급표를 꼼꼼히 들여다본다. 다시 통치가 시작되어 저 위에서 누군가 우리를 보살펴주기 시작했다. 나는 생각보다 많은 배급량에 놀랐고, 제때 배급이 될까 의심이 들었다. 미망인은 원두커피가 나오기를 학수고대하며, 첫 원두커피를 받으면 스탈린을 위해 건배하겠다고 다짐한다.

오후에는 함부르크 출신의 여자와 그녀의 딸 슈틴헨과 함께 시청으로 갔다. 슈틴헨이 청소년 지도자 비슷한 직책을 맡았던 것 같고, 이 때문에 보복을 당하지 않을까 염려하고 있었다. 그 일에 관해서 부득이한 경우에 내가 러시아어로 장황하게 설명해주기로 했다. 미망인도 우리 대열에 합류했다.

거리가 바삐 오가는 사람들로 혼잡했다. 예전처럼. 남자들도 제법 거리를 돌아다니고 있었다. 물론 아직 여자들이 확실히 더 많지만. 심지어 외출용 모자를 갖춰 쓰고 나온 여자도 한 명 보았다. 꽤 오랜만에 보는 광경이었다.

얼마 전에 중위와 함께 점검했던 몇몇 은행 앞에 경호를 맡은 러시아 군인들이 두 명씩 받들어총 자세로 서 있었다. 혹시라도 은행을 찾아오는 사람들에게 분명 위협적인 느낌을 줄 것이다.

시청은 여전히 드나드는 사람들로 벌집처럼 분주했다. 우리는 칠흑 같은 복도에 서서 기다렸다. 어둠 속에서 잡담이 오갔다. 화제는 임신이었다.

당연히, 그들이 마구잡이로 붙들어 그 짓을 하는 한 임신은 우리 모두의 관심사다.

"여자들 절반이 임신을 했대요." 어떤 목소리가 주장했다.

다른 목소리가 날카롭게 울렸다. "그렇다 해도 별 상관없어요. 누구든 찾아가 지울 수 있으니."

"스탈린이 러시아군 아이를 가진 여자에게 1급 배급표를 주라고 했대요." 또 다른 목소리였다.

그러자 다들 요란하게 웃음을 터뜨렸다. "그럼 당신은 1급 배급표를 받기 위해 그걸-?"

"설마요, 차라리, 나 스스로 다른 짓을 하고 말겠죠."

미망인이 어둠 속에서 나를 찌르며 내 눈빛을 살피려 했다.

그녀에게 내 표정을 보여주고 싶지 않았다. 생각하고 싶지 않다. 다음 주 이맘때쯤이면 확실히 알게 될 것이다.

"병원에 다녀왔어요?" 질문이 이어졌다.

"아뇨, 왜요?"

"그들이 성폭행당한 여자들을 위한 진찰실을 열었대요. 다들 다녀와요. 성병 때문에라도…."

미망인이 또다시 나를 찔렀다. 나에게는 아직 이상 징후가 없고, 걸렸을 리도 없다고 생각하지만, 두고 보기로 했다.

슈틴헨의 일은 잘 해결되었다. 아무도 과거의 영광스러운 행적에 관해 묻지 않았다. 하긴 미성년자가 부모와 교사의 동의 아래 참여한 일에 대해 처벌한다면 좀 억지스럽기도 할 것이다. 문헌을 통해 내가 아는 바로는, 오래전 역사 속에서 어린아이를 마녀라며 화형시킨 것은 다 큰 마귀의 거처이자 대변자라고 여겼기 때문이다. 서구에서 전통적으로 얼마나 자라야 개인으로서의 책임을 묻기 시작했는지 알아내기란 어렵다.

집으로 돌아오는 길에 옆 건물의 여자가 합류했다. 그녀는 같은 층의 이웃 여자가 똑같은 러시아 병사와 꽤 여러 차례 술을 퍼마시고 동침했다는 얘기를 했다. 결국 남편이 부엌 화덕 앞에 앉아 일하던 그녀를 뒤에서 권총으로 쏴 죽였다. 그 남편이자 살인자는 심장병 때문에 정규군에서 귀가 조처를 당한 공무원이었는데, 부인을 쏜 직후 총구를 자기 입안에 넣어 자살했다는 것이다. 그리고 부부의 유일한 혈육인 일곱 살짜리 여자아이가 홀로 남게 되었다. "제가 그 애를 벌써 며칠이나 우리 아들이랑 같이 돌보고 있어요." 여자가 얘기를 이어갔다. "저는 그 여자애를 계속 키우고 싶어요. 남편은 다시 돌아오더라도 분명 문제 삼지 않을 거예요. 늘 딸이 하나 있었으면 하고 바랐으니까요." 이웃들이 그 부부를 모포에 둘둘 말아 황급히 안마당에 파묻었다.

권총도 함께. "건물 안에 러시아 군인이 한 명도 없어서 얼마나 다행이었는지." 그녀가 말한 대로, 틀림없이 불법무기 소지죄로 건물 전체 주민에게 처벌이 내려졌을 것이다.

우리는 잔디밭에 생긴 무덤들 앞에서 한동안 서 있었다. 함부르크 출신의 여자는 모든 일이 운명대로 된 거라고 했다. 만약 히틀러가 1944년 7월 20일(일명 라슈텐베르크 암살 음모 사건으로 히틀러 반대 세력이 암살을 계획했으나 미수에 그치고 만 사건—편집자)에 제거되었더라면 그를 향한 찬란한 후광의 잔재가 남았을 것이다. 많은 이들이 계속 히틀러를 믿고 찬양했을 것이다. 그는 정말로 죽었을까? 아니면 비행기를 타고 외국으로 달아났나? 아니면 유보트를 타고 몰래 빠져나갔나? 온갖 종류의 소문이 나돌지만, 소문에 귀 기울이는 사람은 없다.

저녁에 얼굴에 부스럼이 난 여자가 와서 슬픈 이야기를 하나 전해주었다. 예전에 수년간 그녀가 밑에서 일했던 변호사를 찾기 위해 뤼초우 광장에 갔다가 듣고 온 것이었다. 유대인 여자와 결혼한 그 변호사는 이후에 이혼서류에 사인하지 않아 제3제국 시절에 많은 고초를 견뎌내야 했다. 변호사로 일하지 못해 생계도 어려웠는데 최근 몇 년은 특히 사정이 더 심각했다고 한다. 베를린이 해방되기를 고대해온 부부는 몇 달을 밤을 지새우며 라디오 곁에 웅크리고 앉아 외국 방송을 청취했다. 이윽고 러시아군이 베를린에 입성했다. 그리고 지하실로 몰려와, 여자를 찾았다. 여자를 찾아 뒤지는 러시아군과 변호사가 몸싸움을 벌여 짧은 총격전이 벌어졌다. 빗나간 총알 한 발이 벽에 맞고 튕겨 나와 변호사의 허리에 맞았다. 부인은 러시아 병사들에게 맞서 달려들며 독일어로 도와달라고 울부짖었다. 러시아군 셋이 그녀를 통로로 끌고 나가 덮쳤다. 그녀는 울부짖었다. "나는 유대인이야, 유대인이야." 쓰러진 변호사는 과다출혈로 사망했다.

사람들이 그를 앞뜰에 묻어주었다. 부인은 사라졌고, 어디로 갔는지 아무도 모른다. 이 글을 적고 있자니 온몸이 오싹해진다. 꾸며낼 수 있는 일이 아니다. 인간사의 가장 잔혹한 비극이며, 미쳐 날뛰는 우연의 재앙이다. 부스럼이 난 여자는 울었고, 흐르던 눈물이 부스럼 딱지에 걸려 대롱거렸다. 그녀가 말했다. "얼마 남지 않은 이 가련한 인생이 하루속히 끝나버리면 좋으련만."

1945년 5월 19일, 토요일

우리는 신문도 정확한 시간도 없이 살아가며, 해바라기처럼 태양을 따라 움직인다. 물을 긷고 땔나무를 구한 후 물건을 받으러 갔다. 가장 먼저 배급표를 주고 곡물가루, 돼지고기, 설탕을 받았다. 곡물가루는 껍질투성이이고, 설탕은 습기가 차서 덩어리져 있다. 고기는 소금에 절어 딱딱하다. 그래도 먹을 수는 있다. 그것들을 받아 기쁘다. 봉지와 꾸러미를 식탁에 내려놓자 미망인이 말했다. "내일 당신의 그 니콜라이가 올지 기대되는데."

오후에는 즐겁게 대청소를 했다. 미망인의 외마디가 계기였다. "이것 좀 봐!" 정말, 수도꼭지에서 물방울이 떨어지고 있었다. 오래도록 말라 있던 수도관에서 굵은 물방울들이 거짓말처럼 떨어졌다. 수도꼭지를 최대한 끝까지 틀자 세찬 물줄기가 콸콸 쏟아져 나왔다. 처음에는 갈색 녹물이었지만 금세 맑고 깨끗한 물로 변했다. 물 걱정은 끝이야, 물을 길어 오는 일도! 적어도 2층 사람들에게는 그랬다. 나중에 들었는데 물은 4층까지 나온다고 했다. 그보다 위에 사는 사람들은 안마당이나 한 층 아래의 지인 집에서 물을 길어 갔다. 물이 나온다는 소식에 덧붙일 말이 하나 있다. 주민 공동체, 건물과 방공호에 모여 지내던 사람들 간의 유대는 서서히 무너지고 있다. 이제는 예전처럼 고상한 대도시 스타일로 돌아가, 각자 자기 집에 틀어박혀 사귈 사람들을 신중하게 고를 수 있게 된 것이다.

우리는 집 안을 온통 뒤집어놓고 신나게 청소를 했다. 물을 아무리 쳐다봐도 질리지 않아서 계속 수도꼭지를 만지작거렸다. 뿜어져 나오던 물은 저녁 무렵에 끊겼다. 하지만 이미 욕조에 넘치도록 한가득 받아놓았다. '과학 기술의 기적', 현대의 성과물을 하나씩 다시 돌려받고 있자니 묘한 느낌이 든다. 나는 벌써 전기가 들어오기를 애타게 기다린다.

집 전체가 물기를 머금고 있는 사이에 이 구역으로 배정받은 여자, 그저께 러시아군이 나치당의 고위 관료라며 끌고 간 남자의 애인인 그 금발의 여자가 나타났다. 사랑과 순정에 관한 연재소설 같은 이야기를 들어주지 않을 수 없었다. "그이는 우리의 사랑, 나를 향한 사랑 같은 이런 느낌을 한 번도 겪어보지 못했다고 말했어요. 우리 사이의 감정은 아주 위대한 사랑이 틀림없다고 했어요." 대단히 위대한 사랑은 정말로 감동적일지도 모르겠다, 어쩌면. 그러나 안타깝게도 나에게 그런 종류의 언어는 싸구려 영화와 삼류 소설처럼 혐오스럽다. 그녀는 내가 마룻바닥을 문질러 닦는 동안 이런저런 한탄을 했다. "그이, 지금 대체 어디에 있을까요? 그들이 그이를 어떻게 할까요?" 나도 모른다. 다행히 그를 향한 그녀의 걱정은 그리 길지 않았다. 금세 자기 자신의 처지를 고민했다. "그들이 나도 끌고 갈까요? 내가 여기서 달아나는 게 더 나을까요? 하지만 어디로 가죠?"

"말도 안 돼요! 나치 당원은 반드시 신고해야 한다는 공고는 어디에도 붙어 있지 않았어요." 그리고 내가 궁금했던 지점을 물었다. "대체 누가 밀고했을까요?"

그녀는 어깨를 으쓱했다. "그의 부인이 아닐까 싶어요. 애들을 데리고 슈비부스로 피신했었는데, 지금은 베를린의 트렙토우에 있는 집으로 돌아온 게 확실해요. 그 동네에서 이웃에게 들었겠죠. 그이와 제가 함께 다닌다는 얘기를."

"그 부인과는 아는 사이였어요?"

"약간은요. 제가 그의 비서로 일했던 적이 있어요."

윗선의 명령에 따라—종종 보란 듯이—아내와 자녀를

피란시켜야 했던 고위층 남편들이 비상시에 하룻밤 자는 곳을 우스갯소리로 '피란 캠프'라고 불렀다. 그녀는 전형적인 '피란 캠프'의 여주인공이었던 셈이다. '엄마-그리고-아이-보내다'(Mutter-Und-Kind-Verschickten)의 머리글자를 딴 '무키스'(MuKi's), 즉 모자만 피신한 경우에 갖가지 소문이 떠돌았다. 보통은 애인이 창문으로 드나든다는 둥 경박한 처신에 관한 것이었다. 누군가 외지로 나가면 그 사람의 흠결이 수면 위로 떠올랐다. 친인척, 이웃, 반질반질해한 세간, 함께 무언가를 하면서 꽉 채운 시간 같은 친밀하고 친숙한 세계는 강력한 도덕적 속박으로 작용한다. 격분한 부인이 남편을 밀고했을 가능성이 커 보였다. '피란 캠프'의 여자도 같이 처벌을 받으리라고 예상했으리라.

순애보를 듣기 거북해진 내가 그녀를 문 쪽으로 슬쩍 유도했다. 다시 한번 상념에 빠진 그녀는 "그이는 정말이지 감동적이었어요"라면서 살짝 눈물 한 방울을 찍어냈다.

(1945년 7월에 가장자리에 갈겨쓴 내용: 그녀는 우리 건물에서 미군을 얻은 최초의 여자가 되었다. 요리사, 배불뚝이, 굵은 목, 선물꾸러미를 힘겹게 들고 올라오는 모습.)

1945년 5월 20일, 성령강림절 일요일

활짝 갠 날씨. 일찍부터 다른 구역에 사는 친구 또는 친척을 찾아가는 사람들의 발소리가 울려 퍼진다. 우리는 쿠키와 원두가 섞인 커피 대용품으로 11시까지 아침 식사를 했다. 미망인이 자기 가족의 여러 일화를 재치 있게 들려주었다. 그녀의 장기이기도 하고 실제로 그녀의 친인척들이 참 유별나기도 하다. 도무지 종잡을 수가 없다. 그녀의 시아버지는 긴 세월을 살며 결혼을 세 번이나 했다. 두 명의 부인이 앞서 세상을 떠났는데, 각 결혼 생활에서 얻은 자녀와 손주 들의 족보는 제대로 꼬이고 말았다. 조카보다 더 어린 고모들, 조카와 같은 반에서 공부하는 삼촌들. 게다가 그런 남편과 사별한 마지막 부인이 유대인과 재혼했는데, '새 시아버지'인 그 유대인은 제3제국이 시작되기 오래전에 사망했다. 그런데도 그것이 그녀의 가족사에 오점이 되었다. 그런데 오늘, 미망인은 새 시아버지를 아주 보란 듯이 칭송했다.

점심을 먹은 후 나는 위층 다락집으로 올라가 수북이 쌓인 석회 가루와 파편들을 쓰레기통에 퍼 담았다. 그리고 아래로 끌고 내려와 버린 다음 마룻바닥을 닦았다. 발코니에 달려 있던 썩은 나무 화분들을 손질해 처빌과 보리지를 심었다. 골을 얕게 파고, 잘 자란다면 장차 나만의 채소가 될 갈색 낟알과 작고 검은 씨앗들을 뿌렸다. 채소들의 모양새는 씨앗 봉지 앞면의 그림으로 유추할 뿐이다. 씨앗은 함부르크 출신의 여자가 공짜로 준 것이다. 일을 마치고 나는 테라스 바닥에 누워 햇볕을 즐겼다. 무척 만족스러운 시간이었다. 하지만 곧 슬며시 불안이 찾아왔다. 마음이 불편하고 괴롭다. 이렇게 식물처럼 지낼 수는 없다. 움직여서 무슨 일이든 하고 싶다. 내가 좋은 패를 가졌다고 느껴도, 이

패를 들이밀 상대가 있을지 모르겠다. 모두가 떨어져 있다는 것, 최악은 그것이다.

2층의 미망인에게 내려갔다가 뜻밖의 환호성을 들었다. 미망인이 드디어 잊어버린 남편의 넥타이핀 진주를 발견한 것이다. 그녀는 이 소중한 것을 여러 번 구멍을 메운 양말의 끝부분에 숨겼다. "어떻게 이런 걸 잊어버릴 수 있담!"

오순절 일요일은 평온하게 지나갔다. 저녁 8시부터 나는 중위가 나타나기를 기다렸다. 지난 수요일에 오늘 찾아와도 좋은지 나에게 허락을 구하던 니콜라이 말이다. 그는 오지 않았고, 아마 앞으로도 오지 않을 것 같다. 파울리 씨는 이 일에 대해 한마디 보태지 않고는 배길 수가 없는 모양이다.

1945년 5월 21일, 월요일

오순절 월요일이지만 당연히 경축일의 분위기는 아니다. 아직 직장에 나가는 사람은 없다. 베를린은 긴 휴가다. 나는 땔나무를 찾다가 벽보를 보았다. '예술에 종사하는' 모든 사람은 오늘 11시에 시청에 가서 신고해야 한다는 내용이었다. 예술가, 신문기자, 출판사 직원. 노동 증명서와 예술 활동을 한 실적도 함께 제출하라고 했다.

나는 시청으로 갔다. 3층에 긴 줄이 늘어섰다. 저기, 그들이군. 의심할 여지가 없어. 세심하게 공들인 헤어스타일, 자유분방한 옷차림. 기름 냄새를 풍기는 유화들을 힘겹게 들고 온 나이든 여성 화가 옆에 연극배우가 섰다. 저쪽에 남자처럼 보이는 여자, 그 건너에 속눈썹이 길고 여자처럼 차린 청년, 분명 무용수일 것이다. 나는 한가운데에 멀거니 서서 좌우에서 나누는 이야기를 유심히 들었다. 교수대에서 처형당했다는 소문이 도는 저명한 배우 아무개에 관한 이야기가 나오자, 한 여자가 고막을 찢을 듯 강하게 반박했다. "세상에나! 정반대라고요! 그의 혈통의 절반은 유대인이었어요!" 그녀의 말이 맞을 가능성이 크다. 지금까지 가계도에서 불안하게 숨겨져 있던 '비순수 독일인'이라는 표식이 요즘에는 굵은 밑줄이 쳐져 강조되고 새삼 자랑거리가 되고 있다.

서류 등록은 형식에 지나지 않았다. 유난히 유대인임이 드러나는 얼굴의 중년 여자가 두껍고 커다란 장부에 인적사항을 기록한 다음 등록 확인서를 나눠주고, 그것으로 끝이었다. 이렇게 해서 내가 얻을 만한 게 있을까? 어떤 업무나 도움이 되는 어떤 것? 아마 별로 없을 것이다.

점심때 미망인이 1942년부터 꼭꼭 숨겨둔 닭고기 병조림 하나를 개봉했다. 닭고기는 맞는데, 나프탈렌 맛이 나는 닭고기였다. 좀이 슬까 봐 나프탈렌을 사이사이 끼워둔 지하실 러그 사이에 몇 년이나 숨겨둔 탓에 냄새가 속속들이 스며든 것이다. 우리는 실컷 웃었다. 먹성 좋은 파울리 씨조차 포기했다. 미망인은 몇 조각을 억지로 삼키더니 나머지를 나에게 밀었다. 나는 코를 막고 꿀꺽 삼켜 먹는 데 성공했지만, 몇 시간 동안 목구멍에서 좀약 냄새가 치밀어 올라와 고생해야 했다.

3시 반쯤에 나는 일제를 찾아가 보려고 샤를로텐부르크로 향했다. 일제는 우아한 패션 작품을 촬영하는 사진작가로, 여성 잡지 편집자로 활동하다가 한 엔지니어와 결혼했는데, 그는 군수 분야 전문가로 징집에서 운 좋게 빠져 그녀와 같이 지낸다고 했다.

미망인과 긴 작별인사를 나눈 후에야 출발할 수 있었다. 황폐하고 적막한 길고 긴 거리였다. 낮에도 전등이 켜져 있던 터널 안이 칠흑같이 깜깜하고 똥 냄새가 진동했다. 잰걸음으로 빠져나오면서도 겁이 나서 가슴이 콩닥콩닥 뛰었다.

쇠네베르크 쪽으로 계속 걸었다. 15분 정도 걸어가면서 여자 둘밖에 보지 못했는데, 그중 한 명은 맨발이었고 다리에 붉은 노끈처럼 굵은 정맥류가 불거져 있었다. 모든 것이 너무나 기괴하고 을씨년스러웠다. 먼지 때문에 쓰고 나온 선글라스 때문일까. 교차로에 군복을 입은 검은 곱슬머리의 러시아 여자가 나무 단상 위에서 춤추듯 움직였다. 그녀는 러시아 군용차량이 오면 빨간색과 노란색 깃발을 흔들며 지나가는 군인들을 향해 웃음을 보냈다. 불룩한 가슴도 함께 흔들렸다. 물통을 든 몇몇 독일 여자가 조심조심 그녀 곁을 재빨리 지나갔다. 텅 빈 거리가 끝없이 이어졌다. 갑자기 많은 사람이 나타났다. 스무 명에서 서른 명 정도 되는 남자들이 영화관에서 꾸역꾸역 몰려나오고 있었다. 〈차파예프〉(Чапаев)라는 러시아 영화가 상영 중임을 손으로 그린 듯한 포스터가 알려주었다. 한 남자가 낮게 말했다.

"이런 엉터리 같은 영화를 봤나!" 벽들은 총천연색의 아무렇게나 갈겨쓴 전단지로 뒤덮여 있었다. 술집 공연 광고였다. 곡예사들이 첫 순서로 소개되고 있었다. 차도에 자전거들이 달그락거리며 지나다녔다. 타이어도 없이 휠로만 달리는 통에 정말로 그런 소리가 났다. 러시아군에게 '징발'당하지 않기 위한 새롭고 효과적인 방법이었다. 하긴 요즘 들어 독일인이 자전거를 우연히 '발견'하는 일도 잦다. 러시아 군인은 타고 다니던 자전거 타이어에 구멍이 나면 곧장 내버리고 더 좋은 새 자전거를 찾기 때문이다.

녹음이 우거진 주택가로 접어들었다. 어디를 둘러봐도 괴괴했고, 모든 것이 얼어붙은 것 같았다. 위축되고 겁먹은 분위기가 사방을 휘감았다. 가끔 깔끔한 옷차림의 젊은 여자들이 종종걸음으로 지나갔다. 미망인은 빵집에서 여기저기서 무도회가 벌어지고 있다는 소문을 들었다고 했다.

일제가 사는 주택가 골목으로 접어들자 긴장이 되어 목이 타들어 갔다. 두 달이나 만나지 못했으니—이 시국에 얼마나 긴 세월인가!—그 건물이 아직 남아 있는지, 그 안에 사람들이 아직 살아 있는지 전혀 알 수 없는 노릇이다.

그녀가 사는 건물은 온전하게 남아 있긴 했지만, 출입문은 잠겨 있었고 죽은 듯 조용했다. 나는 크게 외치고 휘파람 신호를 보내면서 적어도 15분 이상을 이리저리 헤매고 다녔다. 그러다가 마침내 그 건물에 사는 어떤 여자와 함께 안으로 들어갈 수 있었다. 위쪽 현관문에 아직 눈에 익숙한 이름이 붙어 있었다. 노크를 하고 주인을 불렀다. 내 이름도 밝혔다. 그러자 안에서 환호성이 터져 나왔다. 평소 같으면 기껏해야 악수나 했을 그녀와 얼싸안았다. 그녀의 남편이 외쳤다. "이럴 수가! 아무 일도 없었다는 듯 이렇게 불쑥 나타나다니요!"

우리는 인사를 나누자마자 성급히 첫마디를 교환했다. "몇 번이나 당한 거야, 일제?", "네 번, 너는?", "모르겠어. 나는 이 몸으로 수송병에서 소령까지 차근차근 올라가야 했으니까."

우리는 부엌에 모여 앉아 그날(!)을 축하하기 위해 여기저기를 뒤져 찾아낸 진짜 차를 마시고, 잼 바른 빵을 곁들여 먹으면서 이야기를 나누었다…. 그렇다, 우리 모두 여러 번 당했다. 일제는 한 번은 지하실에서, 나머지는 2층의 빈집에서 당했다. 그들이 소총 개머리판으로 등을 찌르면서 그녀를 빈집으로 밀어 넣었다. 한 병사는 무기를 들고 그녀 곁에 누우려 했다고 한다. 더럭 겁이 난 그녀가 손짓으로 먼저 총을 치워달라고 알아듣게 설명하자 사내도 시키는 대로 했다.

우리가 그 문제를 집중적으로 화제에 올리자 일제의 남편은 옆집으로 가서 전파 탐지기에 걸린 새로운 소식이 있는지 알아보겠다며 슬며시 사라졌다. 일제가 그의 등 뒤에서 입을 비죽이며 웃었다. "흥, 이런 이야기를 잠자코 듣고 있을 수는 없겠지." 그는 러시아 병사들이 아내를 농락하는 동안 손을 놓고 지하실에 남아 있었기 때문에 죄책감에 괴로워한다고 했다. 처음 지하실에서 겁탈을 당할 때는 소리까지 들릴 정도로 가까이 있었다 하니, 무척 난감했을 것이 틀림없다.

어쨌든 R 씨가 자리를 비워주어 여자들끼리 편하게 시시콜콜 잡담을 늘어놓기 시작했다. 일제는 세계를 두루 돌아다닌 경험이 많고, 사치스러우면서도 세련된 기품이 엿보이는 여자였다. 그녀라면 러시아 난봉꾼들에 대해 어떤 판단을 내릴까?

"한심하지!" 하고 말하며 그녀는 콧등을 찡긋했다. "걔들은 아무 생각이 없어. 단순하고 거칠고 내가 이 건물에서 돌아다니면서 들은 바로는 하나같이 똑같아. 하지만 너는 장교들을 상대했으니까 어쩌면 더 나은 경험을 했을지도 모르겠다."

"아냐, 그렇지도 않아."

"그들이 사회주의적 계획경제라는 면에서는 가장 앞서 나가는지도 몰라. 그러나 에로에 관해서는 어쨌든 아담과 이브 수준에서 벗어나지 못한 거지. 이 얘기를 위로 삼으라고 내 남편한테도 해주었지." 그녀는 한쪽 눈을 찡긋 감았다. "먹을 것이 부족하니 남편들이 당연히 별로 힘을 못 쓰겠지. 내 남편은 벌써 자격지심이 생겼나, 방탕하기 이를 데 없는 붉은 군대가 진짜로 우리 여자들의 마음에 들지도 모른다는 기막힌 생각을 한다니까." 우리는 실컷 웃었고, 저 알량한 적들이 울타리 없는 사냥터에서 평범한 구애자로 나선다면 100명 중 99명은 우리 마음에 들 가망이 아주 조금도 없다는 데 동감했다. 그 100번째 남자도 기껏해야 예선에 오를 자격밖에 없다. 우리는 이런 수다로 우리를 욕보인 그들을 조롱하며 앙갚음했다.

실제로 일제의 남편은 이웃으로부터 몇 가지 새로운 사실을 알아 왔다. 베를린이 모든 연합군이 주둔하는 국제적인 도시가 될 것이며, 라이프치히가 러시아군의 수도가 된다는 것이다. 히믈러는 체포되었다. 히틀러에 관해서는 아직 확실한 소식이 없었다. 일제는 대화할 때 침착하게 귀부인다운 우월함을 잃지 않으면서 현재 상황을 촌평한다. 그에 비하면 남편은 마음을 다잡지 못하고 혼란스러워하고 있다. 그의 출셋길은 진작에 끝장이 났다. 아직 폭격당하지 않고 남아 있는 그의 군수 공장은 지금 약탈당하고 있다. 러시아군이 독일의 기계들을 빼가고 있기 때문이다. 오는 도중에 나 또한 엄청나게 큰 나무 궤짝을 실은 화물차를 여러 대 보았다. 이제야 나는 그 속에 무엇이 들었는지 알 것 같다. R씨는 사회적으로 신분이 곤두박질쳐 막노동꾼으로 시작해야 할까 봐 두려워한다. 그는 삶에 대한 불안에 짓눌려 사람들과의 접촉과 새 소식을 갈망하며, 어디에서든 일당을 벌고 빵을 얻으려고 애쓴다. 병원의 난방시설 관리직에 지원했다고는 하나 아직 추락의 충격에서 깨어나지 못하는 중이다. 우리 여자들이 추락을 더 잘 견뎌내며, 쉽게 흔들리지 않는다는 사실을 또다시 확인했다. 일제 부부는 러시아어를 배우는 중이다. 내키지는 않지만 R 씨는 러시아로 이주할 기회를 노리고 있다. '그들이 이곳에서 우리의 생산수단을 그쪽으로 빼 가고 있기' 때문이란다. 그는 독일인에게 근시일 안에 제대로 된 생산이 허락되지 않으리라고 생각한다. 전파 탐지기로 엿듣는 이웃에게서 독일 전체가 감자밭으로 변할 것이라는 소문도 들었단다. 두고 봐야 할 일이다.

우리는 거듭 작별인사를 나눴다. 다시 만나게 될지, 그때가 언제일지 알 수 없으니까. 돌아오는 길에는 미망인의 조카며느리에게 올라가 보았다. 친구인 프리다와 함께 살면서 아기가 태어나기를 기다리고 있는 젊은 예비 엄마 말이다. 그 어린 여자는 등을 대고 바로 누워 있었다. 사랑스러워 보였고 내면에서 빛이 뿜어져 나왔다. 그런데도 워낙 메마른 몸에 불룩한 배가 얹혀 있으니 말 그대로 솟아오른 듯 보였다. 태어날 아기가 엄마의 몸에서 모든 영양분과 기력을 빨아들이는 것이 보이는 것 같았다. 예비 아빠에 관해서는 여태 아무런 소식이 없다고 한다. 날마다 먹을 것과 땔감을 구하느라 녹초가 되어 그에 관해서는 새까맣게 잊고 지내는 것 같았다. 그 집에는 핫플레이트—지금은 쓸모가 없는—가 하나밖에 없어서 여자들은 발코니에 벽돌을 쌓아 일종의 화덕을 지어놓고 수고롭게 주워 온 전나무 가지로 불을 때고 있었다. 한 줌도 되지 않는 죽이 끓으려면 한참이나 걸릴 것이다. 프리다는 약한 불 앞에 쪼그리고 앉아 쑤석거리며 가지들을 계속 넣어주어야 했다. 송진이 타면서 크리스마스 시즌 냄새가 났다.

집으로 돌아오기 위해 걷고 또 걸었다. 벽보에 조만간 '자유 시장'이 열릴 것이라고 독일어와 러시아어로 쓰여 있었다. 누가 물건을 팔고, 누가 물건을 산단 말인가? 벽에 붙여놓은 '신문'에는 새로운 시 지도부의 이름들이 소개되었다. 순전히 모르는 거물들뿐이다.

아마도 모스크바에서 귀환한 망명자들일 것이다. 꾸러미와 트렁크를 든 잡다한 이탈리아인 무리가 노래를 부르며 내가 있는 쪽으로 몰려왔다. 고향으로 돌아갈 채비를 한 것 같았다. 휠로 요란한 소리를 내며 달리는 자전거들도 다시 보였다. 쇠네베르크는 분위기가 더 음침해졌고, 급행열차 철로에 있는 으스스한 터널은 여전히 깜깜하고 역시 인적이 없었다. 마침내 터널을 지나 우리가 사는 구역의 건물들을 보자 기뻤다. 먼 여행을 하고 귀환한 듯 나는 집으로 돌아왔고, 내가 들은 새로운 소식들을 사람들에게 알려주었다.

온 다리에 기운이 없고, 날은 후텁지근하다. 저녁이 되어 비가 내리자 안식이 찾아온다.

1945년 5월 22일, 화요일

아침 6시인데 벌써 미망인이 집 안을 이리저리 돌아다니고 있다. 전날 저녁에 우리 건물 대표자를 통해 그녀는 쪽지를 하나 받았다. (건물 대표자—이것도 새로 만들어낸 말이다! 우리 건물에서는 함부르크 출신 여자의 남편이 이 역할을 맡고 있다.) 한 장에 여러 개를 등사로 인쇄해 가위로 잘라낸 그 쪽지에는 미망인이 노역을 위해 8시에 시청 앞으로 나와야 한다는 명령이 적혀 있었다. 다른 내용은 없었다. "아스파라거스를 따러 가는 일이라면 좋을 텐데" 하며 그녀는 그 맛 좋은 아스파라거스 요리들을 우리에게 자세히 묘사했다.

집안 살림을 맡게 된 내가 파울리 씨와 함께 먹을 완두콩 수프를 끓였다. 오후 2시경에 우리 건물 앞 거리에서 커다랗게 외치는 소리가 났다. 천 년 전 중세 때처럼 관청의 포고문을 큰 소리로 전달하는 사람이었다. 한 남자가 단풍나무 아래에 우뚝 서서 한 장의 종이를 단조롭게 읽어 내려갔다. 노동 능력을 갖춘 15세에서 55세 사이의 사람 중 아직 노동을 하지 않고 있는 사람은 즉각 시청 앞에 모여야 한다는 것이었다.

그곳으로 가야 하나, 말아야 하나? 층계에서 심각한 논쟁이 벌어졌다. 책방 여주인은 가야 한다고 했다. 만약 우리가 나가지 않으면 강제로 끌려갈지 모른다며 두려워했다. 나도 그녀의 말에 동조했다. 우리는 함께 출발했다. 걸으며 책방이 어떻게 되었는지 물어보았다. "4월 말에 불타버렸어요." 그녀가 짧게 답했다. 그래도 그녀는 미래를 낙관했다. 그녀가 말하길, 지하실에 커다란 상자 한가득 책들을 담아 제3제국 시절 내내 안전하게 숨겨두었는데, 대부분은 '금서'라는 것이다. 다시 말해 우리 나라에서 1933년 이후로 읽지 못하게 된 책들이었다. 처음에는 유대인과 망명자의 책들이, 그 후에는 전쟁에서 적국이 된 나라의 책들이 금지되었다. "지금은 다들 그런 책을 읽고 싶어 난리죠. 우리는 가게 한편을 벽으로 막아 대여점을 차릴 거예요. 당연히 보증금을 많이 받아야죠. 그러지 않으면 책들이 금세 엉망이 될 테니까요." 나는 첫 고객으로 예약했다. 그동안 읽지 못한 책이 너무 많다.

시청 계단 앞에 많은 여자가 모여 있었다. 남자들은 드문드문 보일 뿐이다. 한 젊은이가 수없이 고함치고 팔을 휘두르며 우리 이름을 적었다. 시청 앞 거리는 인부로 넘쳐나는 건축 공사장 같았다. 대로 한가운데 독일인과 누비 재킷을 입고 노역을 나온 러시아 여자들이 파놓은 참호—예전에 무슨 용도였는지 모르겠는—가 하나 있었다. 이 참호를 다시 메우는 것이 오늘 할 일이었고, 이제 인부는 독일인뿐이었다. 일이 어떻게 돌아가는지 쉽게 파악했다. 모래와 벽돌 조각들 그리고 불에 탄 검은 토사로 참호가 메워졌다. 여자들이 수레 자재를 실었고, 다시 참호로 끌고 가 쏟아부었다. 사방의 골목에서 사람들이 한 줄로 늘어서서 들통을 수레 쪽으로 전달했다. 내일 아침 8시에는 나도 이 노역을 하러 나와야 한다. 거부하고 싶지도 않다.

일하는 여자들 틈에 미망인이 있는지 찾아보았지만 보이지 않았다. 한번은 확성기를 단 차 한 대가 지나가면서 러시아 억양이 섞인 독일어로 요란하게 소식을 전해주었다. 새로운 소식은 전혀 없었다.

저녁에는 빵과 통조림 고기를 먹었다. 미망인은 아직 돌아오지 않았다. 그녀가 쓴 빨간 모자가 아래쪽 길가에 모습을 드러냈을 때는 밤 9시였다. 지쳐서 기진맥진한 그녀는 넌더리를 치며 알아듣기 힘든 분노의 말을 짧게 내뱉을 뿐 우리에게 설명해주려 하지도 않았다. 한참을 씻고 나온 그녀가 마지못해 몇 마디를 꺼냈다. 그녀의 일은 아스파라거스 수확이 아니었다. 러시아군 트럭 한 대가 여자들을 어떤 기계 공장으로 실어 갔다. 그곳에서 미망인은 약 200명의 다른 여자들과 함께 온종일 까다로운 러시아 감독관의 지시를 받으며 부속품들을 상자에 담고, 그것을 다시 풀어 다른 상자에 옮겨 담고, 새로 포장했다는 것이다. 끊임없이 떠밀리고 부딪혔고, 점심으로 마른 빵 한 조각을 먹었다고 했다.

"그걸 조직이라고 부르다니!" 하고 미망인이 분통을 터뜨렸다. "그런 뒤죽박죽 난장판이 어디 있겠어."

그리고 이런 이야기도 들려주었다. "우리가 부속품들이 너무 무거워서 상자 밑바닥이 꺼질 거라고 말해줬지. 그랬더니 막 호통을 치는 거야. '입 다물어!', '라보타, 라보타!'(Работа)—일, 일! 아니나 달라, 첫 번째 상자를 들어 올리자마자 산산조각 났지. 이번엔 더 심하게 화를 내면서 우리 잘못으로 돌리더라고!" 미망인이 고개를 절레절레 흔들었다. "나는 그 사람들이 어떻게 전쟁에서 이겼는지 이해가 안 가. 독일 초등학생보다 머리가 안 돌아가." 그녀는 계속해서 러시아인들의 무수히 많은 잘못된 조처와 고집불통 일화를 늘어놓으며 도무지 울분을 삭이지 못했다. 그녀는 한 시간 반이나 되는 거리를 걸어서 집으로 돌아왔다고 했다. 일이 끝난 후에는 집으로 데려다주는 트럭이 없었기 때문이다. 미망인의 발가락에 물집이 잡혔다. 그녀는 앓는 소리를 하며 우리 모두의 운명과 독일의 패망에 대해 한탄을 늘어놓았다. 어떤 것도 그녀에게 위안이 될 수 없었다. 미망인이 공장에서 옷 속에 숨겨 나온 물건들, 즉 망치, 펜치, 먼지 닦는 걸레, 함석 잔도 마찬가지였다.

1945년 5월 23일, 수요일

비가 내리는 흐린 아침에 나는 들통과 쓰레받기를 챙겨 씩씩하게 시청으로 향했다. 가는 도중에 빗줄기가 굵고 세차게 쏟아졌다. 니트 원피스가 빗물을 빨아들이는 것이 몸으로 느껴졌다. 빗줄기는 가늘어졌다가 굵어졌다 하면서 쉬지 않고 이어졌다. 그런데도 우리는 늘어선 사람들이 손에서 손으로 전달하는 흐름이 끊어지지 않도록 삽으로 부지런히 쓰레기를 퍼서 들통마다 채웠다. 100명쯤 되는 여자들은 각양각색이었다. 어떤 여자들은 굼뜨고 내키지 않는다는 태도를 보였고, 독일인 감독이 쳐다볼 때만 몸을 움직였다. (감독 자리는 언제나 남자가 맡는다.) 어떤 여자들은 주부다운 열성으로 정말 끈질기고 부지런하게 일했다. "어떻게든 끝내야 하니까." 한 여자가 확신에 차서 외쳤다. 우리는 네 사람이 한 조가 되어 쓰레기가 가득 실린 수레를 참호 쪽으로 밀고 갔다. 나는 회전반을 사용하는 법을 배웠다. 비가 억수같이 쏟아져서 작업이 잠시 중단되었다.

우리 여자들은 발코니 아래에 짐승들처럼 빽빽이 몰려 서 있었다. 비에 젖은 옷이 몸에 착 달라붙었다. 한기가 들어 몸을 떨었다. 이렇게라도 쉬는 틈에 빗물에 젖은 맨 빵을 먹었다. 한 여자가 중얼거렸다. "히틀러 시절엔 이런 건 먹지 않았는데."

사방에서 질타가 빗발쳤다. "이봐요, 이게 다 그 잘나신 히틀러 탓이거든."

그러자 여자는 당황해서 얼버무렸다. "아니, 그런 뜻이 아니라…."

한 시간 넘게 그렇게 서 있었다. 후드득 떨어지던 빗방울이 약해져 보슬보슬 내리자 우리의 감독이—빈 말씨를 쓰는 젊은 남자였는데 이름은 체코식이었다—우리를 다시 수레 쪽으로 데려갔다. 내가 끈 수레에는 '웃고 있는 수레'라고 적혀 있었다. 또 다른 수레에는 분필로 '눈물짓고 있는 수레'라고 쓰여 있었다. 그런데 누군가가 '눈물짓고'라는 말을 지우고 그 위에 '미소 짓고'라고 적어놓았다.

오후 3시경이 되자 드디어 감독의 확인을 받고 집으로 갈 수 있었다. 집으로 가는 길에 어떤 문장 하나가 머릿속에 떠올랐다. '나를 파멸시키지 못하는 것은 나를 더 강하게 만든다.' 나는 들통을 기운차게 흔들었다.

집으로 돌아오니 미망인이 안절부절못하고 있었다. 최근에 '간지럽고 따끔거리는' 느낌이 있어서 약학 사전에서 '임질'과 '매독'을 찾아보았다고 했다. 그녀는 약사 부인답게 질병에 관해 아는 것이 많았지만, 이 특수 영역은 그간 알아야 할 필요가 없었던 것이다. "자잘하고 오돌토돌한 것들이 생겼어." 사전에는 그런 소결절이 매독의 초기 증상의 전형적인 특징이라고 나와 있었다. 감염된 지 3주에서 4주가 지나면 나타나는 증상이었다. 미망인은 어리고 수염도 안 난 그 소년병이 층계에서 자신을 겁탈한 때가 정확히 4주 전이었다는 사실을 기억해냈다.

"뭐? 바냐? 그 꼬마 녀석이?" 나는 믿을 수가 없었다. "그 녀석이 그럼 벌써부터?"

"그럴 수도 있지. 하긴 확실히 서투른 어린 녀석이었는데. 사실 정말 바냐인지는 모르지. 그걸 내가 어찌 알겠어. 그 폴란드 녀석도 있고–!"

미망인이 비참하게 흐느껴 울었다. 어떻게 해야 하지? 내가 살펴봐주는 건 아무런 소용이 없을 것이다. 이런 질병에 관해서는 전혀 모르니까. 파울리 씨에게 자문을 구하자는 나의 제안을 미망인은 딱 잘라 반대했다. 내일까지 기다려보는 수밖에. 내일 가능한 한 일찍 성폭행당한 여자들을 위해 마련한 진찰실로 찾아가는 것이다. 문득, 학창 시절에 엄청나게 큰 해부학 모형물을 이용해 인간의 귀를 다루는 수업시간 내내 내 귀가 간지러웠던 기억이 불쑥 떠올랐다. 미망인의 경우에도 사전에서 설명을 보자 증상이 시작된 것인지도 모른다. 내일까지 기다려봐야겠다. 어쩌면 나도 서둘러 진찰을 받아봐야 할지 모른다. 생리 예정일이 하루 지났는데 소식이 없다.

1945년 5월 24일, 목요일

띠리링 자명종이 울렸다. 삽질을 하러 나갈 시간이다. 오늘은 파란색 트레이닝복 바지에 앞치마를 둘렀다. 하늘은 또 구름으로 덮여 있다. 일터에 도착하자 보슬비가 내리기 시작했다. 부지런히 삽질을 했다. 이번에는 남자 두 명도 함께 삽질을 했다. 더 정확히 말하자면, 감독의 눈길이 그들에게로 향할 때만 삽질을 하는 척했다. 10시쯤에 갑자기 고함이 들렸다. 러시아 군인의 목소리였다. "여자, 이리 와! 여자, 이리 와!" 너무나 익숙한 외침이었다. 순식간에 여자들이 흔적도 없이 사라졌다. 다들 문, 수레, 쓰레기 더미 뒤로 숨어 몸을 바짝 숙였다. 하지만 얼마 후 나를 포함해 대부분의 여자가 다시 모습을 드러냈다. "설마 그러려고? 이 훤한 대로에서? 한 놈뿐이잖아."

남자가 행동을 개시했다. 명령을 수행하는 중인 듯했다. 여자들이 한곳에 모여 무리 지어 그의 앞뒤로 몰려갔다. 그는 소위였는데, 총을 빼 들고 개가 양 떼를 몰 듯 이리저리 뛰어다녔다. 우리 여자들은 텃밭들을 가로질러 잰걸음으로 어떤 공작기계 공장 부지에 도착했다.

수백 개의 작업대가 설치된 널찍한 작업장은 썰렁했다. 독일어로 "영차!" 구령이 벽에 부딪혀 메아리쳤다. 러시아 군인의 명령에 따라 독일 남자들이 분해된 금속 단련 기계를 크레인으로 끌어올려 화물열차 칸에 실었다. 기계 부품은 그들보다 컸다. 사방이 나사를 풀고 스위치를 내리고 기름을 치고 부품을 끌고 가는 남자들 천지였다. 바깥의 작업 선로에 화물열차가 꼬리를 물고 서 있었고, 몇 대에는 이미 부품들이 높다랗게 실려 있었다.

우리가 여기서 뭘 한담? 어디로 가야 좋을지 몰라 한동안 서성댔다. 여기서 도망칠 수는 없다. 문마다 보초가 있었다. 곧 우리에게 명령이 떨어졌다. 작업장 바닥에 떨어진 놋쇠나 '밝은색 금속'을 주워 상자에 담아 화물열차로 나르라고 했다. 우연히 짝이 된 어떤 여자와 함께 나는 상자를 끌고 다니면서 까치처럼 여기저기서 반짝이는 금속, 구리 뭉치, 놋쇠 막대기를 주웠다. 그 여자는 나를 전혀 쳐다보지도 않고, 말을 걸어도 끈질기게 침묵을 지켰다. 나는 작업 인부들의 철제 사물함을 뒤져 담배 파이프, 구겨진 손수건, 말끔하게 접힌 샌드위치 싸는 종이를 찾아냈다. 꼭 어제 그만둔 사람의 사물함 같았다. 돌아다니며 주워 모은 금속들을 화물열차 바닥에 던져 넣었다. 화차 안에서 두 여자가 금속 부품들을 독일의 주부답게 크기에 따라 가지런하게 분류했다.

정오에는 저장 창고 비슷한 큰 건물로 모이라는 지시를 받았다. 높다란 선반들에 다양한 종류의 금속 막대, 철사 뭉치, 볼트, 너트들이 수북이 쌓여 있었는데, 너트의 크기가 주먹만 했다. 우리는 인간 띠를 만들어 끝도 없이 손에서 손으로 이것들을 옮겼다. 마지막에 선 여자가 지시에 따라 모든 것을 상자들에 차곡차곡 채워 넣었다.

어제 미망인이 겪은 일이 떠올라 운반을 할 때 상자 밑바닥이 부서지지 않을까 약간 긴장했지만 그런 사고는 일어나지 않았다. 하지만 첫 번째 상자를 들어 올릴 때부터 너무 무겁다는 것이 판명되었다. 사팔뜨기 하사관인 우리 감독은 몸통이 딱 벌어진 남자였는데도 상자를 아예 움직이지도 못했다. 짐수레 같은 것은 보이지 않았다. 사팔뜨기는 거칠게 욕을 내뱉더니 전부 상자에서 꺼내 손에서 손으로 바깥의 화차까지 운반하라는 명령을 내렸다. 작업한 양은 얼마 되지도 않는데 수고는 몇 배나 드는 꼴이 되었다.

새로운 무리가 도착했다. 대부분 젊은 여자들이었고, 간혹 아주 늙은 여자들도 있었다. 먹을 것을 받게 될 것이라는 말이 나돌았다.

오후 3시가 지나자 정말로 공장 구내식당으로 모이라고 했다. 김이 무럭무럭 나는 걸쭉한 빵 수프가 나왔다. 양철 접시는 부족했고, 양철 숟가락 역시 마찬가지였다. 그래서 한 사람씩 차례를 기다려야 했다. 한 여자가 수돗가로 달려나가는 것을 봤는데 유별나다는 생각이 들었다. 대부분은 숟가락을 앞치마에 대충 닦기만 하고 접시는 앞 사람에게서 그대로 넘겨받아 사용했다.

일하자! 라보타! 창고에 외풍이 심하게 들이쳤다. 이번에는 아연으로 된 부속품을 손에서 손으로 전달했다. 몇 시간이나. 마침내 저녁 8시쯤이 되자 사팔뜨기 감독이 나타나 큰 소리로 외쳤다. "여자-집으로!" 이 말을 하면서 그는 마치 자기 앞에 모여든 암탉들을 쫓아내듯 두 팔을 앞뒤로 볼썽사납게 휘저어댔다. 다들 홀가분하게 "야아" 하는 안도의 탄성을 뱉었다. 퇴근할 때는 빵도 100그램씩 나누어주었다. 굴려서 가져온 큰 통의 마개 구멍에서는 끈적하고 허연 액체가 흘러나왔다. 일종의 당밀이었다. 길게 줄을 지어 늘어서 받을 차례를 기다렸다. "끝내주는 맛이야." 먼저 배급받은 여자들이 접시를 핥으면서 알려주었다. 나는 그것을 어디에 담아야 좋을지 몰라 난감했다. 그때 한 여자가 창고에서 주운 청록색 종이 한 장을 나에게 건넸다. 녹색 종이는 얼룩져 있었지만, 아마도 독성은 없으리라.

전리품을 챙겨 들고 밤 10시경에 의기양양하게 미망인의 집에 도착했다. 내가 녹색 종이에 소중하게 담아온 푸르스름하게 변한 끈적한 액체를 손가락으로 찍어 주자 미망인이 머리를 절레절레 흔들었다. 나는 숟가락으로 떠먹고 핥아먹은 다음 젖은 종이를 입안 가득 넣었다. 아무렇지도 않았다. 달콤하기만 했다. 얼마 후에야 약학 사전과 미망인의 '소결절'이 머리에 떠올랐다.

내가 물어보자 그녀가 답했다. "아, 아무렇지도 않아. 의사 말로는 아무 이상도 없대."

나는 진찰실 상황이 어떤지 캐물었다.

"내가 진찰받는 중에 두 여자가 왔었어. 의사는 아주 명랑하더라고. 이리저리 손을 대보더니 '파란 불입니다, 선로는 비었습니다!' 하고 말하는 거야." 미망인은 몸을 부르르 떨었다. "그래, 그 일은 이제 안심이야." 그들은 겁탈 행위를 일컫는 공식 표현을 하나 만들어냈다. 관청에서 그것을 '강제 관계'라고 불렀다. 어쩌면 군사용어 사전을 새로 펴낼 때 고려해볼 만한 용어일지도 모른다.

1945년 5월 25일, 금요일

오늘 아침에도 일찍 일어나 맑은 아침 공기를 가르며 일터로 힘차게 걸어갔다. 사방에서 여자들이 몰려나왔다. 오늘은 대다수가 식기를 들고 왔다. 나도 허리띠에 군용 반합을 매달고 왔다. 우리는 시키는 대로 정렬했고, 처음에는 세 줄, 그다음에는 네 줄로 서서 인원 점검을 하고 분류하고 기록하는 동안 꽤 긴 시간을 대기했다. 우리가 수레 일을 하던 곳에서 여기까지 따라온 빈 출신의 감독은 음악가라고 했다. 그가 우리 모두를 명부에 기록하는 데는 꼬박 한 시간이나 걸렸다. 몇몇 낯선 얼굴이 보였다. 한 여자가 속삭이는 소리를 들었다. "일이라도 해야 해요. 여기서는 적어도 끼니가 해결되니까요."

오늘은 걸쭉한 오트밀을 먹으며 하루를 시작했다. 식사를 마치고 철둑을 건너 작업장으로 갔다. 철둑에서 독일군 포로들이 힘겹게 일하고 있었다. 누더기를 걸치고 머리가 허옇게 센 것으로 봐서 국민방위대인 듯했다. 무거운 자동차 휠을 낑낑거리며 화차에 실었다. 우리가 다가가자 그들이 일손을 놓고 서서 간절하게 우리를 쳐다봤다. 나는 왜 그러는지 이해가 되지 않았다. 몇몇 여자들이 알아차리고 남자들에게 몰래 빵 조각을 쥐여주었다. 그것은 금기였다. 하지만 러시아군 보초들은 무심하게 넘어갔다. 남자들은 지저분해진 수염에 쇠약해진 몸으로 굶주린 개 같은 눈길을 보냈다. 나에게 그들은 전혀 독일인처럼 보이지 않았다. 그들은 러시아군 포로들과 비슷했다. 예전에 전쟁 중에 잔해 더미를 치우던 러시아군 포로들을 본 적이 있다. 입장만 뒤바뀐 똑같은 장면이었다.

다시 작업장. 두세 명씩 힘을 합쳐 다루기 까다로운 쇠기둥을 끌고 갔고, 그다음에는 길게 늘어서서 철판과 철봉을 손에서 손으로 바깥의 화물열차까지 전달했다. 난데없이 러시아 병사 한 명이 작업장에 나타나 여자들이 늘어선 줄을 훑어보더니 두 사람에게, 아니 한 사람을 더 추가해 셋에게 함께 가자고 손짓을 했다. 마지막이 나였다. 우리는 그를 따라갔다. 어디로 가는 걸까? 한 사람이 추측했다. "혹시 감자 껍질을 벗기러?" 하지만 그 작업을 위해 이미 여자 10여 명이 건너편 철둑으로 불려갔다. 그곳에는 우아하게 커튼으로 장식을 한 러시아군 식당차들이 대기하고 있다.

그는 우리를 다른 곳으로 데려가고 있었다. 우리는 어둑한 통로를 따라 똥 냄새가 점점 심해지는 어떤 막사를 향해 갔다. 한 여자가 슬쩍 빠지더니 달아났다. 그러자 러시아 병사는 남은 우리 둘을 자신보다 앞서 걸어가도록 했다. 바닥에 돌이 깔린 공간에 도착했다. 빨래 삶는 솥 하나와 커다란 통, 빨래판, 들통 들이 보였다. 그는 그것들을 가리키며 빨래하는 흉내를 냈다.

그래, 좋아. 하지만 돼지우리 같은 여기서는 못 해! 함께 온 여자는 키가 작고 눈빛이 강렬했다. 나는 그녀와 힘을 합쳐 가장 큰 빨래통을 건물 바깥으로 끌어내 현관 쪽에 두었다. 좀 더 안전하다는 느낌이 들었고, 냄새도 덜 지독했다. 러시아 병사는 우리가 자리를 바꾸는 것에 상관하지 않았다. 그저 빨랫비누 두 장과 예전에는 흰색이었을 작업 가운, 셔츠, 수건을 한 무더기를 주고 그것을 빨라고 몸짓으로 명령했다. 말은 무뚝뚝했지만 매정하지는 않았고, 우리에게 집적대지도 이상한 눈길을 보내지도 않았다.

함께 온 여자는 자신이 단치히 출신이라고 밝히면서 러시아 병사와 폴란드어로 어설프게 몇 마디를 주고받았다. 참 잘됐군! 난 말을 할 필요가 없으니. 내가 러시아어를 할 줄 안다고 알리지 않아도 돼. 나는 세탁부로서 그들과 쓸데없는 말을 지껄이고 싶지 않았다.

다른 병사들이 수시로 떼를 지어 몰려와 빨래통 주변에 둘러서서 우리에 관해 실없는 소리를 지껄였다. 이를테면 병사 둘이 우리의 나이를 두고 언쟁을 벌인 것처럼. 그들은 한참을 이러쿵저러쿵하더니 나를 스물네 살로 추측했다. 나쁘지 않군!

시간은 더디게 흘러갔다. 비누칠을 하고 문지르고 물을 길어 왔다. 더운물은 세탁장의 솥에서, 찬물은 길가의 급수전에서. 지저분한 옷들을 어찌나 박박 문질렀던지 손가락 살갗이 벗겨졌다. 수건들은 기름에 절어 있었다. 전부 이니셜이 새겨진 것으로 봐서 한 독일 가정집에서 훔친 것이 분명했다. 머리 빗는 솔로 솔질을 하느라 무척 고생스러웠다. 그동안에도 끊임없이 러시아 병사들이 주변을 맴돌면서 우리를 마구 꼬집어댔다. 나는 말처럼 발길질을 하고 솔에 물을 적셔 그들에게 뿌려댔지만, 말은 한마디도 하지 않았다. 가끔 우리의 인솔자가 와서 시시덕거리는 녀석들을 쫓아냈다. 다 끝냈더니 이번에는 팬티를 한 무더기 갖다주었다. 단추가 달려 있지 않은 전부 끈으로 묶는 방식의 팬티였다.

단치히 출신 여자가 러시아 병사 몇몇한테 자신의 늙은 어머니가 당했다며 덤덤하게 얘기했다. 이미 할머니가 다 된 그녀의 어머니는 단치히에서 쓰는 폴란드어로 그 사내들에게 이토록 늙은 여자를 겁탈하는 것이 부끄럽지 않은지 물었다. 그러자 그들의 입에서 독일어로 명답이 나왔다. "당신 늙었어, 당신 건강해."

빨래통 옆에서 실신하는 게 아닐까 걱정될 쯤, 때마침 인솔자가 나타나 점심시간을 알렸다. 그는 우리 둘에게 기름진 수프가 가득 담긴 그릇을 하나씩 주었다. 수프에는 고기 조각, 오이, 월계수 잎이 들어 있었다. 거기에다 비곗살이 든 완두콩죽도 한 접시 가득 나왔다. 우리의 인솔자는 요리사, 더구나 솜씨 좋은 요리사인 것 같았다. 맛이 대단히 뛰어났다. 나는 다시금 힘이 불끈 솟아나는 것을 느꼈다.

계속 빨래를 했다. 끝이 없었다. 오후 2시, 3시, 4시, 5시, 6시. 우리는 쉴 새 없이 빨래를 했고, 쉴 새 없이 감시를 받았다. 비누칠을 하고, 힘들여 비틀어 짜고, 물을 길어 왔다. 발이 저렸고, 손목은 오래전에 이미 벗겨져 상처투성이가 되었다. 주변의 러시아 병사들은 우리에게 이런 일을 시킴으로써 엄청난 모욕을 안겨준다고 여겼다. 그들이 고소하다는 듯이 두 손을 마주 비볐다. "히힛, 너희는 우리를 위해 빨래를 해야 해, 당해도 싸지!" 단치히 출신의 여자가 쓴웃음을 지었다. 나는 전혀 못 알아듣는 척하며 모든 사람에게 미소를 짓고 빨래에 열중했다. 사내들은 경탄했다. 한 병사가 다른 병사에게 말하는 것을 들었다. "저 여자들은 일을 잘하는군. 게다가 늘 즐거운 표정이야."

우리는 마지막 남은 수건들을 저녁 6시까지 시간을 끌며 빨았고, 빨래통을 헹구고 나서 구내식당으로 건너갔다. 저녁으로 모두에게 걸쭉한 죽이 한 국자씩 주어졌다. 식사를 마치고 우리가 다른 여자들과 함께 집으로 돌아가려고 하자 문에서 군인들이 "라보타!"라고 외치며 도로 돌려보냈다. 여자들은 한꺼번에 고함을 지르고 문으로 몰려가 불만을 터뜨렸다. 패전국 여자에게 하루 여덟 시간 근무는 허용되지 않는다. 병사 한 명이 총을 높이 들고 우리를 밀어내며 위협적으로 외쳤다. "여자! 라보타!" 이제는 누구나 알고 있는 러시아어였다.

모두 다시 작업장으로 돌아가 계속해서 쇠붙이들을 화물칸에 실었다. 말없이 무덤덤하게 철판과 쇠막대를 서로에게 건네주었다. 빨래하느라 살갗이 벗겨진 손으로 차가운 쇠붙이를 잡으니 너무나 쓰라렸다.

저녁 8시경이 되자 드디어 감독이 화물칸이 가득 찼다고 외쳤다. 그렇다, 너무 가득 실은 나머지 열차가 작업장에서 나갈 때 삐걱거리며 요란한 소리를 냈다. 모스크바에 도착하기 전에 바닥이 다 부서질지도 모른다. 움직이는 화물열차에서 뛰어내린 늙은 인부는 자신을 열차에서 내리게 하지 말고 모스크바로 보내줬어야 한다고 주장했다. 그러면서 황량하고 텅 빈 작업장을 가리키며 말했다. "여기 남아서 무슨 일을 하란 말입니까?" 여자들도 수군거렸다. "우리 남편들은 이제 어디에서 일하게 될까?"

한 시간 후에야 집으로 돌아왔는데, 녹초가 되고 손이 굳어 일기를 적으려니 짜증이 난다. 그런데도 기름지고 풍족한 점심 식사 덕분인지 약간 몽롱하기도 하다. 내일도 계속 빨래를 해야 한다. 우리의 인솔자가 새로운 일감을 예고했다.

1945년 5월 26일, 토요일

또다시 인원 점검이 오래 이어졌다. 우리의 빈 출신 감독관이 이제는 좀 능숙해질 만도 한데 말이다. 오늘도 따뜻한 오트밀 수프로 하루가 시작되었다. 여자들이 안에 든 고기 조각을 세어보고 흐뭇해했다. 그리고 나는 내 입에 들어가는 얼마 안 되는 음식조차 아까워하는 파울리 씨와 마주하지 않아 다행스러웠다.

함께 일했던 여자가 오기를 기다렸지만 허사였다. 키가 작고 강렬한 눈빛의 단치히 출신 여자는 나타나지 않았다. 나는 다른 두 여자에게 함께 빨래를 하자고 설득했다. 아주 젊은 여자와 마흔 살가량의 여자로 둘 다 친근감 있게 보였다. 통 속에는 야전복 재킷들이 비눗물에 담겨 있었다. 기계화 부대의 군복인 탓에 기름 얼룩이 많았다.

어제와 같은 하루였다. 함께 일한 여자들은 부지런하고 상냥했다. 또다시 러시아 병사들이 주변으로 몰려들었다. 우리는 팔꿈치로 밀고 대놓고 웃음을 터뜨리며 떨쳐내려 했다. 눈꼬리가 째진 한 병사가 빨랫줄에 널어둔 재킷 몇 벌을 다시 걷어 와 빨래통에 도로 던졌다. 그러더니 아직 눈에 띄는 몇 군데 얼룩을 가리켰다. 그래, 물론 얼룩이 남았겠지. 보잘것없는 비누와 빨래용이 아닌 솔로 기름을 빼는 건 어림도 없으니까. 몇몇 사내는 다정하게 굴며 자신의 재킷 옆에 빵 조각을 두기도 했다.

정오 무렵, 우리의 인솔자가 건물 밖에 상자 하나를 놓고 서랍 두 개를 뒤집어서 우리를 위해 일종의 식탁을 마련했다. 우리에게 자리에 앉도록 권하고, 다정하면서도 무덤덤한 표정으로 아주 기름진 고기 수프가 가득 담긴 커다란 냄비를 내놓았다. 우리는 햇빛 속에 앉아 느긋하게 식사를 했다. 함께 온 여자 둘도 맛있게 먹었다. 몇 번이나 당했느냐는 식상한 나의 질문에 둘은 대답을 얼버무렸다. 이가 심하게 상했지만 유머 감각이 뛰어나고 활기찬 중년의 여자는 자신은 어떻게 되든 아무 상관 없다고 했다. 남편이 서부전선에서 살아 돌아와도 그 일에 관해서는 아무것도 모를 테니까. 그녀는 "러시아 병사가 배에 올라타는 것이 미군이 머리 위에 올라타는 것만큼 나쁘지는 않다"는 세간의 말이 옳다고도 했다. 그녀와는 이런 얘기를 나눌 정도는 되었다. 그녀가 지하실에서 지내던 때 이야기를 했다. 그녀도 나처럼 지하실에서 주민들과 함께 지냈는데, 폭탄이 건물을 명중시켜 모두 함께 파묻혔단다. 여럿이 다치고 한 명이 죽었다. 두 시간 후 파묻힌 사람들이 구조되었다. 그녀는 그때 죽은 한 노파 얘기를 꺼내며 격앙됐다. "그 노인네가 벽에 달린 거울 앞에 앉아 있었어요." 원래 그 건물 옆의 임시 막사를 쓰던 유치원 아이들이 대피할 수 있도록 만든 지하실이라서 건축업자가 거울을 낮게 달아놓았던 것이다. 모든 아이가 베를린에서 피란을 떠나고 유치원이 폐쇄되자 지하실을 건물 주민들이 사용했다. "무수한 거울 파편이 노인의 등과 뒤통수에 박혔어요. 수많은 파편에 찔려 피를 흘리며 조용히 죽었어요. 주변이 너무 어둡고 소란스러워 그걸 알아차리고 본 사람이 아무도 없었죠." 그녀는 두려움과 흥분으로 숟가락을 공중에서 이리저리 휘둘렀다. "거울이라니! 다시 생각해도 끔찍해!"

유별난 죽음임에는 틀림없다. 아마도 유치원에 다니던 아이들은, 폭격이 지난 다음 날 아침에 그 거울 앞에서 곱슬머리를 정갈하게 빗어넘겼겠지. 거울은 분명 방공 대피소가 아직 편리하고 믿음직스럽게 운영되던 시절, 그러니까 공중전이 개시되던 아주 초창기에 설치된 것일 터였다.

오후를 빨래로 채웠다. 부르트고 퉁퉁 부은 손으로 재킷, 바지,

모자를 문질렀다. 저녁 7시경, 우리는 옆문을 통해 거리로 도망쳤다. 자유를 얻은 기분, 퇴근과 땡땡이 사이. 어쩐지 홀가분했다.

집으로 와서 미망인과 파울리 씨와 함께 내가 예전에 경찰 숙소에서 약탈해 온 마지막 남은 부르고뉴산 와인을 다 마셨다. 내일은 일요일이지만, 나에게는 해당 사항이 아니다. 빈 출신의 감독이 경고했다. 만약 내일 나오지 않으면, 집으로 찾아와 공장으로 강제로 끌고 가겠다는 취지의 연설이었다.

1945년 5월 27일, 일요일

따분하고 단조롭고 지긋지긋한 하루였다. 내 일생에서 가장 긴 일요일이었다. 햇볕이 쨍쨍 내리쬐는 공장부지에서 8시부터 저녁 8시까지 쉴 새 없이 일했다. 세탁장 일은 없었다. 우리의 인솔자가 쉬는 날이었기 때문에. 우리는 안마당에 길게 늘어서서 아연 막대와 모서리가 날카로운 아연 조각을 손에서 손으로 건네주었다. 100미터는 족히 되는 긴 줄에 사람들이 드문드문했다. 다음 사람에게 전해주기 위해서는 그 무거운 것을 들고 두세 걸음을 옮겨야 했다. 땡볕에 서 있자니 금세 머리가 지끈거렸다. 빨래를 며칠 하고 나니 등이 쑤시고 손도 상처투성이다.

사방에서 쓸데없는 잡담이 오가고 언쟁이 벌어졌다. 그러다가 노래 비슷한 것이 흘러나왔다. "해님은 하늘에서 너무나 뜨겁게 비치는데– 시장은 개울가에 앉아 있고 해님은…." 계속 그렇게 웅얼거렸다. 여자들은 이렇게나마 일요일에 쉬지 못하는 것에 대한 분을 삭였다.

이따금 키가 크고 뼈대가 굵은 여자가 속옷 안에서 손수건에 싸서 묶은 손목시계를 꺼내 시간을 알려주었다. 시간은 한없이 느리게 흘러갔다. 온종일 먹은 거라곤 다급하게 들이킨 죽 한 사발이 고작이었다.

그늘도 없는 땡볕에서 계속해서 일했다. 아연이 줄줄이 나왔고, 끝이 없었다. 오후 4시경에 첫 번째 화물칸이 가득 채워졌다. 화차는 은빛으로 빛을 내며 반짝였다. 우리 모두가 달려들어 "영차!" 하고 화차를 약간 밀어내자 다음 화차가 들어왔다. 나에게는 친숙한 프랑스

국영 철도 SNCF였다. 보르도 행이라고 쓰여 있었다. 지독한 냄새가 났다. 병사들이 화장실로 쓰던 칸인 것 같았다. 한 여자가 외쳤다. "똥도 함께 모스크바로 실려 가는구나." 여자들이 웃었다.

계속, 끝없이 아연. 마침내 감독들조차 따분해했다. 우리는 그 두 병사를 이미 잘 알았다. 그들은 우리 사이에서 '테디'와 '사팔뜨기'로 불렸다. 오늘은 둘 다 그리 엄격하지 않았고, 멋진 독일말인 "휴식!"을 두 번이나 외쳤다. 쉬는 시간에 사팔뜨기는 우리네 여자와 춤도 추었다. 나머지 여자들이 손뼉으로 박자를 맞춰주었다. 오후 5경에 감독들이 갑자기 사라졌다. 그들의 근무는 끝났지만 아쉽게도 우리는 그렇지 않았다. 별안간 으스스할 정도로 조용해졌다. 재촉하는 고함도, 잡담 소리도, 신음도, 더는 아무 소리도 나지 않았다. 우리의 발이 움직이는 소리만 들렸고 가끔 "조심해-!" 하고 낮게 외치는 소리가 났다. 누군가가 졸았던 모양이다. 시간을 묻는 소리도 이어졌다.

지하실에서도 여자들이 온종일 서서 일했다. 그곳에 아직 엄청난 양의 아연 막대가 쌓여 있다는 말이 나왔다. 저녁 7시경이면 일이 끝날 거라는 소문이 돌았다. 그러나 헛소문이었다. 계속해서 아연이 나오고 또 나왔고…. 마침내 8시쯤 되자 러시아 병사 한 명이 나타나 구내식당으로 모이라고 손짓했다. 우리는 기름진 수프를 허겁지겁 집어삼키고 무거운 발걸음으로 집으로 향했다. 나는 쓰러질 정도로 지쳤고, 손은 검푸르게 변했다. 세수한 물에 굵은 회색 부스러기들이 떠다녔다. 나는 벌렁 드러누워 팔자 편하게 미망인이 입에 넣어주는 차와 쿠키를 받아먹었다.

어제부터 전기가 들어온다. 촛불에 의지해 살던 시절은 지나갔고, 문을 두드리던 시절도, 침묵만 흐르던 시절도 끝났다. 라디오에서 베를린 방송이 흘러나왔다. 방송은 거의 언제나 뉴스와 비화, 피비린내 나는 사건, 시신 발굴, 잔학 행위들을 보도했다. 동부 지역에 있는 대형 강제수용소들에서 수백만의 사람이 불태워졌으며, 대부분 유대인이었다고 했다. 그들의 시신을 태운 재로 비료를 만들었다고 한다. 가장 충격적인 것은 모든 것이 두꺼운 장부들에 기록되어 있었다는 사실이다. 죽음마저 꼼꼼하게 기록하다니, 그야말로 착실한 민족이다. 밤늦게 베토벤의 곡이 흘러나왔다. 잊고 있던 음악을 듣고 있자니 눈물이 났다. 나는 방송을 꺼버렸다. 지금은 들을 수가 없다.

1945년 5월 28일, 월요일

또다시 세탁일을 했다. 오늘 러시아 병사들은 특별히 기분이 들떠 있었다. 우리를 꼬집고, 만지고, 짧은 독일 말을 앵무새처럼 되풀이했다. "베이컨, 계란, 집에서 잠자." 그러면서 라파엘로의 아기 천사 그림처럼 턱을 팔에 괴었다.

베이컨, 계란, 확실히 필요한 것들이다. 하지만 지금 여기에서 그 근사한 제안을 받아들이는 사람은 한 명도 없다. 환한 대낮에 사방이 트인 공장부지에서, 보는 눈도 많은 이 판국에 겁탈하기란 불가능할 것이다. 곳곳에서 일이 바삐 돌아가는 와중에 조용하고 외진 구석을 찾아낼 수는 없으리라. 그 때문에 '집에서 잠자' 하는 말이 나오는 것이다. 그들은 기꺼이 필요한 것을 줄 용의가 있고, 베이컨이 필요한 여자들이 자신을 집으로 데려가길 간절히 바란다. 나는 공장에도 이런 병사가 많으리라고 확신한다. 하지만 그들은 두려워하고 있고, 두려움은 효과적인 제동 장치이다.

재킷, 셔츠, 손수건을 빨았다. 협탁 덮개도 있었다. 가장자리를 빨간 실로 감친 조그만 사각형의 천에 십자수로 "편히 주무세요"라는 글귀가 수놓아져 있었다. 처음으로 낯선 사람의 콧물이 덕지덕지 붙은 손수건을 빨았다. 적군의 콧물에 구역질이 났을까? 그렇다, 팬티를 대할 때보다 더 심하게. 구역질이 올라와 억지로 밀어 삼켰다.

함께 일하는 여자들은 전혀 그렇지 않은 듯했다. 그들은 끈질기게 빨래를 했다. 이제는 그 둘에 대해서도 제법 알게 됐다. 어린 게르티는 열아홉 살로, 다정하고 신중하다. 그녀는 작고 낮은 목소리로 갖가지 연애 실패담을 들려주었다. 자신을 차버린 남자친구에 관해, 전사한 또 다른 친구에 관해…. 나는 그녀가 지난 4월에 있었던 일을 꺼내놓도록 유도했다. 그러자 그녀는 가만히 눈을 내리깔고 말하기 시작했다. 러시아 병사 세 명이 자신을 지하실에서 끌고 나가더니 낯선 아파트 1층에 있던 소파 위에 눕히고—처음에는 차례로, 나중에는 순서도 없이—강간했다고 털어놓았다. 그들의 포악한 짓은 끝나지 않았다. 그들은 집 안 찬장을 뒤져—독일인의 찬장이 대체로 그렇듯이—잼과 커피 대용품을 찾아냈다. 그리고 웃으면서 잼을 숟가락으로 퍼 어린 게르티의 머리에 올리고 커피가루를 그 위에 마구마구 뿌려댔다.

어린 아가씨가 조용히 빨래판을 내려다보며 이 얘기를 들려줄 때 나는 그녀를 유심히 바라보았다. 그 끔찍한 모습을 상상해보며. 어떤 작가도 결코 그런 장면을 지어낼 수 없을 것이다.

주변에서 온종일 채근하는 고함이 들린다. "다바이, 푸스타이, 라보타, 스카레예!"(Давай, пустóй, Работа, скорее)—어서, 비워, 일, 빨리! 그들이 별안간 매우 서두르고 있었다. 어쩌면 곧 떠날지도 모르겠다.

빨래하는 여자들에게 가장 곤란한 문제는 화장실이었다. 그야말로 소름 끼치는 곳을 사용하는데, 발을 들여놓기조차 꺼려졌다. 첫날에 우리는 그곳을 먼저 물로 씻어 내려보려고 했으나 관이 막혀 있었다. 더욱 곤란한 점은 볼일을 보려고 움직이는 때를 러시아 병사들이 노린다는 사실이다. 그래서 한 사람이 화장실을 사용할 때 나머지 둘이 보초를 섰다. 복도 양쪽 끝에 한 사람씩 지키고 서 있는 것이다. 비누와 솔까지 함께 챙겨서. 그러지 않으면 잃어버리기 때문이다.

점심때는 뒤집어놓은 서랍을 깔고 앉아 한 시간가량 햇빛 속에서 기름진 수프를 먹고 약간 졸기도 했다. 그러고는 다시 빨래를 했다. 온몸이 땀에 흠뻑 젖었다. 저녁 7시경에야 일이 끝났는데, 이번에도 옆문으로 몰래 빠져나왔다.

집에 돌아와 기분 좋게 몸을 씻고 깨끗한 옷으로 갈아입고, 조용한 밤을 보내고 있다. 깊이 생각해보아야 한다. 우리의 정신적 궁핍은 엄청나다. 우리는 마음을 울리고, 다시 삶으로 돌아가게 해줄 온정 어린 말을 고대하고 있다. 우리의 마음은 메말라버렸고, 우리는 음식을, 가톨릭교회가 '마음의 양식'이라 부르는 것을 갈망한다. 일요일에 쉴 수만 있다면, 다시 예배가 열린다면 교회에 가고 싶다. 교회에 다니는 사람들은 마음의 양식을 얻는지 확인하고 싶다. 어떤 교회에도 속하지 않는 우리 같은 사람은 어둠 속에서 홀로 고통당하고 있다. 우리의 앞날은 암울하기만 하다. 나는 절망에 대비하고 있으며, 내면의 불꽃이 계속 타오르도록 노력 중이다. 그러나 왜? 무엇을 위해? 나에게 임무라도 주어졌던가? 어찌해야 좋을지 모르겠다.

1945년 5월 29일, 화요일

또다시 빨래. 지루하고 날씨도 무덥다. 바지와 재킷이 한꺼번에 쏟아져 나왔다. 빨랫줄에 널어놓았던 재킷 한 벌이 없어졌다. 특별히 고급스러운 옷감이었으니 장교의 것이 분명했다. 누구도, 그것을 잃어버린 주인조차도 우리 중 한 사람이 훔쳐갔으리라고는 생각지 않았다. 병사들 사이에서 소동이 벌어지고 고함이 터져 나오기는 했다. 그렇지만 그들은 도둑질을 자연스러운 일로 받아들인다. 물건을 훔치는 것은 거의 그들의 본성이다. 러시아 여행을 갔을 때, 나는 일찍이 도둑맞을 수 있는 물건은 모조리 도둑을 맞았었다. 핸드백, 서류 가방, 외투, 장갑, 자명종 시계, 말리려고 욕실에 널어두었던 스타킹. 한번은 세 명의 직원이 근무하는 사무실에서 내 조그만 가위가 없어졌다. 내가 어떤 사진을 찾으려고 서랍을 열고 몸을 숙인 몇 분 사이에 도둑맞은 것이다. 당연히 셋 중 한 명이 훔쳐갔을 것이다. 다들 다정하고 예의 발랐는데. 나는 가위가 사라졌다는 말은 입도 벙긋 못하고 말없이 책상 위를 이리저리 뒤지기만 했다. 머리끝까지 화가 치밀었다. 직원들은 너무나도 태연하게 업무를 계속했다. 누가 훔쳐갔는지 나는 지금까지도 모른다. 다만 당시 러시아에서 일반 사람은 그런 가위를 살 수 없었다는 사실만 기억하고 있다. 가난해서 도둑질을 하게 되는 것은 확실하며, 도둑질은 지금 우리 나라에도 만연해 있다. 그러나 러시아인이 물건을 슬쩍하는 태도는 아주 특이하고 스스럼없고 당연한 듯이 보인다. 세상일이 어차피 다 그럴진대 누가 뭐라 할 수 있을까.

사내들이 온종일 치근거렸다. "베이컨, 계란, 집에서 잠자." 한 병사가 내 옆에서 물러서지 않고 은밀하게 20마르크짜리 독일 지폐

한 장을 보여주더니 거기에 같은 돈 한 장을 더 얹었다. "잠시 저쪽 임시막사로 가서…." 어린 게르티에게도 똑같은 제안을 했다.

오늘은 러시아 여자 한 명이 우리 곁에서 빨래를 했다. 어떤 대위의 부인인지 여자 친구인지는 불분명했지만 가슴이 불룩 나온 금발의 여자였다. 그녀는 인조견으로 된 남자 셔츠를 빨면서 아마 레코드판으로 배운 것 같은 독일 유행가를 랄랄라 흥얼거렸다. 고운 목소리로 노래를 잘 부르는 게르티와 또 다른 여자도 함께 따라 불렀다. 러시아 여자가 우리에게 미소를 보냈다. 다정한 분위기가 감돌았다.

바깥은 햇볕도 쨍쨍하고 바람도 불어 빨래 말리기에 딱 좋은 날씨였다. 대부분의 러시아 군인들은 공장부지 어디에선가 잠을 잤다. 꼬집고 껴안으려고 접근하는 병사들이 잠시 없어졌다. 우리는 빨래를 멈출 수 없었다. 어쩌다가 시에 관한 얘기가 나왔다. 어린 게르티는 교과서에 나온 시를 절반이나 외우고 있었다. 나도 끼어들었다. 한동안 빨래통 너머로 뫼리케, 아이헨도르프, 레나우, 괴테의 시가 울려 퍼졌다. 게르티가 살짝 눈을 깔고 암송했다. "잠시만 기다리라, 이제 곧 – 그대도 안식을 얻게 되리니." 그녀가 한숨을 쉬며 말했다. "그렇게 되기만 한다면야." 또 다른 여자가 몸을 떨었다. 그녀는 어린 게르티보다 두 배 반이나 오랜 세월을 살았지만, 죽을 생각은 눈곱만큼도 해보지 않았단다. 그녀가 입버릇처럼 말했다. "이미 다 지난 일이야."

저녁 8시쯤 지친 몸으로 집으로 돌아왔다. '집'이라는 말은 더 이상 어울리지 않았다. 우연히 같이 지내게 된 우리 가족은 깨져버렸다. 파울리 씨가 거의 비다시피 한 감자 바구니를 보고서 오랫동안 참아왔던 불만을 터뜨렸다. 그는 더 이상 나를 여기서 지내게 할 수 없다고 미망인에게 따지고 들었다. 흥, 니콜라이 일이 무산되고 새로운 '남자'는 나타날 조짐을 보이지 않으니 내 몸값이 떨어진 것이다. 미망인은 나를 복도에서 붙들고 이 안타까운 소식을 알려주면서 목이 메어 선뜻 말을 꺼내지 못했다. 그녀는 나를 좋아한다. 힘겨운 나날들이 우리를 서로 묶어주었다. 하지만 또 한편으로 그녀는 파울리 씨를 나보다 오래 알고 지냈으며, 그를 가족으로 여겼고, 그가 앞으로 어떤 식으로든 자신을 지켜주기를 기대한다. 그녀는 그의 기분을 상하게 해서는 안 되는 것이다.

나는 말했다. "제 처지가 어떤지 알게 되어 차라리 다행이에요. 오래전부터 이 집에서 음식을 한 입만 먹어도 속이 편하지 않았어요. 지난주에는 내가 러시아 병사들에게서 먹을 것을 구할 수 있어서 기뻤죠."

물론 다음 주에는 어떻게 먹고살아야 할지 모른다. 러시아 군인들을 따라가 작업을 하고 돌아와 홀로 위층 다락집에서 지내야 한다면, 뭘 먹고 사나. 찬장은 비어 있고, 받기로 되어 있지만 아직 나올 낌새조차 보이지 않는 얼마 안 되는 배급품에 의지해서 살아야 한다. 나는 숟가락과 누더기 옷가지 같은 자질구레한 물건들을 챙겨 들고 느릿느릿 계단을 따라 올라갔다. 그러나 나는 지금 이 글을 적고 있는 미망인의 집에서 마지막 하룻밤을 더 묵기로 했다. 고아는 떠돌아다닐 수밖에 없다. 홀로 지내는 여자의 삶이 가장 쓰라릴 때는 가족처럼 지내다가도 내 존재가 방해가 되고 부담이 되고, 한쪽의 마음에 든다는 이유로 다른 쪽의 불만을 사서 결국에는 그들의 알량한 평온을 위해 내쫓길 때이다. 아무리 익히 알고 있다 해도, 지금 이 글을 적고 있는 페이지는 눈물로 얼룩진다.

1945년 5월 30일, 수요일

마지막으로 빨래를 하는 날. 내일부터는 쉰다, 우리 모두. 러시아 군인들이 짐을 꾸리고 있고, 곳곳에서 출발 직전의 분위기가 감지됐다. 세탁장 안의 빨래 솥 밑에 그들은 손수 불을 지펴놓았다. 어떤 장교의 목욕물을 데우기 위해서다. 병사들은 야외에서 대야를 의자에 올려놓고 몸을 씻었다. 젖은 수건으로 딱 벌어진 몸통을 문질러 닦았다.

오늘 나는 한 남자의 환심을 샀다. 우리의 젊은 구애자들이 몸짓과 어설픈 몇 마디 독일어로 '저기 저 남자'가 나에게 반해 있으며, 나를 위해 무엇이든 해줄 것이라고 알려주었다. 만약 내가…. '저기 저 남자'는 덩치가 크고 어깨가 벌어진 병사였다. 믿음이 가는 파란 눈에 농부의 얼굴이었는데, 귀밑머리가 벌써 희끗희끗했다. 내가 그를 쳐다보자 그는 부끄러운 듯 고개를 돌렸다. 그러더니 곧 머뭇거리며 몇 걸음 다가와 나에게서 무거운 물통을 받아들고 대신 날라다 주었다. 완전히 새로운 타입이군! 이런 멋진 생각을 떠올린 남자들은 지금까지 아무도 없었다. 더욱 놀라운 점은 그가 러시아어 억양이 전혀 들어가지 않은 독일어로 말했다는 것이다. "내일 떠납니다, 이곳에서 아주 멀리 말이죠." 그는 '이곳'이라는 말을 아주 정확히 발음했다. 나는 그 이유를 알아차렸다. 그는 외국에 거주하는 독일인 동포였던 것이다. 그의 고향이 볼가강 연안이었고, 약간 둔해지기는 했지만 독일어가 모국어라고 했다. 그는 온종일 내 주변에 붙어 서서 다정한 눈길을 보내며 친절하게 대해 주었다. 치근거리지도 않았고, 오히려 부끄러워했다. 계속해서 충실한 눈빛으로 가능한 한 모든 것을 알아서 챙겨주려고 노력할 따름이었다. 그가 내 주변에 머무는 동안 병사들이 우리를 꼬집고 밀치고 하는 일이 줄었다.

우리 셋은 다시 힘들여 일을 했다. 어린 게르티는 오늘 무척 기분이 좋아져 연달아 노래를 부르고 흥얼거렸다. 소파 위에서 러시아 군인들에게 당한 일로 아기가 생기지 않았다는 것을 오늘 확인했기 때문이다. 나도 곰곰이 따져보니 예정일을 일주일이나 넘기고 있었다. 하지만 임신의 낌새는 없었고, 아직도 나는 마음속으로 '안 된다'고 다짐함으로써 그 사태를 막아낼 수 있다고 믿고 있다.

행복해하는 게르티는 생리통이 심했다. 우리는 그녀의 수고를 약간 덜어주기 위해 빨랫감을 나누어 빨아주었다. 날씨는 흐리고 후텁지근했고, 시간은 느리게 흘러갔다. 저녁 무렵에 러시아 군인들이 나타나서 그사이에 마른 옷들을 찾아갔다. 한 병사가 코바늘로 감침질을 한 고상한 여자 손수건을 가슴에 대고 열광적으로 눈을 굴리며 한 단어를 반복했다. "란츠베르크." 독일의 지명이었다. 로미오도 저렇게 했겠지, 하는 생각이 들었다. 어쩌면 페트카도 자신의 고향인 시베리아의 숲속에서 굵고 거친 손을 가슴에 대고 그와 비슷하게 눈을 굴리며 나의 이름을 중얼거릴지도 모른다. 만약 그가 나중에까지 나무에 도끼질을 하면서 나를 저주하지 않는다면 말이다.

출발 준비를 하느라 바빴는지 오늘은 그 요리사가 우리에게 병사들이 먹는 식사를 가져다주지 않았다. 우리는 구내식당에서 걸쭉한 죽을 먹었다. 그곳에서는 지난주에 우리에게 지급하기로 약속한 하루 8마르크의 일당이 지급되지 않을 것이고 모든 돈은 러시아군이 착복했다는 유언비어가 나돌았다. 거기에다 훨씬 더 흉측한 유언비어도 하나 추가되었다. 몽골 돌격대가 베를린으로 벌떼 같이 몰려올 것이며, 스탈린조차 이들을 통제할 수 없어 그들에게 사흘간 약탈하고 겁탈할 자유를 허락해주지 않을 수 없었다는 것이다. 그러니 모든 여자는 집

안에 꼭꼭 숨어 있는 편이 좋을 것이라고…. 순전히 헛소문일 것이다. 그런데도 여자들은 모여서 재잘거리며 걱정했다. 그때 여자 통역관이 끼어들었다. 그녀는 모두를 반말투로 대했다. 사실상 감독들과 한통속이었다. 사실 그녀는 우리처럼 노역을 나온 처지였는데, 몇 마디 어설픈 러시아어 실력 덕분에(그녀는 폴란드령 오버슐레지엔 출신이다) 통역관 자리를 꿰찼다. 그녀가 러시아어로 할 수 있는 말은 나도 충분히 가능했다. 하지만 러시아어를 할 수 있다고 말하지 않은 건 잘한 일이다. 명령과 재촉하는 고함을 통역하는 일은 끔찍했을 테니까. 모두 이 여자 통역관을 두려워한다. 그녀는 송곳니가 뾰족하며 눈빛이 날카롭고 심술궂다. 강제수용소의 여자 감독관들이 이런 모습이지 않았을까. 저녁에 구내식당에서 공식적으로 해산이 선포되었다. 급료는 다음 주에 시청에 가서 출납계에 문의하라고 했다. 어쩌면 정말로 일당이 지급될지도 모른다, 아닐지도 모르고. 두고 볼 문제다. 나는 어린 게르티와 중년 여자와 악수를 하고—조심해야 했다. 우리 셋 다 손이 부르텄기 때문이다—서로의 행운을 빌었다. 게르티는 부모가 있는 슐레지엔으로 돌아간다고 했다. 그녀의 부모는 어쩌면 죽었을지도 모른다. 세상일을 누가 알겠는가.

1945년 5월 31일, 목요일

오늘부터 다락집에서 홀로 굶주림을 헤쳐나가는 생활이 시작되었다. 미망인의 집에서 음식을 마구 먹었던 것은 본능적인 예감에서 나온 행동이었다는 생각이 든다. 오래가지 못할 것임을 알고 있었으니까. 그래서 들어갈 수 있는 만큼 속에 채워 넣었던 것이다. 누구도 내게서 빼어갈 수 없도록. 풍족한 삶에서 알거지 생활로 넘어가는 것은 그래서 더욱 힘들다. 비축해둔 식량이 없다. 배급받은 것도 거의 없다. 제때 받은 빵만 남아 있다. 나에게는 빵이 하루 300그램 지급된다. 거무스름한 호밀 브뢰첸 여섯 개. 내가 아침 식사로 쉽게 먹어치울 수 있는 양이다. 오늘은 브뢰첸이 없어서 1000그램짜리 빵 한 덩이를 받아와야 했다. 나는 빵에 대고 신실했던 외할머니가 그랬듯 성호를 그었다. 이 다락집에서 지내는 동안 나에게 빵이 떨어지는 날이 절대 없게 해주소서. 나는 사흘에 나누어 먹어야 할 삼등분 눈금을 빵 껍질에 표시했다. 발라 먹을 지방질은 없다. 미망인이 내 살림에 보태준 마른 감자와 여분의 완두콩 가루는 이틀 치 점심 식사 충분하다. 저녁 식사로는 쐐기풀 말고는 적당한 것이 없다. 노곤해진다. 이 글을 적고 있는 지금 내 머리는 당장이라도 떠오를 수 있는 풍선 같다. 몸을 숙이면 어지럽다. 오늘의 변화는 너무나 극단적이다. 몇 주 동안 잘 먹고 지내 다행이다. 아마 언젠가는 식량 배급이 시작될 것이다. 먹을 것을 가져다줄 러시아 병사를 구하는 것은 더는 고려할 수 없다. 그것은 끝난 일이다.

오늘은 종일 다락집에서 힘들게 일을 했다. 오랜만에 완전히 혼자 지낸 하루였다. 둘러보니 이 집 주인의 라디오가 사라져 있었다.

라디오가 놓여 있던 자리에 쌓인 석회 가루 위로 손자국이 남아 있다. 선명하게 지문도 보였다. 셜록 홈스가 좋아할 소재다. 이곳에서 일했던 기와장이들이 슬쩍 챙겨갔을 것이다. 이제 내가 그들의 지붕에 올라가 볼 차례인 것 같다(그들을 다그칠 작정이다). 서부 독일에 눌러앉은 건물주인이 고용한 여자 관리인에게 물어보면 주소는 알아낼 수 있다. 그녀는 주인 행세를 하며 6월분 집세를 거두는 중이다. 5월분 집세는 공식적으로 제외된다. 1945년 5월은 시민들 사이에서 계산에 포함되지 않는 것이다.

1945년 6월 1일, 금요일

발코니의 나무 상자에서 처빌이 꼬불꼬불하게 싹을 틔웠고, 보리지도 둥근 떡잎이 나 있었다. 작고 파란 새 생명을 보니 즐거웠다. 아침 식사로 빵 세 조각에 말린 효모와 물을 섞어서 만든 반죽을 발라 먹었다. 턱없이 부족한 양이다.

그런데도 상당히 먼 길을 나섰다. 이번에는 슈티글리츠에 있는 나의 옛 직장에 근무하던 젊은 여비서를 찾아갔다.

베를린은 말끔히 정돈되어갔다. 아이들은 다시 깨끗이 씻은 모습이었다. 사방에 손수레를 밀고 가는 가족의 행렬이 보였다. 베를린 근교로 피란했다가 집으로 돌아오는 행렬이었다. 벽과 가로등 기둥 여기저기에 쪽지들이 붙었는데, 슐레지엔과 동프로이센 사람들에게 고향으로 돌아갈 때 함께 모여서 이동하자고 호소하는 내용이었다. 서부 지역은 사정이 더 열악하다고 했다. 아직 엘베강을 건널 수 없다는 것이다. 라디오에서 전해준 것처럼 그곳에서는 러시아군과 미군이 만나 동맹 체결을 축하하는 행사를 아직도 벌이고 있다고 했다.

가는 도중에 나는 여자들의 긴 행렬 앞을 지나갔다. 우중충한 옷을 입은 여자들이 산처럼 쌓인 잔해 더미 사이로 줄지어 있었다. 들통들이 손에서 손으로 전해졌다. 우리는 피라미드를 짓던 시대로 되돌아가고 있다. 다만 지금은 건축물을 짓는 것이 아니라 허문다는 차이가 있을 뿐이다.

건물은 아직 그대로 있었지만 폭발의 영향을 심하게 받은 것으로 보였다. 집 안에는 불에 탄 흔적이 있고 벽들은 갈라져 있었다. 벽지는 너덜너덜했다. 하지만 힐데의 조그만 방에는 여러 꽃병에 꽃들이 꽂혀 있었다. 유달리 말수가 적은 힐데에게 이런저런 우스갯소리를 하며 말을 걸었다. 마침내 그녀가 입을 열었고, 나는 아무 말도 할 수 없었다.

힐데는 검은 옷이 없어서 검푸른 원피스를 입고 있었다. 4월 26일에 그녀는 하나뿐인 남동생을 잃었다. 어머니와 누나가 지하실에 머무는 동안 동생은 바깥 상황을 살펴보겠다고 거리로 나갔다. 유탄 파편 하나가 날아와 그의 관자놀이를 파열시켰다. 독일인들이 그의 옷가지와 물건을 훔쳐갔고, 발가벗겨진 그의 시신은 근처 영화관에 옮겨져 있었다고 한다. 사방으로 동생을 찾아 헤매던 힐데는 이틀이 지나서야 동생을 발견할 수 있었다. 어머니와 함께 그의 시신을 손수레에 싣고 시민 공원으로 가서 삽으로 얕게 묻을 자리를 파고 자신의 비옷으로 감싼 열일곱 살짜리 동생을 묻어주었다. 그는 아직 그곳에 묻혀 있다. 어머니는 아들을 묻은 자리에 라일락꽃을 놓아주기 위해 나가고 없었다.

어머니와 딸은 러시아 군인에게 아무런 일도 당하지 않았다. 그들의 집은 계단으로 네 층이나 올라가야 해서 무사했던 것이다. 게다가 4층부터는 계단 난간도 부러져 있었다. 군인들은 그 위쪽까지 누군가 살고 있으리라고 생각지 않았던 것 같다. 힐데는 자기 건물의 지하실에서 여자들이 마구잡이로 끌려나가는 통에 열두 살짜리 여자아이도 '함께 희생되었다'고 알려주었다. 다행히도 가까이에 의사가 한 명 있어서 사후에 응급처치를 해주었다고 했다. 같은 건물에 사는 또 다른 여자는 어떤 러시아 병사가 흘리고 간, 매듭으로 묶인 지저분한 손수건 뭉치를 하나 주웠는데, 그 속에 온갖 패물이 들어 있었다고 했다. 이 금은보석의 가치를 두고 건물에 별의별 소문이 떠돈다고도 했다.

이 모든 것을 힐데는 완전히 무덤덤하게 들려주었다. 그녀는 표정이 없었고, 마음의 상처를 입은 것처럼 보였다. 그녀는 평생 가슴에 한을 품고 살아가야 한다.

돌아오는 길에 친구 기젤라에게 들르느라 약간 돌아서 왔다. 그녀는 아직도 의지할 곳 없는 브레슬라우의 여대생들과 함께 지내고 있었다. 세 여자 모두 누추한 차림이었다. 그들은 아침에 두어 시간 동안 여자들의 긴 줄에 서서 잔해 더미를 허물어 날라야만 했다. 금발의 헤르타는 벌겋게 열이 오른 얼굴로 소파에 드러누워 있었다. 옆집에 사는 여의사는 난소 염증이라는 진단을 내렸다. 임신했을 가능성도 있었다. 그녀는 아침에 약간 먹은 마른 빵도 토해냈다. 그녀를 강제로 겁탈한 그 몽골인은 연달아 네 번이나 그 짓을 했다고 한다.

점심 식사로 그 세 여자는 멀건 밀가루 수프를 먹었다. 그들의 마음이 상하지 않게 나도 함께 먹지 않을 수 없었다. 배가 무척 고프기도 했다. 기젤라는 수프에 발코니의 나무 상자에서 무성하게 자라고 있는 쐐기풀을 잘게 썰어 넣어주었다.

집으로 발길을 돌렸고, 나의 다락집으로 올라왔다.

오가는 길에 보았던 광경을 남겨둔다. 남녀 한 쌍이 타르 칠을 해 냄새가 심하게 나는 검은색 관을 실은 손수레를 밀고 있었다. 그 위에 어린아이 한 명이 웅크리고 앉아 있었다. 베를린시 청소차도 보았다. 관이 여섯 개나 실려 있었다. 청소부들이 관 하나에 죽 앉아 아침을 먹으며 맥주 한 병을 돌려가며 마시고 있었다.

1945년 6월 2일, 토요일

두 기와장이 중 한 사람을 찾아가 문가에 서서 우리 집에서 없어진 라디오를 돌려받으러 왔다고 딱 잘라서 말했다. 처음에 그 어수룩한 남자는 모르는 척했다. 라디오는 보지도 못했고 내가 착각한 것이라고 발뺌했다.

나는 약간 치사한 수법을 써먹기로 했다. 예전에 관할구역 지휘관에게 받은 쪽지를 보여주며, 내가 통역자로 배속되었으며 필요하다면 러시아 군인을 동원해 가택 수색쯤은 언제든지 할 수 있다고 으름장을 놓았다. 그러자 남자의 기억이 곧장 돌아왔다. 같은 건물에 사는 동료가 주인 없이 아무렇게나 놓여 있던 라디오를 안전하게 보관하기 위해 가져갔을지도 모른다는 것이다. 그는 나에게 기다려보라며 한 층 위로 올라갔고, 3분 후에—포장해 끈으로 묶기까지 한—라디오를 가지고 돌아왔다. 심지어 그 포장지도 내 집에 있던 것임을 나는 바로 알아보았다.

압박 수단으로 권력을 동원했다. 작은 쪽지 한 장을 이용해 내가 권력을 가진 것처럼 속였다. 효과는 즉각적이었다. 그러지 않았다면 라디오를 돌려받지 못했을 것이라고 확신한다. 그래도 뭔가 개운치 않은 뒷맛이 남는다. 그러나 아마 우리 삶의 대부분이 이렇게 돌아갈 것이다. 결혼, 회사, 국가, 군대.

점심 무렵 다락집 발코니에 햇볕을 쬐며 누워 있다가, 건너편 건물의 창문을 보게 되었다. 한 여자가 재봉틀을 발로 돌리면서 빨간색과 파란색 띠를 번갈아가며 연결해 누비질을 하고 있었다. 그런 다음 흰색 천에서 원을 여러 개 오려낸 다음 테두리를 들쑥날쑥하게 잘라 별 모양을 만들었다. 미국 국기였다. 층계에서 얼굴에 부스럼이 난 여자가 나에게 이미 성조기에 별이 몇 개나 들어가는지 물었었다. 나는 48개인지 49개인지 정확히 몰라서 미망인 집의 백과사전을 찾아보라고 했다. 손바느질을 하는 독일 여자들에게는 만들기 어려운 국기였다. 색깔도 색깔이지만 복잡한 문양 탓에 더 힘들었다. 그에 비하면 러시아(구소련) 국기는 얼마나 간단한가. 폭격으로 피해를 당하지 않은 모든 독일 가정에 비치되어 있는 지난날의 나치 독일 국기에서 흰색 바탕에 검은색 갈고리십자가 문양이 든 부분을 제거하기만 하면 된다. 그런 다음 노란색으로 된 망치와 큰 낫과 별 모양을 바느질로 달면 되는 것이다. 나는 비뚤어진 망치와 찌그러진 큰 낫을 보고서 가슴이 찡했었다. 삼색기 만들기가 가장 쉽다. 프랑스도 승전국이니 만들어야 한다. 그냥 파란색과 흰색과 빨간색, 이 세 가지 띠를 위에서 아래로 차례로 연결해 누비질만 하면 완성이다. 빨간색으로는 이불잇이나 나치 독일 국기의 한쪽 자락을 사용한다. 흰색은 침대 시트가 있으니 쉽게 구할 수 있다. 문제는 파란색이다. 여자들은 아이들의 옷가지와 식탁보를 잘라냈다. 미망인은 망치와 큰 낫과 소비에트 별 모양을 만들기 위해 하는 수 없이 오래된 노란색 블라우스를 희생했다. 그녀의 백과사전에 따라 영국의 유니언잭도 대충 만들어졌다. 다만 영국 국기는 펄럭이지는 못하고 게양대에 널빤지처럼 뻣뻣하게 매달려 있다. 파란색 앞치마 천 위에 빨간색 대각선과 십자선을 넣기 위해 빨랫줄을 몇 미터나 잘라 누비는 바람에 뻣뻣해졌기 때문이다.

이 역시 이 나라에서만 일어날 수 있는 일이다. 승전국 네 나라의 국기를 내달아야 한다는 명령이 내려졌다. 누가 명령했는지는 모른다. 그런데 보라, 독일 주부들은 신통하게도 거의 아무것도 없는 상태에서 이 국기들을 만들어내지 않았나. 만약 내가 승전국의 기념품 수집가라면, 색깔과 형태와 재료가 제각각인 이 천 조각들을 진기한 기념품 삼아 모아둘 것이다. 오후가 지나는 동안 우리가 사는 거리 곳곳에서 비뚤어지고, 색이 바랜, 장난감 같은 천 조각들이 감동적으로 건물에 내걸렸다.

오후 5시쯤, 약 2주 전에 샤를로텐부르크로 찾아가 만났던 일제가 뜻하지 않게 우리 집까지 왔다. 그녀는 그 먼 길을 다른 신발이 없어서 하이힐을 신고 걸어왔다. 한때 귀부인이었던 그녀다운 행동이다. 그녀는 내게 제안할 계획이 있다고 했다. 그녀의 남편이 알게 된 헝가리인이 한 명 있는데, 전쟁 직전에 우연히 독일에 왔고 미국 달러를 엄청나게 많이 가진 자산가이다, 그 돈으로 신문이나 잡지, 책을 발행하는 회사를 차릴 생각인데 지금으로선 출판사가 가장 유망해 보인다, 그는 독일의 모든 기존 출판사는 나치와 결탁한 과거 때문에 이젠 끝장이라며 나치와 관련 없는 사람이 종이를 확보하기만 하면 산업 전체를 차지할 것이라 내다본다고 했다. 그녀는 내가 합류하길 원했다. 출판사에 근무한 경험이 있고 조판도 할 수 있으니까. 나는 그 헝가리인을 모르고, 그에 관한 이야기를 들은 적도 없어서 모든 것이 허풍처럼 들렸다. 그러나 어쩌면 내가 잘못 생각하고 있는지도 모른다. 아무튼 나는 동의했다. 회사가 설립되는 즉시 나는 노동 증명서를 받을 것이다. 그와 더불어 2급 배급표도 받게 되니, 하루에 빵이 300그램이 아니라 500그램이 나온다. 따져보고 자시고 할 일이 아니다.

일제와 이야기를 나누는 동안 미망인이 찾아왔다. 우리 셋은 귀부인 모임에서 만난 듯 잡담을 나누었다. 커피와 케이크가 없어 유감이었다. 나는 내놓을 것이 없었다. 그래도 우린 무척 즐거웠고, 능욕당한 일과 관련한 유머는 누구도 서로에게 뒤지지 않았다.

나 홀로 지내는 조용한 밤이다. 기와장이들에게서 억지로 돌려받은 라디오가 있어서 더욱 멋지다. 그러나 금세 다시 꺼버렸다. 재즈곡이 나오고, 비화가 폭로되고, 하인리히 하이네의 시가 소개되고,

휴머니즘과 관련한 감동적인 몇 마디가 나온 다음 붉은 군대에 대한 찬사가 이어졌다. 내가 느끼기에는 지나치게 미화된 것 같았다. 차라리 아무 말도 하지 않거나, 아니면 솔직히 이렇게 터놓고 말해야 할 것이다. "전부 지우고 새 장을 펼쳐라."

1945년 6월 3일, 일요일

조용한 아침, 뜨거운 태양. 손으로 만든 초라한 국기들이 거리 곳곳에 알록달록하게 걸려 있다. 나는 집 안 구석구석을 꼼꼼히 손보고 툭 하면 고장이 나는 핫플레이트 위에서 보리죽을 끓였다. 두 번만 더 끓이면 빻은 보리도 끝이다. 지방질은 전혀 남아 있지 않다. 배급은 아직도 나오지 않는다. 하지만 가게에서 사람들이 러시아의 해바라기씨 기름이 수송되고 있다고 알려주었다. 나는 우크라이나의 드넓은 진노랑의 해바라기밭을 그려보았다. 아주 맛있을 거야.

식사를 마치고 흐릿하고 황량한 베를린 시내를 가로질러 두 번째로 샤를로텐부르크까지 걸어갔다. 나의 다리는 완전히 기계적으로 움직인다. 걸어 다니는 기계 같다.

일제와 그녀의 남편이 있는 자리에서 나는 그 헝가리인을 만났다. 그는 정말로 회사를 차릴 생각이었다. 이마는 각졌고 까무잡잡했다. 새로 다림질한 셔츠를 입고 있었고, 혈색도 아주 좋아서 달러가 많다는 말에 의심이 들지 않았다. 그는 매우 어설픈 독일어로 가장 먼저 일간신문 회사를 설립할 생각이라고 장황하게 설명했다. 앞으로 세계적으로 알려질 그 신문에 '새로운 행동'(Die neue Tat)이라는 이름을 붙이고 싶어 했다. 우리 나라에서 지금은 모든 것이 새롭다. 우리는 그 신문의 종류와 노선에 관해 의논했다. 디자이너도 한 사람 함께 있었다. 그가 이미 신문 제호를 디자인해놓았는데 조잡하기 짝이 없었다.

그 외에도 그 헝가리인은 여성 잡지, 청소년 잡지 등 다양한 잡지와 민주주의 재교육을 위한 신문들도 창간하려 했다. (민주주의 재교육이라는 말을 그는 라디오에서 들었다.) 나는 그에게 러시아군과의 협상이 어느 정도 진전되었는지 물었다. 그는, 그 문제는 아직 여유가 있으며, 우선은 베를린에 남아 있는 종이를 몽땅 사서 독점하는 것이 중요하다고 대답했다.

그 헝가리인이 자신을 장래의 울슈타인이자 허스트로 여기고 있는 것이 확실했다. 그는 우리가 폐허를 보는 곳에서 고층빌딩을 그려보며 거대한 재벌 기업을 꿈꾸고 있었다. 바지 주머니에 가득 든 달러가 활기를 불어넣어 주었다.

의심이 들고 주저되기는 했지만 곧 디자이너와 마주 앉아 신문 표제면 조판을 구상했다. 헝가리인은 지면이 컸으면 좋겠고 사진을 잔뜩 넣자고 했다. 인쇄기에 관해서는 엔지니어인 일제의 남편이 의견을 냈다. 절반쯤 잿더미에 허술하게 파묻힌 인쇄소를 한 곳 알고 있다면서, 기계는 전문가가 손을 보면 쉽게 다시 사용할 수 있을 거라고 피력했다. 그 인쇄기는 일단 러시아군이 철수한 후에 찾아 나서는 편이 좋겠다고 내가 대꾸했지만, R 씨는 웃으면서 그런 기계는 점령군에게는 너무 구식 모델이라고 말했다. 그들은 전문가를 곁에 두고 있으며, 곳곳에서 최고 좋은 최신형의 기계들에만 눈독을 들인다는 것이다.

나는 무사히 집으로 돌아왔는데, 서둘러 걷는 바람에 아직도 다리가 저린다. 그렇지만 기분이 명랑해졌고 어떤 기회가 왔음을 예감했다.

이제 모든 것이 내게 달렸다. 내일은 잡지들에 대한 계획을 세우자고 했다. 당분간 일제의 집을 사무실로 사용한다. 점심 식사도 제공해준다고 했다. 일제는 완두콩 한 자루를 몰래 구해놓았다. 그 정도면 충분하다.

저녁에 먹을 약간의 군것질거리를 생각해냈다. 봉지에 남아 있는 설탕을 티스푼으로 가득 떠서 조그만 잔에 담았다. 그러고 검지 끝으로 설탕을 천천히 조심해서 찍어냈다. 먹고 나니 자꾸 또 핥아먹고 싶어졌고,

혀 위에 놓인 달콤한 알갱이들을 평화 시절에 초콜릿 한 판을 먹던 것보다 더 느긋하게 즐기며 녹여 먹었다.

1945년 6월 4일, 월요일

샤를로텐부르크로 일찍 길을 나섰다. 숨이 턱턱 막히는 날씨다. 잡지들은 벌써 틀이 잡혔다. 나는 구할 수 있는 금지된 작가들의 글들을 찾아 모았다. R 씨의 장서에서나 우리 건물 어딘가에 있는 글들. 막심 고리키, 잭 런던, 쥘 로맹, 토머스 울프, 모파상, 디킨스, 톨스토이 같은 구세대 작가의 글도. 다만 문제가 되는 것은 이 작가들의 저작권이 풀리지 않은 한 어떻게 판권을 얻느냐 하는 것이다. 운영을 재개한 출판사가 아직 한 곳도 없기 때문이다. 헝가리인은 이런 하찮은 일에 전혀 지장을 받지 않았고, 출간에 찬성했다. "나중에 누군가가 나타나서 돈을 요구하면 지불하면 돼요." 그는 자신의 바지 주머니를 두드리며 이렇게 말했다. 그는 자전거를 한 대 구해놓았다. 그리고 관대하게도 당분간은 이름만 있을 '출판사'에 마음대로 사용하라며 내놓았다.

점심으로 정말로 완두콩 수프가 나왔지만, 아쉽게도 제대로 끓인 것이 아니었다. 아무리 해도 완두콩이 제대로 삶아지지 않자 그녀는 완두콩을 고기 가는 기계로 모조리 갈아버렸다. 모래처럼 거칠고 풋내가 났지만 삼킬 만은 했다. 일제는 삼겹살 한 조각을 수프에 함께 넣고 끓였는데, 먼 길을 걸어 다니는 내게 두툼한 비계 부분을 주었다. 몸무게를 재봐야겠다. 급격히 살이 빠지는 느낌이 든다. 이미 모든 치마의 허리가 헐렁해졌다.

저녁 6시경에 집으로 출발했다. 몇 명씩 무리를 지어 발걸음을 옮기는 사람들로 거리는 혼잡했다. 다들 지쳐 있었다. 어디서 와서, 어디로 가는 걸까? 나는 모른다. 대부분의 무리가 동쪽으로 가고 있었다. 일행들은 서로 비슷한 모습이었다. 초라한 손수레에 배낭, 상자,

트렁크가 가득 실려 있었다. 끈으로 동여맨 수레를 여자나 나이가 좀 있는 소년이 끌고 갔다. 그 뒤에 어린아이들이 따라가거나 할아버지가 수레를 밀고 갔다. 수레에 실린 잡동사니 위에는 거의 언제나 아주 어린 아기나 걷기 힘든 아이들, 노인이 타고 있었다. 남자든 여자든 노인들의 몰골은 처참하기 이를 데 없었다. 안색이 창백하고, 몸은 쇠약해져 이미 반쯤은 죽은 상태로, 앙상하게 뼈만 남아 무관심한 표정으로 앉아 있었다. 라플란드나 인디언 같은 유랑민의 노인들은 살 가망이 없어지면 스스로 나무에 목을 매거나 눈밭으로 나가 죽었다고 한다. 기독교의 영향을 받는 서구에서는 숨이 붙어 있는 한은 억지로 끌고 간다. 그들은 많은 노인을 길가에 파묻어야 할 것이다.

"노인을 공경하라." 그렇다. 하지만 피란 가는 노인에게 '공경'은 너무 먼 단어다. 수레가 이미 공경과 어울리지 않고, 지금은 다들 그럴 수 있는 처지가 아니다. 시절도 맞지 않는다. 나는 노인의 사회적 지위에 관해, 오래 산 사람들의 가치와 존엄에 관해 곰곰이 생각해보았다. 옛날에 노인은 유산자였고, 재산을 다스리는 사람이었다. 거의 모두가 무산자인 오늘날, 노인들은 영향력이 없다. 나이가 드는 것은 존경스러운 것이 아니라 측은한 것이다. 하지만 바로 이 위태로운 처지가 노인들을 자극하고 삶에 대한 애착을 부채질하는 것 같다. 우리 건물의 탈영병 남자는 먹을 것이면 무엇이든 늙은 장모가 손대지 못하도록 자물쇠를 채워 잠가놓는다고 미망인에게 털어놓았다. 장모가 손에 넣을 수 있는 것이면 무엇이든 훔쳐가서 몰래 먹어버린다는 것이다. 딸과 사위가 먹을 양식도 거리낌 없이 먹어버린다고 했다. 사위가 싫은 소리라도 한마디 할라치면 자신을 굶겨 죽이려 한다고, 집을 상속받으려고 죽이려 든다고 고래고래 고함을 지르고…. 위엄 있는 귀부인들이 남은 목숨에 탐욕스럽게 매달리는 짐승으로 변한다.

1945년 6월 5일, 화요일

이가 아파서 잠을 제대로 자지 못했지만, 일찍 일어나 샤를로텐부르크로 길을 나섰다. 오늘도 어디에나 국기들이 내걸려 있다. 영국군, 미군, 프랑스군 할 것 없이 연합군 수천 명이 공항에 도착했다고 한다. 그들을 환영하기 위해 독일 여자들이 주말 내내 부지런히 우스꽝스럽고 모양도 제각각인 국기들이었다. 이 와중에도 러시아의 화물차들은 우리 나라 기계들을 싣고 빠져나가고 있다.

나는 빠른 걸음으로 걷고 또 걸었다. 변함없이 걸어 다니는 기계로 아직 여기 남아 있다. 먹는 것은 너무나 부실한데 날마다 거의 20킬로미터씩 걷고 있다. 일은 재미있다. 헝가리인은 날마다 새로운 계획을 내놓는다. 교과서를 만드는 곳에만 종이를 배급할 거라는 소문을 들었다면서 자신의 출판 계획에 교과서도 끼워 넣었다. 시대에 맞는 독일어 독본과 러시아어 문법책 수요가 상당하리라고 예측한 그가 나에게 그 방면으로 아이디어를 짜보라고 했다. 일제가 원두커피를 한 잔 내주었다. 저녁 6시가 지나서 나는 밑창에 구멍이 난 신발을 신고 집으로 향했다(밑창은 이미 종잇장처럼 얇아져 있었다). 돌아오는 길에 운행이 재개된 독일 버스와 우연히 마주쳤다. 30분마다 한 대씩 다니는 버스였다. 그러나 발 디딜 틈도 없이 만원이어서 탈 수는 없었다. 새로 근무에 투입된 독일의 보안 경찰관들도 보았다. 그들은 비쩍 마른 소년들로, 이상하게도 사람들의 눈에 띄지 않으려고 애썼다.

따끔거리는 발 때문에 온몸이 땀에 흥건히 젖은 채 집에 도착했다. 층계에서 미망인이 나를 붙들고 깜짝 놀랄 소식을 전해주었다. 니콜라이가 찾아와 내 소식을 물었다는 것이다! 니콜라이? 나는 한참 생각한 후에야 그를 기억해낼 수 있었다. 함께 은행을 점검했던 중위였다. 오겠다고 해놓고 오지 않은 그 니콜라이였다. "8시에 한 번 더 오겠다고 했어." 미망인이 말했다. "곧장 당신 집 초인종을 누를 거야. 반가운 소식이야?"

"주 느 세 파"(Je ne sais pas). — "잘 모르겠네." 니콜라이가 프랑스어를 할 줄 알았다는 기억이 떠올라 이렇게 대답했다. 내가 기쁜지 어쩐지 정말로 모르겠다. 니콜라이는 약속을 두 번이나 저버리고 사라졌기 때문에 그가 정말로 올지 믿기지 않았다. 그 뒤로 시간도 너무 많이 흘렀다. 그런 기억을 되살리고 싶지 않았다. 그리고 너무나 피곤했다.

대충 세수를 하고, 먼 거리를 걸어 다니게 된 후에는 매일 그랬듯 한 시간 정도 자기 위해 길게 드러눕자마자 초인종이 울렸다. 정말 니콜라이였다. 복도의 희미한 어둠 속에서 우리는 프랑스어로 몇 마디 인사를 나누었다. 그에게 안으로 들어오라고 권했다. 조금 후 나를 밝은 곳에서 보게 된 그의 얼굴엔 놀라는 기색이 역력했다. "어떻게 된 일입니까? 어떻게 이런 모습으로 변한 거죠?" 그는 내가 마르고 형편없어진 것을 보고, 며칠 사이에 어떻게 이렇게까지 달라질 수 있는지 궁금해했다. 뭐, 마른 빵조차 먹지 못한 채 일을 하고 또 수십 킬로미터를 걸어 다니면 살이 빠지게 마련이지. 그러고 보니 나 스스로는 이 변화가 전혀 어색하지 않았던 것이 묘한 일이었다. 체중을 재볼 기회도 없었고 거울도 들여다보는 둥 마는 둥 했다. 몰골이 그렇게까지 사나워 보인단 말인가?

우리는 둥근 탁자를 사이에 두고 마주 앉았다. 나는 너무 피곤해서 하품을 참을 수 없었고, 머릿속에 어떤 어휘도 떠오르지 않았다. 졸린 나머지 니콜라이가 무슨 말을 하는지도 알아듣지 못할 정도였다. 사이사이 가까스로 정신을 차리고 그를 친절히 대해야 한다고 다짐하곤 했다. 그는 매우 다정했지만 서먹해하기도 했다. 보아하니 그는 이와는 좀 다른 대접을 받으리라고 기대했던 모양이다. 아니면 내가 창백한 유령으로 변해버려 이제는 마음에 들지 않는지도. 마침내 나는 니콜라이가 이번에도 작별인사를 하기 위해 왔을 뿐이라는 것을 이해했다. 그리고 그가 이미 베를린 외곽에 배치되었으며, 오늘 하루만—그의 말로는 마지막으로—베를린에 일을 보러 왔다는 것도 알았다. 따라서 나는 그에게 다정한 표정을 짓거나 일부러 관심 있는 척할 필요가 없었다. 그런데도 니콜라이와의 일이 이렇게 된 것에 잔잔한 아쉬움이 남는 것을 느꼈다. 그는 잘생겼다. 복도에서 작별할 때 그가 속삭였다. "엉 카메라드, 네스 파?"(En camerades, n'est-ce pas?) — "우리 친구죠, 그렇죠?" 그리고 내 손에 200마르크가 넘는 지폐뭉치를 쥐여주었다. 그는 내가 하품을 하며 건넨 작별의 말만을 챙겼고, 그 외엔 아무것도 바라지 않았다. 나는 이 돈으로 흔쾌히 먹을 것을 살 것이다. 그것이 비록 오늘 저녁으로 먹을 빵 하나에 불과하더라도. 이런 어려운 시절에는 누구나 자신이 가진 것을 단단히 거머쥐는 법이다. 그래서 암시장이 활기를 띠지 못한다.

1945년 6월 6일, 수요일

또다시 저녁이고, 걸어 다니는 기계는 집으로 돌아왔다. 밖에는 빗물이 줄줄 흘러내리고 있다. 그리고 안에는, 오 기쁘도다, 이제 나의 다락집에도 수도꼭지에서 물이 줄줄 흘러나오고 있다. 욕조에 물을 받아놓고, 온몸에 물줄기를 실컷 덮어썼다. 무거운 물통을 양손에 들고 힘겹게 계단을 오르내리던 일이 끝났다.

오늘도 빡빡한 하루였다. 사무실을 빌리는 문제로 헝가리인과 이곳저곳을 돌아다녔다. 먼저 시청에 들렀다. 헝가리인은 자신의 계획과 자신에게 전과가 없음을 증명하는 서류를 작성해 도장과 사인을 받았다. 나는 그곳에서 놀라운 인물들을 보았다. 소년 무용수들, 코 수술을 받은 얘기를 하는 반쪽 유대인 여자, 아시리아인처럼 새빨간 수염을 한 '퇴폐적인' 그림을 그리는 화가. 그들은 사방에서 기어 나왔다. 수년 전부터 보지 못했던 유의 사람들이었다.

진짜 원두커피를 한 잔 마신 후에 일제는 남편과 심하게 다투었다. R 씨가 모스크바로 갈지 결정하는 문제 때문이었다. 누군가 그에게 관리직 일자리와 두둑한 보수를 제안했단다. 일제는 남편이 혼자 떠나야 한다는 이유 하나만으로도 기를 쓰고 반대했다. R 씨도 그 제안을 받아들일 것 같지 않았다. 그는 계속 서구의 분위기 속에서 살고 싶어 했고, 우리의 출판 계획에 용기를 얻어 장차 언젠가 다시 돈과 권력 그리고 더 큰 자동차를 둘러싼, 한결같은 남자들의 게임에 동참할 수 있기를 기대했다.

오늘 연합군이 협상을 벌였다. 라디오가 토해내는 연설은 예전의 우리 적들이 서로를 축하하는 미사여구로 넘쳐났다. 우리 독일인은 끝장났으며, 우리 나라는 승전국의 변덕에 휘둘릴 수밖에 없는 식민지가 되었다는 사실은 잘 안다. 개인이 어떻게 해볼 도리가 없다. 그저 받아들여야 한다. 나는 나의 조그만 배를 타고 헤쳐나가기 위해 노력할 것이다. 일은 고되고 먹을 것은 적다. 하지만 하늘에는 변함없이 태양이 떠 있다. 내 안의 목소리가 다시 한번 나에게 말을 걸어오는 것 같다. 한 가지는 확실하다. 내 삶은 늘 충만했다. 차고 넘칠 만큼!

1945년 6월 7일, 목요일

걸어 다니는 기계가 오늘 하루 휴가를 받았다. 채소 가게에서 호박을 사기 위해 줄을 서 차례를 기다렸다. 아쉽게도 호박은 소금물에 절인 것이었다. 너무 짜서 삼키지도 못했다. 다행히 말린 채소 두 묶음과 말린 감자 한 봉지도 구했다. 거기에다 폐허가 된 건물의 앞뜰에서 쐐기풀을 한 주머니 가득 뜯어 와 대피소 물품들 속에 온전하게 보관해두었던 어피 장갑을 끼고 품위 있게 다듬었다. 그 푸성귀를 삶아 먹고 시퍼런 국물까지 다 비우고 나자 힘이 솟는 것 같았다.

곰곰이 계산을 해보니 예정일을 넘긴 지 벌써 2주일이었다. 그래서 나는 여의사가 운영한다는 간판이 걸려 있던, 일곱 건물 떨어진 병원으로 성큼성큼 걸어갔다. 전에는 가본 적도 없고, 그 의사가 다시 진료를 시작했는지도 몰랐지만 무작정 찾아가 보기로 했다. 안으로 들어가니 나보다 좀 더 나이가 많은 듯한 금발의 여자가 업무를 보고 있었다. 폭격으로 인한 충격파 때문에 사무실이 엉망이었다. 창틀에 낯선 이의 몸통이 찍힌 오래된 엑스레이 필름이 끼워져 있었다. 그녀는 한가로이 말을 주고받을 여유도 없이 곧장 진찰을 시작했다.

"아무것도 없습니다. 다 정상입니다."

"하지만 예정일이 2주나 지났어요. 전에는 이런 적이 전혀 없었어요."

"요즘에 정상인 여자가 얼마나 된다고 생각하세요? 저도 늦어지고 있어요. 영양 상태 때문이에요. 상태가 나빠지면 우리 몸은 월경을 줄이지요. 조금이라도 살이 붙도록 신경 쓰세요. 그러면 생리 주기도 정상으로 돌아올 겁니다."

그녀가 진료비가 10마르크라고 하여, 나는 양심의 가책을 느끼며 쓸모도 없는 독일 돈을 주었다. 그 돈을 대체 어디에 사용할 수 있겠는가? 마지막에, 실제로 러시아 군인들에 의해 임신을 한 여자들도 찾아와 도움을 청하는지 조심스럽게 물어보았다.

"그런 얘긴 안 하는 게 좋겠어요." 그녀가 냉담하게 말하더니 가보라고 했다.

조용한 저녁, 완전히 혼자다. 유리가 떨어져 나가 틀만 남은 창으로 불어오는 돌풍이 방 안으로 먼지를 몰아온다. 만약 어느 날 이 집 주인이 돌아온다면 나는 대체 어디로 옮겨 가야 하나? 아무튼 내가 이곳에 있지 않았다면 이 다락집은 오래전에 기와장이나 누군가에 의해 약탈당했을 것이 확실하다. 난방하는 데는 남의 집 가구를 때는 것이 자기 것을 때는 것보다 더 좋은 법이다.

1945년 6월 8일, 금요일

걸어 다니는 기계가 또다시 길을 나선다. 오늘 멋진 경험을 했다. 시험 삼아 급행 전철의 일부 구간이 운행이 재개된 것이다. 위쪽 플랫폼에 빨갛고 노란 차들이 서 있는 것을 보고 계단을 따라 올라가 우리의 옛날 동전 두 개를 주고 표를 끊어서 탔다. 안에는 사람들이 무척 엄숙한 표정으로 긴 의자에 앉아 있었다. 두 사람이 서로 가까이 당겨 앉으며 나에게 자리를 내주었다. 전철은 햇빛과 폐허가 된 황무지를 헤치며 질주했다. 고되게 걸어 다니던 그 모든 시간이 쏜살같이 지나갔다. 금세 내려야 해서 너무 아쉬웠다. 전철을 타니 기분이 날아갈 듯했고, 마치 선물을 받은 듯했다.

오늘 부지런히 일했다. 일제와 함께 여성 잡지 창간호의 대략적인 시안을 만들었다. 다만 잡지의 이름을 아직 확정하지 못했다. 다 함께 머리를 맞대고 이런저런 아이디어를 짜내보았다. 우선 모든 이름에 '새로운'이라는 단어가 들어가야 한다.

이상하게도 꿈같은 하루였다. 사람들과 물건들이 베일에 가려진 것처럼 뿌옇게 보였다. 부르튼 발로 집으로 돌아오자 허기에 지쳐 몸이 축 늘어졌다. 일제의 집에서는 이제 완두콩 수프가 한 접시씩만 나오는데, 식량을 아끼기 위해 두 국자만 퍼준다. 지나가는 모든 사람이 굶주려서 퀭한 눈으로 나를 쳐다보는 듯한 느낌이 들었다. 내일은 다시 쐐기풀을 구하러 가야겠다. 오는 길에 풀들이 자란 곳마다 쐐기풀이 있는지 살펴두었다.

어디를 가든 사람들의 불안을 느낀다. 사람들은 먹고사는 일에 대해, 또 앞날에 대해 불안해한다. 패전은 정말 참담한 일이다.

1945년 6월 9일, 토요일

또다시 쉬는 날이 찾아왔다. 먹을 것이 없는 동안은 이틀에 한 번씩만 20킬로미터의 행군을 하기로 합의를 보았기 때문이다.

내가 등록된 가게에서 배급표를 주고 곡물가루와 설탕을 받았다. 다시 두세 끼의 식사를 확보했다. 거기에 품위 있게 장갑을 끼고 쐐기풀 싹을 한 아름 뜯었고, 갯는쟁이와 민들레 잎도 따 모았다.

오후에는 마지막이 언제였는지 기억이 가물가물할 정도로 오랜만에 미용실을 찾아갔다. 머리카락에서 때를 벗겨내고 파마도 했다. 미용사는 어느 날 갑자기 나타나서는 실종된 동료의 마구 어지럽혀진 가게에 자리를 잡았다. 그의 동료는 전쟁 막바지에 국민방위대에 소집되었고, 그의 가족들은 튀링겐으로 피란을 보냈다고 했다. 거울 하나가 아직 온전히 남아 있었고, 찌그러지긴 했지만 열기구도 아직은 쓸 만했다. 미용사의 말투가 완전히 평시 같았다. "그럼요, 부인, 물론 그렇게 해드리죠, 부인…." 이런 의례적인 말을 듣고 있자니 생뚱맞다는 느낌이 들었다. '부인'이라는 말은 말하자면 우리 사이에서만 통하는 국내 통화, 즉 동전인 것이다. 세상 사람들 앞에서 우리는 만신창이가 된 여자들이고 오물 덩어리다.

1945년 6월 10일, 일요일

라디오에서 러시아가 베를린에 군정을 세울 것이며, 러시아의 국경이 바이에른, 하노버, 홀슈타인 주의 경계까지 확장될 예정이라는 소식을 전했다. 영국군은 라인 지역과 루르 지역을 차지하며, 미군은 바이에른 지역을 점령한다고 했다. 세상은 어지럽고 나라는 갈가리 찢기고 있다. 우리가 평화를 얻은 지 겨우 한 달 만의 일이다.

햇볕을 쬐고 음악을 들으며 생각에 잠겨 오전을 보냈다. 릴케, 괴테, 하우프트만 작품을 읽었다. 그들도 독일인이며 우리와 같은 민족이라는 사실이 위안이 된다.

오후 1시 반에 길을 나섰다. 아직 인적이 드물고, 쥐 죽은 듯 조용한 베를린 시내를 가로질러 샤를로텐부르크까지 걷는데 숨이 막힐 지경이었다. 우리는 다시 모였고 회의를 했다. 인쇄 기술자인 새로운 멤버가 합류했다. 그는 종이를 확보하려는 계획은 부질없는 짓이라고 했다. 유통은 고사하고, 심지어 압류당할까 두려워 종이를 숨겨두고 있는 판국이라고 했다. 설사 일부를 넘겨받는다 하더라도 우리에게는 차량이 없고, 인쇄가 시작될 때까지 안전하게 보관할 공간도 없다고 지적했다. 회사 차량이라고 해봐야 자전거 두 대가 전부였다. 이것도 대부분의 회사가 보유한 운송수단보다 많은 것이지만. 인쇄 전문가는 무엇보다 관청에서 허가를, 즉 당국이 종이를 배급해준다는 허가를 어떻게든 얻어내는 것이 중요하다고 했다. 그 기술자는 이미 독일 및 러시아 관청에 모두 들렀으나 공허한 약속만 듣고 돌아와 풀이 죽어 있었다. 오직 헝가리인만이 자신만만했다. 그는 교활한 인간임이 틀림없다. 대화 중에 내가 다니던 옛 회사의 지하실에 액자에 끼워진

기사십자가 수상자들의 사진이 아직 한 상자 가득 있으며, 공모전 부상으로 제작한 것인데 그 후로 발송이 되지 않았다고 언급하자, 그가 반색하며 물었다. "사진들이요? 유리도 끼워져 있나요?"

"네, 제대로 액자에 끼우고 유리도 넣었어요."

"그 유리는 우리가 가져오죠." 그가 당당히 말했다. 그는 이미 어딘가에 사무실을 마련했지만, 베를린 대부분의 사무실이 그렇듯 유리창이 없었던 것이다. 뭐, 나로서는 그가 그곳을 털어도 상관없다. 기꺼이 망을 봐줄 것이다. 그러나 정확한 사정을 모른다. 모든 것이 이미 오래전에 없어졌을지도.

집으로 돌아가는 길에 기젤라를 찾아갔다. 금발의 헤르타는 또 몸이 아파 소파에 누워 있었다. 열이 심하지는 않았지만 얼굴이 백지장처럼 창백했다. 기젤라는 헤르타가 유산을 했다고 전했다. 나는 더 묻지 않았다. 우리의 헝가리인이 '유리에 관해 멋진 소식을 알려줘서 고맙다'며 집에 가는 나에게 챙겨준 사탕을 그녀들에게 하나씩 나누어주었다. 속에 모카 원두가 들어 있었고, 아주 맛있었다. 사탕 안에 든 달콤한 모카를 깨물 때 그녀들의 침울한 표정이 풀어지는 것을 지켜보는 건 정말 멋진 일이었다.

나는 기젤라와 출판 계획에 관해 의논했다. 우리가 세운 계획 중 하나가 구체화되는 대로 기젤라도 참여할 수 있을 것이라고 말했다. 그녀는 회의적이었다. 우리 나라에서 인쇄물을 마음대로 꾸미는 것은 상상도 할 수 없다고 했다. 우리의 의도가 아닌, 모스크바의 의도에 맞는 잡지들만 허용될 거라고도 했다. 그녀는 아직도 내 앞에서 '신'이라는 단어를 입에 올리는 것을 거북해한다. 그러나 그녀가 말하는 모든 것이 신을 향하고 있음을, 그녀가 기도를 올리고 거기서 힘을 얻는다는 사실을 나는 안다. 그녀는 먹는 것도 적다. 그녀의 눈 밑엔 짙은 다크서클이 생겼지만, 내 눈은 그냥 반짝이는 데 반해 그 눈은

빛을 내뿜고 있다. 우린 이제 서로를 돕지 못한다. 한 가지 분명한 건, 내 주위엔 굶주린 사람들이 있고, 그들이 나를 나아가게 한다는 사실이다.

1945년 6월 11일, 월요일

또 쉬는 날이다. 경찰서에 가서 예전부터 잘 알고 지내던 K. 교수의 불타버린 주택 뒤편에 버려진 정원을 일구는 데 공적인 허가가 필요한지, 필요하다면 그 허가를 받아보려고 했다. 나는 노교수의 편지를 꺼내 보였다. 그가 지난 3월에 브란덴부르크에 있는 피란처에서 나에게 보낸 편지로, 정원을 돌봐달라는 부탁이 담겨 있었다. 경찰들이 나를 이쪽에서 저쪽으로, 다시 저쪽에서 이쪽으로 보냈다. 누구도 결정을 내릴 권한이 없었다. 창문에 마분지를 댄 어두컴컴한 사무실 어디를 들어가든 숨 막히는 분위기에 끊임없는 말다툼이 벌어졌다. 아무것도 변하지 않았다.

돌아오는 길에 쐐기풀을 땄다. 나는 매우 말랐고 기름기라곤 없다. 눈앞에 드리운 뿌연 베일이 일렁거리고 둥둥 떠다니면서 몸이 가벼워지는 느낌이다. 지금 이 글을 적는 것도 무척 힘에 부치지만, 글쓰기는 고독하게 지내는 나에게는 위안이고, 유일한 대화이며, 속마음을 털어놓는 일이다. 미망인은 아직도 러시아 병사들이 나오는 사나운 꿈을 꾼다고 했다. 나는 그런 악몽을 꾸지 않는 건 아마도 모든 일을 글로 털어놓기 때문일 것이다.

배급되는 감자의 사정이 심각해 보인다. 7월 말까지의 배급량을 강제로 안겨주는 바람에 가져오지 않을 수 없었다. 이유는 뻔하다. 저장 구덩이에서 파낸 감자들은 썩어가고 있으며, 절반쯤은 지독한 냄새를 풍기며 질퍽하게 문드러졌다. 부엌에서 나는 썩은내는 참기 힘들 정도다. 그렇다고 발코니에 내놓자니 더 빨리 썩어버리지 않을까 염려스럽다. 7월이 되면 무얼 먹고 살란 말인가? 가스레인지까지 골칫거리다.

가스레인지를 쓰려고 가스관에 압력이 차면 총을 쏠 때처럼 요란한 소리가 난다. 그리고 대충 고쳐놓은 핫플레이트도 이제 말을 듣지 않는다.

빵을 함부로 먹지 않도록 나를 스스로 감시해야 한다. 내일 먹을 양에서 100그램을 이미 먹어버렸다. 이렇게 미리 손대는 버릇이 들어서는 곤란하다.

1945년 6월 12일, 화요일

걸어 다니는 기계가 다시 샤를로텐부르크에 도착했다. 빠른 급행 전철은 물 건너갔다. 첫 시험운행 직후 고장나버렸기 때문이다. 전철은 다시 끊겼다. 우리는 부지런히 일했다. 우리의 계획과 제안들을 이제 찾을 수 있는 모든 관청 담당에게 제출할 예정이다.

집으로 오는 길에 새로운 경험을 하나 했다. 공동묘지로 이장하기 위해 잔디 광장의 시신들을 파내고 있었다. 시신 한 구가 이미 토사 더미 위에 놓여 있었다. 그것은 범포에 싸인 진흙투성이의 기다란 뭉치였다. 작업자는 중년의 민간인이었는데, 셔츠 소맷자락으로 흐르는 땀을 훔치고, 테 없는 모자로 부채질을 했다. 나는 처음으로 사람의 썩은 시체에서 어떤 냄새가 나는지 확인했다. 가능한 모든 묘사 중에서 '역겨운 송장 냄새'라는 표현을 떠올렸다. 나는 '역겨운'이라는 형용사가 부정확하며 결코 충분하지 않다고 생각한다. 냄새라기보다는 덩어리진 어떤 것, 두터운 무언가, 얼굴과 콧구멍 앞에 고인 걸쭉한 공기 같은 것으로 여겨졌다. 들이쉬기에는 너무 매캐하고 짙은 어떤 것이었다. 숨이 턱 막혔는데, 마치 휘두르는 주먹을 피할 때처럼 사람을 멈칫 뒤로 물러서게 만들었다.

베를린 어디에서나 지독한 냄새가 풍긴다. 티푸스가 돌고 있다. 이질에 걸리지 않은 사람이 거의 없다. 파울리 씨도 이질에 걸려 큰 욕을 보았다. 저녁에 들은 바로는, 얼굴에 부스럼이 난 여자가 구급차에 실려 갔다. 그녀는 티푸스 환자 임시 숙소에 격리되었다고 한다. 곳곳에 파리 떼가 들끓는 쓰레기 밭이 널렸다. 검푸르고 굵직한 파리들이 끝도 없이 몰려든다. 이제는 성가신 것들이 활개 치는 세상이 틀림없다!

똥 무더기마다 붕붕거리는 파리들이 새카맣게 달라붙어서 덩어리를 이룬다.

미망인이 베를린에서 나도는 유언비어를 하나 전해주었다. "독일의 인간 늑대단이라는 결사대 몇 명이 최근에 러시아 군인들에게 총격을 가한 데 대한 벌로 우리를 굶긴다"는 것이다. 나는 그 말을 믿지 않는다. 우리 주변 지역에는 러시아군이 전혀 보이지 않는데, 결사대가 노리는 먹잇감이 대체 어디 있단 말인가. 러시아 군인들이 어디로 가버렸는지 모른다. 미망인은 우리 건물에서 떠들썩하게 술판을 벌이며 지내는 자매 중 하나이자 귀여운 어린 아들과 함께 사는 아냐는 전과 변함없이 부지런히 물건을 가져다주는 러시아 손님들을 받고 있다고 주장했다. 그 행위가 앞으로도 아무런 문제가 되지 않을까? 머릿속에 벌써 아냐의 새하얀 목이 잘린 채 소파 팔걸이에 놓인 모습이 그려진다.

(6월 말 노트 가장자리에 갈겨쓴 내용. 아냐도 아니었고, 목도 아니었다. 그러나 두 건물 떨어진 곳에 사는 잉에라는 여자가 초면의 네 사람—지금까지도 신원이 밝혀지지 않았다—과 밤에 술판을 벌인 후 아침에 두개골이 파열된 채 발견되었다. 그녀는 빈 맥주병으로 살해되었다. 악의에 찬 행동이나 의도적인 살인이었다기보다 우발적인 범죄였던 것으로 보인다. 어쩌면 군인들이 순서를 놓고 다툼을 벌이다가 그리되었을지도 모른다. 아니면 그 잉에라는 여자가 찾아온 군인들을 비웃었는지도 모른다. 술에 취한 러시아 군인들은 위험하다. 감정이 상하면 살기를 띠고 자기 자신뿐 아니라 누구에게든 불같이 화를 낸다.)

1945년 6월 13일, 수요일

오늘은 쉬는 날. 미망인과 함께 쐐기풀과 갯는쟁이를 찾아보러 나갔다. 우리는 노교수의 망가지고 거칠어진 정원을 둘러보았다. 정원을 경작해도 좋다는 관청의 허가를 받는다 해도 이젠 늦었다. 누군가가 버찌나무의 잔가지들을 전부 꺾어버렸고, 채 익지도 않은 생 버찌들을 따 가버렸다. 이곳에는 익을 것이 없다. 배고픈 사람들이 너무 이른 수확을 해버렸기 때문이다.

날씨는 차갑고, 바람이 거세게 불고 비까지 내린다. 우리가 사는 거리에 처음으로 전차가 다시 지나갔다. 나는 곧장 달려가 전차에 뛰어올랐다. 그냥 타보고 싶었다. 올라탄 김에 시청까지 가는 게 좋지 않을까 따져보았다. 일주일 동안 러시아군을 위해 공장부지에서 노역을 한 일당을 정말로 받을 수 있을지 문의해보고 싶었다. 시청에 도착한 나는 실제로 내 이름이 명부에 있는 것을 확인했다. 나뿐만이 아니라 다른 여자들에 대해서도 일한 날짜가 정확히 기록되어 있었다. 심지어 세금 공제액까지 기재되어 있었다. 나는 56마르크를 받게 된다. 그러나 출납계에 돈이 들어와야 받을 수 있다. 직원은 나에게 다음 주에 한 번 더 찾아오라고 했다. 아무튼 사람들이 다시 기록을 하고, 합산을 하고, 수금을 하고 있으니 분명 얼마간은 받게 될 것이다.

비바람을 맞으며 정거장에서 돌아갈 전차를 기다리는 동안 외국에서 탈주한 부부와 이야기를 나누었다. 체코에서 이곳까지 오는 데 18일이나 걸렸다고 했다. 그들은 나쁜 소식을 전해주었다. "체코 군인이 국경에서 독일인들의 셔츠를 벗기고 채찍으로 때립니다." 남편이 말하자 부인이 기운 없이 거들었다. "불평할 수도 없어요. 우리가 자초한 일이니까요." 동부의 모든 거리는 탈주자들로 북적인다고 했다.

전차를 타고 돌아가다가 영화관에서 사람들이 나오는 것을 보았다. 다음 영화를 보려고 전차에서 내렸다. 홀 안은 한산했다. 〈종전 후 저녁 6시〉라는 제목의 러시아 영화였다. 싸구려 소설에나 나올 법한 온갖 일을 다 겪고도 영화를 보겠다고 앉아 있다니, 아무래도 묘한 기분이 들었다.

관람객 대부분은 아직 성인이 되지 않은 스무 명 남짓한 독일인이었고 드물게 군인들도 있었다. 여자는 거의 보이지 않았다. 여자들은 아직 군인들이 드나드는 이 깜깜한 곳에 들어올 엄두를 내지 못한다. 정작 군인들은 민간인에게 눈길도 주지 않았고 다들 스크린만 쳐다보며 웃었다. 나는 영화에 흠뻑 빠져들었다. 영화에는 억센 여자와 건장한 남자 같은 불굴의 의지를 가진 사람들로 넘쳐났다. 러시아어로 녹음된 유성 영화였다. 소박한 사람들 사이에서 벌어지는 이야기여서 거의 대부분 알아들을 수 있었다. 영화는 해피엔드였다. 모스크바의 첨탑들 위로 승리의 불꽃이 터지는 장면으로 끝났다. 이 영화는 1944년에 제작되었다고 한다. 독일의 높으신 양반들은 그렇게나 미래의 승리를 약속했으면서도 이런 영화는 만들 생각도 하지 않았다!

독일인이 당한 불행이 또다시 내 가슴을 짓누른다. 한없이 슬퍼졌다. 영화관에서 나와 삶의 의욕을 불타게 하는 것들을 불러내 기운을 추스른다.

예전에 파리에서 오스발트 슈펭글러를 발견하고, 그의 《서구의 몰락》을 읽고 심란해졌을 때, 수첩에 적어둔 셰익스피어의 짧은 글귀가 있었다. "[인생은] 백치가 하는 이야기, 시끄럽고 정신없을 뿐, 아무 의미도 없다."

세계대전에서 두 차례나 패배한 우리의 온몸에 깊은 상처만이 남았다.

1945년 6월 14일, 목요일

걸어 다니는 기계가 다시 샤를로텐부르크로 왔다. 회사가 설립되어 내가 2급 노동자 배급표를 받게 된다면 얼마나 좋을까. 하루 500그램의 빵. 그것만 받으면 저녁에 먹도록 약간 남겨둘 수 있을 텐데. 나는 아침마다 받아오는 호밀 브뢰첸 여섯 개를 늘 아침 식사로 다 먹어치운다. 더 정확히 말하자면, 두 개는 길을 나설 때 따로 챙겨 중간에 쉬는 두 곳의 휴식처에서 먹는다. 그러지 않으면 나는 버티지 못할 것이다. 비록 커피 대용품에 '데우기'는 했지만 썩은 맛이 나는 감자는 삼키기 힘들다. 썩은 것들을 또 가려내야만 한다. 감자 무더기가 엄청나게 빨리 썩어 문드러지고 있다.

일제의 집 현관 통로에 수십 대의 전화기가 놓여 있었다. 모든 집에서 전화기가 수거되고 있다. 러시아군이 사용할 것이라고 한다. 전화도 없는 베를린이라니! 우리는 동굴에서 사는 원시인으로 돌아가고 있다.

저녁에 멋진 일이 있었다. 길모퉁이 가게에서 드디어 20일분에 해당하는 기름을 배급 받았다. 내가 받은 해바라기씨 기름은 1일분 7그램씩 20일 치로 140그램이다. 나는 일주일 내내 지니고 다녔지만 쓸 일이 없었던 조그만 기름병을 조심조심 들고왔다. 지금 나의 부엌에서는 모스크바 서민이 즐겨 찾는 식당인 '스탈로바야' (столовая)처럼 구수한 냄새가 난다.

1945년 6월 15일, 금요일

아침 일찍 나의 하루 식량인 브뢰첸 여섯 개를 받아왔다. 빵은 촉촉하고 잘 구워졌다. 예전에는 이런 상태로 나오지 않았다. 나는 빵을 덩어리째 사지 않는다. 다음 날 먹을 양에 손을 대고 말 테니까.

오늘은 예전에 근무하던 회사의 지하실에 무단으로 침입했다. 헝가리인과 일제의 남편과 내가 뒤편으로 돌아 세탁장을 통해 몰래 건물 안으로 들어갔다. 우리는 칸막이 창고 속에 얌전히 보관되어 있던 상자를 비틀어 열었다. 그때 마침 위쪽 지하실로 통하는 계단에서 아직 이곳에 사는 이전 지배인의 부인이 나타났다. 나는 더듬거리며 남겨둔 나의 문서와 서류를 찾고 있다고 둘러댔다. 두 남자는 상자 뒤편에 보이지 않게 몸을 바짝 숙이고 있었다. 그 후에 우리는 액자를 부수고 사진—기사십자가 훈장을 달고 있는 젊은 사람들의 사인이 든 사진들이었다—을 꺼냈다. 그리고 액자 유리는 차곡차곡 쌓았다. 포장지와 노끈은 올 때 미리 챙겨왔다. 우리는 들키지 않고 뒷문으로 빠져나올 수 있었다. 회사가 손해를 입는다 해도 아무렇지도 않았다. 사장의 요구에 따라 사무실에 보관해둔 나의 카메라와 그 부속품들을 폭격으로 전부 날렸기 때문이다. 거기에 비하면 유리 몇 장이 무슨 대수란 말인가. 우리는 노획물을 가지고 최대한 빨리 뿔뿔이 흩어졌다. 내가 먼저 우리 회사의 소중한 운송수단인 자전거를 세워둔 곳에 도착했다. 조금 후 두 남자가 무거운 유리판 뭉치를 내가 있는 곳까지 힘들게 들고 왔다. 나는 거들어준 대가로 유리판 네 장을 받았다. 이것으로 나의 다락집 한쪽 창에 유리를 끼울 수 있을 것이다. 접착제만 구할 수 있다면 말이다.

저녁에 여기저기서 주워 모은 집주인의 장서를 훑어보았다. 그러다가 톨스토이의 《폴리푸슈카》를 발견하고 몇 번째인지 모르지만 읽었다. 아이스킬로스의 희곡집 한 권을 꼼꼼히 살펴보다가 〈페르시아인〉을 발견했다. 정복당한 자들의 비통한 외침을 담고 있는 이 작품은 지금 우리의 처지와 잘 들어맞았다. 그러나 전혀 들어맞지 않기도 했다. 우리 독일인의 불행은 역겹고 병적이고 광기 어린 뒷맛을 남기기 때문이다. 방금 라디오에서 또 강제수용소 르포가 흘러나왔다. 가장 끔찍한 것은 규정을 따르고 물자를 절약하는 정신이다. 수백만의 인간이 비료, 매트리스 충전재, 비누, 양모 매트로 변하다니. 아이스킬로스의 작품에는 없는 것이다.

1945년 6월 16일 토요일에서 6월 22일 금요일까지

일주일간 아무것도 기록하지 않았다. 앞으로도 더는 적지 않을 것이다. 그럴 만한 시절은 지나갔다. 초인종이 울렸을 때는 토요일 오후 5시쯤이었다. '미망인이겠지' 하고 생각했다. 하지만 게르트였다. 그는 민간인 차림으로, 거뭇하게 그을렸고, 머리칼은 전보다 더 옅어졌다. 우리 둘 다 한동안 아무 말도 못 한 채, 어둑한 복도에서 마치 유령이라도 된 듯 서로를 멍하니 쳐다보았다.

"어디서부터 오는 길이야? 제대한 거야?"

"아니, 도망쳤어. 하지만 일단 들어가게 해줘야지."

그는 조그만 바퀴들이 달린 운반용 썰매를 끌고 들어왔다. 트렁크 하나와 자루 하나가 실려 있었다.

나는 기뻐서 들떴다. 게르트는 서부전선에서 오는 길이 아니었다. 그의 방공 부대는 전쟁 막바지에 동부전선으로 투입되었다. 그는 자신의 진지에 적군의 명중탄이 떨어진 직후 두 사람을 데리고 옆길로 빠져 달아나 주인이 버리고 간 대저택에 틀어박혀 있었다. 그곳에서 그들은 양복과 구두, 담배 한 꾸러미 그리고 충분한 식량을 발견했다. 그러다가 러시아인과 폴란드인으로 구성된 현지 관청의 수색대가 주민들을 샅샅이 수색하자 사정이 위태로워졌다. 이들 셋은 피란을 간 베를린 사람들 무리에 합류해 자동차를 타고 고향으로 돌아왔다. 게르트는 내가 지금 사는 주소를 알고 있었다. 폭격으로 집을 잃은 소식을 전하는, 내가 보낸 테두리가 붉은 군사우편을 받아 보았기 때문이다. 물론 나의 새 거처 또한 파괴되어 결국에는 찾지 못할 수도 있다고 생각했다고 한다. 그는 내가 무사히 살아 있는 모습을 보고 대단히 놀랐다. 그리고 나의 극심한 굶주림에 대해 듣고는 머리를 절레절레 흔들었다. 이제부터는 그가 필요한 것을 구해 오겠노라고 자청했다. 그가 싣고 온 자루에는 상하지 않은 감자와 베이컨 한 조각이 들어 있었다. 나는 곧장 그것들을 굽기 시작했고, 미망인도 불렀다. 그녀는 내 이야기로만 알고 있던 한 번도 본 적이 없는 게르트를 열광적으로 부둥켜안으며 인사했다. 그리고 쉴 새 없이 수다를 떨면서 금세 엄지와 검지를 이용한 기발한 이야기도 들려주었다. "우크라이나 여자, 이만-해. 당신, 이만-해."

나는 게르트가 소외되고 있음을 눈치챘다. 몇 마디 이어질수록 더 그러했고, 눈에 띄게 피곤해 보였다. 우리는 슬쩍 서로에게 다가갔고, 애정의 말은 아껴두었다. 게르트가 피울 담배가 없어 아쉬웠다. 그는 이 동네의 암시장이 옛날처럼 활발하게 돌아가리라고 생각했다고 한다.

평소와 다르게 기름진 음식을 먹자 몸이 달아올랐고 기분도 몹시 좋아졌다. 그런데도 밤이 되자 게르트의 팔에 안긴 내 몸이 얼음처럼 차가워졌고, 그가 나를 놓아주었을 땐 기쁘기까지 했다. 남자를 받아들일 마음이 내 안에서 완전히 사라졌다.

낮 생활은 불규칙하고, 밤 생활은 불안했다. 게르트와 함께 무리 지어 고향으로 돌아온 각양각색의 사람들이 우리 집으로 찾아왔다. 그 때문에 우리 사이에 끊임없이 갈등이 생겼다. 게르트는 손님들에게 대접하고 싶어 했다. 나는 감자와 베이컨을 우리 둘을 위해 가능한 한 남겨두고 싶었다. 내가 말없이 앉아 있으면 그는 소리를 질러댔다. 누그러진 분위기를 타 내가 최근 몇 주 동안 겪었던 이야기를 그럴듯하게 들려주자 본격적으로 언쟁이 벌어졌다. 게르트가 말했다. "너희는 부끄러움을 모르는 암캐로 변해버렸어, 이 건물의 모두가 말이야. 정말 모르는 거야?" 그는 역겨워하며 인상을 찌푸렸다. "너희와 어울리는 게 끔찍해. 너희는 그 모든 가치 기준을 잃어버렸어."

내가 뭐라고 대답해야 할까? 나는 한쪽 구석으로 물러나 완강하게 버텼다. 울 수는 없었다. 모든 것이 나에게는 너무나 무의미하고 어처구니없게 느껴졌다.

게르트, 아직 기억하고 있어? 그날은 1939년 8월 말, 화요일이었지. 아침 10시쯤에 넌 사무실에 있는 나에게 전화를 걸어 그날의 나머지 시간을 너를 위해 비워달라고 부탁했어. 함께 교외로 나들이를 가자고. 나는 당황해서 왜 그래야 하는지, 어떻게 된 일인지 물었어. 넌 여행을 떠나야 한다고 했어. 그리고 다시 한번 재촉했지. "제발 부탁이야."

그래서 우리는 환한 평일 대낮에 브란덴부르크의 소나무 숲을 거닐었지. 무더운 날이었어. 송진 냄새가 났고. 우리는 숲속의 호수 주변을 돌아다니다가 구름같이 몰려드는 나비 떼와 마주쳤어. 너는 그 나비들의 이름을 일일이 알려주었어. 부전나비, 노랑나비, 불새나비, 공작나비, 산호랑나비…. 길 한가운데서 커다란 나비 한 마리가 날개를 활짝 벌리고 가볍게 떨면서 햇볕을 쬐고 있었어. 넌 그 나비를 들신선나비라고 불렀어. 가장자리에 노랗고 파란 테두리를 두른 갈색 나비였지. 그리고 우리가 얼마 후에 어떤 나무 그루터기에 앉아서 쉴 때 너는 아주 조용히 내 손가락을 어루만졌지. 그때 내가 물었어. "호주머니에 징집 통지서가 들어 있는 거야?" "주머니에 들어 있지는 않아." 네가 대답했어. 어쨌든 너는 그날 아침에 징집 통지서를 받았고, 우리는 이것이 전쟁을 의미한다는 것을 알아차렸어. 숲속의 외진 여관에서 우리는 밤을 보냈지. 사흘 후에 너는 떠났고, 우리는 전쟁을 맞았어. 우리는 그 전쟁에서 둘 다 살아남았어. 우리에게 이것은 다행일까?

나는 게르트에게 나의 일기장을 보여주었다. (꽉 찬 노트 세 권이었다.) 게르트는 잠시 그 위로 몸을 숙이고 앉아 있더니 그 노트들을 다시 돌려었다. 휘갈겨 쓴 데다 속기 표시와 약자 메모가 너무 많아 알아볼 수가 없다고 말했다.

“이를테면 이게 뭘 뜻하는 거야?” 하고 물으며 그는 손가락으로 ‘Schdg.’이라는 약어를 가리켰다.

나는 웃지 않을 수 없었다. “뭐, 당연히 겁탈(Schändung)을 뜻하는 거지.” 그는 나를 제정신이 아니라는 듯이 쳐다보더니 더는 말을 잇지 않았다.

어제 그는 다시 떠났고 지금은 그가 없다. 그는 방공 부대 동료 한 명과 함께 폼머른 지방에 있는 그 동료의 부모를 만난다며 떠났다. 식량을 구해 오겠다고 했다. 나는 그가 돌아올지 그렇지 않을지 알지 못한다. 그가 떠난 것은 안된 일이지만 한편으로는 마음이 홀가분해졌다. 그가 끊임없이 술과 담배를 찾는 것을 두고 보기 힘들었기 때문이다.

그밖에 또 무슨 일이 있었던가. 출판 계획은 진척이 없다. 관청의 회신을 기다리는 중이다. 헝가리인이 가장 먼저 피곤해했고, 최근 들어서는 정치 풍자극을 올릴 극장이 시급하다는 듯이 말했다. 그런데도 우리는 계속해서 부지런히 일하고 있고, 우리의 계획을 밀고 나가며, 지지부진한 상황을 헤쳐나가기 위해 우리가 할 수 있는 최선을 다하고 있다. 나는 여기저기서 또 다른 소규모 집단이 활동하고 있다고 확신한다. 그러나 섬처럼 고립된 이 도시에서 우리는 서로에 관해 아무것도 모른다.

정치판도 서서히 바뀌고 있다. 모스크바로 망명했다가 귀국한 사람들이 존재감을 드러내며 핵심 요직을 차지하고 있다. 신문으로는 알 수 있는 것이 그리 많지 않다. 신문 하나를 읽기가 쉽지 않기 때문이다. 나는 거의 언제나 영화관 옆의 게시판에 압정으로 붙여놓은 《룬트샤우》를 읽는다. 우리의 새로운 시 행정부의 프로그램들은 특이하다. 소비에트의 경제체제와 거리를 두는 것처럼 보이며,

스스로 민주적이라고 자처하고, 모든 '반파시스트 세력'을 통합하려고 노력한다.

일주일 전부터 베를린의 남부 지역은 미군이, 서부 지역은 영국군이 점령할 것이라는 소문이 돌고 있다. 파울리 씨의 말을 듣고 귀가 좀 트인 미망인은 우리의 경제적 부흥이 목전에 와 있다고 주장한다. 나는 잘 모르겠다. 나는 누가 우리를 점령하든 그리 큰 차이가 없을 것 같아서 염려스럽다. 어차피 우리의 점령군들은 엘베강에서 서로 진심을 다해 포옹을 했으니 말이다. 두고 보면 될 일이다. 나는 어떤 것에도 그리 쉽게 흔들리지 않는다.

한때는 나에게 전부였던 게르트와의 불화에 그리 심하게 괴로워하지 않는 내가 이상하다는 생각을 가끔 한다. 배고픔으로 감정이 무뎌졌나. 할 일이 너무나 많다. 가스에 불을 붙이기 위한 부싯돌을 한 조각 구하는 데도 신경을 써야 한다. 마지막 남은 성냥을 다 써버렸다. 집 안에 괸 빗물도 닦아내야 한다. 지붕이 다시 샌다. 낡은 판자로 덮어놓기만 했기 때문이다. 이리저리 돌아다니며 길가의 푸성귀도 찾아야 하고, 곡물가루를 타기 위해 줄을 서서 차례를 기다려야 한다. 정신적으로 무언가를 해볼 여유가 전혀 없다.

어제 우스운 일이 하나 있었다. 우리 건물 앞에 늙은 말이 끄는 짐수레가 한 대 멈추어 있었다. 말은 얼마나 야위었는지 뼈와 껍데기만 앙상하게 남아 있었다. 네 살이 된 루츠 레만이 어머니의 손에 이끌려 그 곁을 지나가다가 짐수레 앞에 멈춰 서서 꿈에 잠긴 듯한 목소리로 물었다. "엄마, 저 말도 먹을 수 있는 거야?"

우리가 어떤 온갖 것을 더 먹게 될지 누구도 모른다. 나는 아직 생명의 위협을 느끼는 극한까지 내몰리지는 않았다. 하지만 거기에서 얼마나 떨어져 있는지도 모른다. 나는 다만 내가 살아남기를 원한다는 것만 알고 있다. 감정과 이성은 억누르고 짐승처럼 말이다.

게르트도 아직 내 생각을 할까?

어쩌면 우리는 다시 만나게 될지도 모른다.

독일어판 출판사 후기

자신의 이름을 내건 여성 작가 중에서도 이 익명의 저자만큼 잊히지 않고 꾸준히 세상에 알려진 경우는 드물 것이다. 2차 세계 대전 말, 베를린에 남아 있던 이 여인이 쓴 일기는 2003년에 *Eine Frau in Berlin*이라는 제목을 달고 익명으로 출판되었다. 이후 '또 다른 서재'(der Anderen Bibliothek) 시리즈를 통해 재발견되어 커다란 성공을 거두기도 했다. 또한 막스 페르버뵈크가 연출하고 니나 호스가 주연을 맡은 영화로 제작되며 다시 한번 대중과 만났다.

저자의 신분과 원고의 편집 경위와 관련해 있었던 수개월에 걸친 논쟁은 아마도 이 책만이 지닌 강력한 힘 때문이었을 것이다. 이 논쟁은 2004년 원고의 진위 여부를 따진 발터 켐포프스키(Walter Kempowski)의 감정을 통해 완전히 종결되었다.

이 책을 종전 70년이 지난 지금 다시 펴내는 데 있어서 주목해야 할 점은 책을 둘러싼 잡다한 가십이 아니라 이 기록 자체이다. 이 일기는 붉은 군대의 병사들이 베를린에 남은 여성들에게 가한, 말로 표현하기 어려운 잔혹한 범죄에 대한 침묵의 벽을 허문다. 이 책은 시대사적 증언으로서의 중요성뿐 아니라 높은 수준의 문학 작품으로 평가될 만한 요소 역시 갖추고 있다. 러시아군이 베를린으로 진군한 후의 몇 주를 묘사하는 문장들에는 죽음과 굶주림, 절망 그리고 살아남으려는 의지 사이에 놓인 '현재 상태'(status quo)가 고스란히 담겨 있다. 저자의 어조는 고트프리트 벤, 한스 팔라다를 떠올리게 하며, 프란치스카 추 레벤틀로프와 마샤 칼레코에도 비견할 만하다. 현실을 간결한 문체로 드러내고 철학적 성찰과 추상화를 동반하는 서술로 읽는

맛까지 더한다. 그녀의 예리한 의식은 극도로 비참해진 현실을 낱낱이 파헤친다.

사람을 피폐하게 하는 불면의 시간을 셀 수 있게 하는 시계는 1945년 5월 당시 베를린에는 거의 없었다. 며칠 동안 잠을 자지 못한 후에 마음이 놓여 잠시 '죽음처럼 깊은 잠'을 잤다고 기록하는 이 여자에게 시간 따위는 사실 상관없다. 하지만 그녀는 날짜는 알고 있었다. 그녀는 이 날짜별 기록을 '베를린이 처음으로 전쟁의 얼굴을 본' 날에 시작한다. 바로 1945년 4월 20일 금요일, 히틀러의 56세 생일이자 마지막 생일이었다. 이날을 묘사한 영국의 역사가 안토니 비버(Antony Beevor)의 책 *The Fall of Berlin 1945*에 따르면, "많은 축하객에게 히틀러는 적어도 20년은 더 늙어버린 듯한 느낌을 주었다. 그들은 총통에게 바이에른주로 피신하라고 권했다. 그러나 히틀러는 확신에 찬 어조로 러시아군이 베를린에 입성하기도 전에 독일은 처절한 패배를 맞이할 것이라고 밝혔다".

아직 붉은 군대가 베를린으로 밀고 들어오지 않았던 그때도, 이 책의 저자는 냉정하게 현실을 본다. "요사이 모든 것에 주인이 따로 없다. 사람들은 물건들과 느슨하게 연결되어 있을 뿐, 자기 것과 남의 것을 명확히 구분하지 않는다." 그녀는 낯선 사람의 집을 뒤지면서 가장 먼저 먹을 것이 아니라 연애편지를 발견한다. "진심, 괴로움, 사랑, 욕망… 이 얼마나 아득하고 낯선 단어들인가. 세련되고 충실한 연애는 규칙적이고 풍족한 식사가 전제되어야 한다. 이 글을 적고 있는 동안 나의 관심은 배에 집중되어 있다. 모든 생각, 느낌, 소망, 기대가 먹는 데서 시작된다." 그녀는 '굶주림에서 오는 망상'은 이미 오래전에 시작되었다고 쓴다. 그리고 동시에 정신적 양분을 간절히 바란다. "이 문제에 관해 내가 크누트 함순의 《굶주림》을 당장 찾아보지 못하는 것이 유감이다."

감상에 치우치지 않고, 그야말로 프로다운 건조한 말투로 이 기록을 쓴 여성은 30대 초반이다. 그녀의 이름은 그녀가 기록한 내용에 비하면 중요하지 않다. 익명의 이 여성이 소위 '신여성'에 해당하는 교양 있고, 사려 깊으며, 독립적인 인물이라는 점은 문장 곳곳에서 배어난다. 기록은 폭격으로 집을 잃은 그녀가 동베를린에 있는 지인의 빈 다락집으로 들어온 직후부터 시작된다. 전쟁 동안 그녀가 어디에서 어떻게 지냈는지 구체적인 정보는 없다. 다만 전선에 나간 게르트라는 이름의 애인이 있으며, 카메라와 스케치북을 챙겨 들고 유럽을 두루 여행한 적이 있으며, 여러 나라말을 할 줄 아는데 그중 러시아어도 약간 알고 있다는 사실만이 드러날 뿐이다.

그녀는 이 약간의 러시아어 실력으로 통역을 맡았고, 가끔 이웃과 점령군 사이의 중재자로 나서기도 했다. 그런데도 그녀는 끔찍한 일을 당했다. 어쩌면 그래서 더 피해를 입었다고 해야 옳다. 러시아어를 알아듣는다는 이유로 러시아 군인들은 그녀 곁을 맴돌았다. 사랑을 고백한 이도 있었고, 대부분은 고국에 남겨둔 가족 이야기를 하기도 했다. 마구잡이로 약탈하고 강간을 하며 돌아다니는 러시아 군인 무리 중에 이름이 언급되는 구체적 인물 몇이 등장한다. 그녀는 적군과 알고 지냈다. 그렇다고 그들의 범행을 이해한 것은 아니었지만, 그래도 가혹한 시간을 견딜 수는 있게 해주었다. 일기에서 그녀는 몇 번이나 '인간은 인간에게 늑대다'라는 홉스의 말을 되풀이한다. 그리고 그것을 교훈으로 삼는다. "다른 온갖 늑대들이 접근하지 못하도록 한 마리 늑대를 불러들여야 해. 장교를, 가능한 한 계급이 높아야겠지. 지휘관이든 장성이든, 내가 데려올 수만 있다면 어떤 사람이 되었든. 이 머리와 어설픈 외국어 실력을 어디다 쓰겠어."

베를린에 남은 몇 안 되는 남자들에게는 아무 도움도 기대할 수 없었다. "펌프장에 늘어선 줄에 서 있던 한 여자가 자신이 머무는 지하실에서 있었던 일을 들려주었다. 러시아 병사가 그녀를 끌어내려 하자 함께 지내던 어떤 남자가 이렇게 외쳤단다. "제발 빨리 따라가요, 당신이 우리 모두를 위험하게 만들잖아요!" 서구 몰락에 대한 간략한 주석이다."

익명의 저자는 하루하루 있었던 일을 서둘러 기록한다. "그냥 끼적여보는 것뿐이에요" 하고 그녀는 방공 대피소에서 호기심에 차 묻는 사람을 뿌리친다. 우연히 찾아낸 공책 두 권과 여기저기 끼워진 메모지 그리고 린넨 천을 씌운 장부 한 권에 그녀는 정말 모든 것을 적었다. 폭격 경보, 식량 조달, 날씨, 긴 줄에서 차례 기다리기, 지하실에서 나눈 대화, 강제 노역, 자살 그리고 끊임없이 되풀이되는 강간.

게르트가 전선에서 돌아왔을 때, 그녀는 그에게 읽어보라며 자신의 일기를 건넨다. 그가 그녀에게 'Schdg.'이라는 약자가 무슨 뜻인지 물었다. "나는 웃지 않을 수 없었다. "뭐, 당연히 겁탈(Schändung)을 뜻하는 거지." 그는 나를 제정신이 아니라는 듯이 쳐다보더니 더는 말을 잇지 않았다." 그리고 그는 떠난다. 이후 있을 수십 년 동안의 반응과 같았다. 침묵으로의 도피. 익명의 저자는 애인의 태도에 대해 논평하지 않지만, 전쟁 말기에 이르러 여성들이 남성들에게 느끼는 감정을 미래 지향적으로 요약해 다음과 같이 서술한다. "남자들이 안됐다는 생각이 들고, 너무나 비참하고 무기력하게 보인다. 나약한 성(性)이 된 남자들. 여자들의 마음속 깊은 곳에서 움튼 일종의 집단적인 환멸이 점점 더 뚜렷해지고 있다. 여자들을 지배하던 남자들, 강한 남자를 찬미하는 나치 세계가 흔들리고 있다."

저자의 일기는 처음에는 짧은 글, 약어, 암시, 단어, 단편적인 생각이 마구 뒤섞인 것이었다. 그것을 그녀는 몇 주가 지난 1945년 7월에 타자로 옮겨 적으면서 표현을 다듬고 나중에 관찰하고 생각한 점을 보완하며 수정했다. 이렇게 해서 회색의 군수 용지에 조밀한 간격으로 121쪽짜리 원고가 완성된 것이다. 종전 후 저자는 이를 몇몇 지인에게 보여주었는데, 그중에 친하게 지내던 베를린의 작가 쿠르트 마렉(Kurt W. Marek)이 있었다. 그는 1949년에 체람(C. W. Ceram)이라는 필명으로 발표한 이야기 형식의 고고학 입문서인 *Götter, Gräber und Gelehrte*라는 책을 성공시키며 유명해졌다. 1941년에는 한 대공포 포병의 일기를 토대로 전쟁에 관한 글 '우리는 나르비크를 지켜냈다'를 발표하기도 했다. 마렉은 그녀의 일기를 읽고 출간을 설득했고, 그녀는 자신의 신분을 비밀로 한다는 조건으로 동의했다. 익명을 요구한 첫 번째 이유는, 몇 쪽만 읽어도 간단히 알 수 있는 등장인물들의 사생활을 지켜주려는 데 있었다. 익명성 덕분에 그녀는 가없이 솔직해질 수 있었고, 이는 이 책의 가장 큰 장점이 되었다. 그녀의 경험은 가감 없이 서술되었고, 지극히 개인적인 모습들도 또렷하게 드러났다. 1954년에 이 책은 *A Woman in Berlin*이라는 제목으로 미국에서 처음 출간되었고, 이어서 8개국 언어로 번역되어 소개되었다. 1959년에는 스위스의 소규모 출판사 코소도(Kossodo)가 독일어판을 발행했으나, 냉전의 한가운데서 관심을 받지 못했다.

그사이에 우리는 이 일기의 작성자가 여기자 마르타 힐러스(Marta Hillers)임을 알게 되었다. 그녀는 1911년 크레펠트(Krefeld)에서 태어났다. 집안 형편은 좋지 않았고, 아버지가 1916년에 전사한 후로 형제자매와 함께 고아로 성장했다. 1930년대 초에 그녀는 유럽 각국을 여행했고, '보통 사람들 사이에 섞인 보통 사람'으로서 '공산주의, 의회주의, 파시즘'을 경험했다. 그녀는 독일과 미국의 잡지들에 사진을 제공하는 기자로 일했다. 그녀는 파리와 런던 그리고 모스크바에서도 한동안 살았다. 모스크바에서 그녀는 공산주의에 열광했지만, 결국은 '쉴 새 없는 사상 교육'에 넌더리를 냈고 이것이 자아실현에 장애가 된다고 느꼈다.

그녀는 고국으로 돌아왔다. "나는 우리 민족의 일원이라고 느끼며 이 운명을 함께 하려고 한다, 지금까지도." 1945년 5월 13일의 일기의 한 구절이다. 세상 물정에 밝고 독립적이었던 힐러스는 나치당이 아닌 독일 작가전국연맹의 회원이었고, 전쟁 기간에는 베를린 지역 광고지나 지방 신문에 기사와 르포를 기고했을 뿐 아니라 《독일 교육자》 같은 잡지에 선동적인 글도 실었다. 하지만 역사학자 괴츠 알리(Götz Aly)가 적절히 밝혔듯이, 이것이 "그녀의 일기, 그녀의 성찰 능력, 그녀의 증인으로서의 자질"에 대한 흠은 아니다.

마르타 힐러스는 50년대에 스위스인과 결혼해 그의 고향으로 이주한 후 기자로 활동하지 않았다. 그녀는 그곳에서 2001년에 90세의 나이로 사망했다. 사망하기 몇 년 전, 1945년에 두 단계를 거쳐 작성한 원고를 다시 한번 검토하고 몇 가지 사소한 교정을 했다. '또 다른 서재' 시리즈로 낸 지금의 판본은 이 원고를 기반으로 한 것이다.

고통은 어떤 집단과 관련된 것일지라도 결국 개별적으로 경험하고 극복된다. 하지만 기억은 공유할 수 있다. 저자는 자신을 믿기 위해, 자신이 그 모든 만행이 자행되는 상황에서도 아직 인간임을 느끼기 위해 글을 썼다. 또한 '시간을 초월한 시간을 기록하기' 위해 일기를 썼다. 그녀는 도덕적인 교훈을 말하지도 평가하지도 않는다. 오히려 자신을 마비시키려고 노력한다.

군인들은 저자를 끊임없이 객체로 격하시키지만, 일기에서만큼은 그녀는 자신의 이야기를 들려주는 주체로 등극한다. 우리는 그녀가 불행한 상황에서도 행동의 자유를 찾기 위해 분투하는 모습을 목격할 수 있다. 그녀는 숨김없이 강간을 언급하고 묘사하며 드러낸다. 그리고 일정한 거리를 두려고 노력한다. "대체 왜 이래요? 나 살아 있잖아요, 다 끝난 일이에요!" 베를린의 여성들은 강간을 집단 경험으로 여기고 이야기를 나눔으로써 조금은 가벼워진다. "우리는 이제 겁탈을 당하는 일까지 유머로, 이 절망적인 상황을 억지 유머로 받아들이기 시작했다." 글 곳곳에 보이는 풍자는 자신의 우월함을 보이기 위해서라기보다, 타인 그리고 자기 자신과 거리를 유지하기 위한 것이다.

그녀를 살아가게 하는 원동력은 배고픔이다. 품위 있는 식사를 위해 그녀는 러시아 군인들과 어울린다. 강요된 성매매조차 그녀에게서 삶의 의욕을 앗아갈 수 없다. 그녀는 이 '생업'에서 벗어날 날을 기다린다. "먹을 것을 예전처럼 다른 방식으로, 더 고상하고 나의 긍지에 더 잘 맞는 방식으로 벌어들일 수 있기만 하면." 하지만 피로와 쇠약함이 그녀를 마비시키고 꼼짝 못 하게 한다. 마침내 5월 8일이 왔다. 러시아군은 철수한다. 3주 후에는 누구도 문을 '정해진 신호로' 두드리지 않는다. 다시 빵이 배급된다. 문명사회로 돌아온 것을 그녀는 대청소를 하고 양탄자의 보풀도 제거하며 실감한다. 가장 멋진 것은 "4월 27일 이후 처음으로 혼자 침대에 누운" 것이다. 그녀는 '머리와 마음에서 어지러운 생각'을 내보내기 위해 글을 쓰고, 주위 사람을 관찰한다. 모두 그녀처럼 '움푹 팬 눈, 푸르죽죽한 낯빛, 잠이 부족해 피로에 찌든 얼굴'이다.

살아남는 것이 최우선 목표인 전시에는 복잡하게 서술할 여유가 없다. 묘사는 핵심만 담은 몇몇 단어로 가능해야 하고, 저자는 이를 믿기 어려울 정도로 잘 해냈다.

이 탁월한 책은 당시 상황을 기록한 다른 일기들, 예컨대 마리 바실치코프(Marie Wassiltschkow)와 루트 안드레아스-프리트리히

(Ruth Andreas-Friedrich)이 쓴 베를린 일기들이나 마르그레트 보베리스(Margret Boveris)의 *Tagen des Überlebens*와 비견할 만하다. 그러나 다른 무엇보다도 한 인간이 전쟁 상황에서 보여준 기록에 대한 강한 집념, 공정하고 철저한 기록을 위한 노력은 이 책만의 특징이다. 저자는 증오를 드러내기보단 주위의 사람들을 살핀다. 러시아 군인에게도 마찬가지로 주의를 기울이며, 독일의 전쟁 범죄 또한 눈감지 않는다. 5월 말, 아마 가장 끔찍했을 참상이 라디오를 통해 전해지고, 그녀는 또 적는다. "동부 지역에 있는 대형 강제수용소들에서 수백만의 사람이 불태워졌으며, 대부분 유대인이었다고 했다. 그들의 시신을 태운 재로 비료를 만들었다고 한다. 그리고 가장 충격적인 것은 그 모든 것이 두꺼운 장부들에 말끔히 기록되어 있었다는 사실이다. 죽음을 꼼꼼하게 기록한 것이다. 그야말로 착실한 민족이다. 밤늦게 베토벤 곡이 흘러나왔다. 잊고 있던 음악을 듣고 있자니 눈물이 났다. 나는 방송을 꺼버렸다. 지금은 들을 수가 없다."

한국어판 출판사 후기

참혹했던 2차 세계 대전과 나치 독일에 관한 기록이 속속 발표된 1950년대 중반, 히틀러가 썼다던 일기가 위조로 밝혀지고 스탈린그라드 전투에 참전했던 군인들의 편지를 엮어 낸 책 또한 의심에 휩싸인 무렵, 미국에서 *A Woman in Berlin*이라는 제목으로 익명의 여성이 쓴 일기를 묶은 책 한 권이 소개되었다. 동부전선에서 밀고 들어온 러시아군이 베를린을 점령하기 직전이었던 1945년 4월 20일부터 6월 22일까지 쓴 일기였다.

일기를 쓴 사람의 신원이 철저히 비밀에 부쳐진 데다 독일의 한 소설가가 뉴욕으로 보낸 원고였기에 이 책도 곧 진위 논란에 휘말렸지만, 독일어판 출판사 후기가 전하는 바와 같이 전문가의 감정을 거쳐 '진짜' 수기로 판명되었다. 2차 세계 대전에 관한 권위 있는 미국의 역사학자 앤서니 비버는 이 책을 소개하며 "가까이에서 목격한 세부 사항들에 진실이 담겨 있다. 일기를 쓴 사람은 일관되고 진정성 있는 관찰력의 소유자다. 최고의 상상력을 자랑하는 위조 작가조차 그가 쓴 장면을 그려낼 수 없을 것이다. 또한 내가 연구자로서 베를린에서 일어난 사건들을 모은 기록과 증언이 이 일기에서 묘사된 세계가 진짜임을 증명한다"고 말했다.

익명의 작가는 "창백한 금발의 여자로, 우연히 건진 겨울 코트를 늘 걸치고 다닌다. 한때 출판사 직원이었"다(20쪽). 폭격으로 집을 잃고, 전선으로 떠난 직장 동료의 빈 다락집에서 지내다 책꽂이에서 우연히 노트를 발견하고는 일기를 쓰기 시작한다. 그녀가 '가까이에서 목격한'

전쟁은 어땠을까.

베를린에서 벌어진 2차 세계 대전 최후의 전투를 연구한 코르넬리우스 라이언에 따르면, 당시 베를린에 남아 있는 민간인은 약 270만 명으로 추정되며 그중 여성이 200만이었다. 1939년 432만 명에 달했던 수도의 인구는 피란과 징집으로 인해 눈에 띄게 줄었고, 그나마 18세 이상 30세 미만 남성은 전부 합쳐도 10만이 안 됐다고 한다. 베를린은 전쟁 발발 이후 6년간 꾸준히 '여성만 남은 도시'가 되었다. 그래서 이 일기의 등장인물 대부분은 여성 아니면 베를린을 점령했던 러시아 군인이다.

러시아 군인은 1945년 4월 27일 금요일 자 일기에 대공포와 함께 처음 등장하는데, 이날 "그 일"이라는 불분명한 사건 또한 최초로 언급된다. 앞으로 8주의 기록에서 거의 매일 등장하는 "그 일" 또는 "그 짓"은 '강간'을 지칭한다.

"그 일"은 2차 세계 대전 당시 자행된 '베를린 집단 강간 사건'의 하나였다. 〈피해자로서의 독일인?〉(Germans as Victims?)이라는 논문을 발표한 로베르트 묄러의 연구에 따르면, 붉은 군대에 의한 강간 피해자는 독일 전체에서 적어도 50만 명(최대 100만 명)으로 추산되고, 베를린에서만 11만 명의 여성이 강간을 당했다. 다시 앤서니 비버를 인용하면, "주요 병원 두 곳에서 제공한 수치에 따르면 베를린에서 9만 5천 명에서 13만 명의 여성이 강간을 당했을 것"으로 파악된다.

전시 내내 독일에는 연합군에 의한 강간 공포를 조장하고 '조국의 여성과 아이를 지켜야 한다'는 골자의 선전 문구가 내걸렸다. 이 일기에도 그때의 상황이 생생히 적혀 있다. "'70세 노파가 능욕을 당하다, 수녀가 24회나 성폭행을 당하다.' 머리기사들은 이런 식이다. 우리 여자들을 보호하고 방어하도록 베를린의 남자들을 부추기려는 걸까? 그런 의도일까?"(15쪽) 나치 선전부 장관 괴벨스의 비서로 일한 브룬힐데 품젤의 회고록 《어느 독일인의 삶》에도 비슷한 내용의 증언이 있다. "당국에선 이 수치를 방송과 신문에 과장해서 내보냈어요. 예를 들어 '한 마을에서 스무 명이 강간당했다' 하는 내용이 있으면 그걸 서른 명으로 부풀리는 식이었어요. … 적의 끔찍한 만행은 어떻게든 부풀리려고 안달이었죠." 하지만 열 명쯤 과장한 수치는 나중에 밝혀진 어마어마한 피해 규모 앞에 '과장'이라고 할 수도 없을 것 같다.

'베를린 집단 강간 사건'은 역사학계에서 그다지 주목받지 못했던 아픔이다. 2차 세계 대전을 일으킨 장본인이자 유대인 학살이라는 전무후무한 악행을 저지른 나치 독일이 전쟁으로 겪은 고통에 대해서 말하는 것은 금기나 다름없었기 때문이다.

그렇다고 전후 냉전 시기에 독일 역사학계와 정부가 이 문제를 완전히 모른 체했던 것도 아니었다. 동독은 소비에트 '해방군'의 만행을 들추고 싶지 않아서, 서독은 소련을 제외한 미국, 영국, 프랑스 등 연합군의 가해 행위를 감추고 싶어서 오랜 세월 동안 피해자들을 침묵시켰다. 그렇지 않으면 이념 전쟁의 도구로 이용했다. 동독은 2차 세계 대전의 참상을 자본주의 제국의 잘못으로 돌리기 위해, 서독은 소련의 비인도적 행위를 폭로하기 위해 이 비극을 활용했다. 어떤 경우에도 피해 여성들은 잊혔다. 피해 여성들은, 연합군에 의한 강간 사건을 파헤친 미리암 겝하르트의 말대로, "잘못된 피해자"(wrong victims) 취급을 받았다.

2차 세계 대전의 '독일인 피해자'라는 위치가 한 개인에게 얼마나 복잡한 문제인지 일기에서도 고스란히 드러난다. 독일 여성을 강간하려다 장교에게 제지당한 한 병사가 "독일 놈들은 우리 여자들을 어떻게 했나요?"라며 반발하는 것을 글쓴이는 가만히 듣고 있을 수밖에 없었다. 또한 "독일군이 아이들을 찔러 죽이고, 아이의 발목을 잡고 머리를 벽에 내리쳐 박살 내버렸다"며 따지고 드는 러시아 병사도 있었다. 그것은 '나치 친위대'의 소행일 것이며 자신들의 남편이 소속된 정규군은 그랬을 리 없다고 여자들은 강하게 부정한다. 하지만 글쓴이는 자신의 고통 앞에서, 그리고 타인의 고통 앞에서 언제나 한 발 물러나 현실을 직시한다. "지금 우리의 정복자들은 정규군이든 나치 친위대든 그저 '독일인'으로 간주할 것이며, 우리 모두에게 책임을 지울 것이다." 글쓴이는 자신이 독일인임을 몇 번이고 되새긴다. 나치에 잠깐 가담했던 자신, 공산주의에 매료되었던 자신을 회고하며, 일개 개인이 짊어져야 할 역사의 무게를 받아들이려 애쓴다.

"모두가 유죄는 아니지만 모두에게 책임이 있다." 홀로코스트와 침략 전쟁을 반성하는 독일 정부의 이러한 태도는 이 일기를 쓴 여성과 같은 개개인의 성찰이 바탕에 깔려 있는 것이다.

일기를 쓰는 날만큼 강간도 계속된다. 글쓴이는 이제 '공포'를 넘어선 '무감각'을 경험한다. "감각이 없는 인형이 된 나, 흔들리고, 이리저리 밀쳐지고, 나무로 만들어진 물건…."(92쪽) "지금 내가 이토록 비참한 것은 그 짓 자체 때문이 아니다. 내 의지에 반해 내 몸이 능욕당하고 있는데도 살기 위해 묵살하고 있기 때문이다."(116쪽)

강간은 전쟁 중에 일어나는 대표적인 잔학 행위이며, 민간인 여성을 상대로 군이 벌이는 대규모 폭력이라는 점에서 '전시 강간'을 논할 때 으레 '전쟁'에 방점을 찍게 된다. 하지만 글쓴이의 저 처절함은 어디에서 오는가. 《우리의 의지에 반하여》의 저자 수전 브라운밀러는 전시 강간을 다루며 이렇게 말했다. "강간은 전쟁이 초래한 증상이거나 전시의 극단적 폭력을 입증하는 증거이기만 한 것이 아니다. 전시 강간은 평시에도 익숙한 이유를 구실로 삼는 익숙한 행위이다. … 그냥 언제나처럼 여성의 신체 온전성을 무시하는" 것이다. "내 의지에 반해" 여성의 신체는 언제든 침범되고 속박될 수 있다는 점, 바로 이것이 글쓴이를 더욱 괴롭게 한다.

6월 22일을 마지막으로 일기가 끝날 때까지 살아남은 여자들은 서로의 아픔을 토로하고 위로하면서 강간의 고통을 "집단적으로 회복하는" 모습을 보여준다. 여자들끼리 묻는 안부의 첫마디가 "당신은 몇 번이나…?"였던 암울한 날들 속에도 수다가 있고 유머가 있었다. 물론 그렇다고 해서 "무너지지 않는다거나 남은 생애 동안 고통받지 않는다는 소리는 아니"지만 말이다.

어느 날 일기에 글쓴이는 "전쟁 이후 처음으로 내가 증인으로서 자격이 있지 않을까 하는 생각도 든다" 하고 썼다. 역사의 증인이 되는 데에 무슨 자격이 필요할까. 나치 정권에 협력했던 고위 관료 중 유일하게 전범 재판에서 교수형을 면하고 회고록을 남긴 히틀러의 건축가 알베르트 슈페어나, 자신은 아무것도 몰랐고 그저 성실한 청년이었을 뿐이라고 말한 괴벨스의 비서 브룬힐데 폼젤 이상으로, 자신의 몸이 전쟁터가 되었던 익명의 여성들 또한 그 시대의 증인이다.

2차 세계 대전 1945년 주요 사건

1/28	벌지 전투 종료: 독일군이 독일 영토로 퇴각
2/13	드레스덴 공습 시작
3/7	영국군과 미군이 라인강을 건넘
3/29	영국에 마지막 V1 로켓이 떨어짐
4/13	러시아군의 빈 점령
4/18	독일군의 루르 저지선 붕괴, 37만 명의 독일인이 포로가 됨
	4/20 일기가 시작된 날
4/22	히틀러, 끝까지 베를린에 남기로 결정
4/25	미군이 소련군을 독일 토르가우에서 만남
4/29	다하우 강제수용소 해방
4/30	소련군이 총통 벙커 500미터까지 접근, 아돌프 히틀러 자살
5/1	나치 선전부 장관 요제프 괴벨스 자살
5/2	베를린, 소련군에 항복
	소련군, 제국의회 건물 점거, 소련 깃발 게양
5/4	독일 7군단 항복
	카를 되니츠 유보트 작전 중지 명령
5/7	카를 되니츠 제독이 독일의 새로운 대통령으로 선출, 나치 독일의 무조건적 항복 공식 선언

5/8	연합군, 승전 선포
5/9	소련군, 승전 선포
5/11	체코슬로바키아에 남아 있던 마지막 독일군 항복
6/5	미국, 소련, 영국, 프랑스에 의한 독일과 베를린 분할 통치 시작
6/22	미군, 오키나와 전투에서 승리

6/22 일기가 끝난 날

8/6	히로시마 원자폭탄 투하
8/8	연합국 전쟁범죄자 처벌을 위한 조약 체결
8/9	나가사키 원자폭탄 투하
9/2	일본 항복. 연합군, 태평양 전선 승전 선포
11/20	전범 재판 시작

함락된 도시의 여자:
1945년 봄의 기록

익명의 여성 지음
염정용 옮김

초판 1쇄 발행 2018년 11월 22일
초판 2쇄 발행 2019년 7월 26일

ISBN 979-11-86000-74-8 (03920)

발행처 도서출판 마티
출판등록 2005년 4월 13일
등록번호 제2005-22호
발행인 정희경
편집장 박정현
편집 서성진, 조은
마케팅 최정이
디자인 오새날

주소 서울시 마포구 잔다리로 127-1,
레이즈빌딩 8층(03997)
전화 02. 333. 3110
팩스 02. 333. 3169
이메일 matibook@naver.com
홈페이지 matibooks.com
트위터 twitter.com/matibook
페이스북 facebook.com/matibooks

알베르트 슈페어의 기억

히틀러에 대한 유일한 내부 보고서

— 알베르트 슈페어 지음, 김기영 옮김

알베르트 슈페어는 히틀러의 건축가이자 제2차 세계대전 중 독일군 전쟁 물자 생산을 총괄한 군수장관이었다. 뉘른베르크 전범재판에서 나치 각료 중 유일하게 교수형을 면해 20년형을 선고받은 그는 2만 2,000여 건의 문서를 바탕으로 이 책을 완성했다. 슈페어는 "나는 단지 과거를 기록하기 위해서가 아니라 미래에 경고하기 위해서 이 책을 썼다"고 말한다. 하지만 슈페어의 자기반성은 자기변명일 뿐이라는 비난은 여전하다. 어쨌든 슈페어는 목숨을 부지했고, 우리에게 제3제국의 속살을 살펴볼 기회를 남겼다. 모든 악이 폭발하고 남은 잔해더미 위에서 책임과 반성을 외친 그를 어떻게 판단할지, 선량한 나치로 기억할지 아니면 잔악한 전범으로 기억할지는 오롯이 역사의, 그리고 독자의 몫일 것이다.

참호에 갇힌 제1차 세계대전

트렌치 코트에 낭만은 없었다

— 존 엘리스 지음, 정병선 옮김

이 책은 1차 세계대전을 유럽의 정치적 관계나 전술의 관점에서 다루지 않고 수천 킬로미터의 참호 속에서 1460일을 버텨내야 했던 병사들의 눈으로 바라본다. 그들에게 참호에서 보낸 4년이란 인간이 처할 수 있는 가장 비참한 삶, 하지만 지속되어야 할 삶 그 자체였다.

수많은 통계와 보고서, 편지들과 문학작품까지 섭렵한 저자는 이 사상 최악의 전쟁을 '병사들의 일상사'라는 측면으로 재해석하고 있다. 이를 통해, 당시의 사람들이 얼마나 낭만적으로 전쟁을 상상하고 미화했는지, 동시에 전쟁을 처음 경험하는 근대의 병사들과 시민들이 얼마나 안이한 상태에서 격전을 치렀는지를 생생하게 보고 느낄 수 있다. 이런 의미에서 이 책은 우리에게 낯선 제1차 세계대전에 대한 귀한 자료이자 증언이 될 것이다.

맨발로 도망치다

폭력에 내몰린 여성들과 나눈 오랜 대화와 기록

— 우에마 요코 지음, 양지연 옮김

오키나와 류큐대학교육학 교수로 있는 우에마 요코는 1990년대 후반부터 지금까지 밤거리를 떠나지 못하고 있다. 가정폭력을 피해서, 보호자의 방치를 견딜 수 없어서 집을 나와 유흥업소에서 일하는 10대 여성들을 만나기 위해서다. 이 책은 저자가 2012년부터 2016년까지 현장 조사에서 만난 10대 여성 여섯 명의 '생활사'이다. 의도되고 준비된 질문이 던져지고 거기에 들어맞는 답변만 골라 뽑은 보고서가 아니라는 소리다. 저자는 개인의 고통에 집중하며 피해자를 안아주는 데 집중한다. 그의 기록을 따라 가다 보면, 빈곤–가정폭력–공적 돌봄의 부재가 어떻게 연결되는지, 유독 청소년에게 닫혀 있는 성 문화와 데이트폭력, 강간 사이에는 어떤 연결고리가 있는지, 안정적인 주거 환경과 친구나 직장 동료와의 관계망이 피해자의 회복력에 어떤 영향을 미치는지가 선명하게 드러난다.

사랑, 예술, 정치의 실험: 파리 좌안 1940–50

— 아녜스 푸아리에 지음, 노시내 옮김

제2차 세계대전 당시 프랑스는 나치에 항복한 대가로 파리의 아름다움을 보존했으나, 심각한 정신적 패배를 겪었다. 그럼에도 살아남은 도시는 빠르게 회복했고 파리 좌안이 핵심적 역할을 했다. 특히 여성들은 경제적 자립과 낙태권 쟁취를 도모했고, 삶의 쾌락과 감각에 귀 기울였다. '선천적 여성성'을 의심했으며 다양한 섹슈얼리티에 탈도덕적 관점을 취했다. 또한 파리 좌안의 사람들은 일대일 독점 관계에서 벗어나는 파트너십을 시도했고, 결혼, 자녀, 가족을 상징하는 '집'을 거부하고 호텔을 거처로, 카페와 바를 작업실로 삼았다. 개인의 실존에 천착하는 한편 대안 정당 창당에도 참여했다. 재즈와 클럽을 사랑했으며, 담배, 술, 약물을 열성적으로 소비했고 각성 상태에서 많은 작업물을 쏟아냈다. 이 책은 1940–50년 사이 파리에서 살고 사랑하고 싸우고 놀며 지금 우리의 사고·표현·생활 방식을 창안한 파리지앵들이 남긴 자취의 만화경이다.